# Kohlhammer
## Urban
-Taschenbücher

W0086716

Alle Rechte vorbehalten
© 2006 W. Kohlhammer GmbH
Umschlag: Data Images GmbH, Stuttgart
Gesamtherstellung:
W. Kohlhammer Druckerei GmbH + Co. KG, Stuttgart
Printed in Germany

ISBN-10: 3-17-018786-4
ISBN-13: 978-3-17-018786-3

Peter Alter

# Winston Churchill (1874–1965)

Leben und Überleben

Verlag W. Kohlhammer

# Inhaltsverzeichnis

# Abbildungen:

# Eine Preisverleihung in Aachen

Am Aachener Rathaus wehten die Fahnen. Drinnen, im alten Krönungssaal, hatten sich am Vormittag des Himmelfahrtstages 1956 zahlreiche Gäste versammelt, unter ihnen Bundespräsident Theodor Heuss, Bundeskanzler Konrad Adenauer, städtische Honoratioren und die Botschafter befreundeter Staaten. Auf dem Marktplatz warteten mehr als 3 000 Schaulustige. Die Stadt Aachen, in der damals die Spuren des Zweiten Weltkrieges noch längst nicht überall beseitigt waren, ehrte einen weltberühmten, nunmehr 82-jährigen Politiker mit dem Internationalen Karlspreis für das Jahr 1955.

Erst wenige Jahre zuvor war der Preis von einem Aachener Kaufmann und einigen Mitbürgern, unter tatkräftiger Mitwirkung der Stadt, gestiftet worden. An diesem 10. Mai 1956 wurde er zum sechsten Mal verliehen. Die Auszeichnung galt „dem britischen Premierminister in entscheidungsschwerer Zeit, Sir Winston Churchill," hieß es in der vom Oberbürgermeister überreichten Urkunde, „verliehen in Anerkennung seiner Verdienste um die Verteidigung des höchsten menschlichen Gutes, der Freiheit, und um den erfolgreichen Anruf der Jugend, die Zukunft Europas durch Einigung zu sichern." Wussten die Aachener damals, dass der Geehrte auf den Tag genau vor sechzehn Jahren zum Premierminister seines Landes ernannt worden war, um den Krieg gegen das Deutschland Hitlers zu führen?

Gewiss, die Aachener wollten auch den Mann ehren, der Freiheit und Demokratie gegen die nationalsozialistische Bedrohung und eine brutale Tyrannei mit unerbittlicher Entschlossenheit verteidigt hatte. Aber im Blick hatten sie vor allem den Versöhner und den Europäer Churchill, der sich im September 1946 in Zürich, nur wenig mehr als ein Jahr nach dem Ende des furchtbaren Weltbrandes mit allen seinen Zer-

**Abb. 1:** Verleihung des Internationalen Karlspreises an Winston Churchill am 10. Mai 1956 in Aachen.

störungen und Verbrechen, zum Fürsprecher „einer Art Vereinigte Staaten von Europa" gemacht hatte – den Europäer, der im Mai 1948 zu den Initiatoren des Europäischen Kongresses in Den Haag gehört hatte und der im August 1949 in Straßburg nachdrücklich für die Aufnahme Westdeutschlands in den Europarat eingetreten war. Dessen Gründung hatte der Haager Kongress beschlossen.

Die Ehrung galt dem Fürsprecher des noch jungen europäischen Einigungswerks, nicht einem Mann der Tat wie Robert Schuman, Jean Monnet, Konrad Adenauer oder Alcide de Gasperi. „Unschuldsvoll ließ Winston Churchill seine wässerigen blauen Äuglein über die erlauchte Versammlung gleiten, als … im Aachener Rathaus seine guten Werke aufgezählt wurden," beobachtete einer der anwesenden Journalisten mit gequälter Ironie. „Unverhohlen musterte er voller Interesse die lila- und purpurfarbenen Gewänder der Vertreter von Klerus und Technischer Hochschule. Zettel, die in seinem Programm lagen und die er nicht mehr benötigte, warf er ungeniert auf den Fußboden."[1]

Ehrengästen und Journalisten fiel bei den Feierlichkeiten in Aachen die Hinfälligkeit des neuen Preisträgers auf und im Vergleich dazu die Spannkraft des deutschen Bundeskanzlers. Er, der den Preis im Vorjahr erhalten hatte, war nur unwesentlich jünger als der Geehrte und hielt nun die Laudatio. Doch, so war nach dem Festakt im Rathaus zu lesen, der „Vorsprung an Frische, den Bundeskanzler Konrad Adenauer beim Erklimmen der Treppenstiegen [zum Krönungssaal] bewiesen hatte, schwand jäh, als der deutsche Kanzler und der britische Kriegspremier nacheinander auf das Rednerpult stiegen."[2] Denn im Gegensatz zu Adenauer mit seiner eher konventionellen Laudatio beherrschte der Preisträger mit dem, was er sagte, am nächsten Tag die Schlagzeilen der Weltpresse. In London und Bonn war von Überraschung, ja von Bestürzung die Rede. Warum die Aufregung?

Auf Europa und seine wirtschaftliche und politische Integration, ebenso notwendig wie ersehnt, ging Churchill in seiner Aachener Ansprache nur am Rande ein. Dass er erneut, wie schon zehn Jahre zuvor in Zürich, die dauerhafte Aussöhnung zwischen Frankreich und Deutschland einforderte, entsprach seiner bekannten Überzeugung von den Voraussetzungen für ein sich vereinigendes Europa. Damit konnte er seine Zuhörer nicht überraschen. Aber dann sprach Churchill über die Sowjetunion und das Nordatlantische Bündnis, in das die Bundesrepublik im Mai 1955 aufgenommen worden war. „Eine neue Frage ist durch die kürzliche Entthronung Stalins in Russland aufgetaucht.[3] Wenn sie aufrichtig gemeint ist, haben wir es mit einem neuen Russland zu tun, und ich selbst erblicke keinen Grund, warum, wenn dem so ist, das neue Russland sich nicht dem Geiste dieses feierlichen Abkommens [der NATO] anschließen sollte. Wir müssen einsehen, wie tief und aufrichtig die russischen Befürchtungen wegen der Sicherung ihrer Heimat gegen eine Invasion von außen sind. In einer wahren Einheit Europas muss Russland eine Rolle erhalten."[4]

Was Churchill mehr oder weniger unverblümt vorschlug, war die Einbeziehung der kommunistischen, totalitären Sowjetunion in die militärische und politische Integration des

Westens und ihre Aufnahme in die NATO, die in den westeuropäischen Ländern gerade als Bollwerk und Schutz vor der expansiven Politik Moskaus begriffen wurde. Wies Churchill hier in Aachen den Königsweg zur Überwindung des Kalten Krieges zwischen Ost und West, zur nachhaltigen Befriedung eines von zwei Kriegen verwüsteten Kontinents und einer von ideologischen Konfrontationen gequälten Welt? Hielt er, der erfahrene Politiker, den Ausgleich und eine Versöhnung des Westens mit der Sowjetunion nach dem Ende der Gewaltherrschaft Stalins für möglich? War das realistisch gedacht, von Churchill wirklich so gemeint?

Churchills Anregung in seiner Aachener Rede erschien einfach, ja logisch. Wenn der Westen seinerseits auf die nicht zu leugnenden sowjetischen Bedrohungsängste Rücksicht nahm, ließ sich die immer wieder beschworene Bedrohung Westeuropas durch die aggressive Sowjetunion wirkungsvoller vermindern als durch militärische Mittel. War ein solches Konzept, das auf die existentiellen Interessen und Ängste der Gegenseite Rücksicht nahm, nicht die Grundlage jeder vernünftigen Politik zwischen Ost und West im Zeitalter der atomaren Waffen? Offenbar, denn beim festlichen Bankett im Aachener Kurhaus bekräftigte der greise Churchill noch einmal seine unerwartete Anregung: „Man muss den Russen ihre Furcht nehmen."[5] Während er sich danach seiner Zigarre widmete, wies der alarmierte Bundeskanzler seine Beamten und Mitarbeiter an, die ihm exzentrisch anmutende Idee einer NATO-Mitgliedschaft der Sowjetunion während der anstehenden Visite Churchills in Bonn nicht mehr anzusprechen.

Bei seinem ersten Besuch im Nachkriegsdeutschland seit der Potsdamer Konferenz im Juli 1945, zunächst in Aachen und anschließend noch in der provisorischen Hauptstadt der Bundesrepublik und bei britischen Truppen in Celle, erlebten die Deutschen den Menschen und Staatsmann Churchill so, wie ihn seine Landsleute und die Welt seit über fünf Jahrzehnten kannten: listig und ideenreich, provozierend und neugierig, doch zugleich visionär, in großen historischen Zusammenhängen und langfristigen Perspektiven denkend. Obwohl gebrechlich und vom Alter gezeichnet, hatte der große Überlebende der alliierten Mächtekoalition gegen Hitler-Deutschland, neben Stalin und Roosevelt einer der „Großen Drei", seine geistige Beweglichkeit und Neugier nicht verloren. Wie schon so oft in seiner langen politischen Karriere dachte er wieder einmal das Undenkbare, das unmöglich Scheinende. Und er scheute sich auch nicht, es auszusprechen, selbst dann nicht, wenn dies seine Gastgeber schockierte. Nach Meinung seines Ministers und späteren Nachfolgers als Regierungschef Harold Macmillan blieb Churchill selbst noch im hohen Alter „so etwas wie ein *enfant terrible*."[6] Aber die Aachener erlebten letzten Endes auch den Churchill, der während seiner Zeit als aktiver Politiker mit seinen unkonventionellen Ideen, unzeitgemäßen Warnungen und Vorschlägen bei seinen Zeitgenossen auf Unverständnis stieß, der oft als eigensinniger Phantast abgetan wurde und der in der politischen Praxis deshalb nicht selten gescheitert war.

In der Abenddämmerung seines Lebens applaudierten die Aachener und mit ihnen die deutsche Öffentlichkeit dem „großen Weltbeweger",[7] wahrscheinlich dem bedeutendsten Staatsmann des 20. Jahrhunderts. Im Krieg gegen das nationalsozialistische Deutschland hatte er eine ganze Nation zum verbissenen Widerstand inspiriert; er hatte dem sowjetischen Tyrannen Stalin die Stirn geboten und im Augenblick der größten Katastrophe Europas dem Kontinent den Weg in eine hellere, von Chauvinismus und Unterdrückung befreite Zukunft der Verständigung und Zusammenarbeit gewiesen.

Schon damals eine legendäre Gestalt schien Churchill als Politiker vielen einer längst vergangenen Epoche anzugehören – eine Gestalt, die noch in der verblichenen Welt des Britischen Empire lebte, dessen Ende er nicht wahrhaben wollte, das er gleichwohl beschleunigte. Er war in der Regierungszeit der Königin Viktoria zum ersten Mal ins Parlament gewählt worden und hatte in über sechs Jahrzehnten als Abgeordneter sechs Monarchen die Treue geschworen. Insofern war er ein Politiker in einer Zeit des Übergangs. Zu seinen Lebzeiten verlor Großbritannien sein Weltreich, das es seit dem späten 18. Jahrhundert erworben hatte, und sank auf den Status einer europäischen Mittelmacht herab, deren Zukunft in einem sich einigenden Europa liegen musste. Churchill war jedoch ein Mann, für den das Weltreich ungeachtet aller zwischenzeitlich eingetretenen Veränderungen politische Realität blieb. Als er Anfang 1941 in Dover Küstenbatterien besichtigte, hörte einer seiner Begleiter, wie ein Arbeiter zu seinem Kollegen sagte: „Da geht das verdammte britische Weltreich." Die Geschichte wurde dem Premierminister erzählt. „Winston lächelte geradezu selig," berichtet sein damaliger Privatsekretär, „und flüsterte mir zu: ‚Sehr gut!' Ich glaube, dass ihm lange nichts so viel Freude bereitet hat."[8]

Churchill weigerte sich beharrlich, den beispiellosen Bedeutungsverlust seines Landes im und nach dem Zweiten Weltkrieg mit allen sich daraus ergebenden Konsequenzen zur Kenntnis zu nehmen. Seine ambivalente Haltung zur europäischen Einigung, die seit 1949 allmählich Gestalt annahm, ist dafür ein beredtes Zeugnis. Doch in der Kühnheit seines politischen Denkens und seiner unbeirrbaren Zielstrebigkeit war Churchill, „jener außergewöhnliche Mann",[9] nahezu allen Politikern seiner Zeit überlegen. Das hatte er im Laufe seines langen Lebens immer wieder bewiesen. Als in den dunkelsten Jahren des 20. Jahrhunderts die Welt in Rechtlosigkeit und Gewalt, in Barbarei und Verzweiflung zu versinken drohte, standen sein Name und sein politisches Handeln für Freiheit, für Hoffnung und für die Würde des Menschen.

Sicher, leidenschaftliche Kritik an Churchills politischen Überzeugungen, Winkelzügen und Entscheidungen hat es immer gegeben. Seine politischen Gegner im und außerhalb des Parlaments von Westminster, und davon gab es viele, sahen in ihm den Hasardeur und machthungrigen Opportunisten, jemanden, der Täuschung und den Einsatz bedenklicher Mittel zur Erreichung seiner Ziele nicht scheute – angeblich skrupellos und häufig auf geradezu absurde Weise egozentrisch und extrovertiert. Britische Historiker haben auf seine gar nicht zu leugnenden Fehler und Versäumnisse hingewiesen, auch auf seine politischen Misserfolge, sein „Versagen",[10] und an seine Verstrickung in Schuld und Unrecht erinnert.[11] Und David Cannadine hat jüngst eine Neubewertung seines großen Landsmannes wie auch seines Werkes gefordert, bei der auch die „unangenehmen Seiten" seines Charakters, seiner Karriere und sogar die seiner Verwandtschaft stärker berücksichtigt werden müssten.[12]

Gleichwohl, bei seinem Tode am 24. Januar 1965 fielen in den Nachrufen Worte mit sakralen Anklängen wie Retter („saviour") und Erlöser („deliverer").[13] Sie nahmen Elemente von Churchills eigenem Sendungsbewusstsein auf und richteten den Blick ausschließlich und allein auf seine triumphale Rolle in den fünf Kriegsjahren zwischen Mai 1940 und Mai 1945. Das war eine Sicht Churchills und seines Werkes nach dem Geschmack seiner Bewunderer und Verehrer, deren Zahl seit 1940 rasch wuchs und öffentliche Kritik an ihm nahezu verstummen ließ. „Eine überragende historische Gestalt schon zu Lebzeiten," schrieb Isaiah Berlin, der weise Philosoph und spätere Oxford-Professor, 1949 über den ehemaligen Premierminister, „übermenschlich kühn, stark und weit blickend, einer der zwei bedeutendsten Männer der Tat, die seine Nation je hervorgebracht hat, ein Redner von hinreißender Kraft, der Retter seines Landes, ein mythischer Held, der ebenso ins Reich der Sage wie in die Wirklichkeit gehört, der größte Mensch unserer Zeit".[14] Der andere „bedeutende Mann der Tat"? Berlin nennt keinen Namen.

Knapp ein Jahrzehnt später schloss sich der Zeitgenosse Konrad Adenauer der frühen, heroisierenden Einschätzung Churchills durch Isaiah Berlin an, nüchterner in der Sprache, aber nicht weniger eindeutig und überzeugt von der überragenden historischen Bedeutung des Staatsmannes im Ruhestand: „Ich halte unbedingt Churchill für einen großen Mann. Er hat sein Land gerettet, als sein Land in einer sehr schwierigen Situation war."[15] Sein amerikanischer Biograph William Manchester nannte Churchill den „letzten Löwen", „the last lion".[16] Im November 2002 ergab eine Meinungsumfrage, dass ihn seine Landsleute für den größten Engländer aller Zeiten halten.

In seiner bedeutenden Biographie des deutschen Diktators stellt der renommierte britische Historiker Ian Kershaw die Frage, ob das 20. Jahrhundert das Zeitalter Hitlers gewesen sei. Kein anderer habe es stärker geprägt als er, und keiner sei „mit seiner Herrschaft weltweit so tief in das Gesamtbewusstsein der Menschen eingedrungen wie Adolf Hitler". Kershaw räumt allerdings ein, dass es auch politische Führer gegeben hat, die die positiven Werte des Jahrhunderts symbolisieren und „den Glauben an die Menschheit und die Hoffnung auf die Zukunft verkörpern". Er nennt als Beispiele Franklin D. Roosevelt, Winston Churchill, John F. Kennedy und aus jüngster Zeit Nelson Mandela. Doch wenn man die Bilanz aufmache, habe Hitler tiefere Spuren im 20. Jahrhundert hinterlassen als jeder andere.[17] Das ist sicher richtig – indes, so kann man einwenden, es sind negative Spuren der Unterdrückung und der Verfolgung, des schrankenlosen Nationalismus und des Rassismus, der zynischen Immoralität, der Verwüstung und des Todes. Für Kershaw wie für Churchill führte die zwölfjährige Hitler-Diktatur „zu einem Kollaps der modernen Zivilisation".[18] Churchills historische Größe besteht aber gerade darin, dass er die Grundlagen für deren Über- und Weiterleben legte, entschlossen, charismatisch, mit mitreißendem Pathos und kompromissloser Konsequenz. Churchills Spuren im 20. Jahrhundert sind deshalb von ganz anderer Qualität. Sie zeugen vom Triumph einer Politik, in deren Zentrum der Mensch steht, vom Sieg über den Hass, den moralischen Nihilismus, die Unfreiheit, das Unmenschliche. Churchills Spuren führen ins 21. Jahrhundert, und die Menschen heute lesen sie mit Dankbarkeit und Bewunderung.

Ein „Mann in seinem Widerspruch"[19] war Churchill ohne Frage. Darin sind sich alle seine Biographen einig, die sich seit über einhundert Jahren, seit 1905,[20] mit dem Leben dieses außerordentlichen Menschen beschäftigt haben. Das Urteil der Mit- und der Nachwelt über ihn sei „ebenso widerspruchsvoll und inkonsequent wie sein eigenes Urteil zu fast jeder wichtigeren Frage, mit der er einmal befasst war".[21] Das, was die Biographen bis heute offenbar im gleichen Maße fasziniert wie irritiert, wurzelt in der komplexen Persönlichkeit Churchills, in seiner ungewöhnlichen Wandlungsfähigkeit und Vielseitigkeit. Beides katapultierte ihn weit über das Maß des modernen Durchschnittspolitikers hinaus auf eine völlig andere Ebene. Der Zeitgenosse und Ex-Premier David Lloyd George hatte dafür schon früh ein Gespür. Er sah in Churchill „eines der bemerkenswertesten und verwirrendsten Rätsel unserer Zeit".[22]

Der weltläufige Churchill, in dessen Jugend Großbritannien eine einzigartige Stellung unter den Staaten und Nationen der Erde einnahm, sprengte die Dimensionen des Bekannten, des Vorhersehbaren. „Im Rückblick bleibt Anlass zum Staunen," meinte vor einigen Jahren einer seiner deutschen Bewunderer. „Eigentlich war Churchill ja ein Erbe des 19. Jahrhunderts, durch die Umstände seiner Herkunft verwöhnt, und die altmodischen Züge an ihm zeigen sich deutlich genug. Dennoch erwies er sich als zukunftstauglich, weil er begriff, dass die westliche Zivilisation eben nicht oder nicht mehr … sich von selbst verstand, sondern dass sie ein Kunstprodukt der Geschichte war, an viele Voraussetzungen gebunden und so leicht zu zerbrechen wie jedes edle Gefäß. Eben dies machte ihn zum Konservativen, zum entschlossenen Verteidiger von Freiheit und Recht."[23]

Churchill selbst hat sich gern als Staatsmann gesehen, den das Schicksal dazu bestimmt habe, seinem Land zu dienen und in der Stunde der höchsten Gefahr eine feste Führung zu geben. Seit Mitte der 1930er Jahre begriff er sich als Gegenspieler des deutschen Diktators, dessen politischen Aufstieg er wenige Jahre zuvor noch mit wohlwollender Neugier beobachtet hatte,[24] dessen brutale Mentalität er jedoch schon früh verabscheute. Dabei hatten die beiden Kontrahenten in dem Duell, das im April 1945 mit dem Selbstmord Hitlers endete, kaum etwas miteinander gemein. Sie lebten in geistigen und politischen Welten, die unterschiedlicher nicht sein konnten. Ihr sozialer Hintergrund, das soziale Umfeld ihrer Kindheit und Jugend trennte eine unüberbrückbare Kluft. In ihrer Lebenserfahrung, ihren politischen Überzeugungen und Zielen, ihren ethischen Maßstäben, sofern solche bei Hitler überhaupt vorhanden waren, gibt es keine Parallelen. Sie waren „zwei absolut entgegen gesetzte Persönlichkeiten",[25] die sich nie begegnet sind. „Ohne Churchill hätte Hitler triumphiert," urteilte Sebastian Haffner, „und ohne Hitler wäre

Churchill als ein brillanter Versager und Anachronismus [sic] verstorben. Die beiden Männer ... marschierten, ohne es zu wissen, seit Jahren aufeinander zu und fochten dann ein tödliches Duell miteinander aus."[26]

Was Churchill und Hitler allerdings verband und was sie in einer einzigartigen Konstellation der Geschichte Europas aufeinander treffen ließ, war die brennende Leidenschaft für Politik, für politisches Handeln, für die dramatische Geste, für den theatralischen öffentlichen Auftritt und die Faszination durch das Kriegerische. Es war der Wille zum Sieg um jeden Preis und der unbeirrbare Glaube an ein vorbestimmtes Schicksal.

Nach seinem eigenen Zeugnis war für Churchill die Politik schon früh Berufung, und sie sollte es ohne Abstriche bis zu seinem Ausscheiden aus dem Parlament ein Jahr vor seinem Tode bleiben. Mehr als sechs Jahrzehnte hat er ihm angehört, länger als jeder andere vor und nach ihm. Churchills Biograph Roy Jenkins meint, die Hingabe an seine politische Karriere und seine Überzeugung, ein Mann des Schicksals zu sein, seien weitaus stärker gewesen als alle Loyalitäten für Familie und Klasse.[27] Aber die Aufgaben, von denen sich Winston Churchill als Parlamentarier und Minister herausgefordert sah, füllten seinen unruhigen Geist, seinen ungestümen Tatendrang wie auch seine lebhafte Phantasie nur in seltenen Momenten völlig aus. Deshalb begriff er sich trotz aller Leidenschaft für das Politische nie als Berufspolitiker – das war ihm zu eng. Vielmehr verstand er sich auch als Journalist und Schriftsteller, als Offizier und Militärstratege, als Polospieler und Maler, ja sogar als Maurer und Gartenarchitekt.

Stellt man sein umfangreiches historiographisches Werk in den Vordergrund, für das er 1953 mit dem Nobelpreis für Literatur ausgezeichnet wurde, dann war Churchill ein „wunderbarer Geschichtenerzähler".[28] Ein solches Urteil hätte ihm gefallen. Als er 1954 in der Londoner Westminster Hall im Kreise von Freunden und politischen Weggefährten seinen 80. Geburtstag feierte, meinte er augenzwinkernd, er habe sich seinen Lebensunterhalt durch Reden und Schreiben verdient, „by my pen and my tongue".[29] In seiner Jugend wollte er Geschichte hautnah erleben, in Kuba, in Indien und in

Afrika. Seit 1940, eigentlich schon im Pensionsalter, machte er selbst Geschichte, Weltgeschichte. „Mit dem Ersten Weltkrieg rückte er formend und schaffend in die Mitte des historischen Geschehens," beobachtete der Publizist Peter de Mendelssohn. „Mit dem Zweiten Weltkrieg stand er an der Spitze und beherrschte es."[30]

In vielen seiner Rollen und Tätigkeiten brillierte Churchill, war er mehr als nur ein begabter Amateur und kenntnisreicher Liebhaber. Die Breite seiner Persönlichkeit und die beeindruckende Fülle der Talente, über die er offenbar mühelos verfügte, machten ihn zu einer der farbigsten, umstrittensten und interessantesten Erscheinungen seines Jahrhunderts. Niemand hätte das dem Kind prophezeit, das am 30. November 1874, eher zufällig und sieben Wochen zu früh, im prächtigen Schloss Blenheim in der englischen Grafschaft Oxfordshire statt im elterlichen Haus im Londoner Stadtteil Mayfair zur Welt kam. Ein herbeigerufener Landarzt versorgte notdürftig Mutter und Neugeborenes.

# Welterfahrung und politischer Wartestand (1874–1939)

## 1. Privilegierter Außenseiter und Abenteurer

Dass Winston Leonard Spencer Churchill im Schloss Blenheim geboren wurde, dem Stammsitz der Herzöge von Marlborough, ist ein deutlicher Hinweis auf die soziale Schicht, der er entstammte. Den Bau der weitläufigen Palastanlage, der größten auf den britischen Inseln und heute ein Unesco-Weltkulturerbe, hatte John Churchill (1650–1722) veranlasst, der berühmte Feldherr im langjährigen Krieg gegen das Frankreich Ludwigs XIV. Nach seinen glänzenden Siegen auf dem europäischen Kontinent wurde er von einer dankbaren Nation und einer ebenso dankbaren Monarchin, der Königin Anna, mit Ehren und finanziellen Dotationen überschüttet.

Vom schnell erworbenen Reichtum des ersten Herzogs vermittelt der Palast, benannt nach seinem Sieg beim bayrischschwäbischen Dorf Blindheim („Schlacht bei Höchstädt", 1704), noch heute eine lebhafte Vorstellung. Seit dem frühen 18. Jahrhundert gehörten die Churchills wie die Cecils, die Stanleys, die Russells oder die Cavendishs zum englischen Hochadel, dessen führende Mitglieder seit Jahrhunderten das Land besaßen und an seiner Regierung beteiligt waren. Große Land- und Schlossbesitzer waren die Churchills im 19. Jahrhundert immer noch. Doch ihre finanzielle Situation war prekär. Verschwendungssucht und Misswirtschaft forderten ihren Tribut. Sie mussten deshalb Ländereien, Gemälde, Juwelen und die Schlossbibliothek verkaufen. Oder die Töchter amerikanischer Millionäre heiraten.

Nach John Churchill, dem militärischen Genie, war die Familie in die politische Bedeutungslosigkeit abgesunken. Durch außergewöhnliche Talente fielen die Churchills bis zum Ende des 19. Jahrhunderts nicht mehr auf, eher durch gelegentliche Skandale einzelner Mitglieder der Familie und ihre Durchschnittlichkeit. Winston Churchills Großvater

**Abb. 2:** Schloss Blenheim, erbaut 1705 bis 1722 von Sir John Vanbrugh für John Churchill, erster Herzog von Marlborough.

John Winston Churchill, der siebente Herzog, hatte ein moderates Interesse an den öffentlichen Angelegenheiten des Landes gezeigt. Vom Konservativen Premierminister Benjamin Disraeli ließ er sich überreden, einige Jahre in Dublin als Vizekönig von Irland zu residieren (1876–1880), widerwillig und ohne politische Ambitionen, denn das repräsentative Amt war mit beträchtlichen Ausgaben verbunden, und die konnte sich der Aristokrat mit dem überdimensionierten Schloss im heimatlichen Oxfordshire im Grunde nicht leisten.

Lord Randolph Churchill, der 1849 geborene dritte Sohn des Herzogs, Winstons Vater, begleitete den neuen Vizekönig. Deshalb verbrachte Winston Churchill einige Jahre seiner Kindheit in Dublin. Dort wurde Anfang 1880 auch sein jüngerer Bruder John („Jack") geboren. Zu ihm hatte Churchill bis zu dessen Tod im Februar 1947 ein sehr enges Verhältnis. Der seit 1941 verwitwete John, der als Börsenmakler gearbeitet hatte und zeitlebens durch keinerlei Extravaganzen auffiel, lebte während des Zweiten Weltkrieges zeitweilig in Churchills Amtssitz 10 Downing Street.

Für Randolph Churchill, dem der Titel „Lord" gewissermaßen automatisch zufiel, weil er der Sohn eines Herzogs war, stellte Dublin eine Art Exil dar. Er hatte mit dem Prinzen von Wales, dem späteren Eduard VII., eine Aufsehen erregende Auseinandersetzung über das Vorleben einer Dame der Gesellschaft begonnen, die von Seiten des Prinzen in der Aufforderung zum Duell gipfelte. Lord Randolph ging darauf nicht ein. Sein zeitweiliges Verschwinden aus London sollte helfen, die Wogen des gesellschaftlichen Skandals zu glätten. Letztendlich erwiesen sich die Dubliner Jahre für Lord Randolph als Vorbereitungszeit für eine viel versprechende politische Karriere. Der Playboy, der in seinen jungen Jahren ganz im Sinne der Familientradition keinem Konflikt und keinem Skandal aus dem Wege ging, wandelte sich zu einem der bekanntesten Politiker der Konservativen Partei.

Gerade einmal 25 Jahre alt, umtriebig und ideenreich, hatte Randolph Churchill, der als Titular-Lord nicht dem Oberhaus angehörte, 1874 den „Familiensitz" Woodstock im Unterhaus gewonnen; zwölf Jahre später holte der dankbare Premierminister Lord Salisbury, Chef der Familie Cecil, den 37-Jährigen als Finanzminister ins Kabinett. Lord Randolph hatte zu dessen Sieg über den Liberalen William Gladstone in den Unterhauswahlen jenes Jahres entscheidend beigetragen. Die Zeitgenossen sahen in ihm schon den künftigen Premierminister eines modernen Großbritanniens. Sein von Disraeli übernommenes Konzept der „Tory Democracy" sollte der alten Partei der Reichen und Privilegierten neues Leben einhauchen und ihr Wählerschichten erschließen, deren politische Heimat eigentlich ganz woanders zu suchen war. Als Erster in seiner Partei zog Lord Randolph die nahe liegende Konsequenz aus der schrittweisen Demokratisierung des Wahlrechts in Großbritannien: Die Konservativen müssten ihre politische und soziale Programmatik so gestalten, dass sie auch für Bergleute, Werft- und Fabrikarbeiter und die wachsende Zahl der städtischen Büroangestellten wählbar wären. Auf viel Zustimmung stieß er damit zunächst nicht.

Winston Churchill hat seinen Vater, den begabten Redner, Demagogen und Taktiker, zeit seines Lebens bewundert, vielleicht auch geliebt, obwohl er ihn nur selten gesehen und gesprochen hat. Das mag, zumal aus heutiger Sicht, erschrecken. Doch die Distanz zwischen Eltern und Kindern war für die englische Aristokratie noch bis weit ins 20. Jahrhundert hinein typisch, sie ist es vielleicht heute noch. Bürgerliche Vorstellungen von Liebe und Geborgenheit für den Nachwuchs, von täglichem Umgang und der Zuwendung für die Kinder, waren dieser Schicht weitgehend fremd. Für sie galten andere, ältere Regeln, ähnlich wie für die sozialen Unterschichten Europas. In seinen Erinnerungen an Kindheit und Jugend, die 1930 erschienen sind, spricht Churchill nicht ohne Bitterkeit von den „drei oder vier vertrauten Unterhaltungen mit ihm [dem Vater], deren ich mich alles in allem rühmen kann", und vom Fehlen einer „inneren Beziehung mit meinem Vater."[1] Was sein berühmter Vater tat, worüber er im Parlament oder bei öffentlichen Veranstaltungen sprach, welche Regierungsämter er anstrebte oder übernahm, wie populär und wie verhasst er war – alles das erfuhr der Sohn allenfalls aus den Zeitungen. „Jahre hindurch hatte ich jede seiner Äußerungen und was die Zeitungen über ihn schrieben, genau studiert."[2] Einige seiner Reden kannte der Sohn, wie er der Mutter schrieb, fast auswendig.

Als Lord Randolph nach kurzer, spektakulärer politischer Karriere am 24. Januar 1895 vermutlich an einem Gehirntumor starb, war Winston Churchill gerade einmal 21 Jahre alt. In der Folgezeit glorifizierte er den abweisenden, fernen und dennoch so bewunderten Vater. Wenige Jahre nach seinem Tod schrieb er dessen Biographie, ein glänzendes, heute noch lesenswertes Zeugnis seiner lebenslangen Faszination für einen Menschen, dem er im Rückblick auf dessen stürmisches, für ihn letztlich rätselhaftes Leben näher zu kommen suchte.[3] Als Churchill schon im fortgeschrittenen Alter war, passierte etwas Merkwürdiges. An einem nebligen Novembertag des Jahres 1947, so ließ Churchill nicht nur seine Familie wissen, sei ihm der Vater im Malstudio seines Landhauses Chartwell in der Grafschaft Kent erschienen und habe ihm beim Malen zugeschaut. In einer längeren Unterhaltung habe er dem ungläubigen Vater über die vielen Veränderungen in Großbritannien und der Welt seit 1895 berichtet. Doch bevor er dem Vater von der eigenen politischen Karriere habe erzählen können, sei er wieder verschwunden.[4] Die überaus schwierige, im Grunde tragische Vater-Sohn-Beziehung sollte sich im Verhältnis zwischen Winston Churchill und dem eigenen Sohn Randolph wiederholen. Auch der jüngere Randolph suchte den späten Zugang zum Vater über eine monumental angelegte Biographie, die er aber selbst nicht zu Ende brachte.[5] Seine Tragik war es, aus dem Schatten des übermächtigen Vaters nie heraustreten zu können. Das führte zwischen ihnen zu Spannungen, immer wieder zu heftigen Auseinandersetzungen und zu Frustrationen auf Seiten Randolphs.

Winston Churchills Verhältnis zu seiner Mutter war enger, aber auch nicht immer herzlich und vertraut. Zeitweilig nahm es den Charakter einer Geschäftsbeziehung an, vor allem in den Jahren, in denen Winston seine militärische Ausbildung erhielt und in Indien Dienst tat. Geldnöte plagten ihn, und er musste die Mutter immer wieder um finanzielle Zuwendungen bitten. Die 1854 geborene Jennie (Jeannette) war die Tochter des New Yorker Parvenüs und Millionärs Leonard Jerome, dessen Reichtum offenbar durch Börsen- und Finanzspekulationen zustande gekommen war. Gründer und zeitweiliger Mitherausgeber der *New York Times*, wie Winston Churchill in der Biographie seines Vaters behauptet, war er sicherlich nicht, aber einige Zeit einer ihrer Eigentümer. Genaueres weiß man nicht.

Lord Randolph Churchill und Jennie Jerome hatten sich im Sommer 1873 während der Regatta von Cowes auf der Insel Wight kennen gelernt und acht Monate später, im April 1874, in der britischen Botschaft in Paris geheiratet. Dort, in der französischen Hauptstadt, hatte Jennie den größten Teil ihrer Jugend verbracht. Zeitgenossen rühmten ihre außerordentliche Schönheit. Winston Churchill erschien sie in der Erinnerung „immer wie eine Märchenprinzessin: ein strahlendes Wesen im Besitz unendlicher Machtfülle und grenzenlosen Reichtums … Sie leuchtete mir wie der Abendstern. Ich liebte sie zärtlich – aber von ferne".[6] In seinen Briefen an die

Mutter nannte er sie „my darling Mummy" oder „my dearest Mamma". Man mag es als Floskel abtun.

Märchenhaft und strahlend – aber auch mächtig und reich? Wir wissen, dass die herzogliche Familie Churchill über die Mitgift der Braut enttäuscht war. Die Dollarmillionen flossen nicht in dem erhofften Maße über den Atlantik, aber bis zu seinem Bankrott überwies der Vater Jennies durchaus stattliche Summen an die junge Familie. Der drittgeborene Randolph Churchill bezog von seinem Vater zudem eine Art Leibrente, so dass die Churchills über ein weit überdurchschnittliches Einkommen verfügten. Sie lebten in komfortablen Verhältnissen, doch entschieden über ihre finanziellen Möglichkeiten. Deshalb rissen im Haushalt der jungen Churchills die Klagen über fehlendes Geld eigentlich nie ab. Als Lord Randolph starb, deckte das Vermögen gerade einmal die Schulden.

Nach dem frühen Tod ihres Mannes heiratete Jennie Churchill noch zweimal, jeweils einen wesentlich jüngeren Mann, das letzte Mal 1919 mit 65 Jahren. Ihre finanzielle Situation verbesserte sich dadurch nicht. Doch sie war zumindest in der Lage, ihren Sohn während seiner Ausbildung und Dienstzeit in einem feudalen Kavallerieregiment zu unterstützen, allerdings nicht ohne ihn stets darauf hinzuweisen, wie schwer ihr die Zuwendungen angesichts ihrer beengten finanziellen Verhältnisse fielen. „Es gibt keinen Zweifel," meinte Churchill Anfang 1898 in einem Brief an die Mutter, „dass wir beide, Du und ich, in gleicher Weise gedankenlos sind – verschwenderisch und extravagant."[7] In diesen Jahren, so erinnerte sich Churchill später, „arbeiteten wir Hand in Hand als zwei Gleichstehende, mehr wie Bruder und Schwester, denn wie Mutter und Sohn. Wenigstens erschien es mir so. Und so blieb es bis zum Ende".[8] Jennie Churchill starb 1921 im Alter von 67 Jahren in London.

Was Jennie Churchill an Mutterliebe und emotionaler Zuwendung vielleicht nicht geben konnte, musste für ihre Söhne Winston und John („Jack") eine Kinderfrau übernehmen. Das war in aristokratischen Kreisen damals so üblich. Damit die

Mutter unbeschwert und ungestört ihren gesellschaftlichen Verpflichtungen während der Londoner „Season" nachgehen konnte, kümmerte sich eine Mrs. Elizabeth Everest um die Kinder. Für Winston Churchill war sie in seiner Kindheit und Jugend beides, Mutterersatz und Vertraute. „Mrs. Everest sorgte für mich und betreute mich in allem, was mir nötig war. Ihr teilte ich alle meine Kümmernisse mit, damals und während der Schulzeit."[9]

Die geliebte Mrs. Everest starb 1895, im gleichen Jahr wie der Vater. Churchill weinte an ihrem Grab. Ein kleines Portrait von Mrs. Everest hing in seinem Schlafzimmer bis zu seinem eigenen Tod. Dass er, wie übrigens auch Otto von Bismarck, Emotionen offen zeigte, war für den Politiker, Kriegsherrn und Premierminister später nicht ungewöhnlich. Nach einem deutschen Luftangriff im Oktober 1940 besuchte Churchill ein zerstörtes Wohnviertel im Süden von London. Alsbald umringten ihn Hunderte von Menschen, winkten ihm zu und versuchten, ihn zu berühren oder ihm die Hand zu schütteln. „Man hätte glauben können, ich sei gekommen, um ihr Lebenslos wesentlich zu verbessern," erinnerte sich Churchill. „Ich war ganz aufgewühlt und brach in Tränen aus. [General] Ismay, der uns begleitet hatte, berichtet, er habe eine alte Frau sagen hören: ‚Seht ihr? Es geht ihm wirklich nahe. Er weint!' Aber es waren nicht Tränen der Sorge, sondern des Staunens und der Bewunderung."[10]

Als der französische Präsident Charles de Gaulle, mit dem Churchill während des Zweiten Weltkriegs eine eher stürmische Beziehung unterhielt, 1960 während seines Staatsbesuchs in der Londoner Westminster Hall vor einem prominenten Publikum „le grand Churchill" begrüßte, brach der so Angesprochene in Tränen aus.[11] Tränen flossen bei ihm oft und reichlich, bei allen möglichen Anlässen, vor allem den traurigen. „Ich heule schrecklich viel," meinte Churchill entschuldigend, als 1952 ein neuer Privatsekretär seinen Dienst bei ihm antrat. „Sie werden sich daran gewöhnen müssen."[12] Die sensible und sentimentale Seite seines Charakters wird vom Bild des robusten, oft mit brutaler Härte und Entschlossenheit vorgehenden Kriegspremiers völlig überschattet.

Wenn Winston Churchill in seinen Erinnerungen von den „Kümmernissen" seiner Schulzeit sprach, untertrieb er. Er musste Internate und Privatschulen besuchen, an die er sich in der Rückschau nur mit großem Widerwillen und Zorn über die dort vergeudete Zeit erinnerte. Die Erziehung von Sprösslingen aus seiner Gesellschaftsschicht folgte im England des späten 19. Jahrhunderts zwar gewissen Konventionen, sie hing aber auch von individuellen Entscheidungen der Familie ab. So erhielt Churchill, als er ungefähr vier Jahre alt war, ersten Unterricht von einer Gouvernante, von der er noch Jahre später mit wenig Sympathie sprach. Ab dem 7. Lebensjahr schloss sich daran eine so genannte Vorbereitungsschule in Ascot nahe London an, nach den Worten Churchills eine „der teuersten und feinsten des Landes".[13] Das mag von ihm ironisch gemeint gewesen sein, denn gleich in der ersten Unterrichtsstunde verlangte der Lehrer von ihm eine lateinische Deklination und drohte ihm mit Prügel. An dieser Schule, und das war sicher nicht ungewöhnlich für die Zeit, galt körperliche Züchtigung als Allheilmittel für lernunwillige Schüler.

Die Wirkung solcher, heute archaisch anmutender Erziehungsmethoden auf den neuen Schüler war absehbar: „Wie hasste ich diese Schule, in der ich mehr als zwei Jahre ein Leben voller Ängste lebte! Ich machte nur geringe Fortschritte im Lernen und gar keine im Sport. Tage und Stunden zählte ich, bis ich aus dieser verhassten Knechtschaft wieder zu den Ferien nach Hause käme."[14] Der schmächtige Junge lispelte und begann zu stottern. Er war, meinte Churchill rückblickend, „was so die Erwachsenen in ihrer vorschnellen Art ein ‚schwieriges Kind' nennen."[15] Nur Lesen habe ihm damals Freude bereitet. Als ihm der Vater Robert L. Stevensons *Die Schatzinsel* schenkte, verschlang er das Buch mit Begeisterung. „Meine Lehrer stellten Rückgang der Leistungen und Frühreife fest, da ich Bücher las, die meinen Jahren nicht entsprachen, und dabei der Letzte in der Klasse war."[16]

Eine ernsthafte Erkrankung, nicht Zweifel der Eltern an der Qualität der Schule, erzwang schließlich den Wechsel zu einer kleinen Privatschule in Brighton, dem Seebad an der englischen Südküste. Der Hausarzt der Familie meinte, das

„zarte Kind" müsse in der Seeluft zu Kräften kommen. In Brighton blieb Churchill dreieinhalb Jahre, bis 1886, immerhin, wie er selbst einräumte, in einer „Atmosphäre von Güte und Verständnis".[17] So hatte er später auch ein paar versöhnliche Worte für die Institution übrig, die von zwei älteren Damen geführt wurde: „In dieser Schule durfte ich lernen, was mir Freude machte: Französisch, Geschichte, Poesie (ich konnte eine Menge Gedichte auswendig), und vor allem Reiten und Schwimmen. Diese Jahre stehen als ein freundliches Bild in meiner Erinnerung, ganz im Gegensatz zu meiner ersten Schulzeit."[18]

Da die beiden Damen auch seinen „religiösen Skrupeln" mit „viel Einsicht und Zartheit Rechnung" trugen, gelangte er „ganz von selbst zu einer weitherzigen Toleranz in allen Glaubenssachen."[19] Toleranz ja, aber auch fest in Glaubenssachen? Zeitlebens war Churchill kein religiöser Mensch im konventionellen Sinne. In seinen Jugenderinnerungen schreibt er, dass er im Winter des Jahres 1896/97 zu „einer entschieden antireligiösen Anschauung" gekommen sei.[20] Jede Religion, besonders der Katholizismus, sei ein „köstliches Betäubungsmittel" („a delicious narcotic"), meinte er 1899 in einem Brief an seinen Vetter.[21] Von Lord Moran, Churchills Leibarzt seit Mai 1940, ist die Feststellung überliefert, dass die Loyalität zu König und Vaterland, und zwar in dieser Reihenfolge, eigentlich alles an Religion darstelle, über die sein Patient verfüge.[22] Sicher eine vereinfachende Aussage, aber die Äußerungen Churchills zu Glaubensfragen sind spärlich. Churchills langjähriger Privatsekretär John Colville hielt seinen Chef für einen Agnostiker, „der jedoch mit zunehmendem Alter ... zu der Ansicht kam, dass es doch eine Allmacht gibt, die einen bestimmenden Einfluss auf unser Schicksal ausübt. In die Kirche ging er selten; seltsamerweise liebte er jedoch Taufen. Aber unzweifelhaft kam er in späteren Jahren zu der Überzeugung, dass nach diesem Leben noch etwas kommen müsse."[23] Churchill habe die orthodoxe Religion durch einen weltlichen Glauben an den historischen Fortschritt ersetzt, mit einer starken Betonung der zivilisatorischen Sendung Großbritanniens und des Britischen Weltreichs, schreibt der britische Historiker Paul

Addison. „Das ging einher mit einem mystischen Glauben an das Wirken der Vorsehung, oft abgeschwächt durch Zynismus und Depressionen."[24]

Die relativ glückliche Phase seiner Schulzeit in Brighton hatte für den jungen Winston bald ein Ende. Kurz nach seinem zwölften Geburtstag schickten ihn seine Eltern nicht nach Eton, wie es die Familientradition geboten hätte, sondern nach Harrow, auch eine der renommierten Internatsschulen des Landes. Im 19. Jahrhundert hatte sie zwei künftige Premierminister hervorgebracht – Sir Robert Peel und Lord Palmerston. Wie schon in seinem ersten Internat in Ascot betrachtete man auch in Harrow die Prügelstrafe als probates Mittel der Charakterbildung. Im Übrigen wurde Churchill von der illustren Schule akzeptiert, weil er der Sohn eines prominenten Vaters war – nicht wegen seiner Leistungen bei der obligatorischen Aufnahmeprüfung.

In Harrow verbrachte Churchill nach eigenem Bekunden vom April 1888 bis Dezember 1892 viereinhalb qualvolle Jahre. Zwang, strikte Disziplin und eine stupide Pädagogik weckten bei ihm Renitenz gegen fast alles, was auf dem Lehrplan stand. Latein und Mathematik hasste er, ebenso die Sportarten Kricket und Fußball. Ein typischer Absolvent der „Public Schools" ist Churchill deshalb in Harrow nicht geworden. Eine solide Allgemeinbildung hat er dort ebenfalls nicht erworben. Das hat er in seinem späteren Leben immer wieder bedauert. Er war zu eigensinnig, um sich den oft befremdlichen Normen dieses Schultyps zu unterwerfen. Erst in fortgeschrittenen Lebensjahren entwickelte er zu seiner alten Schule eine sentimentale Beziehung.

Wie sich jedoch schon während der Schulzeit herausstellte, zählte zu Churchills unübersehbaren Stärken ein vorzügliches Gedächtnis. Sein Interesse konzentrierte sich in Harrow auf englische Literatur und Geschichte, speziell Militärgeschichte. Dauerhafte Freundschaften hat er während dieser Zeit nicht geschlossen. Er blieb ein Einzelgänger. Selbst später in seinem Leben können nur ganz wenige Menschen als enge Freunde bezeichnet werden. Für einen so kommunikativen Mann wie

Churchill ist das auffällig und schwer zu erklären. Er liebte Geselligkeit, schreibt einer seiner Biographen, doch „er redete, um Aufmerksamkeit zu erheischen und zu gewinnen."[25] Vor allem seit Übernahme der Regierung im Mai 1940 traten bei ihm Monologe an die Stelle von Dialogen. Indem er laut dachte, auf Einwürfe reagierte, gelangte er zu Entscheidungen. Seine Kabinettskollegen haben darunter gelitten. Anfang 1945, so berichtete Lord Moran, habe der Premier sie mit seiner Weitschweifigkeit und Redseligkeit „irritiert".[26]

Wegen seiner schlechten schulischen Leistungen sah der Vater in ihm fortan jedenfalls nur noch den Versager, ohne offenbar je nach den tieferen Ursachen für das Versagen zu fragen. Die Biographen reden vom schlechten Schüler. Doch solche Urteile greifen wahrscheinlich zu kurz. Churchill hat sich gegen das Image vom schlechten Schüler gewehrt und auf die Unzulänglichkeiten des erlittenen Unterrichts verwiesen. Da auch die Lehrer in Harrow allzu sehr auf Zwangsmittel vertrauten, „prallte alles an mir ab. Wo nicht mein Interesse geweckt, meine Vernunft und Vorstellungskraft beteiligt waren, da wollte oder konnte ich nicht lernen."[27] Seine Kritik am unfruchtbaren schulischen Drill und der geistigen Öde dieser Jahre war vernichtend: „In den ganzen zwölf Jahren meiner Schulzeit hat niemals einer mir beizubringen vermocht, dass ich einen richtigen lateinischen Satz schreiben konnte oder vom Griechischen mehr erlernte als das Alphabet."[28]

Was ihn wirklich interessierte, wurde ihm in der Schule gar nicht oder nur unzureichend geboten: „Ich will mich keineswegs für dieses törichte Versäumnis all der Möglichkeiten entschuldigen, die mir meine Eltern unter hohen Kosten verschafften und die mir meine Erzieher eindringlich ans Herz legten. Aber vielleicht hätte ich bessere Erfolge erzielt, wenn man mir die Alten durch ihre Geschichte und Kultur, anstatt durch ihre Grammatik und Syntax nahegebracht hätte."[29] In Prüfungen habe er versagt, weil ihn die Lehrer danach fragten, was er nicht wusste. „Während ich meine Kenntnisse auszukramen wünschte, suchten sie stets meine Unwissenheit bloßzulegen. Ein solches Verfahren hatte natürlicherweise das Ergebnis, dass ich bei den Prüfungen schlecht abschnitt."[30] Churchills bitteres Fazit: Die Schuljahre seien für ihn „die unerfreulichste, auch die ödeste und unfruchtbarste Zeit" seines Lebens gewesen, „eine Zeit voller Unbehagen, Zwang und sinnloser Eintönigkeit."[31] Viel lieber wäre er „bei einem Maurer als Handlanger in die Lehre gegangen oder als Laufbursche herumgerannt oder meinem Vater behilflich gewesen, die Schaufenster seines Kramladens zu dekorieren. Das wäre etwas Tatsächliches gewesen."[32] Ihn drängte es zu handeln.

Churchill mochte in dem exklusiven Internat vielleicht nicht gelernt haben, einen richtigen lateinischen Satz zu schreiben. Dafür verdankte er aber dem rigorosen Drill in Harrow die Fähigkeit, einen korrekten englischen Satz zu formulieren. Die Sprachmächtigkeit seiner literarischen Werke wird hier ihre Wurzeln haben. „Wir lernten nicht nur die englische Grammatik beherrschen," berichtete er, „sondern trieben auch ständig Sprachanalyse … Wir exerzierten das fast jeden Tag. Da ich dreimal so lange als jeder andere in der untersten Klasse saß, bekam ich das dreimal so oft eingetrichtert und lernte es gründlichst. Der Aufbau eines gewöhnlichen englischen Satzes … ging mir in Fleisch und Blut über."[33] Und für das fehlerlose Rezitieren von zwölfhundert Zeilen der Ballade *Lays of Ancient Rome* des Historikers Thomas Babington Macaulay gewann er zur allgemeinen Überraschung sogar einen Preis der Schule. Doch für die Aufnahme in eines der Colleges von Oxford oder Cambridge, Abschluss der Erziehung zum „gentleman", reichten die schulischen Leistungen Churchills bei weitem nicht aus. Die wichtige Zeit der Cliquenbildung im College, in der Netzwerke für das spätere Leben geknüpft werden, blieb ihm versagt. Churchill hat das rückblickend bedauert.

Wie sollte es weiter gehen? Welchen Beruf konnte der vermeintlich wenig begabte Sohn Lord Randolph Churchills anstreben? Der Vater entschied, dass sein Ältester, zumal angesichts seiner kindlichen Freude an Zinnsoldaten und nachgestellten Schlachten, die militärische Laufbahn einschlagen solle. Der Sohn war einverstanden: „Jahrelang glaubte ich, Erfahrung und Scharfblick meines Vaters hätten in mir das militärische Talent entdeckt. Später erfuhr ich, dass er lediglich zu der Überzeugung gekommen war, ich sei zum juristischen Studium nicht begabt genug … Von nun ab wurde meine Ausbildung ganz auf die Vorbereitung für Sandhurst eingestellt."[34]

Die Königliche Militärakademie in Sandhurst bezog Churchill als 19-jähriger Kadett im September 1893, nachdem er die langwierigen Folgen eines schweren Unfalls acht Monate zuvor auskuriert hatte. Dem Wechsel nach Sandhurst waren drei Versuche vorausgegangen, die Aufnahmeprüfung der Akademie zu bestehen. Zu den fünf Prüfungsfächern gehörte dabei unglücklicherweise Latein, und trotz intensiver Vorbereitung erwies sich dieser Teil der Prüfung für ihn als unüberwindliches Hindernis. Er habe offenbar ein „angeborenes Vorurteil" gegen Latein, „das mir anscheinend den Verstand verriegelte,"[35] meinte Churchill im milden Licht des Rückblicks auf seine dürftigen akademischen Meriten. Der Verdacht, dass hier die rigorosen Lehrmethoden im Internat von Ascot eine geradezu traumatische Rolle gespielt haben, liegt natürlich nahe. Nur weil er im Fach Mathematik, das er bekanntlich ebenso wie Latein verabscheute, unerwartet und mit viel Glück gut abschnitt, bestand er die Aufnahmeprüfung für die kostspielige Ausbildung zum Kavallerieoffizier. Vermutlich hat beim glücklichen Ausgang aller Bemühungen um die Aufnahme in die Akademie auch der Vater seine Hand im Spiel gehabt. Mathematische Formeln verschwanden nun endgültig aus seinem Leben – „gleich den Phantasmen eines Fiebertraums."[36] Die Erleichterung des jungen Winston war groß.

Nach den Qualen der Schulzeit verbrachte Churchill in Sandhurst, nach allem was wir darüber wissen, eine glückliche Zeit. Er genoss die praktische Ausbildung der Kadetten, trieb Sport und fühlte sich körperlich fit. Bei der Abschlussprüfung im Dezember 1894 erreichte er den achten Platz unter den 150 Kadetten seines Jahrgangs. Das war ein respektabler Erfolg. Churchill glänzte in den Fächern Taktik, Reiten, Tur-

nen und Exerzieren. Die Aufnahme in ein smartes Husarenregiment, die 4. Husaren in Aldershot, stand in Aussicht. Das
4. Husarenregiment, das bald nach Indien verlegt werden
sollte, gehörte zur einzigen Kavalleriedivision, über die Großbritannien damals verfügte.

Zu klären war allerdings noch die Kostenfrage, denn der
künftige Sold des Offiziersanwärters würde für die Anschaf-
fung der benötigten Uniformen, Pferde und die anstehenden
sozialen Verpflichtungen bei weitem nicht ausreichen. Doch
im März 1895 war das finanzielle Problem mit großzügiger
Hilfe der herzoglichen Familie gelöst. Churchill tauchte in die
Regimentsroutine ein, lernte das Polospiel, das er bis zu seinem 52. Lebensjahr mit großer Leidenschaft ausübte, und
unterhielt sogar ein eigenes Reitpferd. Die Behauptung:
„Keine Stunde im Leben, die man im Sattel verbringt, ist verloren,“ war eine seiner Lebensweisheiten, die er vor dem Hintergrund dieser Jahre gewonnen hatte. Und er fügte hinzu:
„Junge Leute sind oft zugrunde gegangen durch den Besitz
von Pferden oder durch das Wetten auf Pferde, aber niemals
durch das Reiten von Pferden, ausgenommen natürlich, sie
brechen sich das Genick, was aber, besonders wenn es im vollen Galopp geschieht, ein sehr schöner Tod ist.“[37] Pferde und
Pferderennen waren noch im hohen Alter Churchills Leidenschaft. Im Sommer 1956 scheute er nicht die Mühe, in Düsseldorf das (ihn enttäuschende) Abschneiden eines seiner
Pferde zu beobachten und sich vom zahlreich erschienenen
Rennpublikum feiern zu lassen.

Anfang des Jahres 1895 stand Churchill am Beginn einer
militärischen Karriere, die ihn dank seiner familiären Beziehungen möglicherweise bis in hohe Ränge der Armee geführt
hätte. Die berufliche Perspektive war mehr oder weniger festgelegt, und Churchill schien damit zufrieden zu sein. Nichts
hatte bis zu diesem Zeitpunkt auf einen anderen Beruf für ihn
hingedeutet. Eine politische Karriere des jungen Winston, in
den Fußstapfen des prominenten Vaters, ist im Kreise der
Familie offenbar nie erörtert worden. Er selbst hat sie zum
damaligen Zeitpunkt wohl auch nicht ernsthaft in Erwägung
gezogen.

**Abb. 3:** Winston Churchill als Leutnant des 4. Husarenregiments, ca. 1895.

Mit Politik war Churchill jedoch im Elternhaus immer wieder in Berührung gekommen. Das war gar nicht zu vermeiden. Gerade Anfang der 1890er Jahre lernte er dort, so erinnerte er sich, „viele der führenden Persönlichkeiten des parlamentarischen Kampfes kennen und war oft Zeuge, wie bei Tisch nicht nur Parteikollegen, sondern auch Gegner meines Vaters in liebenswürdiger Weise ihre Meinungen über die brennenden Tagesfragen austauschten."[38] Dabei und bei gelegentlichen Besuchen des Unterhauses erlebte er die Politiker des Landes aus nächster Nähe. Sie erregten sein lebhaftes Interesse. Der Vater nahm ihn nun hin und wieder zu politischen Gesprächsrunden bei Lord Rothschild mit. Als der Sohn, durch so lange entbehrtes Vertrauen ermutigt, den Wunsch äußerte, dem Privatsekretär des Vaters „beim Schreiben der Briefe zu helfen, machte er mich zu Eis erstarren."[39] Die verletzende Kälte des Vaters hat er zeitlebens nicht vergessen.

Was dem jungen Churchill in den frühen 1890er Jahren noch fehlte, war praktische Lebenserfahrung, eine Portion Abenteuer, zumindest die Gelegenheit, Fremdes und Ungewöhnliches kennen zu lernen. „Man muss … alles mitzunehmen suchen, was einem die Zeit bietet"[40] – das war ebenfalls eine seiner Lebensmaximen. Die Weihnachtsferien 1891/92 verbrachte er zu Sprachstudien in Versailles bei Paris. Im Sommer 1893 schickten ihn seine Eltern zusammen mit seinem jüngeren Bruder und einem Hauslehrer zu einer „Fußtour" ins Berner Oberland. Er habe Wetterhorn und Monte Rosa bestiegen, berichtete Winston. „Ich hätte auch gern das Matterhorn gemacht, aber erstens war das zu kostspielig, und außerdem hielt der Lehrer die Besteigung für zu gefährlich."[41]

Den Reisebericht Churchills sollte man nicht wörtlich, sondern als das nehmen, was er ist: Ausdruck der Erleichterung und der Euphorie darüber, dass er den schulischen Zwängen endlich entronnen war. Zum ersten Mal erahnte er die vielfältigen Möglichkeiten eines selbst bestimmten Lebens. Denkbar ist, dass der Tod des bewunderten, übermächtigen Vaters ebenfalls eine befreiende Wirkung auf ihn hatte. Der lebenskluge Sebastian Haffner sieht darin „*eine*

Erklärung dafür, dass der junge Winston Churchill mit 21 Jahren wie eine zusammengepresste, plötzlich entriegelte Feder vorwärtsschnellte."[42] Sein Leben nahm Churchill jedenfalls seither entschlossen in die eigenen Hände. „Von nun an war ich Herr meiner Geschicke,"[43] lautet der Schlüsselsatz in seinen Jugenderinnerungen, die in der deutschen Übersetzung nicht ohne Grund mit *Weltabenteuer im Dienst* betitelt sind. „Abenteuer im Dienst" wurde in der Tat nach der Kadettenzeit das Leitmotiv seines Lebens. Fortan stützte er sich mit Enthusiasmus auf die Talente, die sich in der Schule nicht hatten entfalten können. Risiken ging er dabei nie aus dem Wege. Noch im Zweiten Weltkrieg, als er die höchste politische Verantwortung trug, beharrte er entgegen dem dringenden Rat der Militärs immer wieder auf Frontbesuchen in vorderster Linie. Schon während der Ferien in der Schweiz wäre er im Genfer See, obwohl ein guter Schwimmer, kurz nach seinen fantasievollen Bergtouren aus Leichtsinn beinahe ertrunken.

Junge Briten aus Churchills Gesellschaftsschicht befriedigten ihre Abenteuerlust im 19. Jahrhundert, als das reiche Großbritannien im Zenit seiner Macht stand, üblicherweise mit der so genannten *Grand Tour*. Sie führte in der Regel auf den europäischen Kontinent, nach Frankreich und Italien, an den Mittelrhein und in die Schweiz, gelegentlich auch nach Griechenland und Kleinasien, wenn es denn exotische Landschaften und Stätten neuer archäologischer Entdeckungen sein sollten. Doch an der konventionellen *Grand Tour* des Adels und des reichen viktorianischen Bürgertums fand Churchill keinen Geschmack. Ihn zog es nach Kuba.

Warum ausgerechnet Kuba? Auf der Zuckerrohrinsel in der Karibik, damals noch im spanischen Besitz, hatten sich Teile der Bevölkerung gegen die Kolonialherren erhoben. Churchill war elektrisiert. Weil die angekündigte Stationierung des 4. Husarenregiments in Indien mehrere Jahre dauern sollte (Churchill selbst sprach von zwölf bis vierzehn Jahren), erhielt der Leutnant Churchill wie alle Offiziere des Regiments vor der Einschiffung noch einen großzügigen Urlaub. Über New York, wo er sich einige Tage bei einem einflussreichen Freund seiner Mutter aufhielt, reiste er im Herbst 1895 nach Havanna. Zuvor hatte er noch mit einer Londoner Zeitung vereinbart, über seine Erlebnisse und Beobachtungen auf der Insel zu berichten. Das sollte ihm bei der Finanzierung der Reise helfen.

Der tiefere Grund für die Kubareise war bei Churchill die blanke Lust am Abenteuer und Krieg. In Sandhurst hatte er die Sandkastenspiele der Generalstäbler kennen gelernt – und war fasziniert. Doch konnte man als junger Kavallerieleutnant, so fragte er sich, am Ende des 19. Jahrhunderts noch den wirklichen Krieg erleben? „Ein Jammer nur …," meinte er damals im jugendlichen Ungestüm, und so muss man seine Worte wohl bewerten, „dass es mit Kriegen zwischen zivilisierten Völkern endgültig vorbei war. Wäre man nur hundert Jahre früher geboren worden, wie herrliche Zeiten hätte man da gehabt! Wie schön sich vorzustellen, man wäre 1793 erst neunzehn Jahre alt gewesen und hätte noch mehr als zwanzig Jahre Krieg gegen Napoleon vor sich gehabt! Aber damit hatte es ein Ende … Nun die Welt immer vernünftiger und friedliebender wurde – und so demokratisch dazu –, war es mit den großen Tagen vorbei. Ein Glück nur, dass es noch wilde und barbarische Völker gab."[44]

Nach dem Ersten Weltkrieg, dem so beispiellos blutigen Konflikt zwischen den „zivilisierten Völkern" Europas, sah Churchill den Krieg mit anderen Augen. Er hatte ihn 1915 einige Monate an der Front in Flandern selbst miterlebt. Angesichts der Opfer und der Gräuel, deren Zeuge er wurde, hatte Krieg für ihn seine romantischen und abenteuerlichen Aspekte verloren. „Der Krieg, der bislang grausam und großartig war, ist nun grausam und erbärmlich geworden. Ja, er ist in seinem Grundwesen völlig zerstört,"[45] heißt es in seinen Jugenderinnerungen, die 1930 erschienen sind. Aber an der Überzeugung, dass der Krieg ungeachtet seiner „Erbärmlichkeit" auch noch im 20. Jahrhundert letztendlich ein legitimes Mittel der Politik war, hielt er unbeirrt fest. Die Fähigkeit und Bereitschaft, Krieg zu führen, sei eine unabdingbare Voraussetzung für den Frieden. Die Politiker trügen die Verantwortung, kriegerische Konflikte durch Verhandlungen und Diplomatie zu vermeiden. Doch war der Krieg unvermeidlich geworden, musste er mit aller Energie und Entschlossenheit geführt werden. Diese Einstellung unterschied Churchill von anderen britischen Premierministern und führenden Politikern seines Landes, den von ihm einmal herablassend genannten „Krämern und Eisenwarenhändlern"[46], in diesem nur so oberflächlich zivilisierten Jahrhundert. Nicht zufällig liebte er es, während des Zweiten Weltkrieges wie die Diktatoren der Epoche in Uniform aufzutreten. War es bei Churchill, wie Sebastian Haffner meinte, eine angeborene „Affinität zum Kriege", die „sein ganzes Wesen durchdrang und spannte"?[47]

Indes, wer dachte um 1894/95 schon an die Möglichkeit eines großen kriegerischen Konflikts in Europa, dem Kontinent, dessen Menschen ihn so gern, fortschrittsgläubig und optimistisch, als Hort der Zivilisation betrachteten und aus dieser Perspektive Motive und Legitimation für imperialistische Politik und Kolonialismus bezogen? Noch im verklärenden Rückblick, über dreißig Jahre später, brach bei Churchill die Begeisterung durch, mit der er sich in diesen für ihn so entscheidenden Jahren im ausgehenden 19. Jahrhundert die Welt der Abenteuer und gefährlichen Herausforderungen aneignete: „Von Sandhurst aus trat ich in die Welt. Sie öffnete sich mir gleich Aladdins Wundergrotte … Die Jahre von 1895 bis 1900 … übertrafen an Buntfarbigkeit, Abwechslung und Erlebnisfülle alles, was ich je gekannt habe … Blicke ich darauf zurück, so kann ich den hohen Göttern nur ehrlich danken für das Geschenk des Daseins. Alle Tage waren schön, und jeder noch schöner als der vorhergehende. Höhen und Tiefen, Abenteuer und Reisen; aber dabei stets das Gefühl der Bewegung und die Illusion der Hoffnung."[48]

Überall, so schien es, gab es für den jungen Husarenleutnant Aufregendes zu erleben. Da war Amerika, die Heimat seiner Mutter; da war die tropische Karibik, die bei ihm Erinnerungen an Stevensons *Die Schatzinsel* weckte, und da war das weltumspannende, immer noch wachsende Britische Empire, letzteres noch in all seinem romantischen Glanz. Das Empire beflügelte die Fantasie; es war ein großer Spiel- und Abenteuerplatz für junge Briten, wo man mit ein wenig Glück schnell

Karriere oder bisweilen sogar ein Vermögen machen konnte. Churchill gelang es jedenfalls, in einer so friedlich scheinenden Welt an vier Feldzügen teilzunehmen. Und an dem, was er dabei erlebte, ließ er die Öffentlichkeit daheim teilhaben. Seine Berichte aus Kuba, aus Indien, aus dem Sudan und aus Südafrika lasen die Menschen zuhause mit angehaltenem Atem. Der couragierte Offizier Winston Churchill, in dem der sterbende Vater bis zuletzt nur den Versager gesehen hatte, wurde binnen weniger Jahre zum viel gelesenen Journalisten und Schriftsteller, ja fast so etwas wie ein bewunderter nationaler Held.

Zunächst Kuba. In Begleitung eines befreundeten Leutnants landete Churchill, von New York kommend, Mitte November 1895 in Havanna. „In meinem jugendlichen Gemüt dachte ich, es müsste ein erregendes und gewaltiges Erlebnis sein, wenn man rings um sich die Kugeln pfeifen hörte und von Augenblick zu Augenblick mit dem Schicksal um Tod und Wunden spielte. Und nun ich überdies berufsmäßige Verpflichtungen auf diesem Gebiet übernommen hatte, hielt ich es für angebracht, durch eine Art persönlicher Generalprobe, durch ein in sich abgeschlossenes Experiment, festzustellen, ob ich solchen soldatischen Anforderungen auch gewachsen war. Demgemäß richteten sich also meine Blicke auf Kuba."[49]

Durch Vermittlung des britischen Botschafters in Madrid, einem Freund des verstorbenen Vaters, erhielten Churchill und sein Offizierskollege von den örtlichen Militärbehörden in Kuba die Erlaubnis, ein spanisches Truppenkontingent ins Aufstandsgebiet im Inselinnern zu begleiten. Das Klima, die anstrengenden Märsche und die unsichtbar lauernden Gefahren setzten den beiden zu. Bedenken wurden wach. Nun fragte sich Churchill auf einmal, ob das ganze „Experiment" nicht eine Narrheit sei: „Was also wollen wir hier eigentlich?" Doch aufkommende Zweifel an seinem Unternehmen wischte er schnell vom Tisch. Handelte er nicht so, wie es seinem Lebensgefühl entsprach? „Es ist der Lockruf der Jugend – das Abenteuer, und das Abenteuer um seiner selbst willen."[50]

Den ganz großen Krieg lernte Churchill auf Kuba nicht kennen, aber den kleinen Krieg sehr wohl, die Guerilla, bei der der Feind überall ist und klare Fronten nirgendwo auszumachen sind. Einige Male wurde die spanische Militärkolonne, der Churchill zugeordnet worden war, in unübersichtlichem Gelände in Scharmützel verwickelt. „Die Kugeln summten über unsere Köpfe hinweg …,“ schrieb Churchill später, „und schlugen klatschend in die aufseufzenden Palmbäume.“[51] Hier sprach der Effekte haschende Kriegsberichterstatter einer Londoner Zeitung. Doch das war's dann auch. In Lebensgefahr schwebten Churchill und sein Begleiter bei ihrer Expedition in feindliches Territorium vermutlich nie. Dafür sorgten schon die spanischen Gastgeber und Betreuer.

Ein bisschen Enttäuschung über das wenig dramatische Geschehen und den banalen Ablauf der selbst verordneten „persönlichen Generalprobe“ schwingt in Churchills Bericht aus Kuba unverkennbar mit, zumal auch die Truppe nach einigen Tagen unverrichteter Dinge den Rückmarsch angetreten hatte. Die militärische Feuertaufe hatte er wohlbehalten überstanden. „Der Ehre Spaniens wie auch unserer Neugier war damit Genüge geschehen,“[52] meinte er trocken. Weihnachten war er wieder in England. Im Rückblick auf die bizarre Kuba-Episode fiel ihm die Ironie nicht schwer. Den wirklichen Krieg sollte er schon kurz darauf in ähnlichen, aber auch ganz anderen Erscheinungsformen erleben, zunächst in Indien und danach in Afrika.

Die Einschiffung des 4. Husarenregiments nach Indien war für den Herbst 1896 vorgesehen. Bis dahin hatte Churchill Urlaub, den er nach der Rückkehr aus Kuba in London verbrachte. Die Erleichterung nach dem ersten überstandenen „Weltabenteuer“ wirkte nach. Er trieb ausgiebig Sport, vor allem Polo mit eigenem Pony, und „ergab“ sich „den Vergnügungen der Londoner Saison,“[53] die im Sommer das Leben der Oberschicht bestimmten. Der Premierminister Lord Salisbury, bemerkte Churchill, damals schon längst erfahren in hohen politischen Ämtern, im Rückblick auf die „gute alte Zeit“ seiner Jugend, „hat es stets sorgfältig vermieden, das Kabinett einzuberufen, wenn in Newmarket Rennen war;

und das Unterhaus hielt grundsätzlich während des Derbys keine Sitzungen ab."[54] Das war nicht frivol, eher Ausdruck für den Lebensstil einer Klasse, für den andere Maßstäbe und Regeln galten als im vermeintlich so nüchternen und rationalen 20. Jahrhundert.

Die Vergnügungen der exklusiven Londoner Gesellschaft in der „Belle Epoque" genoss Churchill nach dem Intermezzo in New York und Kuba in vollen Zügen, wenn auch manchmal mit einem Anflug von Gewissensbissen angesichts der tiefen Kluft in den Lebensbedingungen zwischen Herrschenden und Beherrschten, die auch ihm natürlich nicht verborgen blieb. „Ich ging von einer glänzenden Gesellschaft und Szenerie zur andern. Und die Wochenenden verbrachte ich auf jenen herrlichen Schlössern und Landsitzen, die durch ihre damaligen Besitzer mit der langen ruhmvollen Geschichte des Vereinigten Königreichs aufs engste verknüpft waren. Ich bin froh, dass ich – wenn auch nur für wenige Monate – jene nun dahingeschwundene Welt gesehen habe."[55] Churchill wusste: Er gehörte aufgrund seiner Herkunft zu dieser glamourösen Welt der Privilegierten und Mächtigen, die, sollte er einmal darauf angewiesen sein, auch seine Karriere nach Kräften fördern würden. Denn, so beobachtete er, „überall, wo man hinkam, traf man Freunde oder Verwandte. Die führenden Persönlichkeiten der Gesellschaft waren oft zugleich auch die führenden Staatsmänner im Parlament und ebenso die führenden Sportsmänner auf dem Turf."[56]

Im Hause seiner Großmutter, der Witwe des siebenten Herzogs von Marlborough, lernte Churchill denn auch den General kennen, der ihm ein Jahr darauf in Indien die Teilnahme an militärischen Expeditionen im Norden des Subkontinents ermöglichte. Noch bevor er in Indien angekommen war, hatte sich Churchill, der Enkel eines Herzogs, Patronagemöglichkeiten und Freiräume geschaffen, die den meisten seiner Offizierskollegen in dieser Form nicht so leicht zugänglich waren. Das Leben hielt mehr Überraschungen für ihn bereit, neue Abenteuer kündigten sich an. Alles in allem waren die unbeschwerten Monate in London und seine Jahre bei der Armee eine Zeit, an die Churchill im späteren Leben gern zurückdachte und von der er angesichts einer prosaischen Gegenwart mit Wehmut erzählte.

Früher als erwartet, nämlich im Herbst 1896, war es dann so weit. Die Zeit der Muße und der Vergnügen ging unwiderruflich zu Ende. Churchills Regiment schiffte sich im September in Southampton für die Reise nach Indien ein und erreichte nach 23 Tagen Bombay. Die lange Schiffsreise auf dem Truppentransporter hatte Churchill arg zugesetzt. Beim ersten Landgang ereilte ihn zudem eines der vielen Missgeschicke, die sein ganzes Leben begleiteten: Er kugelte sich das rechte Schultergelenk aus, und da die Sache vermutlich nicht sachgerecht behandelt wurde, machte sie ihm in den nächsten Jahren und Jahrzehnten immer wieder zu schaffen. „Er [der Schaden] lähmte mich beim Polo, verhinderte, dass ich je wieder Tennis spielen konnte, und wurde zu einem schweren Hemmnis in Augenblicken höchster Anstrengung oder Gefahr."[57]

Doch schneller als erwartet gab es Entschädigung für erlittenes Unglück. Selbst im fernen Bombay funktionierte das engmaschige soziale Netz, das für einen jungen Briten seiner Herkunft, den Spross der Marlboroughs, alle Unbillen des Lebens auf so angenehme Weise abzufedern vermochte. Der lokale britische Gouverneur, kurioserweise ein Lord Sandhurst, lud Churchill, gemeinsam mit einem Kameraden aus einer bekannten Londoner Bankiersfamilie, zu „einem Bankett von Glanz, Üppigkeit und geeistem Champagner"[58] ein.

Es gibt Hinweise darauf, dass Churchill sich der etwas absurden Begleitumstände seiner Ankunft in Indien durchaus bewusst war. Die Schiffsreise in qualvoller Enge und die schmerzende Schulter waren jedenfalls schnell vergessen – die angenehmen Seiten des Lebens ließen sich, wie er umgehend feststellen konnte, auch im fernen Bombay genießen. Man musste die Dinge nur mit Ironie betrachten. „Alles in allem hatte ich mir nach einem gründlichen Studium von achtundvierzig Stunden eine überaus günstige Meinung über Indien gebildet … Als wir uns dann todmüde zum Schlafen ausstreckten, waren wir gewisslich voll erfüllt von der Größe des Werkes, das England in Indien vollbrachte, und von seiner erhabenen Aufgabe, über primitive, aber liebenswerte Völker zu ihrem wie auch unserem Nutz und Frommen zu herrschen."[59]

In diesen Worten Churchills mochte Kritik an der britischen Kolonialherrschaft in Indien anklingen. Später, in den 1920er und 1930er Jahren, als mit dem Auftreten Gandhis die Forderung nach dem Ende der britischen Herrschaft in Indien lauter wurde, wollte Churchill jedoch von der Entkolonialisierung des Subkontinents nichts wissen. Was würde und was konnte die britische Herrschaft ersetzen? „Hindu-Despotismus"[60] behauptete Churchill im Dezember 1930. Und zwölf Jahre später erklärte er: „Ich bin nicht der Erste Minister des Königs geworden, um den Vorsitz bei der Liquidation des Britischen Reiches zu führen."[61] Deutlicher konnte man es nicht sagen. Für Churchill war Kolonialbesitz die Grundlage für die Macht und den Wohlstand Großbritanniens. Da vertrat er ganz altmodische, wenn man will: viktorianische Ansichten.

Bombay war nur Zwischenstation. Nach 36-stündiger Bahnfahrt erreichte Churchills Regiment die hoch gelegene südindische Stadt Bangalore, wo die 4. Husaren in einer komfortablen Kaserne Quartier bezogen, die Offiziere in „fürstlichen Bungalows."[62] Die Stadt war die wichtigste militärische Garnison der Briten im südlichen Indien. Im Oktober 1896 begann Churchill dort seinen Dienst, in einer Welt, die ihm jenseits der Kasernenmauern und Poloplätze völlig fremd war, im Grunde auch fremd blieb. Churchills Äußerungen zu den Verhältnissen, die er in Indien vorfand, sind relativ spärlich, obwohl die Offiziere des Regiments genügend Zeit hatten, das riesige Land kennen zu lernen und sich, wie Churchill rückblickend mit einem Anflug von Ironie schrieb, dem „Ernst des Daseins" zu widmen – dem Polospiel. Ihn interessierten vor allem der Sport, die Gelegenheiten für Abenteuer und die luxuriösen Aspekte des Lebens in Indien.

Im engeren Sinne stellte das riesige, exotische Land für Churchill also kein „Bildungserlebnis" dar. Er selbst gebrauchte das Bild vom Vorhang, der sich vor „einem anderen Planeten"[63] hob. Aber den anderen Planeten hat er im Grunde nie betreten. Er bewegte sich nahezu ausschließlich in einer britisch geprägten Umwelt, unter den Aristokraten, den Kolonialbeamten und Militärs, die den Subkontinent auf unnachahmliche Weise regierten und verwalteten. Dennoch waren die gut anderthalb Jahre Militärdienst in Indien für Churchill von nachhaltiger Bedeutung, und das in zweifacher Hinsicht. Zum einen mauserte er sich dort zum Autodidakten. In seiner reichlich bemessenen Freizeit versuchte er, das an Bildung und Kenntnissen nachzuholen, was er während seiner Schul- und Kadettenzeit in England, aus unterschiedlichen Gründen, mehr oder weniger versäumt hatte. Über seine einschlägigen Defizite pflegte Churchill keine Illusionen: „Zum ersten Mal in diesem Winter 1896 – ich hatte nahezu das zweiundzwanzigste Lebensjahr vollendet – regte sich in mir der Wunsch, etwas zu lernen. Ich begann mir klar zu werden, dass ich auf vielen umfangreichen Gebieten des Wissens auch nicht die leisesten Kenntnisse besaß. Ich hatte mir einen reichen Wortschatz angesammelt; und ich hatte eine Vorliebe für Worte ... Aber ich ertappte mich oft dabei, dass ich Ausdrücke anwandte, deren Bedeutung ich nicht genau angeben konnte."[64] Der junge, einseitig gebildete Husarenleutnant, der nie eine Universität von innen gesehen hatte, stellte Fragen, wollte lernen.

In Bangalore, ohne Lehrer und ohne Anleitung, entwickelte sich Churchill zum unersättlichen Leser, vor allem der historischen Werke Edward Gibbons (1737–1794) und Thomas Babington Macaulays (1800–1859). Beide Autoren gelten bis heute als Klassiker der englischen Geschichtsschreibung. Ihre großen, jeweils achtbändigen Studien über den Verfall und Untergang des Römischen Reiches (Gibbon) und die Geschichte Englands seit Jakob II. (Macaulay) haben literarischen Rang. Ihr Einfluss auf Churchills eigenen Schreibstil und seine politische Rhetorik lässt sich leicht aufzeigen. Noch im hohen Alter konnte er ganze Passagen aus ihren Büchern auswendig zitieren.

Neben diesen fraglos bedeutenden Werken, die ihn immer wieder begeisterten, las Churchill Texte, mit denen sich heutige Leser, wegen deren Sprödigkeit, Abstraktheit oder Langatmigkeit, wohl kaum aus eigenem Antrieb beschäftigen würden. Dazu gehörten aktuelle und historische Parlamentsreden, Schriften von Plato und Aristoteles, Thomas Robert Malthus und Charles Darwin, Adam Smith und Saint-Simon, Schopenhauer in Übersetzung und sogar eine, für seine Zwecke so abstrus anmutende Publikation wie das *Annual Register,* eine politische Jahreschronik, die der politische Philosoph Edmund Burke im späten 18. Jahrhundert begründet hatte. „Es war eine recht merkwürdige Art der Bildung," meinte Churchill im Rückblick. „Zunächst, weil ich mit leerem und hungrigem Geist und ziemlich kräftigen Kinnbacken heranging und alles verschlang, was mir unter die Finger kam. Und zweitens, weil ich niemanden hatte, der mir sagte, ‚das ist bereits überholt‘, … ‚über diesen Gegenstand gibt es ein weit besseres Werk‘, und so fort."[65]

In der Hitze Südindiens erwarb sich Churchill auf diese Weise, mit großer Zähigkeit, so etwas, was gemeinhin als literarisch-historische Allgemeinbildung bezeichnet wird. Lady Randolph, daheim in London, half ihm dabei nach Kräften. „Ich beschloss also, Geschichte, Philosophie, Volkswirtschaft und dergleichen zu lesen, und ich schrieb an meine Mutter mit der Bitte, die mir über diese Gegenstände genannten Bücher zu senden. Sie ging bereitwillig darauf ein, und mit jeder Post erhielt ich ein umfangreiches Paket von Werken, die ich für maßgebend auf dem betreffenden Gebiet hielt."[66] Zwischen Mutter und Sohn entstand über die enorme geographische Distanz hinweg ein Vertrauensverhältnis, wie Churchill es als Kind und Jugendlicher eigentlich nie erfahren hatte. Die gesellschaftlichen Kontakte der Mutter nutzte der Sohn nun auch bedenkenlos für seine journalistischen und beruflichen Pläne, ebenso ihre finanziellen Ressourcen. Das brachte ihm immer wieder mütterliche Vorhaltungen wegen seines allzu sorglosen Umgangs mit Geld ein. In punkto Sparsamkeit konnte Lady Randolph ihrem Sohn jedoch schwerlich ein Vorbild sein.

Noch in anderer Hinsicht war die Zeit in Indien für Churchill wichtig. Dort führte er das fort, was er in Kuba erfolgreich begonnen hatte. Er berichtete über seine Erlebnisse als Offizier und Beobachter an der Grenze Britisch-Indiens zu Afghanistan in einem kleinen Buch, das im Frühjahr 1898 in London erschien und dessen Grundlage von ihm verfasste Zeitungsberichte waren. *The Story of the Malakand Field Force. An Episode of Frontier War* war sein erstes, reichlich hausbacken betiteltes Buch, aber es machte ihn als Autor sozusagen über Nacht berühmt. Informativ und unterhaltsam schrieb er darin über die verlustreichen Anstrengungen der britischen Kolonialmacht, die Nordwestgrenze Indiens militärisch zu sichern. Es war das Jahr, in dem Königin Viktoria ihr diamantenes Thronjubiläum feierte. Exotik, Wagemut, Tapferkeit, Empire – das britische Lesepublikum war von der aufregenden Mischung fasziniert. Selbst der Thronfolger, der spätere König Eduard VII., hatte das Buch gelesen und dem jungen Autor einen lobenden Brief geschrieben. Churchill schien instinktiv zu wissen, wie die Wünsche großer Teile des Lesepublikums nach Abenteuern in fernen Weltgegenden und nach Eskapismus aus ihrem Alltag zu bedienen waren. Er freute sich gleichermaßen über den schriftstellerischen Erfolg wie über die damit einhergehenden Tantiemen.

Die Information, dass es an der Nordwestgrenze Indiens erneut zu Unruhen und Aufständen der Pathanen-Stämme gekommen war, die ein militärisches Eingreifen der Briten nötig machten, hatte Churchill während seines Heimaturlaubs in England im Frühsommer 1897 erhalten. Auffallend ist die Schnelligkeit, Energie und Zielstrebigkeit, mit der er daraufhin handelte. Er erinnerte zunächst den kommandierenden General des britischen Expeditionskorps, den er im Jahr zuvor bei seiner Großmutter kennen gelernt hatte, Ende Juli 1897 telegraphisch an das seinerzeit gegebene Versprechen, ihn an der bevorstehenden Strafexpedition an der unruhigen Grenze teilnehmen zu lassen.

Dann machte Churchill sich, ohne eine Antwort des Generals abzuwarten, auf den strapaziösen Weg. Mit der so genannten *India Mail* reiste er, natürlich auf eigene Kosten, per Eisenbahn vom Londoner Bahnhof Charing Cross durch Frankreich und Italien in 45 Stunden nach Brindisi und von dort mit dem Schiff durch Mittelmeer, Suezkanal und Rotes

Meer nach Bombay. Tage später traf er, nach einem zeitraubenden, wenngleich notwendigen Zwischenstopp in Bangalore, beim Expeditionskorps ein, als „Korrespondent" des Londoner *Daily Telegraph* und einer englischsprachigen indischen Provinzzeitung, nicht als aktiver Offizier. An einer Karriere auf der militärischen Stufenleiter war er zu diesem Zeitpunkt nicht länger interessiert, mehr am Ruhm als furchtloser Kriegsberichterstatter. Das Hauptquartier des Korps lag in 1 200 Meter Höhe auf dem strategisch wichtigen Malakandpass, der heute die Grenze zwischen Pakistan und Afghanistan bildet. Ein Holzpfahl auf einem nahe gelegenen Hügel trägt Churchills Namen.

Churchill begleitete die Truppe sechs Wochen lang bis Mitte Oktober 1897. Er erlebte lange Märsche durch eine wilde Landschaft, Gefechte und Hinterhalte, geriet in Lebensgefahr und griff selbst zur Waffe. Liest man seinen farbigen Bericht über den Feldzug, dann hatte ihm alles letztendlich großen Spaß gemacht. War das nicht das Leben, das sich jeder junge Offizier wünschte? Für Churchill gewiss. Schon Ende des Jahres hatte er in Bangalore das Manuskript des Buches über seine Erlebnisse abgeschlossen und daneben noch an seinem ersten und einzigen historischen Roman gearbeitet: *Savrola. Ein Bericht von der Revolution in Laurania.* Mit dessen Niederschrift hatte er im Sommer während der Schiffsreise nach Indien begonnen. In zwei Monaten hatte er ihn fertig gestellt. Das schmale melodramatische Werk über „das Schicksal eines liberalen Führers" an der Spitze einer Volksbewegung irgendwo „auf dem Balkan oder in Südamerika"[67] wurde 1899 zunächst in den Vereinigten Staaten und Anfang 1900 bei einem renommierten Londoner Verlag veröffentlicht. Es ist den Offizieren des 4. Husarenregiments gewidmet, „in deren Gesellschaft der Autor vier glückliche Jahre genoss". Von Churchills Biographen wird *Savrola* heute gern als Schlüsselroman gelesen, manchmal auch als autobiographische Fantasie, nicht wegen der literarischen Qualitäten des Textes.

Doch damit war Churchills frühe schriftstellerische Produktivität noch nicht erschöpft. Ende 1899 erschien aus seiner Feder auch eine zweibändige, gut recherchierte historische

Darstellung, *The River War*, die dem Premierminister Lord Salisbury gewidmet ist. Die Widmung hatte einen Hintergrund, war keine opportunistische Floskel, sondern Dank. Wofür? Das 950-seitige Werk berichtet nicht primär von Churchills eigenen Erlebnissen und Erfahrungen, sondern beschreibt die Eroberung des Sudans durch die Briten im ausgehenden 19. Jahrhundert. Der Sudan war für die Briten im Zuge ihrer kolonialen Expansion von großer strategischer Bedeutung, denn sie dachten an eine durchgehende Landverbindung zwischen ihren Kolonien in Süd- und Ostafrika und Ägypten. Ägypten mit dem Suezkanal gehörte zwar formell noch zum Osmanischen Reich, aber es unterstand seit 1882 de facto einem britischen Gouverneur.

Zudem wollten die Briten General Charles Gordon rächen, der 1885 in Khartoum ermordet worden war. Nur die letzte Phase des gewaltsamen Vorgehens der Briten gegen eine fundamental-islamistische Bewegung, gegründet vom Mahdi („Messias"), hatte Churchill noch selbst miterlebt, nicht nur als militärisch geschulter Reporter, sondern als Kombattant mitten in der Schlacht. Churchills rastlose Energie und Unternehmungslust kannte in diesen Jahren offensichtlich keine Grenzen. Was immer er anpackte, erfüllte voll und ganz seine ehrgeizigen Erwartungen. Militärische Aktionen, gefährliche Situationen, Anerkennung, Ruhm, üppige Honorare für seine journalistischen Arbeiten – alles das hob in diesen Monaten und Jahren sein Lebensgefühl.

Neue Perspektiven öffneten sich. Was konnte ihm der Dienst in Indien nach der Niederschlagung der Unruhen an der Nordwestgrenze da noch bieten? Längst hatte Churchill von der kriegerischen Unternehmung in einem anderen Teil des Empire gehört. Nachdenken, Zögern, Muße – nichts davon. Für Churchill stand fest, dass er auch im Sudan dabei sein musste. Ungeduldig, beinahe süchtig nach Pulverdampf und Gewehrfeuer, betrieb er mit allen Mitteln, die ihm zu Verfügung standen, seine Versetzung zum britischen Expeditionskorps unter General Sir Herbert Kitchener. Krieg war für ihn in diesen Jahren Stimulans, vielleicht sogar eine Art Droge geworden. Doch Sir Herbert hielt nichts von

Churchills Anwesenheit bei seiner Truppe und äußerte sich wenig schmeichelhaft über den abenteuerlustigen Leutnant und Autor eines Werkes, das seine, Kitcheners Fähigkeiten als Heerführer in Frage stellte. Worte wie „Ordensjäger" und „Reklameheld" fielen.

Alles das konnte einen Mann wie Churchill nicht abschrecken. General Kitchener, mit dem er als Minister später noch zu tun haben sollte, sei kein Gentleman, meinte er und wandte sich mit seinem Anliegen an keinen geringeren als den Premierminister persönlich. Das geschah auf privatem Wege, denn Lord Salisbury kannte natürlich „den Sohn von Randolph", seinem Finanzminister im Jahre 1886, und hatte dessen Buch über den Malakand-Feldzug gelesen. Aber selbst die Intervention des Premierministers konnte Kitcheners anhaltenden Widerstand gegen eine Abordnung des umtriebigen und publizitätssüchtigen Churchill zu seiner Sudanarmee zunächst nicht überwinden. In militärischen Personalfragen, und das wusste Kitchener ganz genau, lag bei ihm die alleinige und uneingeschränkte Entscheidungsgewalt.

Churchill wurde ungeduldig. In der ersten Hälfte des Jahres 1898 war er noch kreuz und quer durch Indien gereist, um an Poloturnieren teilzunehmen und ein paar Tage in Kalkutta beim Vizekönig Lord Elgin, dem ranghöchsten britischen Repräsentanten in Indien, zu verbringen. Während eines zweiten Heimaturlaubs versuchte er im Sommer, seine Pläne von London aus zu betreiben. Dafür wandte er wieder seine bewährte Taktik an: „In London angekommen, setzte ich alle mir zur Verfügung stehenden Hilfsquellen in Bewegung. Meine Mutter führte ihren ganzen weitreichenden Einfluss ins Treffen, um meine Wünsche zu fördern. Zahllose gute Frühstücks und Diners, den Großen dieser Zeit gegeben, füllten diese zwei Monate harter Bemühungen aus."[68] Manchem einflussreichen Zeitgenossen müssen Churchill und seine Mutter mit ihrem Antichambrieren auf die Nerven gegangen sein.

Endlich, am 24. Juli 1898, hatte der widerspenstige General Kitchener vor so viel Hartnäckigkeit und Fürsprache kapituliert. Für die Reisekosten des penetranten Reporters wollte die Armee aber wiederum nicht aufkommen. Deshalb vereinbarte Churchill mit der auflagenstarken Londoner *Morning Post* eine Artikelserie über seine Erlebnisse beim anstehenden Sudanfeldzug. Über Marseille und Kairo erreichte er schon am 5. August die oberägyptische Stadt Luxor; nur drei Wochen später kämpfte er in der britisch-ägyptischen Armee Kitcheners gegen die fanatisierten Truppen des Mahdi-Nachfolgers im Sudan. Am 2. September 1898 erlebte Churchill die Schlacht bei Omdurman, aktiv beteiligt an der angeblich letzten Kavallerieattacke der britischen Militärgeschichte. Deshalb und wegen der Teilnahme Churchills ist die Attacke bis heute nicht in Vergessenheit geraten. Dass sie, wie gelegentlich behauptet wird, den Ausgang der Schlacht und des ganzen Sudanfeldzugs zugunsten der Briten entschieden habe, wird von den Militärhistorikern bestritten. Nicht die forschen Kavalleristen mit ihren Lanzen und Säbeln, sondern die moderne Waffentechnik und überlegene Feuerkraft der Briten gaben bei Omdurman den Ausschlag und gewannen den Sudan für das Empire.

Für Churchill war die Erfahrung der Schlacht jedenfalls überwältigend. „Eine Schlacht wie die von Omdurman wird man nie wieder erleben," meinte er im Rückblick. „Sie bedeutete das letzte Glied in der langen Reihe jener Kampfschauspiele, die mit ihrer farbenprächtigen und erhabenen Großartigkeit so viel dazu beigetragen haben, dem Krieg einen glanzvollen Zauber zu verleihen."[69] Aus den Worten sprechen die Erleichterung und die Euphorie, dass er das lange Ersehnte, den Kampf Mann gegen Mann, endlich erlebt – und mit viel Glück überlebt hatte. Denn fast wäre es schief gegangen: „Plötzlich sprang mitten zwischen den Truppen ein Mahdi auf. Er musste in einem Gebüsch oder Loch gesteckt haben. Alle die Mannschaften drangen mit ihren Lanzen auf ihn ein, aber er stürzte dahin und dorthin und verursachte einen Augenblick [lang] eine tolle Verwirrung. Aus mehreren Wunden blutend, taumelte er mit erhobenem Speer auf mich zu. Ich schoss auf kaum einen Meter nach ihm. Er fiel auf den Sand und blieb tot liegen. Wie schnell hat man einen Menschen getötet! Aber ich machte mir keine Gedanken darüber."[70] Die gerade überstandene Gefahr wurde Churchill erst im Nachhinein bewusst: „Von seinen 310 Offizieren und Mann hatte [mein] Regiment im Zeitraum von zwei bis drei Minuten fünf Offiziere und fünfundsechzig Mann an Toten und Verwundeten verloren, dazu 120 Pferde – nahezu ein Viertel seiner Stärke."[71]

Gedanken über den Charakter des modernen Krieges machte sich Churchill erst Jahre später. „Diese Art Feldzüge," so lautete seine Schlussfolgerung bei der Niederschrift seiner Jugenderinnerungen, „brachten eine Fülle erregender Erlebnisse mit sich. Es war nicht wie im Weltkrieg. Keiner erwartete zu fallen. In einzelnen Regimentern oder Bataillonen würden ein halbes Dutzend, eine kleine Gruppe, schlimmstenfalls dreißig bis vierzig die Zeche zu bezahlen haben; aber für die große Masse derer, die an diesen kleinen Kriegen Englands in jenen vergangenen frohgemuten Tagen teilnahmen, bedeutete das nur ein sportliches Risiko in einem herrlichen Wettspiel. Jedoch sollten die meisten von uns noch einen Krieg erleben, bei dem die Chancen in ihr Gegenteil verkehrt wurden, wo ein jeder den Tod erwartete und schwere Verwundung als glückliches Entrinnen galt."[72] Nach dem „Großen Krieg" 1914–1918 zieht sich durch Churchills Schriften und Reden, so ist zu Recht angemerkt worden, „wie ein Leitmotiv die Klage über die Entartung des Krieges, die auf die Verschränkung von Staat und Gesellschaft im Zeitalter der Demokratie oder der totalitären Regime ebenso zurückzuführen ist wie auf die Fortschritte der Vernichtungstechnik."[73]

Die „erhabene Großartigkeit" des Krieges hatte der nunmehr 24-jährige Husarenleutnant im Sudan erfahren, doch auch seine Schrecken. Er hatte die Gefahren gespürt und den Tod auf dem Schlachtfeld gesehen. War das nicht genug an Erfahrung? Gab es für ihn da noch eine Steigerung? In Churchills Sicht offenbar nicht. Sein Geist suchte schon wieder neue Betätigungsfelder, und dabei folgte er ganz bewusst dem Vorbild des verstorbenen Vaters. War er nicht einer der populärsten Politiker seiner Zeit gewesen? Ergab sich daraus für den Sohn nicht eine Verpflichtung?

Drei Tage nach der Schlacht bei Omdurman wurden Churchill und seine Einheit mit einem Segelboot der Armee

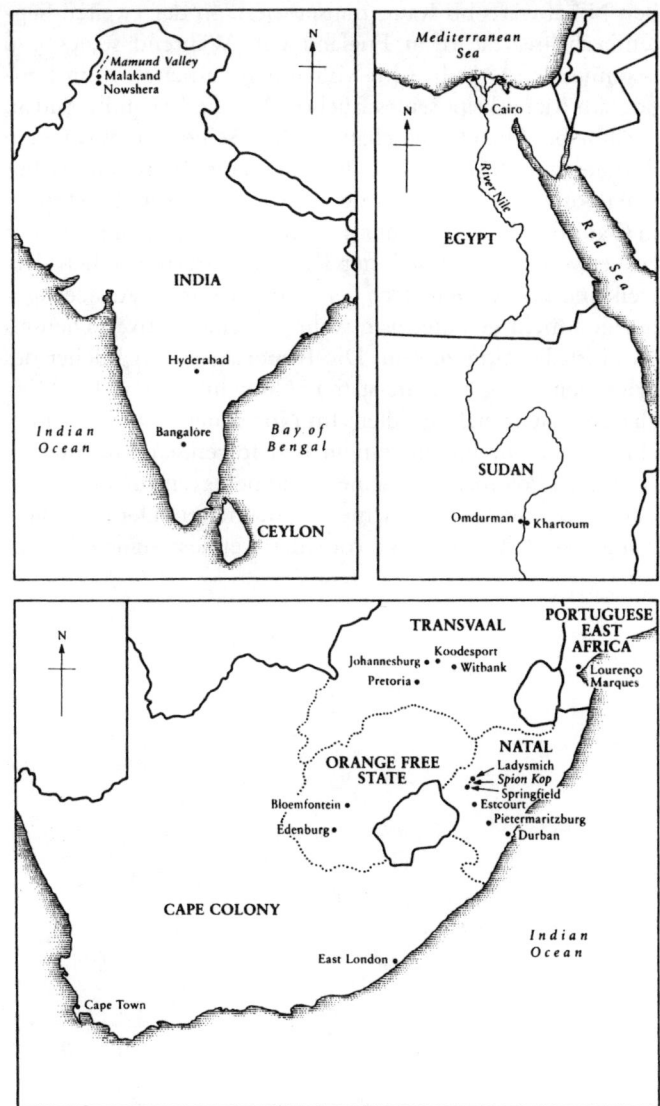

**Abb. 4:** Winston Churchill in Indien 1897, im Sudan 1898 und in Süd-afrika 1899.

den Nil abwärts bis Kairo transportiert. In der zweiten Septemberhälfte traf er in England ein. Während seines nun beginnenden Urlaubs vom Militärdienst arbeitete er in London am Manuskript seines Buches über die Briten im Sudan, erzählte bei Abendgesellschaften und in seinen Klubs von dem dort gerade Erlebten und dachte über seine Zukunft nach. Für einen kurzen Moment erwog er, sich um einen Studienplatz in Oxford zu bewerben, nur um den Gedanken schnell wieder zu verwerfen. Das Londoner Kriegsministerium erließ derweil eine Verordnung, nach der es fortan keinem Armeeangehörigen mehr gestattet war, während seines aktiven Dienstes als Journalist tätig zu sein. Die Reportagen und Bücher des kritischen Kriegsberichterstatters Churchill hatten den Militärs überhaupt nicht gefallen. Im November 1898 war Churchill wieder in Indien, um in den folgenden Monaten an wichtigen Poloturnieren seines Regiments teilzunehmen und seinen Abschied aus der Armee vorzubereiten. Der Entschluss war gefasst. Churchill stand vor einer Wende in seinem Leben.

## 2. Der Politiker: Erfolge und Scheitern

Der britische Thronfolger, der Prince of Wales, gratulierte am 22. April 1898 dem „lieben Winston" zum Erfolg seines Buches über den Malakand-Feldzug. Am Ende seines Handschreibens gab er ihm einen Rat: „Sie haben noch eine Menge Zeit vor sich; und ich meine, Sie sollten noch lange bei der Armee bleiben, bevor Sie Ihrem Namen das M. P. [Member of Parliament] hinzufügen."[1] Churchill dachte nicht daran, dem gut gemeinten Ratschlag des Kronprinzen zu folgen.

Wann entschloss sich Churchill, die Offizierslaufbahn an den Nagel zu hängen und eine Karriere in der Politik anzustreben? Gibt es ein Ereignis, einen Zeitpunkt, an dem sich die Wende in seiner Lebensplanung festmachen lässt? Dass er nicht für alle Zeiten bei der Armee sein wollte, hatte er schon früh erkennen lassen. Im August 1895 hatte er in einem Brief an die Mutter, in dem er über seine Aktivitäten in Aldershot berichtete, beiläufig bemerkt, dass ihm das Soldatenleben zwar gefalle, aber es letzten Endes nicht seine Sache sei. Das „Spiel der Politik" bezeichnete er in diesem Brief als „schönes Spiel".[2] In der damals sehr dichten Korrespondenz mit Lady Randolph berührte Churchill häufig aktuelle politische Fragen. Aber für kein parteipolitisches Lager fühlte er uneingeschränkte Sympathien. Im April 1897 bezeichnete er sich als Anhänger der Liberalen Partei – wäre da nicht die Frage der Autonomie für Irland gewesen, die er vehement ablehnte. „Wie die Dinge nun einmal sind," meinte er, „muss die Tory-Demokratie für mich die Fahne sein, unter der ich mich einordnen werde."[3]

Nach dem unerwarteten Erfolg seines ersten Buches über den Malakand-Feldzug spielte Churchill mit dem Gedanken, die Schriftstellerei zu seinem Beruf zu machen. „Schon dieses kleine Buch hatte mir in wenigen Monaten mehr eingebracht als den Sold eines Leutnants in zwei Jahren. Ich beschloss, sobald die in verschiedenen Teilen der Welt anscheinend wieder beginnenden Kriege beendet waren und wir den Polo-Pokal gewonnen hatten, mich von aller Disziplin und Unterordnung loszumachen und mich als freier Mann in England niederzulassen; dann würde mir niemand mehr Befehle geben und keine Glocke oder Trompete mich aus dem Bett hetzen."[4]

Unterordnung, von außen auferlegter Zwang, Fremdbestimmung – auf all das reagierte Churchill widerspenstig. Vor allem hasste er frühes Aufstehen. Noch als Premierminister verbrachte er den Vormittag grundsätzlich im Bett – lesend, diktierend, sich mit Besuchern unterhaltend. Ein ausgiebiges Bad schloss sich daran an. Selbst in Zeiten höchster Anspannung wie im Zweiten Weltkrieg hielt er an der Gewohnheit fest. Als die deutsche Wehrmacht gerade Frankreich besetzt hatte, notierte Churchills Privatsekretär: „Als ich gegen zehn Uhr das Schlafzimmer des Premierministers betrat, lag er in seinem roten Morgenmantel im Bett, paffte eine Zigarre und diktierte Mrs. Hill, die mit einer Schreibmaschine am Fuß seines Bettes saß. Sein Aktenkoffer, halb voll mit Papieren, lag geöffnet auf der Bettdecke … Sein schwarzer Kater Nelson …räkelte sich an seinem Fußende. Hin und wieder blickte er ihn zärtlich an und sagte: ‚Cat, Darling'."[5] Das Schlafzimmer betrachtete Churchill nicht wie das Bürgertum als streng privaten Bereich. Es besaß für ihn verschiedene Funktionen, diente ihm mit großer Selbstverständlichkeit zugleich als Besuchs-, Besprechungs- und Arbeitszimmer. Doch damit haben wir weit vorgegriffen.

Churchill war 1898/99 zu der Überzeugung gelangt, dass seine finanziellen Verhältnisse die kostspielige militärische Laufbahn mit ihren Paradeuniformen und Poloponys nicht länger zuließen. „Ich stellte fest, dass der einzige Beruf, den ich gelernt hatte, mir nicht genug Geld einbrachte, um Schulden zu vermeiden; gar nicht zu reden davon, dass ich …gänzlich unabhängig werden könnte, wie ich es wünschte … Ihrer Majestät waren durch das Parlament derart die Hände gebunden, dass es ihr nicht möglich war, mir ein auskömmliches Gehalt zu gewähren. Ich musste mich daher mit großem Bedauern entschließen, ihren Dienst baldigst zu verlassen."[6] Finanzielle Überlegungen bildeten also für seinen Entschluss, sich für den Broterwerb künftig ganz auf die Schriftstellerei zu verlassen und sich gleichzeitig „nach einer Möglichkeit zum Eintritt ins Parlament umzutun",[7] den handfesten Hintergrund. Churchills Entscheidung, in die Fußstapfen des Vaters zu treten und eine politische Karriere anzustreben, ist also auf den Sommer und Herbst des Jahres 1898 zu datieren, nach dem Ende des Feldzugs im Sudan. Schon Anfang 1899 verließ Churchill die Armee. Im März war er auf dem Weg nach England.

Dieser Zäsur in seinem Leben widmete Churchill in seinen Jugenderinnerungen ein eigenes Kapitel. Im Juni 1897 hatte er so etwas wie seine öffentliche Jungfernrede in der westenglischen Stadt Bath gehalten. Churchill kam bei seinen Zuhörern gut an, und die konservative *Morning Post* schrieb anschließend freundlich „vom Erscheinen einer neuen Figur auf der politischen Bühne."[8] Wie er sich das erhoffte hatte, schien sich danach für ihn der Weg ins Londoner Parlament zu öffnen. Dann, im Herbst 1898 während eines mehrmonatigen Urlaubs, hatte er die Geschäftsstelle der Konservativen Partei in London aufgesucht, „um zu erkunden, ob eine Wählerschaft für mich gefunden werden könnte."[9] Dort stieß er mit seiner Erkundigung auf Interesse. Als Mitglied der Marlborough-Familie gehörte Churchill sozusagen automatisch zur „herrschenden Klasse" Großbritanniens. Wie bei seinem Vater bildete das vergleichsweise leichte Entrée in die Politik für ihn gewissermaßen eine Mitgift bei der Geburt.

Der nächste Schritt folgte schnell. Die Konservativen forderten ihn auf, für einen plötzlich vakant gewordenen Unterhauswahlkreis in Oldham zu kandidieren, einer tristen, aber prosperierenden Fabrikstadt in der Nähe von Manchester. Mit Churchill glaubten sie, den Wählern einen attraktiven Kandidaten präsentieren zu können. Die Konservativen spekulierten, die seit kurzem wahlberechtigten Arbeiter und Kleinbürger in Oldham würden sich an das soziale Engagement Lord Randolph Churchills erinnern, des Fürsprechers der „Tory-Demokratie". Doch die Spekulation ging nicht auf. Der von den Liberalen gestützte Kandidat, nicht der junge Winston, der sich nach dem Vorbild des Vaters als Tory-Demokrat vorstellte, machte im Juli 1899 mit großem Stimmenvorsprung das Rennen. Churchills politische Karriere, so ist zu Recht gesagt worden, begann mit einem Fehlstart.

Seine Enttäuschung darüber hielt nicht lange an. Dass er seine berufliche Zukunft in der Politik finden würde, stand für Churchill mittlerweile fest. Vielleicht hatten ihn die Wähler in Oldham für zu jung empfunden, mag er spekuliert haben. Hatten sie sich an seinem leichten Sprachfehler gestört, der ihn zeitlebens behinderte? Vermutlich mangelte es ihm einfach noch an Erfahrung im politischen Alltagsgeschäft. Er war sich jedenfalls sicher, dass sich ihm über kurz oder lang eine neue Chance bieten würde und er dann ein „sesshafter Politiker" werden konnte.[10] Anstrengungen und hartnäckiges Einarbeiten in neue Aufgaben und Gebiete hat er auch später als Minister vieler, recht unterschiedlicher Ressorts nie gescheut. Nach der Wahlschlappe in Oldham trat für ihn die Politik jedoch zunächst in den Hintergrund. Anderes interessierte ihn wieder mehr.

Im Oktober 1899 erreichten nämlich London Nachrichten von einem neuen Kolonialkrieg, diesmal im südlichen Afrika, wo sich Großbritannien im frühen 19. Jahrhundert am Kap festgesetzt hatte. Der Expansion der Briten in Richtung Norden widersetzten sich die Buren, die seit der zweiten Hälfte des 17. Jahrhunderts an der Südspitze Afrikas ansässig waren. Als in der Burenrepublik Transvaal ergiebige Gold- und Diamantenvorkommen entdeckt wurden und sich die Buren gegen die massive Zuwanderung von „Uitlanders" wehrten, eskalierten die sozialen und politischen Spannungen. Die Bodenschätze und die Aussicht auf schnellen Reichtum weckten nicht nur bei Abenteurern Begehrlichkeiten und Aggressionen: Seit Anfang Oktober 1899 führte die Weltmacht Großbritannien Krieg gegen die kleinen Burenrepubliken Transvaal und Oranje-Freistaat. Aber was anfangs, auf der Grundlage fadenscheiniger Argumente, wie eine der üblichen Strafexpeditionen der überlegenen Militärmacht mit ihrer erprobten Berufsarmee gegen eine Handvoll bewaffneter Bauern aussah, entwickelte sich zu einer dreijährigen, verlustreichen Auseinandersetzung voller Brutalitäten, grausamer Guerilla und Hungerblockaden. Sie brachte Großbritannien, die stolze Weltmacht, um Haaresbreite an den Rand einer militärischen Katastrophe. Doch das waren Entwicklungen, die sich im Herbst 1899 noch niemand vorstellen konnte.

Auf die immer dramatischer klingenden Nachrichten aus Südafrika reagierte Churchill reflexartig. War er nicht ein erfahrener und gern gelesener Kriegsberichterstatter? Die Londoner *Morning Post*, für die er aus dem Sudan berichtet hatte, bot ihm schon vor Beginn der eigentlichen Feindseligkeiten in Südafrika einen gut dotierten Vertrag an. Noch im Nachhinein brüstete er sich mit seiner Reputation als Reporter: „250 Pfund im Monat, alle Ausgaben vergütet, volle Bewegungs- und Meinungsfreiheit, vier Monate Mindestgarantie der Anstellung – das waren die Bedingungen; bessere, glaube ich, als je im englischen Journalismus einem Kriegsberichterstatter zugebilligt worden sind und gewiss sehr verlockende für einen jungen Mann von vierundzwanzig."[11]

Am 14. Oktober 1899 schiffte sich Churchill in Southampton auf dem Postdampfer *Dunottar Castle* ein. Von Hektik keine Spur. Auch der designierte Befehlshaber des britischen Expeditionskorps in Südafrika, Sir Redvers Buller, war an Bord. Während der zweiwöchigen Reise nach Kapstadt vertrieben sich die Passagiere die Zeit laut Churchill mit den „üblichen Bordspielen". Tiefer Friede „umschloss das bedächtig dahinziehende Schiff". Und „im Stabe herrschte die Meinung vor, dass bis zum Eintreffen in Kapstadt bereits alles vorüber sein würde … Ich wunderte mich daher nicht, dass Sir Redvers Buller so mürrisch dreinblickte."[12]

Die Sorge Bullers und seines Stabes war unbegründet. Die Hiobsbotschaften aus Südafrika häuften sich. Nichts lief dort so, wie es sich die Briten vorgestellt hatten. Für Churchill blieb deshalb noch hinreichend Gelegenheit, den ungleichen Kampf zwischen der schwerfälligen britischen Armee und den beweglichen Reitertrupps der Buren an der kaum zu fixierenden Front zu erleben. Mit einem gepanzerten Eisenbahnzug der Briten geriet er schon im November in einen Hinterhalt der Buren, wurde gefangen genommen, flüchtete nach einigen Wochen aus dem Lager in Pretoria und fand Unterschlupf bei einem Bergwerksingenieur, der zufällig aus Oldham stammte. Ende Dezember 1899 gelangte er schließlich, in einem Güterwaggon unter Wollballen versteckt, mit viel Glück ins neutrale, portugiesische Mosambik. Die Londoner Boulevardblätter, die bis dahin nur über britische Niederlagen und Verluste schreiben konnten, berichteten über die sensationelle Flucht mit großen Schlagzeilen und feierten Churchill als Kriegshelden.

Zurück in der von den Briten gehaltenen Hafenstadt Durban ließ sich Churchill für ein paar Monate als Offizier der Kavallerie reaktivieren. Doch schon im Juli 1900, nach dem Fall von Pretoria, der Hauptstadt des Transvaal, reiste er nach England, davon überzeugt, das Ende des Krieges gegen die Buren stehe unmittelbar bevor. Da irrte er sich, denn der Kleinkrieg im südafrikanischen Busch zog sich noch Monate hin. Churchill indes hatte längst anderes im Sinn: Er plante sein nächstes Buch. „Ein Buch zu schreiben, macht viel Freude," meinte er zu dieser Zeit. „Man lebt mit ihm. Es wird zum Freund und ständigen Gefährten. Es umschließt dich rings mit einer unsichtbaren kristallenen Glocke von Gedanken und Beziehungen. In gewisser Weise fühlt man sich wie ein Goldfisch im Glasbehälter; nur dass in diesem Falle der Goldfisch sich den Behälter selbst macht."[13] Das Ergebnis war in diesem Falle ein lebhafter Bericht über seine Erlebnisse in Südafrika, gespickt mit harscher Kritik an der britischen Militärführung: *London to Ladysmith via Pretoria*. Wegen seiner Aktualität erschien es schon Ende 1900. Südafrika hat Churchill übrigens nie wieder besucht.

Auch sein neues Buch wurde ein Bestseller, denn es handelte von einem Kolonialkrieg, der noch nicht beendet war und die britische Öffentlichkeit aufwühlte wie kein anderer Krieg in irgendeiner fernen Kolonie zuvor. Grund dafür waren nicht nur die großen Verluste der Briten, sondern auch der ungewöhnliche Umstand, dass ihn Großbritannien gegen eine weiße Siedlerbevölkerung führte, die anderswo in Europa, so in den Niederlanden und im Deutschen Reich Wilhelms II., moralische und praktische Unterstützung fand. Der Autor Winston Churchill zeigte für ihr Anliegen Verständnis und plädierte für einen fairen Friedensschluss.

Der Erlebnisbericht über den Burenkrieg blieb in diesen Jahren vor dem Ersten Weltkrieg nicht Churchills letztes Buch. Kurz nach dessen Erscheinen veröffentlichte er zwei kleinere militärgeschichtliche Schriften und arbeitete intensiv an der zweibändigen Biographie seines Vaters, die 1906 erschien. Die Schnelligkeit, mit der er erneut ein sorgfältig recherchiertes Buch vorlegte, und die Vielfalt seiner Themen waren bemerkenswert. In den nächsten drei Jahren veröffentlichte er noch einen Bericht über eine mehrmonatige Reise durch Ostafrika, die er 1907/08 in amtlicher Funktion als Stellvertreter des Kolonialministers unternommen hatte und in deren Verlauf er ein weißes Nashorn erlegte, und eine politische Programmschrift über Liberalismus und das soziale Problem. Beide Bücher gingen aus seinen Zeitungsberichten und Reden hervor.

Churchill verfolgte jedoch seit seinem Aufenthalt in Südafrika längst neue Pläne, neue Ziele. Seine Popularität in der britischen Öffentlichkeit und seine erstaunlichen journalistischen Erfolge seit den späten 1890er Jahren wollte er für einen zweiten Start in die Politik nutzen. Die Schriftstellerei rückte deshalb für mehrere Jahre zunehmend in den Hintergrund. Churchill war nun sechsundzwanzig Jahre alt. Bei den anstehenden Neuwahlen zum Unterhaus im Oktober 1900 wurde ihm von der Konservativen Partei erneut einer der beiden Wahlkreise in Oldham angeboten. Diesmal gewann er ihn, auf einer Welle nationalistischer Begeisterung schwimmend, mit knappem Vorsprung vor dem Kandidaten der Liberalen.

Schon bei seinem ersten Auftritt im Wahlkampf vom Herbst 1900 hatte ihm Oldham, die Stadt, in der er nur knapp ein Jahr zuvor gescheitert war, einen triumphalen Empfang bereitet. Eine Kapelle spielte, so registrierte er mit Wohlgefallen, „See the Conquering Hero Comes". „In einer Prozession von zehn Landauern zog ich festlich in die Stadt ein, begeistert begrüßt von den die Strassen füllenden Arbeitern und Fabrikmädchen. Vor einer dichtgedrängten Zuhörerschaft im ‚Theatre Royal' schilderte ich die Erlebnisse meiner Flucht."[14] Von seinen politischen Vorstellungen und Zielen war bei dieser Gelegenheit offenbar nicht die Rede. Es genügte, dass sich Churchill sozusagen als Experte zum südafrikanischen Krieg und zu den Chancen für dessen baldige Beendigung äußerte. Die unverzichtbaren Startbedingungen für eine politische Laufbahn waren ihm zugeflogen, in der Sicht des 24-jährigen Churchill: „Eine Einführung – Verbindungen – mächtige Freunde – ein Name – guter Rat, dem man klug folgt – alle diese Dinge zählen – aber sie führen nur bis zu einem gewissen Punkt."[15] Churchill war sich also darüber im Klaren, dass die eigentlichen Fähigkeiten und Qualitäten des Politikers erst nach Überschreiten dieses „gewissen Punktes" getestet wurden.

Als das neu gewählte Unterhaus mit seiner Konservativen Mehrheit Anfang Dezember 1900 zum ersten Mal zusammentrat, reiste Churchill noch durch die Vereinigten Staaten und Kanada. Er brauchte Geld. Eine politische Laufbahn stand damals praktisch nur dem Gentleman „mit unabhängigen Mitteln" offen und war noch längst keine lukrative Pfründe für verdiente Parteifunktionäre. Die intensive, mehrwöchige Vortragsreise in Amerika und Großbritannien brachte ihm 10 000 Pfund Sterling an Honoraren ein, eine ordentliche Summe, die ihm für einige Jahre finanzielle Unabhängigkeit gab. Der in Köln geborene Bankier Sir Ernest Cassel, ein Freund des Vaters und König Eduards VII., verwaltete persönlich das Konto. Für ein paar Jahre übernahm Cassel für Churchill gewissermaßen die Rolle, die einst der Berliner Bankier Gerson Bleichröder für Bismarck gespielt hatte. Bescheidene Diäten wurden den Abgeordneten in Großbritannien erst seit 1911 gewährt.

Im Februar 1901 nahm Churchill schließlich auf den hinteren Bänken des Unterhauses seinen Platz ein – als jüngster und doch schon als einer der bekanntesten unter den 670 Abgeordneten. Das war der Beginn seiner beispiellosen parlamentarischen Karriere. Mehr als sechzig Jahre wird Churchill dem Unterhaus angehören, zuletzt als „Vater des Hauses", als Alterspräsident. Sechzehn Mal wird er ins Parlament gewählt: zunächst als Konservativer, dann, nach dem Parteiwechsel 1904, als Liberaler und seit 1924 wieder als Konservativer.

Seine politische Sozialisation erlebte Churchill also im Parlament von Westminster; dessen Traditionen, Rituale und Ansehen beherrschten sein politisches Denken und Handeln bis zu seinem Tode. Obwohl ihm autoritäre Anwandlungen während seines langen politischen Lebens nicht fremd blieben, stellte er die ebenso ehrwürdige wie lebendige Institution des gewählten Parlaments als Brennspiegel aller Politik in Großbritannien nie in Frage. Er tat das auch nicht in den trüben Jahren zwischen den beiden Weltkriegen, als fast überall in Europa selbstherrliche Gewaltherrscher und „Führer" die Macht eroberten. Aus tiefster Überzeugung und deshalb geradezu zwangsläufig begriff sich Churchill als politischer Gegenspieler der großen und kleinen Diktatoren der Epoche.

Wann immer Churchill während seiner langen parlamentarischen Laufbahn sprach, füllten sich die Bänke des engen Unterhauses. Die Faszination, die von ihm als Redner ausging, ist legendär und von vielen Zeitgenossen immer wieder bezeugt worden. Nach seinem Rücktritt vom Amt des Premierministers im April 1955 nahm er noch neun Jahre lang an den Unterhaussitzungen als einfacher Abgeordneter teil. Doch er meldete sich nicht mehr zu Wort. Im Mai 1964 teilte er den Wählern seines Wahlkreises Woodford in der Grafschaft Essex, heute praktisch ein Stadtteil Londons, mit, er werde bei den nächsten Wahlen nicht mehr kandidieren. Es falle ihm nun schwer, seinen Abgeordnetenpflichten so regelmäßig und gewissenhaft nachzukommen, wie es Parlament und Wähler von ihm erwarten dürften. Da war Churchill neunzig Jahre alt, und den Wahlkreis hatte er vierzig Jahre im Unterhaus vertreten. Mit mehr Berechtigung als jeder andere Parlamentarier seiner Zeit konnte er im Dezember 1941 in einer Rede vor dem amerikanischen Kongress sagen: „Ich bin ein Kind des Unterhauses."[16]

Bis er das im Rückblick sagen konnte, hatte Churchill noch eine lange Wegstrecke zu überwinden. Zunächst musste er wieder lernen. Ein geborener Volkstribun oder parlamentarischer Orator war er nicht. Nicht zuletzt bildete sein leichter Sprachfehler ein Handicap. Seinem Leibarzt Lord Moran zufolge verbesserte Churchill in seinen frühen Jahren als Abgeordneter zuhause vor dem Spiegel seine Gestik. Auf seine Jungfernrede im Parlament am 18. Februar 1901 bereitete er sich sorgfältig vor. Das Thema war ihm vertraut: der Krieg in Südafrika. Sein Vorredner war zufällig der wortgewaltige Waliser David Lloyd George, der künftige Premierminister, mit dem er bald politische Freundschaft schloss. Churchill sprach vom gleichen Platz aus, von dem sein Vater seine Rücktrittsrede gehalten hatte.

Die Anspannung vor der Rede war also groß, und Churchill machte daraus kein Hehl. Zugleich verriet er bei der Erinnerung an seinen ersten Auftritt im Unterhaus, warum manche seiner Reden durch eine gewisse Starre auffielen, an der Stimmung im Parlament vorbeigingen, Spontaneität vermissen ließen: „Obgleich ich seit vielen Monaten nichts anderes getan hatte, als zu großen Versammlungen zu sprechen, rüstete ich mich doch mit ebensoviel Scheu wie Eifer zu dieser – wie ich es ansah – letzten und höchsten Probe. Da ich bei der kurzen Wintertagung gefehlt hatte, geschah es, dass ich schon vier Tage nach Einnahme meines Sitzes mich zu einer Ansprache an das Haus erhob ... Damals und noch Jahre danach war ich nicht imstande, etwas vorzutragen (außer bei kurzen Erwiderungen), was ich nicht vorher schriftlich ausgearbeitet und meinem Gedächtnis einverleibt hatte ... Ich musste das Kommende voraus zu berechnen suchen und eine Anzahl von Varianten bereit haben, um gegen alle Möglichkeiten gewappnet zu sein. Daher hatte ich einen ganzen Köcher voller Pfeile verschiedenster Formen und Größen bereit, von denen einzelne, wie ich hoffte, ins Ziel treffen würden. Meine Besorgnis wurde durch die Ungewissheit vermehrt, was Lloyd George sagen oder unternehmen würde."[17]

Churchill meisterte die Herausforderung. Aber ein rhetorisches Glanzstück lieferte er mit seiner Jungfernrede im Parlament sicher nicht ab. Der Liberale Herbert Asquith sprach dennoch vom „ersten Schritt in einer parlamentarischen Karriere, an die sich die höchsten Erwartungen knüpfen."[18] War das ironisch gemeint? Auf der Regierungsbank lösten nämlich Churchills pro-burische Auslassungen einige Unruhe aus;

Abweichungen von der Konservativen Parteilinie waren in der Rede des jungen Abgeordneten nicht zu überhören. Wie alle ehrgeizigen Jungpolitiker wollte er sich profilieren, indem er provozierte. „Das allgemeine Urteil war nicht ungünstig",[19] lautete Churchills knappes, wohl zutreffendes Resümee nach überstandener Prüfung. Jedoch, so richtig glücklich waren die Granden der Konservativen Partei mit ihrem neuen Unterhausabgeordneten offensichtlich nicht, und Churchill auch nicht mit der Partei, als deren Kandidat er gewählt worden war. Er stellte bald fest, dass die Liberalen seinen politischen Positionen „weit mehr Verständnis entgegenbrachten als die Führer meiner Partei."[20] Bereits im April 1897 hatte er gegenüber seiner Mutter bekannt, er sei im Grunde seines Herzens ein Liberaler.[21]

Ein Konflikt mit seiner Partei, der Partei seines prominenten Vaters, die schon so lange an der Regierung war, bahnte sich an. Die logischen Konsequenzen daraus zog Churchill für sich schon nach nur dreijähriger Parlamentszugehörigkeit: den Wechsel der Partei. Untätig auf den Hinterbänken des Unterhauses, von den Konservativen nicht voll akzeptiert – nein, so hatte er sich den Einstieg in die Politik nicht vorgestellt. Er musste einen Entschluss fassen, der nicht ohne Risiko war. Seine politische Karriere, die bis dahin nicht so recht vorangekommen war, erhielt jedoch dadurch erstaunlicherweise einen gewaltigen Schub. Aber die Konservativen begegneten ihm fortan mit einer gehörigen Portion Misstrauen, ja blankem Hass, selbst dann noch, als er zwei Jahrzehnte später wieder in ihre Reihen zurückgekehrt war. Sogar im dramatischen Mai 1940, nach dem Rücktritt des glücklosen Premierministers Neville Chamberlain, hätten viele Konservative Unterhausabgeordnete lieber den bisherigen Außenminister Lord Halifax, eine bedächtige, wenngleich etwas blasse Führungspersönlichkeit ihrer Partei, als den unberechenbaren Churchill in der Downing Street gesehen. War der publizitätssüchtige Churchill im Grunde seines Wesens nicht ein unzuverlässiger, maßlos ehrgeiziger Opportunist? Oder manifestierte sich beim zweimaligen Parteiwechsel nur Churchills Widerwille gegen Versuche, ihn in konventionelle Schemata und genormte Verhaltensweisen pressen zu wollen? Bei seinem Eintritt in die Politik überwog bei Churchill jedenfalls ungeschminkter Opportunismus. „Ich kümmere mich nicht allzu sehr um die Prinzipien, die ich vertrete," gestand er der Mutter im Mai 1898, „sondern mehr um den Eindruck, den meine Worte machen, und die Reputation, die sie mir geben." In diesem Zusammenhang sprach er entschuldigend von seinem „mentalen Fehler" („my mental flaw").[22]

Am 31. Mai 1904 verließ Churchill die Konservative Partei. Er betrat den Sitzungssaal des Unterhauses, verbeugte sich vor dem „Speaker", dem Parlamentspräsidenten, „überquerte den Flur des Hauses", wie es in der parlamentarischen Sprache Großbritanniens heißt, und nahm auf den Bänken der Liberalen Platz. Sie wurden in diesen Jahren von so bedeutenden Männern wie Henry Campbell-Bannerman, Herbert Asquith, Edward Grey und David Lloyd George geführt. Alles deutete darauf hin, dass die Liberale Partei bald die Konservativen, nach 18-jähriger Amtszeit zerschlissen und zerstritten, ablösen und die nächste Regierung des Landes bilden würde. Schon 1905 war es so weit, und bis 1922 blieben sie an der Macht, um dann als Partei nahezu sang- und klanglos von der politischen Bühne Großbritanniens zu verschwinden.

Bei Churchills Parteiwechsel hat Opportunismus sicher eine ganz zentrale Rolle gespielt. Die scharfzüngige Analytikerin der britischen Gesellschaft und Politik in diesen Jahren, Beatrice Webb, traf den Jungpolitiker wenige Monate vor seinem Übertritt ins Lager der Liberalen bei einer Abendgesellschaft. Auf sie wirkte der unruhige Abgeordnete ohne Amt und Würden egozentrisch und reaktionär, „mehr wie ein amerikanischer Spekulant denn ein englischer Aristokrat."[23] Letzten Endes wohl doch ein oberflächliches Urteil, denn für Churchill schwangen beim Parteiwechsel auch Überzeugungen mit. Auf jeden Fall war er für Freihandel, so wie die Liberalen, und gegen Schutzzölle, für die die Konservativen eintraten. Die Konservative Partei redete zwar von der „Tory-Demokratie", aber von einer Umwandlung Großbritanniens in einen „Sozialstaat", etwa nach deutschem Vorbild, wollte sie nichts wissen.

Demgegenüber entwickelte Churchill ausgesprochen „linke" Neigungen im Sinne einer arbeiterfreundlichen Sozialpolitik, für die vor allem David Lloyd George plädierte. Churchill, der frei war von sozialen Vorurteilen, bewunderte ihn als Parlamentarier und sah in ihm so etwas wie seinen politischen Lehrmeister, vielleicht sogar eine Art Vaterfigur. Viele Jahre arbeiteten die beiden „schrecklichen Zwillinge", der Aristokrat aus einer der bekanntesten Familien des Landes und der in ärmlichen Verhältnissen aufgewachsene Sohn eines früh verstorbenen Lehrers, im Kabinett eng zusammen. „Beide, kurz gesagt, hatten Genie, beide waren Besessene – dem ruhigen Normalengländer tief verdächtig, aber dabei von einer dämonischen Urkraft, die sie wieder und wieder unwiderstehlich machte; auch, wie sollte es anders sein, füreinander."[24] So Sebastian Haffner. Beredtes Zeugnis für Churchills „Linksruck" unter dem Einfluss Lloyd Georges waren zwei Sammlungen seiner Reden, in denen er für das Bündnis von Liberalismus und sozialpolitischem Interventionismus eintrat: *Liberalism and the Social Problem* (1909) und *The People's Rights* (1910). Seinen Platz sah er auf dem linken Flügel der Liberalen Partei und nicht, wie man hätte erwarten können, auf ihrem rechten. Der Vorwurf, er sei ein Verräter seiner Klasse, machte die Runde.

Was führte Churchill, wenigstens für eine sehr kurze Zeit, in die Nähe des häufig als Sozialrevolutionär denunzierten Lloyd George, der, so hieß es, die traditionelle Elite Großbritanniens politisch und wirtschaftlich entmachten wollte? Erneut stellt sich hier die Frage: Überzeugung oder Opportunismus? Oder spielte wieder einmal die bei ihm häufig zu beobachtende, irrationale „Schicksalsgläubigkeit" eine Rolle, wie Sebastian Haffner vermutet? „War es vielleicht das, wozu ihn das Schicksal aufgespart hatte – ein großer aristokratischer Volkstribun, ein englischer Gajus Gracchus, ein hochherziger Heiland der Armen zu werden? Wenn es so sein sollte – er war bereit."[25] Für Haffners Sicht spricht der Hinweis, dass Churchill Ende 1901 das gerade erschienene Buch des jungen Reporters und Sozialreformers Benjamin Seebohm Rowntree über Armut und hygienische Verhältnisse in der mittelenglischen Stadt York gelesen hatte. Die Studie schlug in der Öffentlichkeit hohe Wellen. Ihre beunruhigenden Befunde haben auch Churchill tief beeindruckt; er fand sie „haarsträubend".[26] Eine staatliche Sozialpolitik schien ihm das Gebot der Stunde zu sein, nicht zuletzt als Gegenmittel zum erstarkenden Sozialismus, wie ihn die Labour-Partei vertrat. Hatte Bismarck, der „weiße Revolutionär", vor Jahren nicht ähnlich argumentiert?

Die Liberale Partei und ihre führenden Männer sahen den politischen Stellenwert ihres Neuzugangs, der für sie bei den Unterhauswahlen im Dezember 1905 einen Wahlkreis im mittelenglischen Manchester, der Stadt des Freihandels, gewonnen hatte, in einem anderen, nüchternen Licht. Sie schätzten seine politischen Qualitäten und Überzeugungen, seine rhetorischen Fähigkeiten im Alltag des Parlamentsbetriebes und seine Unerschrockenheit bei Wahlveranstaltungen. Nichts vermochte deshalb nun, einmal in ihren Reihen, seine Karriere zu bremsen. Den rasanten Aufstieg des jungen, ebenso berühmten wie berüchtigten Abgeordneten in höchste Regierungsämter beobachteten politische Freunde und Feinde seit 1904 mit Staunen und Kopfschütteln, denn normalerweise bedeutete ein Wechsel der Partei das Ende einer politischen Karriere. Doch im Falle Churchills trat genau das Gegenteil ein. Bereits im Januar 1906 ernannte ihn der neue Liberale Premierminister Henry Campbell-Bannerman zum Unterstaatssekretär im Kolonialministerium, das heißt: zum Stellvertreter des Ministers. Für dieses Amt fühlte sich Churchill aufgrund seiner bisherigen Lebenserfahrungen in besonderer Weise geeignet. Sein Chef war dort Lord Elgin, dessen Gast er wenige Jahre zuvor im vizeköniglichen Palast in Kalkutta gewesen war. Lord Elgin, der etwas lethargische Minister, saß im Oberhaus, so dass Churchill die weitaus wichtigere Arena des Unterhauses für sich hatte. Er nutzte die Chance, sich in Szene zu setzen. Er sei ministrabel, meinte Herbert Asquith.

Zwei Jahre später, als Asquith den verstorbenen Campbell-Bannerman als Premierminister beerbte, wurde Churchill das Wirtschaftsministerium übertragen. Er gehörte damit, als jüngster Minister seit langem, dem Kabinett an. Warum gerade er für Wirtschaft und Handel zuständig sein sollte, ist schwer nachzuvollziehen, denn zu Wirtschaft und Industrie hielt Churchill zeitlebens eine eigentümliche Distanz. Zwar spekulierte er an der Wall Street, doch dabei verließ er sich auf den Sachverstand des mit ihm befreundeten amerikanischen Finanziers Bernard Baruch, nicht immer mit Erfolg. Seine Freunde in der Wirtschaft waren keine Industriellen, sondern die Herrscher über große Presseimperien wie Lord Camrose, Lord Beaverbrook und auch Lord Rothermere. Anders gewendet: Als Wirtschafts- und später als Finanzminister war Churchill bei seinen Entscheidungen auf den Rat von Experten angewiesen. Den wusste er in allen seinen Ämtern allerdings immer gut zu nutzen.

Schon im Februar 1910 wechselte Churchill erneut das Ressort. Er übernahm für knapp zwei Jahre das Innenministerium, eine Zwischenstation. Im Oktober 1911, nach der den Frieden Europas bedrohenden Zweiten Marokkokrise vom Sommer dieses Jahres, wurde Churchill Marineminister, Erster Lord der Admiralität, der in jenen Jahren über die größte und modernste Flotte verfügte, die Großbritannien je hatte. In dieser Schlüsselposition, die er bei Beginn des Zweiten Weltkrieges im Kabinett Neville Chamberlains wieder besetzen sollte („Winston is back!", lautete angeblich der Funkspruch des Flottenchefs an alle Einheiten), erlebte Churchill den Ausbruch des Großen Krieges. Er war zu dem Zeitpunkt gerade einmal 39 Jahre alt – alles in allem die atemberaubendste politische Karriere in Großbritannien seit William Pitt dem Jüngeren im späten 18. Jahrhundert. Musste ihm nicht schwindelig werden? Gab es überhaupt ein Staatsamt, das für ihn unerreichbar war?

In allen Ministerämtern glänzte Churchill. Das mussten selbst seine Kritiker einräumen. Tatkräftig, ehrgeizig, unruhig und ungeduldig verfasste er Denkschriften, leitete Reformen ein und ebnete den Weg für neue Entwicklungen in dem Ressort, für das er gerade verantwortlich war. „Er lebt vollständig in der Gegenwart und nimmt jeweils die Farbe des Amtes an, das er gerade innehat," beobachtete damals ein ehe-

maliger Parteifreund und Nachfolger im Marineministerium.[27] Sein Interesse an einer „neuen Sache" ließ sich immer
schnell wecken. Und die Wirkung seiner Aktivitäten auf die
Öffentlichkeit ließ er nie aus den Augen. Während seiner kurzen Zeit im Kolonialministerium erhielten die beiden Burenrepubliken Transvaal und Oranje-Freistaat, nach einem maß-
vollen Friedensschluss nunmehr britische Kolonien, weit
reichende Autonomie. Dass sie 1910 mit der Kapkolonie und
Natal zur Südafrikanischen Union zusammengeschlossen
werden konnten, war nicht zuletzt Churchills Verdienst. Als
im August 1914 der europäische Krieg begann, traten die
Buren unter der Führung von Louis Botha und Jan Smuts
ohne Zögern an die Seite Großbritanniens. Für Churchill
waren die beiden ehemaligen Gegner längst zu Freunden
geworden. Im Zweiten Weltkrieg suchte er gern den Rat von
Smuts, in diesen Jahren Premierminister der Südafrikanischen
Union. „Zu unseren Lebzeiten gibt es Südafrika," schrieb er
später, „wo auf den Sieg gleich die größten politischen Zuge-
ständnisse folgten, mit den glücklichsten Folgen bis heute.
Unser Ausgleich mit den Buren, an dem ich mich selbst so
intensiv beteiligt habe, war mir [später] eine Quelle des Tros-
tes und guter Eingebungen."[28]

Als Wirtschaftsminister in den Jahren 1908/09 wirkte
Churchill neben dem Waliser David Lloyd George am längst
überfälligen Ausbau der sozialpolitischen Gesetzgebung in
Großbritannien an entscheidender Stelle mit. Er nahm in
Kauf, dass dadurch die Mittel für den Ausbau der Flotte ge-
kürzt wurden. In die Kompetenz seines Ministeriums fielen
damals auch sozialpolitische Fragen. Eine Verkürzung der
Arbeitszeit in Industrie und Bergbau, die Einführung der
Arbeitslosenversicherung und die Einrichtung von Arbeits-
ämtern gingen auf Churchills Initiative zurück, unterstützt
von einem jungen Beamten, der 35 Jahre später der Vater des
britischen Wohlfahrtsstaates wurde: William Beveridge. Sid-
ney Webb, der Sozialreformer, hatte ihn dem Minister empfohlen. Die Verbesserung der Lebensverhältnisse für das britische Volk betrachte er als wichtigste Aufgabe einer modernen
Regierung, hatte Churchill schon 1899 bei seinem ersten

Wahlkampf in Oldham erklärt.[29] Widerstreitende Motive bewegten ihn: „Manchmal möchte ich in der Welt Gutes tun; bei anderen Gelegenheiten scheine ich mich nur um die eigene Karriere zu kümmern."[30]

Während seiner Zeit als Innenminister bewies Churchill einmal wieder Unerschrockenheit, als er im Januar 1911 höchst persönlich (was völlig überflüssig war) die Verhaftung von zwei Kriminellen im Londoner East End überwachte. Sie hatten vier Polizisten ermordet und ergaben sich den Sicherheitskräften, darunter Soldaten vom nahe gelegenen Tower, erst nach heftiger Gegenwehr. Gefahr, Pulverdampf, sogar ein Maschinengewehr, das bei der aufwändigen Aktion in Stellung gebracht wurde – Churchill genoss es und erinnerte sich an die exotischen Abenteuer seiner Jugend. Doch dass er Polizei und sogar Truppen gegen streikende walisische Bergarbeiter einsetzte, hat ihm die 1906 entstandene Labour-Partei nie verziehen („Remember Tonypandy!"). Das Bild des harten Innenministers überdeckte fortan für sie das Bild des sozialreformerischen Wirtschaftsministers, des Arbeiterfreundes.

Entschlossenes Durchgreifen und rigoroses Handeln machte Churchill in seinen frühen Ministerjahren, unabhängig vom Ressort, zu seinem Markenzeichen. Als er das prestigeträchtige Marineministerium übernommen hatte, ließ er folglich nicht den geringsten Zweifel daran aufkommen, dass Großbritannien, seit Trafalgar die unbestrittene Herrin der Meere, beim maritimen Wettrüsten dem aufstrebenden Deutschen Reich und seinem flottenbesessenen Kaiser Paroli bieten würde. Während er 1908 das Gerede von der Unvermeidbarkeit eines europäischen Krieges noch als Unsinn bezeichnet hatte, begegnete er der deutschen Außen- und Flottenpolitik seit 1910 mit wachsendem Misstrauen. „Der Daseinszweck der britischen Flotte gilt in erster Linie der Verteidigung," erklärte Churchill am 9. Februar 1912 im schottischen Glasgow. „Wir denken nicht daran, irgend jemand anzugreifen … Es besteht jedoch ein großer Unterschied zwischen der Flotte Großbritanniens und der eines anderen großen Reiches, zu dem wir in freundschaftlichen Beziehungen stehen – und ich vertraue fest darauf, dass es noch lange das große, uns freundlich gesinnte Reich bleiben wird –, nämlich Deutschlands. Die Flotte ist für Großbritannien eine Notwendigkeit, während sie für Deutschland in vieler Hinsicht nur einen Luxus bedeutet."[31] Der Kaiser und die deutsche Öffentlichkeit schäumten.

Stellte die wachsende und kostspielige deutsche Hochseeflotte mit ihren schweren Kreuzern und Schlachtschiffen nicht in der Tat eine „Luxusflotte" dar, die die Sicherheit des Reiches nicht erhöhte, sondern schwächte? Niemand, der in Deutschland etwas zu sagen hatte, nahm damals Churchills Argumente ernst, auch nicht seine kaum verhüllte Warnung an das Reich und seine verantwortlichen Politiker. Das fatale Flottenrüsten ging auf der deutschen Seite ungebremst weiter. Churchill, der bei seinen Planungen für die Flotte nun immer mehr von der Unvermeidlichkeit eines Krieges mit dem Deutschen Reich ausging, sorgte mit aller Energie dafür, dass die britische Seemacht die Oberhand behielt. Er ließ ohne Rücksicht auf die enormen Kosten größere, schnellere, kurz: moderne Schlachtschiffe bauen, wie sie die Welt noch nie gesehen hatte. Beraten wurde er von Admiral John Fisher, dem pensionierten und dann im Oktober 1914 reaktivierten „First Sea Lord", Chef der Marine. Mit ihm verband Churchill bald eine enge Freundschaft. „Winston spricht über nichts anderes als die See und die Marine und die wundervollen Dinge, die er tun wird," beobachtete im Mai 1912 Fishers Nachfolger als Oberbefehlshaber der Flotte, David Beatty,[32] und das war sicher keine Übertreibung.

An Bord der Yacht *Enchantress,* die dem Ministerium gehörte, besuchte Churchill bis Kriegsbeginn zahlreiche Werften und Stützpunkte der Flotte. Er setzte sich auch enthusiastisch für die Entwicklung der Marinefliegerei ein. An der waghalsigen Erprobung neuer Flugzeuge nahm er seit 1912 persönlich teil. Gefährliche Bruchlandungen schreckten ihn nicht ab. Ein Minister, der in seinem bequemen Büro nur die Akten sorgfältig studierte, wollte Churchill nicht sein. „Alles läuft auf die Katastrophe und den Zusammenbruch zu. Ich bin daran interessiert, bin vorbereitet und glücklich. Ist es nicht schrecklich, so veranlagt zu sein?"[33] Das schrieb er an seine Frau in den kritischen Tagen der Julikrise des Jahres 1914, als fast jedermann mit einem europäischen Krieg rechnete. „Er war nun einmal ein Krieger," resümierte Sebastian Haffner, und „der Gedanke an Krieg spannte seinen Geist zu höchster, lustvoll-inspirierter Anstrengung."[34] Als der Große Krieg dann wenige Tage später tatsächlich ausbrach, war die britische „Grand Fleet" dank Churchills Anstrengungen seit seinem Amtsantritt modernisiert und einsatzbereit.

Erst 1915, nun schon mitten im Krieg, riss Churchills Erfolgsserie als innovativer und umtriebiger Minister abrupt ab. Die militärische Katastrophe dieses Jahres in Südosteuropa, die er praktisch allein verantworten musste, schmerzte ihn für den Rest seines Lebens. Als Jahre später während des Zweiten Weltkrieges die Forderung nach Errichtung einer Zweiten Front in Europa immer lauter wurde, vor allem Stalin darauf insistierte, da litt Churchill Seelenqualen, da zögerte er, und da suchte er verzweifelt nach Ausreden, um die angemahnte Entscheidung immer wieder aufzuschieben. Ein zweites Gallipoli, und das war 1915 der Name der Katastrophe, wollte er unter keinen Umständen erleben. Gallipoli war für ihn und die britische Öffentlichkeit gleichbedeutend mit seinem Scheitern auf einem Gebiet, auf dem Churchill sich aufgrund seiner Ausbildung und seiner Erfahrungen als Kriegsberichterstatter in drei Kontinenten besonders kompetent fühlte: dem Gebiet der militärischen Taktik und Strategie, dem weiten Feld des militärischen Sachverstands und der Urteilsfähigkeit in allen militärischen Angelegenheiten. Wie und warum war es zur Katastrophe gekommen?

Nachdem sich die gegnerischen Armeen seit Ende 1914 in einem blutigen Stellungs- und Abnutzungskrieg an der Westfront in Nord- und Nordostfrankreich eingegraben hatten, gebot es die militärische Strategie, so Churchill, die Mittelmächte Deutsches Reich und Österreich-Ungarn und ihre Verbündeten irgendwo an einer nur wenig geschützten Flanke anzugreifen. Das ließe sich am besten bewerkstelligen, wenn man einen schwachen Partner in der feindlichen Koalition mit überlegenen Kräften attackierte und ihn zur Aufgabe des

Kampfes zwingen würde. Churchill dachte dabei an das Osmanische Reich. Es hatte sich im Herbst 1914 zum Kriegseintritt an der Seite der Mittelmächte entschieden, zum großen strategischen Nachteil der Ententemächte, denn das Osmanische Reich kontrollierte die wichtigen Meerengen zwischen Ägäis und Schwarzem Meer. Briten und Franzosen war es dadurch verwehrt, den Kriegsalliierten Russland auf dem südlichen Seeweg durch das Mittelmeer mit militärischem Nachschub zu versorgen.

In den ersten Monaten des Krieges hatte Churchill das Gefühl, noch nicht wirklich gefordert worden zu sein. Gab es keine Aufgabe für die mächtige britische Flotte und den energischen Marineminister? Seit Dezember 1914 plädierte Churchill im Kabinett mit aller seiner Überredungskunst dafür, die Dardanellen zwischen Ägäis und Marmarameer in einer Überraschungsaktion durch alliierte Streitkräfte zu besetzen und mit der Bombardierung Konstantinopels, der nahe gelegenen osmanischen Hauptstadt, zu drohen. Damit würde, behauptete er gegenüber allen Einwänden und Bedenken, zweierlei erreicht: zum einen die Öffnung der türkischen Meerengen für die Schiffe der Alliierten und zum anderen eine entscheidende Schwächung des Osmanischen Reiches, vielleicht sogar dessen Ausscheren aus dem militärischen Bündnis mit dem Deutschen Reich. Der nächste Schritt wäre die Eröffnung einer Balkanfront, die sich auf Griechenland und Serbien stützen konnte und die Mittelmächte, vor allem die wankende Donaumonarchie, vom Südosten her bedrohte.

Churchills kühne strategische Überlegungen, die endlich auch der Flotte ein aktives Eingreifen in den Krieg ermöglichten, überzeugten das britische Kabinett. Zeigten sie nicht einen geradezu genialen Weg zur raschen Beendigung des furchtbaren, Menschen verschlingenden Krieges auf? Am 19. Februar 1915 begannen alliierte Kriegsschiffe mit der Beschießung der türkischen Befestigungen, die die Dardanellen und letztlich auch den Bosporus schützten. Aber sehr schnell wurde deutlich, dass es bei der Umsetzung der alliierten Pläne an den Meerengen an vielem haperte. Im Grunde misslang den Alliierten alles, was nur misslingen konnte. Die Frage des Oberbefehls über die alliierte Operation war sträflicherweise ungeklärt geblieben, die eingesetzten See- und Heeresstreitkräfte arbeiteten schlecht zusammen und reichten für eine Erfolg versprechende Landung von Truppen auf der Halbinsel Gallipoli nicht aus. Die Gegenwehr der Türken unter dem Oberbefehl Mustafa Kemals, des späteren Kemal Atatürk, und des preußischen Generals Otto Liman von Sanders war wesentlich stärker als erwartet.

Die Admiräle der britischen Flotte, an ihrer Spitze Lord John Fisher, bis dahin Churchills Vertrauter, rebellierten. Kurz: Als die Alliierten das Dardanellen-Unternehmen schließlich zwischen November 1915 und Januar 1916 überstürzt abbrachen, standen sie vor einem Scherbenhaufen. Mehrere britische und französische Kriegsschiffe waren von den Verteidigern der Meerengen versenkt worden; über 60 000, manche Autoren sagen 46 000 britische, australische, neuseeländische und französische Soldaten, die seit Ende April 1915 auf der Halbinsel gelandet waren, hatten ihr Leben verloren. Unter den Verwundeten war Churchills Bruder Jack. Im Januar 1916 war die Evakuierung der Halbinsel abgeschlossen, aber „Gallipoli" wurde zum lange nachwirkenden Trauma für Politiker und Militärs.

Die unmittelbaren Folgen? Über Churchills geistige Urheberschaft für den Dardanellen-Plan konnte es keine Zweifel geben; für das klägliche Scheitern seiner praktischen Durchführung war er zumindest mitverantwortlich. Er hatte die Idee gehabt, aber sich um die Vorbereitung der Operation viel zu wenig gekümmert, aus welchen Gründen auch immer. Für die britische Öffentlichkeit, die auch der Krieg nicht mundtot gemacht hatte, und die Konservativen war er der Sündenbock. „Ich bin das Opfer einer politischen Intrige. Ich bin erledigt,"[35] meinte er im privaten Kreis. Seine Frau Clementine hielt das Gallipoli-Abenteuer für den Tiefpunkt seines Lebens und fürchtete damals, er würde angesichts des Desasters „vor Kummer sterben".[36]

Direkt hat sich Churchill über das militärische Debakel und seine Mitschuld daran zunächst allerdings nicht öffentlich geäußert. Erst in seinen Kriegserinnerungen, die seit 1923 erschienen, sprach Churchill vage über Schuld und Mitschuld am Gallipoli-Unternehmen. Für das Scheitern der alliierten Landung an den Dardanellen machte er nun unter anderem die „Missgunst des Glücks" verantwortlich. „Die Größe des in Aussicht stehenden Preises, den wir um Haaresbreite verfehlten, kühnster Wagemut und schwere Unzulänglichkeit, höchste Leistung und bedauerliche Unentschlossenheit, dazu die Missgunst des Glücks, die über dem Schlachtfeld waltete, das alles sind Dinge, die in unserer Geschichte nicht ihresgleichen haben."[37] Unbeirrt vertrat er die Auffassung, die Gallipoli-Operation sei „ein legitimes Kriegswagnis" gewesen.[38] Doch ihr Scheitern blieb seine Achilles-Ferse, auf die während des Zweiten Weltkrieges selbst Stalin zu seinem Vorteil anspielen konnte.

In seinen Memoiren über den zweiten großen Krieg, in dem Churchill Verantwortung trug, tauchten die Dardanellen, wie aus den Tiefen des Unterbewusstseins, noch einmal auf. „Im Jahre 1915 bin ich wegen der Dardanellenfrage gestürzt worden, und ein Unternehmen von überragender Bedeutung wurde aufgegeben, weil ich von meiner untergeordneten Stellung aus eine bedeutende, entscheidende Operation durchzuführen versucht hatte. Die Menschen sind schlecht beraten, wenn sie dergleichen wagen. Diese Lektion hat sich mir tief eingeprägt."[39]

Churchills Entscheidungen in den kritischen Monaten des Jahres 1915 waren unmissverständlich. Schon am 18. Mai 1915, als sich der katastrophale Misserfolg des alliierten Unternehmens an den Dardanellen abzeichnete, trat er, dem öffentlichen und innerparteilichen Druck nachgebend, als Marineminister zurück. Vom Premierminister Asquith wurde er im Zuge einer allgemeinen Regierungsumbildung mit einem mehr oder weniger bedeutungslosen Kabinettsposten abgefunden, um die Regierungskrise nach außen zu kaschieren.

Churchill empfand dies als furchtbaren Schlag: „Wie ein Seeungeheuer, das man aus der Tiefe des Meeres gefischt hat, oder wie ein Taucher, der zu schnell aufgestiegen ist, so drohten meine Adern durch den Druckabfall zu bersten."[40] Im

Grunde bildete Gallipoli, so glaubte man damals, das Ende von Churchills politischer Karriere. „Es ist schade, dass Winston keinen besseren Sinn für Proportionen hat," meinte Asquith, etwas voreilig, wie wir heute wissen. „Ich mag ihn wirklich gern, aber ich sorge mich um seine Zukunft … Er wird trotz aller seiner wunderbaren Begabungen nie an die Spitze der englischen Politik gelangen. Alle rhetorischen Fähigkeiten und alle harte Verwaltungsarbeit helfen nicht, wenn ein Mann kein Vertrauen ausstrahlt."[41]

Eine Kaltstellung und Beilegung seines offenkundigen Versagens, die ihn schonen sollte, war nicht nach Churchills Geschmack. Er entschloss sich, nach einem Sommer voller Selbstzweifel, Selbstmitleid und Grübeleien, zu etwas, was vor ihm und nach ihm kein Minister in Großbritannien oder anderswo je getan hat: Er gab am 16. November 1915 sein Ministeramt auf und meldete sich zum aktiven Dienst an der Front in Nordfrankreich. Seit Ende 1915 kommandierte er im Range eines Oberstleutnants die 6. Royal Scots Fusiliers, ein Regiment, das sich aus schottischen Freiwilligen rekrutierte. Ein Akt tätiger Reue? Sicher begriff Churchill seine sechs Monate in den morastigen und kalten Schützengräben Frankreichs als eine Art Frontbewährung eines gescheiterten Ministers. Aber letztendlich war er nicht nur Politiker, sondern auch Offizier mit Gefechtserfahrung. Der Krieg bot vielleicht, so spekulierte er für einen Moment, die Aussicht auf ein Wiederanknüpfen an eine vor Jahren abgebrochene militärische Laufbahn, auf eine schnelle Beförderung in höchste Kommandostellen, zumal der britische Oberkommandierende in Frankreich, Sir John French, ein alter Freund von ihm war. French wurde jedoch schon Anfang 1916 durch den General Sir Douglas Haig ersetzt.

Churchills Entschluss im Spätherbst 1915, sich an die Front zu melden, war auch deshalb bemerkenswert, weil er inzwischen eine junge Familie hatte. Mit ihr hatte er, nach dem Rücktritt als Marineminister, den quälenden Sommer 1915 verbracht. Sieben Jahre zuvor, als er gerade Wirtschaftsminister geworden war, hatte er geheiratet. In seinen Jugenderinnerungen, die bis zu diesem Zeitpunkt führen, ist der letzte

Satz, der immerhin eine wichtige Mitteilung enthielt, auffallend lakonisch formuliert: „Zu dieser Zeit heiratete ich und lebte fortan immer glücklich."[42] Das klingt befremdlich, sogar ironisch, wie der Schluss eines Märchens. Wenn man auf Churchills 57 Ehejahre schaut, besteht jedoch kein Zweifel, dass die Ehe, alles in allem, glücklich war. Allerdings führte er, vor allem wenn man sie an den Maßstäben der Zeit misst, keine konventionelle Ehe, das heißt, eine Ehe, in der sich die Ehefrau völlig zurücknimmt, sich nur um den Haushalt und das Wohlergehen des Mannes kümmert und in der Öffentlichkeit nur selten in Erscheinung tritt. Eine Johanna von Bismarck war Clementine Ogilvy Hozier, Churchills Frau, nicht.

Der Eheschließung gingen, so weit wir das wissen, weder eine stürmische Brautwerbung voraus noch so etwas wie eine herzerwärmende Romanze. Da bildeten Churchills Eltern kein Vorbild für den Sohn. Er scherte auch insofern aus der Familientradition aus, als er nicht die Tochter eines amerikanischen Millionärs heiratete. Es ist auch nicht bekannt, ob Churchill vor seiner Eheschließung jemals eine Kandidatin mit entsprechender Mitgift kennen lernte. Die Biographen verzeichnen lediglich eine längere Liebesbeziehung des Husarenleutnants zur Tochter eines hohen britischen Kolonialbeamten am Hofe des Nizams von Hyderabad, eines der vielen indischen Maharadschas. Sie begann im Herbst 1896 und ging nach etwas über einem Jahr zu Ende.

Die 1885 geborene Clementine Hozier entstammte nicht der englischen Aristokratie und – viel wichtiger für die Zeitgenossen und für den immer von Finanznöten geplagten Churchill – brachte auch keine nennenswerte Mitgift in die Ehe ein. Unter diesem Aspekt war sie keine „gute Partie". Aber Clementine Hozier hatte eine gute Erziehung genossen, was selbst für Töchter aus der oberen Mittelschicht damals durchaus noch nicht die Regel war. Sie war praktisch veranlagt, eine kluge Beobachterin und eine außerordentlich starke Persönlichkeit mit dezidierten, oft sehr kritischen Urteilen, insbesondere über so genannte Freunde und Bekannte in Churchills privatem Lebensumfeld. Ihre politischen Ansichten seien manchmal unbesonnen gewesen, heißt es. Aber sie

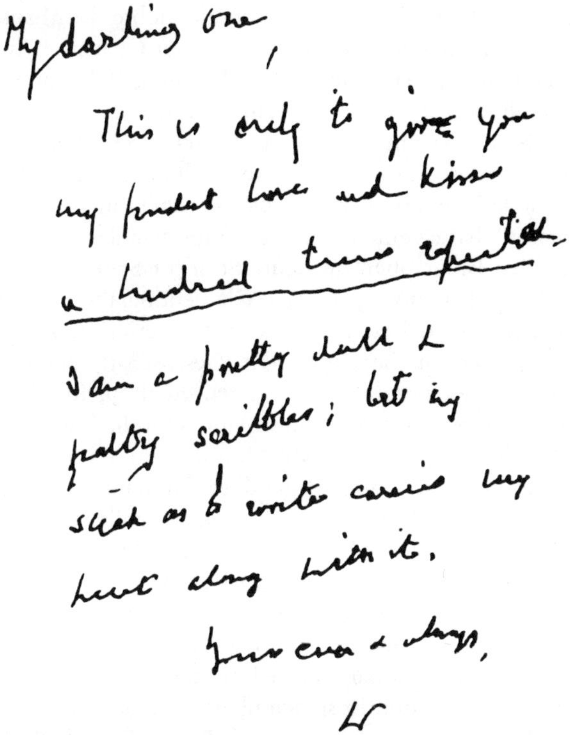
My darling one,

This is only to give you my fondest love and kisses a hundred times repeated.

I am a pretty dull & paltry scribbler; but my stick as I write carries my heart along with it.

Yours ever & always,

W

(„My darling one, This is only to give you my fondest love and kisses a hundred times repeated. I am a pretty dull & paltry scibbler; but my stick as I write carries my heart along with it. Yours ever & always, W").

**Abb. 5:** Brief Churchills an Clementine Churchill zu ihrem 78. Geburtstag am 1. April 1963.

verstand es, sich bei ihrem Ehemann durchzusetzen. „Ich streite nicht mit Winston," bekannte Clementine Churchill einmal, „er würde mich niederbrüllen. Wenn ich also irgendetwas Wichtiges zu sagen habe, schicke ich ihm eine Notiz."[43] Dem häuslichen Frieden scheint das in den vielen Jahren ihrer Ehe gut getan zu haben.

Die schon zitierte Beatrice Webb, die jede Beobachtung pedantisch ihrem Tagebuch anvertraute, lobte die „Ernsthaftigkeit" der jungen Frau und pries ihren Charme.[44] In den mittleren und späteren Jahren ihrer Ehe ging „Clemmie", wie Churchill und Freunde sie nannten, häufig ihre eigenen Wege. So unternahm sie z. B. im Winter 1934/35 eine mehrmonatige Reise durch die Inselwelt Indonesiens, damals noch eine niederländische Kolonie. Da sie dabei einen „ständigen Begleiter" hatte, einen jüngeren Kunsthändler, lieferte die Reise den Biographen bis heute Stoff für Spekulationen. In den 1950er Jahren weigerte sich Clementine, ihren Ehemann bei seinen ausgedehnten und luxuriösen Ferien an die französische Riviera zu begleiten. Die Gesellschaft, die sie dort antraf und die Churchill so liebte, behagte ihr nicht oder langweilte sie. Über das Faible ihres Mannes für die Riviera, nicht zuletzt für das Spielkasino von Monte Carlo, sei sie unglücklich, bekannte sie einmal gegenüber Churchills letztem Privatsekretär. „Es stellte für mich die oberflächlichste Seite seines Charakters dar."[45] Sie sei im Grunde ihres Herzens eine Puritanerin, meinten Freunde der Familie.

Churchill und Clementine Hozier hatten sich 1904 kennen gelernt, im Jahr seines ersten Parteiwechsels. Clementine, nicht Churchill, hat darüber nicht ohne Sarkasmus berichtet: „Winston starrte nur. Er sprach überhaupt nicht und war sehr linkisch. Nie forderte er mich zum Tanz auf, nie lud er mich zum Essen ein. Natürlich hatte ich schon viel von ihm gehört – nur Schlechtes".[46] Nach einem „coup de foudre", nach Verliebtsein und Leidenschaft klingt das nicht. In einem seiner ersten Briefe an Clementine schreibt Churchill von seinen Hoffnungen, beide könnten eine offene Freundschaft schließen, die „ich sicherlich mit tiefen Gefühlen des Respekts schätzen würde."[47]

So nüchtern und sachlich blieb es nicht. Der romantische Höhepunkt der Brautwerbung wird der 11. August 1908 gewesen sein. Weil es während eines gemeinsamen Spaziergangs zu regnen begann, flüchteten Winston und Clementine in den Tempel der Diana im Park von Schloss Blenheim. Als sie herauskamen, hatten sie sich verlobt. Einen Monat später, am 12. September 1908, heirateten sie in der St. Margaret's Church, im Schatten der Westminsterabtei und des Parlamentsgebäudes gelegen, im Londoner Stadtteil Westminster. Der Kirche gegenüber, am nordwestlichen Ende von Parliament Square, steht seit 1973 die mächtige Bronzestatue Churchills von Ivor Roberts-Jones. Trauzeuge der jungen Churchills war Lord Hugh Cecil, ein Sohn des ehemaligen Premierministers Lord Salisbury. Unter den Hochzeitsgeschenken war ein Spazierstock mit goldenem Knauf von König Eduard VII. Churchill hat ihn zeitlebens benutzt. In Blenheim habe er die wichtigsten Entscheidungen seines Lebens getroffen, behauptete Churchill gern – „geboren zu werden und zu heiraten, und beides habe ich nie bereut".[48] Die kurze Hochzeitsreise führte das Paar zum Lago Maggiore und nach Venedig.

Wahrscheinlich hat Sebastian Haffner Recht, wenn er über Churchills Gefühlshaushalt schreibt: „Man wird sich damit abfinden müssen, dass in diesem abenteuerlichen Leben eines leidenschaftlichen Mannes das große Liebesabenteuer und die große Liebesleidenschaft nicht vorkommen ... Was ihn – mehrfach – wirklich aus der Bahn warf, waren politische Leidenschaften und militärische Abenteuer; niemals erotische. Churchill war als Politiker alles andere als ein kalter Rechner, er war warmherzig und heißblütig wie kaum ein zweiter; vielleicht gerade deswegen, weil all die Wärme und Hitze, all die Leidenschaft und sogar die Zartheit, die andere in ihrem Privatleben verbrauchen, bei ihm unabgeleitet und unvermindert in seiner öffentlichen Person aufgestaut blieb und in seine öffentliche Wirksamkeit einströmte."[49] Die Rangfolge seiner Leidenschaften stand unverrückbar fest. Aber vielleicht täuschen sich die Biographen. „Mein größtes Glück in einem Leben voller wunderbarer Erfahrungen," schrieb er später einmal an Clementine, „ist es gewesen, Dich zu finden und mein Leben mit Dir zu leben."[50]

Es wäre auch falsch, dem Privatleben Churchills und seinen Beziehungen zur wachsenden Familie Wärme und Zartheit absprechen zu wollen. Das galt jedenfalls nicht für die Jahre, als die Kinder noch klein waren. Sohn Randolph berichtete später von Abenden, an denen der Vater den Kindern stundenlang vorlas. Seine jüngste Tochter Mary erinnerte sich an die viele Zeit, die er mit den Kindern besonders in den 1930er Jahren verbrachte, an seine Zuwendung und Offenheit, an sein Verständnis für ihre Sorgen und an seine Güte. Später nahmen die familiären Probleme zu, vielleicht auch deshalb, weil die Politik Churchill für Erziehungsaufgaben nur wenig Zeit ließ und er folglich dazu neigte, mit den Heranwachsenden allzu nachsichtig umzugehen. Dessen ungeachtet blieb die Familie der Kern des „goldenen Kreises"[51] von engen Freunden, Verwandten und Kollegen, der ihn bis an sein Lebensende umgab.

Die Churchills hatten fünf Kinder. Diana, die älteste Tochter, wurde im Juli 1909 geboren. Churchills Vetter Charles („Sunny"), der neunte Herzog von Marlborough, mit dem er einige Zeit in Südafrika verbracht hatte, fungierte als Taufpate. Nach zwei gescheiterten Ehen, zuletzt seit 1935 mit dem Konservativen Politiker Duncan Sandys, beging sie im Oktober 1963 Selbstmord. Die zweite Tochter Sarah, die nach einer wenig erfolgreichen Karriere als Schauspielerin ihren Vater auf vielen Reisen begleitete, so etwa zu den Konferenzen von Teheran 1943 und Jalta 1945, wurde im Oktober 1914 geboren. Die 1918 geborene Tochter Marigold starb im Alter von nur dreieinhalb Jahren im August 1921 an Meningitis, knapp zwei Monate nach Churchills Mutter Jennie.

Als letztes Kind kam schließlich im September 1922 die Tochter Mary zur Welt. Von allen ihren Kindern bereitete sie den Eltern die meiste Freude. Sie war die ausgeglichenste und hat die literarische Begabung des Vaters geerbt. Im Juli 1945 begleitete sie ihn zur Potsdamer Konferenz und im September 1946 nach Zürich, als er dort seine berühmte Rede über das künftige Europa hielt. Verheiratet seit 1947 mit dem Politiker Christopher Soames veröffentlichte sie mehrere Arbeiten über den Vater und 1979 eine viel gepriesene Biographie ihrer Mutter.

Der einzige Sohn der Churchills, der im Mai 1911 geborene Randolph, litt als Erwachsener ganz offensichtlich unter der übermächtigen Vaterfigur. Er war ein talentierter Redner, galt aber als arrogant und launisch, als streitsüchtig, jähzornig und verschwenderisch. Als Politiker, sozusagen in den Fußstapfen des Vaters, scheiterte er, mehr oder weniger auch als Journalist. Die „offizielle" Biographie des Vaters, eine Dokumentensammlung mit verbindendem Text, führte er bis zum zweiten Band. Im Oktober 1939 heiratete Randolph die 19-jährige Pamela Digby und führte mit ihr eine kurze, stürmische Ehe. Sie heiratete 1971 in dritter Ehe den amerikanischen Millionär und Diplomaten Averell Harriman, mit dem Churchill während des Zweiten Weltkrieges als Vertrautem und Sondergesandtem des Präsidenten Roosevelt viel zu tun hatte. Sie wurde dadurch amerikanische Staatsbürgerin. Als Mäzen der Demokratischen Partei ernannte sie 1993 Präsident Bill Clinton zur Botschafterin der Vereinigten Staaten in Paris. Ihr erster Ehemann Randolph war bereits 1968 gestorben, drei Jahre nach seinem Vater. Zu Randolphs frühem Tod mag ein übermäßiger Alkoholkonsum beigetragen haben, eine fatale Sucht, die er unglücklicherweise mit seinen Schwestern Diana und Sarah teilte.

Zurück zu Churchill, dem Offizier an der Front. Wie sich schnell herausstellen sollte, blieb seine tätige Buße in den Schützengräben Nordfrankreichs Episode. Seine Leidenschaft für die Politik ließ sich nicht unterdrücken. „Sein Geist und seine Spannkraft schienen unverwüstlich und für andere Dimensionen geschaffen zu sein," resümierte einer seiner Biographen. „Immer wieder – und auch nach den härtesten Rückschlägen – fand er den inneren Schwung zum vorbehaltlosen Einsatz der ganzen Person."[52] Das Kriegsministerium bombardierte er mit Vorschlägen zur militärischen Taktik und Waffentechnik. So geht z. B. die Entwicklung der Panzerwaffe auf seine Anregung zurück. Bei kurzen Heimaturlauben suchte er das Unterhaus auf, dem er nach dem Ausscheiden aus der Regierung weiterhin angehörte. Unverkennbar strebte Churchill, das gescheiterte Wunderkind der britischen Politik, die Rückkehr in die Regierung an, nichts Geringeres, und der politische Ehrgeiz machte ihn offenbar blind für die Realität.

Am 7. März 1916 hielt Churchill im Unterhaus eine Rede, die sogar seine stets loyale Frau und enge Freunde als töricht bezeichneten. In ihr kritisierte er ehemalige Kollegen im Kabinett und forderte kaum verhüllt seine erneute Ernennung zum Marineminister. Töricht oder eine bewusste Provokation? Wie das angesichts seines nur wenige Monate zurückliegenden Ausscheidens aus der Regierung Asquith nicht anders zu erwarten war, erntete er für seine Rede im Unterhaus Spott und Gelächter. Churchill nahm, nach allem, was wir darüber wissen, die Abfuhr auf die leichte Schulter. Unter Berufung auf sein Abgeordnetenmandat bat er nun um die Entlassung aus der Armee. Am 6. Mai 1916 wurde das Gesuch genehmigt, zu seinem Glück gerade noch rechtzeitig, denn nur wenige Wochen später erlitt sein Regiment in der Schlacht an der Somme schwere Verluste.

Churchills Rückkehr ins Zivilleben und in die Politik vollzog sich letztendlich schneller als erwartet, und die entscheidende Hilfestellung leistete ihm dabei sein alter Mentor, Freund und politischer Weggefährte aus der Vorkriegszeit, David Lloyd George. Dieser stand hinter dem Regierungswechsel im Dezember 1916: Zusammen mit den Konservativen bildete er nach dem Sturz Asquiths eine Koalitionsregierung, und als neuer Premierminister wurde er angesichts des Krieges mit außergewöhnlichen Vollmachten ausgestattet. Aus dieser starken Position heraus berief Lloyd George im Juli 1917, allen Widerständen zum Trotz, Churchill als Rüstungsminister in sein Koalitionskabinett. Er glaubte, auf dessen Arbeitskraft und Durchsetzungsvermögen in dieser kritischen Phase des Krieges nicht verzichten zu können. „Da man mir das Pläneschmieden verwehrte," meinte Churchill sarkastisch, „machte ich mich daran, für die Waffen zu sorgen."[53]

Die Konservativen, die Partner in der Koalition, protestierten vergeblich. Das zeitweilig drohende Auseinanderbrechen seiner Regierung über der Person Churchill konnte der geschickte Lloyd George abwenden. „Es war interessant," spottete er später über die Konservativen, „in konzentrierter Form jede Phase des bebenden Misstrauens zu beobachten, das ein Genie beim Mittelmaß hervorruft. Leider liefert das Genie seinen Kritikern stets auch selbst die Argumente – es hat das immer getan und wird es immer tun. Churchill bildete sicher keine Ausnahme."[54] Lady Cornelia Wimborne, die älteste Tochter des siebenten Herzogs von Marlborough, gab ihrem Neffen Winston, der gerade dank Lloyd Georges Fürsprache seinen Karriereknick ausbügeln konnte, damals einen guten Rat: „Beschränke Dich strikt auf Dein Ressort und versuche nicht, die Regierung zu übernehmen."[55] Offenbar kannte Lady Wimborne ihren Neffen gut, den Premierminister aber nur flüchtig. Wäre es von Seiten Churchills zu den von ihr angesprochenen Versuchen gekommen, hätte sie der machtbewusste Lloyd George, der sich natürlich selbst für ein politisches Genie hielt, zu verhindern gewusst. Churchill indes blieb Lloyd George zeitlebens in Dankbarkeit verbunden. Anfang 1945, wenige Wochen vor dessen Tod, veranlasste er, dass Lloyd George geadelt wurde. Als Earl Lloyd George of Dwyfor erhielt er einen Sitz im Oberhaus.

Seit Mitte 1917 war Churchill wieder Minister, saß abermals an den Schalthebeln der Macht, wenn auch, wie Lloyd George selbstzufrieden bemerkte, „unter Aufsicht".[56] Er fühlte sich rehabilitiert. Sein Einfluss nahm ungeachtet mancher politischer Feinde in beiden Parteien und seiner Abhängigkeit von Lloyd George stetig zu. Eine britische Regierung ohne Beteiligung Churchills schien in den nächsten Jahren undenkbar zu sein. Bis 1929 bekleidete er eine Galaxie bedeutender Staatsämter. Gab es überhaupt einen Sitz am Kabinettstisch, für den er nicht in Frage kam? Ja, einen. Das Außenministerium hat Churchill offenbar nie angestrebt, auch nicht im Zweiten Weltkrieg, als er es Anthony Eden überließ. Doch die Außenpolitik interessierte ihn natürlich lebhaft. „Wenn Eden verhindert war," schrieb Churchills langjähriger Privatsekretär John Colville, „benahm Churchill sich so, als sei er selbst der amtierende Außenminister – sehr zum Ärger Edens. Bei Gelegenheit äußerte Churchill mir gegenüber sogar die Absicht, das Außenministerium selbst zu übernehmen und es von Downing Street aus zu verwalten. Zwar drang davon nie ein Wort nach außen, aber ich nehme an, dass Churchill tatsächlich ernsthaft darüber nachgedacht hat."[57] In der ersten Jahreshälfte 1953 tat er es dann, weil Eden schwer erkrankte und sein Amt einige Monate nicht ausüben konnte.

Während 1919 in Paris die Friedenskonferenz tagte, amtierte Churchill nicht länger als Rüstungs-, sondern als Kriegs- und Luftfahrtminister. In dieser Funktion war er für die Demobilisierung der britischen Streitkräfte verantwortlich. Das war ihm jedoch allzu unpolitisch. Andere Fragen interessierten ihn mehr und beflügelten seine Rhetorik. Vehement und starrköpfig trat er öffentlich für einen ideologischen Kreuzzug gegen den Bolschewismus und für ein militärisches Eingreifen der Briten in den russischen Bürgerkrieg auf Seiten der Gegenrevolution ein. „Der schrecklichste und unverantwortlichste Befürworter eines antibolschewistischen Krieges war Herr Winston Churchill," schrieb David Lloyd George viele Jahre später maliziös. „Fraglos hatte er eine echte Abscheu vor dem Kommunismus … Sein herzogliches Blut revoltierte gegen die massenhafte Beseitigung von Großherzögen in Russland."[58] Hörte überhaupt jemand auf den neuen Kriegsminister und seine Tiraden in diesen merkwürdigen Monaten zwischen Krieg und Frieden? Hatte er nicht, so erinnerte man sich, das verlustreiche Gallipoli-Abenteuer zu verantworten? Die britische Öffentlichkeit war kriegsmüde und lehnte eine Verwicklung Großbritanniens in die russischen Angelegenheiten ab.

Anfang 1921 wechselte Churchill ins Kolonialministerium, immerhin ein ihm schon vertrautes Ressort. Seinem Verhandlungsgeschick war es ganz wesentlich zu verdanken, dass während seiner Amtszeit als Kolonialminister das leidige Irland-Problem entschärft werden konnte. Irland wurde 1921/22 de facto geteilt: Der größere Teil der Insel erhielt als Irischer Freistaat seine Unabhängigkeit, während die Provinz Nordirland im britischen Staatsverband verblieb. Dann, im Oktober 1922, stürzte die Regierung Lloyd George. Churchill verlor sein Ministeramt und einen Monat darauf, als die Liberalen bei den allgemeinen Wahlen eine vernichtende Niederlage erlitten, auch seinen Sitz im Unterhaus, wo er seit 1908 den schottischen Wahlkreis Dundee vertreten hatte. „Das Unterhaus verliert mit ihm … seinen brillantesten und faszinierendsten Redner. Das ist vielleicht die sensationellste Niederlage bei dieser ganzen Wahl," kommentierte der konservative *Daily Telegraph*,[59] das Blatt, für das Churchill einst aus Indien berichtet hatte. Churchill selbst, der sich während des Wahlkampfes einer Operation unterziehen musste, nahm die Niederlage mit Humor, glaubt man einer später niedergeschriebenen Bemerkung: „Von einem Augenblick zum anderen stand ich da – ohne Amt, ohne einen Unterhaussitz, ohne eine Partei und ohne Blinddarm."[60]

Wieder einmal, zum zweiten Mal seit 1915, war Churchill ohne politisches Amt. Nun hatte er Zeit, und er nutzte sie, um an seinen Kriegserinnerungen zu arbeiten. Sie entwickelten sich über seine apologetischen Absichten hinaus zu einer quellengesättigten, detailverliebten Geschichte des Ersten Weltkrieges, fünf umfangreichen Bänden, die zwischen 1923 und 1929 erschienen. Sie waren ein verlegerischer Erfolg und trugen wegen ihres Charakters als Autobiographie, Rechtfertigungsschrift und historischer Analyse dem Autor auch manchen Spott ein. Der alte Arthur Balfour, Ex-Premier der Konservativen, nannte Churchills gewaltiges Werk 1923 beim Erscheinen der ersten beiden Bände „eine brillante Autobiographie, verkleidet als eine Geschichte des Universums."[61] Ein deutscher Leser des Werkes und guter Kenner der Churchillschen Vita urteilte nüchterner: „Er [Churchill] schreibt nur über Dinge, die er entweder selbst gesehen hat oder an denen er persönlich besonders interessiert ist."[62] Nur zwei Jahre später gehörte der so Verspottete jedoch schon wieder der Regierung an, nun als Finanzminister in einem Kabinett, das von der Konservativen Partei unter Stanley Baldwin gebildet wurde. Baldwin war der Sohn eines mittelenglischen Industriellen und hatte wie Churchill das Internat von Harrow besucht.

In der Tat: Seit 1924 war Churchill Finanzminister in einem Kabinett der Konservativen. Das war möglich geworden, weil Churchill in der Zwischenzeit seinen zweiten Parteiwechsel vollzogen hatte. Opportunistische Erwägungen hatten für ihn bei diesem Schritt wieder einmal die entscheidende Rolle gespielt. Die Unterhauswahlen vom November 1922 hatten nämlich aller Welt deutlich gezeigt, dass für eine Liberale Partei im Großbritannien der Nachkriegszeit offenbar kein Platz mehr war. Die verspätete Einführung des Allgemeinen Wahlrechts für Männer und Frauen im Jahre 1918, wenn auch zunächst noch mit einigen kleineren Einschränkungen, hatte die Zahl der Wähler von sieben Millionen (1910) auf 21 Millionen (1918) vergrößert. Das begünstigte die schnell zur Massenpartei anwachsende Labour-Partei. Praktisch über Nacht verdrängte sie in den 1920er Jahren die zerstrittenen Liberalen als stärkste Oppositionspartei im Parlament. Bei den Neuwahlen im Dezember 1923 gewann die Konservative Partei 258, Labour 191 und die Liberale Partei nur noch 159 Unterhaussitze.

Was blieb einem ehrgeizigen Politiker angesichts dieser Entwicklung anderes übrig, als sich dem Wind der Veränderung anzupassen? „Die einzige Möglichkeit für einen Mann, inmitten der stets wechselnden Umstände konsequent zu sein," schrieb Churchill 1932, und die Worte klingen wie eine Rechtfertigung seines politischen Lebenslaufs, „ist es, sich mit ihnen zu wandeln – und doch dem einen, beherrschenden Ziel treu zu bleiben."[63] In den zwei Jahren ohne Ministeramt nach dem Sturz Lloyd Georges reifte bei Churchill der Entschluss, wieder zu den Konservativen überzuwechseln. Selbst heute würde ein solch halsbrecherisches Verhalten eines Politikers, der zweimalige Parteiwechsel innerhalb von zwanzig Jahren, als höchst ungewöhnlich empfunden, als unglaubliches Beispiel von Prinzipienlosigkeit. 1924 war die Sensation, ja der politische Skandal, perfekt. Wieder einmal stand Churchill im Mittelpunkt des öffentlichen Interesses. Ihm wird es recht gewesen sein.

Ob Churchill nach dem Ersten Weltkrieg überhaupt noch ein Liberaler war, ist von seinen Biographen häufig diskutiert worden. Schon während seiner Zeit als Marineminister waren seine liberalen und sozialreformerischen Überzeugungen immer stärker in den Hintergrund gerückt. An ihre Stelle traten konservativ-patriotische Vorstellungen. Seine unverhohlene, tief empfundene Ablehnung von Bolschewismus, Sozialismus und Labour-Partei führten ihn seit Kriegsende beinahe zwangsläufig wieder ins Lager der Konservativen. Doch die Partei betrachtete ihn, der sich im Grunde immer als Tory-Demokrat in der Tradition seines Vaters und des viktorianischen Premierministers Benjamin Disraeli begriff, weiterhin als Renegaten. Indes, war angesichts dieser Widerstände und steigender Kosten für Wahlkämpfe eine politische Karriere ohne eine feste parteipolitische Bindung überhaupt möglich? Churchill wagte zumindest den Versuch. Bei einer Nachwahl im Londoner Stadtteil Westminster im März 1924 kandidierte er als „Independent and Anti-Socialist". Natürlich verlor er, wenn auch nur knapp. Die Abnabelung von der Liberalen Partei, die längst nur noch ein Schattendasein führte, war aber nun endgültig, seine Abneigung gegen die Labour-Partei unüberwindlich. Die erste Labour-Regierung, die Ramsay MacDonald im Januar 1924 bildete, nannte Churchill ein „schweres nationales Unglück".[64] Nur die Konservativen, so glaubte er, konnten den Siegeszug des Sozialismus in Großbritannien stoppen.

Churchills Wiederannäherung an die Konservative Partei zog sich über Monate hin. Er warb, und die Konservativen zierten sich. Letztendlich verziehen sie ihm, wohl nie  ganz, aber zumindest doch so weit, dass sie ihn im September 1924 als Kandidaten im Wahlkreis Epping aufstellten. Er wurde 1945 im Zuge einer Neuordnung der Wahlkreise in Woodford umbenannt; bis zum Ende seiner politischen Karriere sollte Churchill ihn im Parlament vertreten. Bei den Unterhauswahlen im Oktober 1924 gewann er Epping mit großer Mehrheit, auf der Woge eines Konservativen Erdrutschsieges schwimmend. Er bescherte der Konservativen Partei, nun unter dem pragmatischen, äußerlich so bieder wirkenden Stanley Baldwin 419 Mandate, der jungen Labour-Partei 151 und den in sich gespaltenen Liberalen nur noch vierzig. Churchills Glück war vollkommen, als ihm Baldwin zur allgemeinen Überraschung, nicht zuletzt auch seiner eigenen, das Finanzministerium anbot – dieses „herrliche Amt", wie er es in seinem Dankschreiben an Baldwin formulierte, das sein

Vater, Lord Randolph Churchill, 1886 für wenige Monate bekleidet hatte. „Das erfüllt meinen Ehrgeiz,"[65] ließ er den neuen Premierminister wissen, und meinte es in diesem Augenblick wohl auch aufrichtig.

Baldwins Kalkül, den unberechenbaren und potentiell gefährlichen Churchill mit einem wichtigen, aber arbeitsintensiven Kabinettsposten in die Regierung einzubinden, ging jedoch nicht ganz auf. Denn Churchill nutzte das für ihn neue Amt in zuvor nie erlebter Weise als Bühne. Die auch von ihm praktizierte, traditionelle Vorstellung des Haushalts im Parlament in jenen fünf Jahren, in denen er das Finanzministerium leitete, faszinierte Abgeordnete und Öffentlichkeit. Nicht deswegen, weil die Liste der staatlichen Einnahmen und Ausgaben sie plötzlich ungemein fesselte, sondern weil der Minister Churchill die spröde, häufig bitter schmeckende Materie zum allgemeinen Staunen dem Haus mit rhetorischer Eleganz, der Wandlungsfähigkeit eines Schauspielers und mit Enthusiasmus präsentierte. Die Berichte, die Baldwin nach jeder Haushaltsrede seines Finanzministers an den König sandte, lesen sich noch heute wie Lobeshymnen. Der Minister zeige sich „dem Anlass auf großartige Weise gewachsen," heißt es da, oder: Der Minister habe neue Ausgaben und Steuern „mit geistreicher Leichtigkeit und Humor" angekündigt, oder: Bei den Rentenplänen für Witwen habe der Minister einen „anrührenden rhetorischen Höhenflug" angetreten.[66]

David Lloyd George, selbst einmal umstrittener Chef des Finanzressorts, nannte Churchill spöttisch den „lustigsten Steuereintreiber seit Robin Hood".[67] Letzten Endes Ausdruck von Bewunderung? Oder kaum verhüllte Kritik des gewieften Politikers an Churchills Amtsführung? Zahlreiche Fotos, die uns überliefert sind, zeigen Churchill vor seiner alljährlichen Haushaltsrede, in der einen Hand den berühmten roten Koffer mit dem Manuskript der Rede, auf dem Weg von Downing Street Nr. 11, dem Amtssitz des Finanzministers, zum Parlament. Strahlend, umringt von Freunden und Schaulustigen, macht er den Eindruck eines siegesgewissen Gladiators auf dem Weg in die Arena. Die Sitze auf den Zuschauertribünen des Unterhauses waren bei diesen Anlässen heiß begehrt. Doch

**Abb. 6:** Winston Churchill, begleitet von seiner Tochter Diana, auf dem Weg ins Unterhaus zu seiner letzten Haushaltsrede, Frühjahr 1928.

hinter dem Spektakel, das Churchill bei diesen Gelegenheiten inszenierte, verbarg sich ein handfestes Kalkül. Er war unter den bedeutenden Politikern seiner Zeit zweifellos einer der ersten, der Politik in der Massendemokratie auch als Show begriff, als öffentlich zelebrierte Effekthascherei, um Aufmerksamkeit zu erregen – und Wählerstimmen zu gewinnen.

Dennoch: Das Finanzministerium war, trotz seiner unbestreitbaren politischen Bedeutung, nicht Churchills wahre Leidenschaft. Für die diffizilen Probleme des Staatshaushalts hatte er sich bis zu diesem Zeitpunkt und auch später nie wirklich interessiert, und man wird kaum sagen können, dass sein persönliches Finanzgebaren ihn für das Amt besonders qualifiziert hätte. Aber die Verwaltung der öffentlichen und der privaten Finanzen sind offenbar zwei ganz verschiedene Sphären. Seine Defizite im Umgang mit den Finanzexperten des Ministeriums sprach Churchill offen an, als er einem Vertrauten gegenüber einräumte: „Ich wünschte, sie wären Admiräle oder Generäle. Deren Sprache verstehe ich. Aber diese Burschen sprechen nach einer Weile Persisch. Und dann gehe ich unter."[68] Das war eine Übertreibung und sicherlich nicht ernst gemeint. Denn auch im Finanzressort bewährte sich Churchill nach relativ kurzer Einarbeitungszeit als ideenreicher Fachminister. Und es schloss nicht kategorisch aus, dass er sich unbekümmert und selbstbewusst in die Angelegenheiten anderer Ressorts einmischte bzw. bei ihrer Behandlung im Kabinett oder in der Öffentlichkeit eine dezidierte Meinung vertrat. Wie Churchills Kabinettskollegen solche Interventionen aufnahmen, kann man sich lebhaft ausmalen.

Inhaltlich wird Churchills Amtszeit als Finanzminister mit drei großen Themenfeldern in Verbindung gebracht: erstens, mit der Kürzung der britischen Rüstungsausgaben im Zeichen einer allgemeinen politischen Entspannung im Europa der späten 1920er Jahre; zweitens, mit der Rückkehr der britischen Wirtschafts- und Finanzpolitik zum Goldstandard 1925 und, drittens, mit dem so genannten Generalstreik des Jahres 1926, der das Land, wie damals viele Zeitgenossen glaubten, an den Rand eines Bürgerkriegs führte. Bei den Rüstungsausgaben musste vor allem die Admiralität, also Churchills alter Wirkungsbereich, die größten Mittelkürzungen hinnehmen. Nachdem es keine nennenswerte deutsche Flotte mehr gab, schienen große Investitionen in die Flotte, aber auch in die Land- und Luftstreitkräfte auf absehbare Zeit nicht notwendig zu sein.

Kritik an den Einsparungen für das Militär und Warnungen vor den vorhersehbaren Folgen waren dennoch vorprogrammiert. So schrieb der angesehene Militärhistoriker Basil Liddell Hart gegen Ende von Churchills Amtszeit als Finanzminister im Daily Telegraph: „Jede größere ausländische Macht hat die Ausgaben für ihre Streitkräfte in Aufsehen erregender, ja bedrohlicher Weise erhöht. Unsere Regierung, die auf Sturmsignale achten muss, würde ihre Pflicht gegenüber dieser Nation nicht erfüllen, wenn sie unser schwaches militärisches Potential noch drastischer verringerte, bevor andere Nationen unserem Beispiel folgen, das wir ihnen schon so oft gegeben haben."[69]

Während Churchills Zeit als Finanzminister wurde die 1919 beschlossene, so genannte Zehn-Jahres-Regel, also die reichlich willkürliche Festsetzung des Zeitraums, in dem Großbritannien nicht mit einem größeren Krieg rechnete, von der Regierung immer wieder um jeweils ein Jahr verlängert. Das Spekulieren auf Frieden, Entspannung und Abrüstung war Ausdruck des verbreiteten Pazifismus in den 1920er Jahren, aber wahrscheinlich war es leichtsinnig und zu optimistisch. In den 1930er Jahren stellte es sich im Nachhinein als gravierender Fehler heraus. Als sich Churchill jetzt angesichts der zunehmenden Bedrohung durch das nationalsozialistische Deutschland lautstark für die militärische Aufrüstung Großbritanniens einsetzte, unterschlug er, dass er für die nun beklagten Schwächen der britischen Streitkräfte aller Waffengattungen eine erhebliche Mitverantwortung trug.

Ähnlich verhielten sich die Dinge bei der Wiedereinführung des „Goldstandards", mit anderen Worten: der festen Bindung des Pfund Sterling an das Gold im April 1925. Churchill folgte hierbei notgedrungen dem Rat der Experten im Ministerium und in der Londoner City. Einer der renommiertesten unter ihnen, Sir Otto Niemeyer vom Finanzministerium, meldete jedoch schon früh Bedenken an: „Wie sollen wir als großes Export- und Importland mit einem stabilen Wechselkurs für Gold leben, während die Vereinigten Staaten von Amerika, Deutschland, Österreich, Schweden, Holland, die Schweiz, die Dominions und Japan einen fluktuierenden Wechselkurs für Gold haben?"[70]

Aus Prestigegründen setzte die Londoner Regierung den Wert des Pfund Sterling zum Gold auf die Vorkriegsrelation fest. Das lief de facto auf eine Aufwertung des Pfundes gegenüber allen anderen Währungen, vor allem dem amerikanischen Dollar hinaus. Mit seiner ministeriellen Autorität billigte also Churchill letztlich etwas, was sich schon bald als schwerwiegende Fehlentscheidung erweisen sollte. Der berühmte Ökonom John Maynard Keynes prangerte in seinem Pamphlet *The Economic Consequences of Mr Churchill* (1925) umgehend die zu erwartenden wirtschaftlichen Auswirkungen der Maßnahme an. Sie würde, so prophezeite er, nicht die Stabilität der „guten alten Zeit" zurückbringen, sondern die Wirtschaft Großbritanniens in Fesseln legen, sie in allen ihren Sektoren schwächen und die Löhne absenken. Auch Churchills enger Freund, der Pressemagnat Lord Beaverbrook, meinte später völlig zu Recht, die Rückkehr zum „Goldstandard" habe zur Verteuerung britischer Waren im Ausland und zum Anstieg der Arbeitslosigkeit in Großbritannien geführt – sie sei in ökonomischer Hinsicht falsch gewesen. Churchill sprach später einmal vom „größten Fehler" seines Lebens.[71]

Die Verhältnisse in der britischen Kohleindustrie mit über einer Million Beschäftigten waren in den 1920er Jahren für „die ökonomischen Folgen des Herrn Churchill" geradezu exemplarisch. „Die Misere der Arbeiter in den Kohlebergwerken wird die erste, aber nicht – es sei denn, wir haben viel Glück – die letzte wirtschaftliche Konsequenz der Politik von Mr. Churchill sein,"[72] hatte der Fachmann Keynes geschrieben. Er sollte Recht behalten. Streiks und Proteste gegen die rasch steigende Arbeitslosigkeit nahmen im ganzen Lande zu. Anfang Mai 1926 gingen annähernd 3,5 Millionen Arbeitnehmer auf die Straße, an ihrer Spitze die Bergleute. Großbritannien erlebte damit den ersten „Generalstreik" seiner Geschichte. Die Streikbewegung wurde so genannt, weil von ihr Schlüsselindustrien betroffen und ihre Auswirkungen auf das öffentliche Leben beträchtlich waren. Churchills herausgehobene Rolle in dem Konflikt ist im historischen Gedächtnis haften geblieben, vielleicht sogar mehr als jede andere seiner Aktivitäten und Handlungen als Minister in irgendeinem der Ressorts, die er bis 1929 bekleidete.

Alarmiert durch die russische Oktoberrevolution und ihre Folgen begriff Churchill den von der organisierten Arbeiterschaft ausgerufenen „Generalstreik" als ideologischen Kampf, als ersten Schritt auf dem Weg hin zur marxistischen Revolution in Großbritannien. Deshalb gehörte Churchill im Londoner Kabinett zu den kompromisslosen Verfechtern eines harten Kurses gegenüber den Streikenden. Schon Zeitgenossen kritisierten den Minister, wenn er in der Öffentlichkeit vom „Kriegszustand" redete, von revolutionärer Subversion und von einem wohlüberlegten Angriff der Gewerkschaften auf das parlamentarische System des Landes.[73] Die überzogene Polemik Churchills und in seinem Gefolge der Konservativen Regierung, die die eigentliche wirtschaftlich-soziale Problematik des Konfliktes in den Hintergrund treten ließ, gipfelte in der dramatisierenden Frage, wer das Land regiere: das aus allgemeinen Wahlen hervorgegangene Parlament oder die Gewerkschaften.

Nach zehn Tagen war die große Streikbewegung vom Mai des Jahres 1926 zusammengebrochen. Churchill hatte sich auf der Regierungsseite als Scharfmacher profiliert, obwohl er für die wirtschaftlichen Anliegen der Bergarbeiter durchaus Verständnis gezeigt hatte. Als maßgeblicher Herausgeber der Propagandazeitung *The British Gazette*, die von der Regierung während des Streiks in Millionenauflage verbreitet wurde, hatte er zur Vergiftung des politischen Klimas und zur Eskalation der Spannungen in den Streiktagen erheblich beigetragen. Selbst manche Freunde gewannen den Eindruck, der Finanzminister habe sich in diesem Konflikt mit dem fauchenden sozialistischen Drachen stärker engagiert, als das von ihm gefordert war. Als die Bilanz der bitteren Streiktage gezogen wurde, tadelte selbst die konservative *Times* den übereifrigen Minister, der in dem Arbeitskonflikt den Beginn des Bürgerkriegs in Großbritannien witterte: „Winston scheint der einzige Minister gewesen zu sein, der hier den Kopf verloren hat. Er war erregbar, provokant und hat seinen Kollegen das Leben schwer gemacht. Sie haben schon sehr bald versucht, seine Energien in andere Bahnen zu lenken und ihm die Redaktion der *British Gazette* übertragen, eines offiziellen Propagandaorgans, in dem er uns ebenso auf die Nerven gefallen ist."[74]

Dennoch blieb es dann im Wesentlichen Churchill überlassen, den Ausstand der Bergarbeiter, der sich noch über Monate hinzog, zu einem Ende zu bringen. Nach der Peitsche setzte er dabei nun auf Zuckerbrot, zumal er den Bergarbeitern keine revolutionären politischen Ziele unterstellte. Mit pragmatischen Gewerkschaftsführern konnte er verhandeln. Er mobilisierte öffentliche Mittel, um die Lebensverhältnisse der Bergarbeiter zu verbessern. In den Bergbaugebieten des Landes finanzierte er den Bau neuer Wohnungen und Häuser, und er stellte Mittel für direkte Hilfeleistungen an jene Bergarbeiterfamilien zur Verfügung, die durch den langen Streik in Not geraten waren. Hier meldete sich noch einmal nachdrücklich der Sozialpolitiker Churchill der Vorkriegsjahre zu Wort. In der Sache selbst mussten die Streikenden am Ende des Jahres 1926 praktisch kapitulieren und längere Arbeitszeiten bei weniger Lohn akzeptieren.

Die britische Arbeiterbewegung konnten Churchills sozialpolitische Initiativen in den Monaten nach dem „Generalstreik" nicht versöhnen. Für die Labour-Partei und die Gewerkschaften blieb Churchill hinfort der Anführer der „Kriegspartei", der notfalls auch „ein bisschen Blutvergießen" in Kauf nahm.[75] Der militante Anti-Sozialismus, den er nach 1918 pflegte, machte ihn zu ihrem natürlichen Gegner, zur Personifizierung des Klassenfeindes, an dem sie sich in diesen Jahren rieben. Beatrice Webb, führende Intellektuelle der britischen Arbeiterbewegung, verglich Churchill mit Mussolini. Damit gab sie zu verstehen, dass sie Churchill als potentiellen Anhänger eines antidemokratischen Regierungsstils betrachtete, nach dem Muster der autoritären und faschistischen Regime auf dem europäischen Kontinent, die seit Ende der 1920er Jahre auch in Großbritannien ihre Sympathisanten hatten. In der Tat: Noch 1933 pries Churchill den italienischen Diktator als den „größten Gesetzgeber unserer Zeit" und sah in „dem römischen Genie"[76] einen Bundesgenossen der westlichen Demokratien. „Es ist keine Übertreibung und keine ungerechte Unterstellung," urteilte Sebastian Haffner, vielleicht mit überzogener Schärfe: „Der Sache nach war der Churchill der zwanziger Jahre ein Faschist; nur seine Nationalität verhinderte, dass er es auch dem Namen nach wurde."[77]

Allein Churchills ehemaliger politischer Weggefährte, der Liberale Ex-Premier Herbert Asquith, hatte ein Gespür für die außergewöhnlichen organisatorischen und agitatorischen

Fähigkeiten des nunmehr 52-jährigen Finanzministers, die er in dem großen Arbeitskonflikt des Jahres 1926 erneut unter Beweis gestellt hatte. „Er ist ein Chimborazo oder Everest inmitten der Sandhügel des Baldwin-Kabinetts,"[78] meinte Asquith. Nicht wenige Zeitgenossen sahen in Churchill, dem dynamischen Verteidiger von Recht und Ordnung in Zeiten schwerer sozialer Unruhen, den künftigen Premierminister des Landes. Churchill, so dürfen wir vermuten, hätte dem nicht widersprochen. Er glaubte, dem Ziel aller seiner politischen Ambitionen ganz nahe zu sein.

Umso tiefer musste Churchill dann den politischen Absturz im Mai 1929 empfinden. Der überaus erfolgreiche und erfahrene Minister, für den das höchste Amt im Staat in greifbare Nähe gerückt zu sein schien, fand sich über Nacht auf den Oppositionsbänken des Unterhauses wieder. Der politische Stimmungsumschwung im Lande war schon im Winter 1928/29 nicht mehr zu ignorieren. Bei Nachwahlen in diesen Monaten verloren die Konservativen neun Unterhaussitze, die bis dahin als sicher galten, an die Labour-Partei. Im Mai 1929 waren Neuwahlen für das Unterhaus angesetzt. Während Churchill seinen Sitz im Wahlkreis Epping verteidigen konnte, gewannen die Konservativen insgesamt nur 260 Mandate, die Labour-Partei hingegen 288 und die Liberalen 59. Der Weg für die zweite Labour-Regierung unter Ramsay MacDonald war frei.

Churchills Freund Thomas Edward Lawrence („Lawrence of Arabia") schrieb nach diesem, für die Konservativen so enttäuschenden Wahlergebnis an den Privatsekretär des Finanzministers: „Nach diesem Ausgang der allgemeinen Wahlen wird Winston wohl zurücktreten müssen. Für ihn freut mich das. Er ist ein guter Kämpfer und wird außerhalb der Regierung mehr leisten als auf dem Posten eines Ministers, und er wird eines Tages in eine stärkere Position zurückkehren, als sie vorher gehabt hat. Ich möchte wünschen, dass er einmal Premierminister wird."[79] Das waren prophetische Worte. Doch vorerst drückten sie nur Wünsche und Erwartungen aus. Als Churchill Anfang Juni 1929 aus seiner Dienstwohnung, dem Haus Nr. 11 in der Downing Street, auszog, konnten er und seine politischen Freunde sich nicht vorstellen, dass er erst wieder in zehn Jahren ein politisches Amt bekleiden würde. Seit 1906 hatte Churchill unter vier Premierministern gedient und ein Ministerium nach dem anderen geführt. Die wenigen Monate im Winter 1915/16 und die beiden Jahre zwischen 1922 und 1924 waren die einzigen längeren Unterbrechungen in der langen Kette seiner Ministerämter gewesen.

Und dieses Mal? Das Warten nahm für ihn kein Ende. Die Regierungen wechselten, die Jahre vergingen. Deutschland fiel 1933 in die Hände eines skrupellosen Diktators. Die politischen Spannungen in Europa nahmen zu. Churchill empfand den erzwungenen Abschied aus dem Zentrum der Macht als Absturz, fühlte sich unausgefüllt, denn „Tatenlosigkeit war Winston Churchills persönliche Hölle."[80] Man habe ihn in die Wüste geschickt, klagte er mit einer gehörigen Portion Selbstmitleid und übertreibender Dramatik. Und die Wüste, so schien es ihm nach der ungewollten Wende in seinem Leben, dehnte sich endlos.

# 3. Ratlos, rastlos, unbequem

Jahre in der Wüste – so haben auch Biographen die zehn Jahre zwischen 1929 und 1939 in Churchills Leben genannt. Sie brachten ihm neben politischer Isolierung und persönlichen Frustrationen auch Veränderungen im Alltag, Zeit für andere Dinge, manchmal geradezu hektische Rastlosigkeit. Zehn Jahre sind eine lange Zeitspanne für einen Mann, der Ende der 1920er Jahre glaubte, kurz vor dem entscheidenden Sprung ins wichtigste politische Amt seines Landes zu stehen. Musste er nach dem Ende der Regierung Baldwin und seinem damit einhergehenden Abschied vom Finanzministerium gar damit rechnen, dass seine politische Karriere entgegen seinen hochgespannten Erwartungen in Wirklichkeit abrupt beendet war, so wie die seines Vaters 1886?

Den Einschnitt von 1929 markierte Churchill dadurch, dass er sich aus London weitgehend zurückzog, dort nur noch eine geräumige Wohnung nahe dem Parlament unterhielt und seinen Landsitz Chartwell Manor in der Grafschaft Kent für sich und seine Familie zum Lebensmittelpunkt machte. Bei dieser Entscheidung spielten für ihn vor allem persönliche, politische und wirtschaftliche Gründe eine Rolle, nicht etwa die Wünsche und Vorstellungen seiner Frau Clementine, die London dem Land vorzog. Sein immer wieder zu beobachtender Egoismus, der manche Zeitgenossen abstieß, den aber die meisten seiner Biographen für eine seiner Stärken halten, setzte sich durch.

Churchill war beim Rücktritt der Regierung Baldwin 55 Jahre alt. Schon bald danach war ihm mehr oder weniger klar, dass die Mehrheit der Konservativen nicht ihn, sondern den verbindlicheren, erfahrenen Neville Chamberlain als potentiellen Nachfolger Stanley Baldwins als Parteivorsitzenden favorisierte. Als Churchill dann Ende 1929 durch den New Yorker Börsenkrach fast sein gesamtes Vermögen, das er in amerikanischen Wertpapieren angelegt hatte, verlor, erwog er einen vollständigen Rückzug aus der Politik. Den Kurssturz an der Börse am 29. Oktober 1929 hatte er, zufällig in New

York, miterlebt. Angesichts seiner umstrittenen Stellung und geringen Verwurzelung in der Partei überlegte Churchill, wie er die prekäre finanzielle Situation der großen Familie, nicht zuletzt auch seinen aufwändigen Lebens- und Arbeitsstil verbessern und absichern könnte. Selbst als Minister, der ein regelmäßiges Gehalt bezog, hatte er das Anwachsen seiner Schulden nicht vermeiden können. Großzügige Pensionsregelungen für ehemalige Minister gab es nicht.

Das Ergebnis aller Überlegungen Churchills und seines Nachdenkens über die Zukunft war ein Kompromiss. Der Politik blieb er verbunden, schon allein deshalb, weil er seinen Unterhaussitz, den er gerade erfolgreich gegen den Ansturm von Labour verteidigt hatte, nicht aufgab. Doch wie sollte er die ihn drückenden finanziellen Probleme in den Griff bekommen? Churchill entschied sich, und das lag nahe, seine erfolgreiche Tätigkeit als Journalist und Schriftsteller wieder aufzunehmen. Damit hatte er nicht nur vor 1914 Geld verdienen können, sondern auch in den 1920er Jahren, als er seine Erinnerungen an den Großen Krieg und dessen Vorgeschichte herausbrachte. Sie wurden ein Bestseller, nicht nur in Großbritannien, sondern vor allem auch in Nordamerika.

Die Existenz als schriftstellernder Politiker verbaute ihm nichts für die Zukunft. Und für den nun beginnenden neuen Lebensabschnitt bot Chartwell nahezu ideale Voraussetzungen. Von dort aus war London, der Nabel seines politischen Denkens und Strebens wie auch der Sitz großer Zeitungen und Verlage, leicht zu erreichen. Churchill hat Chartwell mit den Mitteln aus einer Erbschaft im September 1922 für 5 000 Pfund Sterling erworben und das Anwesen vier Jahrzehnte lang bewohnt. Die dazu gehörenden landwirtschaftlichen Nutzflächen wurden verpachtet. Doch das ländliche Idyll blieb in der Folgezeit nicht ungetrübt. 1938 glaubte Churchill, Chartwell wegen der hohen Unterhaltskosten und angesichts seines sinkenden Einkommens und erneuter Spekulationsverluste an der New Yorker Wall Street verkaufen zu müssen. Die Wall Street brachte Churchill eben kein Glück. Praktisch war er damals pleite, und ein ihm eher flüchtig bekannter Bankier aus der Londoner City, Sir Henry Strakosch, musste sich, diskret und großzügig, um seine finanziellen Angelegenheiten kümmern. Sir Henry, über den man nur wenig weiß, starb 1943 und vermachte Churchill testamentarisch 20 000 Pfund Sterling, damals eine beträchtliche Summe. So viel hätte Churchill nach Meinung der Immobilienmakler 1938 aus dem Verkauf von Chartwell erlösen können.

Als den Ex-Premier nach dem Zweiten Weltkrieg wieder einmal finanzielle Probleme plagten, erwarben reiche Freunde und Bewunderer Churchills den Landsitz. Sie übernahmen auch dessen kostspieligen Unterhalt und übergaben ihn dem National Trust unter der Bedingung, dass Churchill und seine Frau dort bis zu ihrem Lebensende für eine symbolische Miete weiterhin wohnen durften. Unmittelbar nach dem Tode ihres Mannes verzichtete Clementine Churchill auf das Recht.

Nicht eine von Churchills vielen Adressen in London, selbst nicht sein Haus in Hyde Park Gate Nr. 28, das er 1945 nach seiner Wahlniederlage erwarb, und auch nicht eines seiner Feriendomizile in Südfrankreich war die „wirkliche Traumvilla seines Lebens."[1] Diesen Rang in seiner Gefühlswelt nahm unangefochten Chartwell ein. Dort sei er in den Jahren seines politischen Abseits glücklich gewesen, bekannte er später. „Ich verdiente mit meinen Büchern und journalistischen Arbeiten jährlich 20 000 Pfund. Ich schrieb da den *Marlborough* und beendete *Die Weltkrise.*"[2] Im Oktober 1964, drei Monate vor seinem Tod, hielt er sich dort zum letzten Mal auf. Heute ist Chartwell eine der Öffentlichkeit zugängliche, vom National Trust verwaltete Gedenkstätte, die in den Sommermonaten täglich Hunderte von Besuchern zählt.

Zwei Jahre dauerte es, bis der ziemlich heruntergekommene Herrensitz, dessen Geschichte sich bis in die Zeit der Königin Elisabeth I. zurückverfolgen lässt, nach umfangreichen Renovierungs- und Erweiterungsarbeiten bewohnbar war. An den Arbeiten und an der Gestaltung des großen Gartens mit seinen Teichen und dem Schwimmbad wirkte Churchill aktiv mit. Oft legte er selbst Hand an. Fotos, die damals gemacht wurden und in der Presse erschienen, zeigen Churchill beim Bau einer

Mauer, fachgerecht mit Mörtel und Kelle, doch, vielleicht weniger fachgerecht, im Anzug mit Weste, Krawatte und Hut. War das ironisch gemeint? Oder wollte er lediglich mit unkonventionellen Bildern in den Zeitungen auf sich aufmerksam machen? Als die lokale Zweigstelle der Gewerkschaft der Bauarbeiter ihn, den Finanzminister Seiner Majestät, 1928 zum Beitritt in ihre Organisation einlud, nahm er, der reaktionäre Antisozialist, das Angebot zur allgemeinen Verblüffung an. Eine Mitgliedskarte für die „Amalgamated Union of Building Trade Workers" hat er aber nicht erhalten. Die humorlose Gewerkschaftszentrale wollte von dem Scherz nichts wissen. Was Churchills Kabinettskollegen von dem Vorgang hielten, ist nicht überliefert.

Im Erdgeschoss des geräumigen Hauses brachte Churchill seine Bibliothek unter, und im ersten Stock richtete er sein Arbeitszimmer ein, ebenfalls voll gestellt mit Bücherregalen. Dort stand auch ein Erbstück seines Vater, ein massiver Mahagonitisch mit Löwenfüßen, dekoriert mit kleinen Büsten des Kaisers Napoleon Bonaparte und seines Bezwingers, des Herzogs von Wellington, des Siegers in der Schlacht von Waterloo. Churchill bewunderte beide, vor allem wegen ihres militärischen Genies. Martin Gilbert zufolge soll Churchill in jungen Jahren eine Biographie des Kaisers geplant haben.[3] An der Wand über dem Tisch hing eine große Weltkarte. Im Grunde diente der Tisch nur als Ablage für Bücher und Druckfahnen, denn geschrieben und korrigiert hat Churchill an einem Stehpult. Längere Texte und seine Bücher hat er allerdings diktiert. Harold Nicolson, Diplomat und selbst Schriftsteller, hat deshalb Churchills literarische Werke zutreffend als „gesprochene Bücher" charakterisiert.[4]

Bibliothek und Arbeitszimmer sind die deutlichsten Hinweise dafür, dass sich Churchill Ende der 1920er Jahre nicht nach Chartwell zurückzog, um dort fortan das beschauliche Leben eines Landedelmanns zu führen. Seine äußere Erscheinung, die in den folgenden Jahren allmählich die behäbige Fülle annahm, wie sie sich der öffentlichen Wahrnehmung einprägte, täuscht darüber hinweg, dass Chartwell für Churchill Ort und Ausgangspunkt vielfältiger Aktivitäten war –

Schreiben, Malen, Geselligkeit, Reisen, Sport. Darüber gibt es reichlich Informationen, von ihm selbst, von Familienmitgliedern, Mitarbeitern, Freunden und Besuchern. Denn auch sein privates Leben führte Churchill ganz unbefangen öffentlich, ohne die Geheimnistuerei vieler zweitrangiger Politiker heute, die damit vielfach nur die Leere oder Langeweile ihres Lebens jenseits der Politik verschleiern wollen.

Die Schriftstellerei nahm in den zehn Jahren von Churchills Leben „in der Wüste" einen großen Teil seiner Zeit und Energie in Anspruch. Er hatte sie im Grunde nie aufgegeben. Noch während seiner Ministertätigkeit hatte er seine Jugenderinnerungen verfasst. An den Premierminister Baldwin schrieb er am 2. September 1928: „Ich hatte einen wunderbaren Monat – ich baute ein kleines Haus und diktierte ein Buch: 200 Ziegel und 2 000 Worte pro Tag".[5] Die Erinnerungen Churchills erschienen 1930 unter dem Titel *My Early Life. A Roving Commission* und wurden, nicht zuletzt wegen der Prominenz des Autors, auch wieder ein Erfolg beim Publikum. Manche Biographen wie etwa Roy Jenkins halten sie für sein bestes Buch. In der Folgezeit erschienen Übersetzungen in dreizehn Sprachen, in Deutsch unter dem Titel *Weltabenteuer im Dienst* 1931 beim Paul List Verlag in Leipzig. In seinen Jugenderinnerungen, so heißt es im Vorwort, zeichne er, Churchill, das „Bild einer versunkenen Epoche", in der „die herrschenden Kräfte" Großbritanniens „gelassen ruhten … in ihrem Glauben an Macht und Sicherheit". Davon konnte in den 1930er Jahren in der Tat keine Rede mehr sein, und Churchill war sich dessen sehr bewusst.

Unmittelbar nach der Wahlniederlage der Konservativen im Mai 1929 und dem Ende seiner Ministertätigkeit begann Churchill mit den Recherchen für ein überaus ehrgeiziges historiographisches Projekt: die Biographie seines berühmten Vorfahren John Churchill, des ersten Herzogs von Marlborough. Das Projekt hatte er angeblich schon als junger Offizier in Indien erwogen, weil er sich über das negative Bild, das der Historiker Macaulay von Marlborough zeichnete, geärgert hatte. Nun, fast dreißig Jahre später, veranschlagte er das geplante Werk auf nicht weniger als vier Bände. Denn er hatte den Ehrgeiz, es durch die Auswertung von Quellenmaterial in Schloss Blenheim und relevanten Archiven auf dem europäischen Kontinent auf eine solide wissenschaftliche Grundlage zu stellen.

„Ganz allgemein gesprochen," schrieb Churchill vor Beginn der eigentlichen Arbeit, „wird mein methodisches Vorgehen kein Versuch sein, meinen Gegenstand zu ‚verteidigen' oder zu ‚rechtfertigen'. Ich will die Geschichte vielmehr unter enger Anlehnung an die Chronologie erzählen, und zwar auf solche Weise, mit solchen Maßstäben und mit solchen Hervorhebungen, dass der Leser die Darstellung der Person erhält, die ich geben möchte."[6] Was Churchill dabei im Fortgang der Arbeit an der Biographie zunehmend faszinierte, war die Mobilisierung Europas, unter der Führung Marlboroughs, in einer Großen Allianz gegen die tyrannische Hegemonie Ludwigs XIV., für ihn „der Fluch und die Plage Europas".[7] Als er am letzten Band arbeitete, der im kritischen Jahr 1938 veröffentlicht wurde, flossen für den Autor Vergangenheit und Gegenwart ineinander. Das Handeln seines großen Vorfahren erschien ihm geradezu als Blaupause für praktische Politik in einer immer bedrohlicher werdenden Gegenwart, in der wieder einmal ein skrupelloser Tyrann versuchte, die Herrschaft über Europa mit List, Drohungen und Gewalt an sich zu reißen.

Über Ziele und Methodik seiner Geschichtsschreibung hat sich Churchill wiederholt geäußert, meist in den Vorworten seiner Werke, so auch zur *Weltkrise*, seiner Geschichte des Großen Krieges. Dort lesen wir: „Ich habe mich bemüht, die Schrittsteine des Schicksals zu finden und ihnen nachzugehen. Bei jeder Gelegenheit habe ich mir die Fragen vorgelegt: Was geschah? Und warum geschah es?"[8] Das ist natürlich der klassische Ansatz der abendländischen Historiographie, etwa der eines Leopold von Ranke, den Churchill in seinen reiferen Jahren gern las und zitierte. Doch – „Schrittsteine des Schicksals"? In der *Weltkrise* und im *Marlborough* stellte sich ihm zwangsläufig die Frage nach den bewegenden Kräften in der Geschichte. Ist die Geschichte tatsächlich Schicksal, ein

Ablauf von Ereignissen und Entwicklungen, die dem Einfluss und der Einwirkung des Menschen, selbst des „großen Individuums" im Sinne Jacob Burckhardts entzogen ist? Und wer verhängt das Schicksal? Ist damit der göttliche Wille angesprochen?

Auf die Fragen hat der Historiker und handelnde Politiker Churchill zeitweilig klare Antworten gegeben und damit auch sein Interesse am Wirken seines berühmten Vorfahren John Churchill auf eine allgemeine, geschichtsphilosophische Ebene gehoben: „Ich zögere nicht einen Augenblick lang, mich jenen zur Seite zu stellen, die die Geschichte im Wesentlichen als die Chronik außergewöhnlicher Menschen sehen, deren Gedanken, Taten, Eigenschaften, Tugenden, Triumphe, Schwächen und Verbrechen das Wohl und Wehe der Völker der Erde beherrscht und bestimmt haben."[9] Einfacher ausgedrückt: Die Geschichte ist das Werk des Menschen und nicht der Mensch das Werkzeug der Geschichte, einer anonymen, vielleicht aber auch göttlichen Macht. Der handelnde Staatsmann oder der große Feldherr kann nicht an eine immanente Vorbestimmung glauben, an ein vorbestimmtes Schicksal – er ist autonom.

Es gibt jedoch Gelegenheiten, bei denen Churchill diese klare Aussage über die Rolle des „außergewöhnlichen Menschen" wieder abschwächte. Im *Marlborough* schreibt er: „Schlachten sind die wichtigsten Meilensteine in der Weltgeschichte. Die moderne Auffassung hat diese wenig erhebende Wahrheit nicht gern, und die Historiker behandeln die Entscheidungen auf dem Schlachtfeld häufig so, als seien sie nur Zwischenfälle im großen Drama der Politik und der Diplomatie. Große Schlachten jedoch, unabhängig davon, ob sie gewonnen oder verloren werden, verändern in Wahrheit den gesamten Lauf der Ereignisse und schaffen in den Heeren und Völkern völlig neue Wertmaßstäbe, neue Stimmungen und Anschauungen, neue Atmosphären, denen sie sich anpassen müssen."[10]

Wie organisierte Churchill die immense Forschungsarbeit und die Niederschrift der über zweitausend Seiten umfassenden

Biographie Marlboroughs, seines Lebens und seiner Zeit, wie es im Untertitel heißt? Seit dem späten 19. Jahrhundert gibt es industrielle Großbetriebe, gibt es Großbanken und sogar schon so etwas wie wissenschaftliche Großforschung. Churchill, der sich im privaten Kreis gern als „professioneller Autor" bezeichnete,[11] betrieb seine literarisch-historische Arbeit seit den 1920er Jahren als „Großschriftsteller", ohne dafür ein Vorbild zu haben und ohne für diesen kostspieligen Arbeitsstil, aus verständlichen Gründen, Nachahmer zu finden. Das heute gängige Verfahren abgedankter Politiker, einen oder zwei Ghostwriter zu engagieren, wenn das Verfassen ihrer mehr oder weniger interessanten Memoiren ansteht, hatte mit Churchills literarischer Produktion und Arbeitsweise nur wenig gemein. Seine Themen und Fragen bestimmte er selbst, seine Texte formulierte er, mit wenigen Ausnahmen, ebenfalls selbst, und die Disposition des Stoffes folgte allein seinen Vorstellungen.

Churchill beschäftigte jedoch seit den 1920er Jahren Mitarbeiter, Zuträger, Forschungsassistenten, die er natürlich alle aus der eigenen Tasche bezahlen musste. Schon beim Verfassen der Biographie seines Vaters Randolph unterstützte ihn ein Mitarbeiter durch das Beschaffen und die Auswertung von Dokumenten; bei der Niederschrift seiner Kriegserinnerungen seit 1919 waren es schon mehrere, unter ihnen ein pensionierter Admiral. In Chartwell arbeiteten für ihn in den 1930er Jahren allein bis zu vier Sekretärinnen, buchstäblich in Schichten, so dass er jederzeit auf ihre Hilfe zurückgreifen konnte. Bezeichnenderweise hieß der Raum, in dem sie arbeiteten, „the factory". „Das ist meine Fabrik und das ist meine Sekretärin," bemerkte er einmal zu einem Besucher und, nach einer kurzen Pause, als ihm der Kontrast zu seinen früheren Tätigkeiten bewusst wurde: „Hmm, and to think I once commanded the fleet."[12]

Als Churchill 1929 mit der Arbeit an der Biographie seines Vorfahrens, des ersten Herzogs von Marlborough begann, fand er seinen ersten Assistenten durch die Vermittlung Keith Feilings, des Oxforder Historikers und akademischen Lehrers seines Sohnes Randolph. Der ihm empfohlene, 21-jährige

Maurice Ashley, später selbst ein bekannter Historiker, hatte gerade sein Studium abgeschlossen. Churchill schickte ihn umgehend in die Archive von Schloss Blenheim und Wien. „Ich hoffe," ließ Churchill ihn wissen, „die Reise nach Wien wird für sie angenehm und für mich ertragreich sein."[13] Mit dem jungen Mitarbeiter diskutierte er auch methodische Fragen: „Zuallererst muss man die alte Geschichte in einem neuen Licht und in ihren angemessenen Proportionen sehen. Dann muss man, wie Sie sagten, bestimmte Punkte durch eigene Forschung hervorheben."[14]

Letzten Endes wusste auch Churchill, dass dem Historiker allenfalls eine Annäherung an die vergangene Wirklichkeit gelingt: „Um die Geschichte zu verstehen, muss sich der Leser allzeit daran erinnern, wie gering das, was aufgezeichnet vorliegt, im Vergleich zu dem ist, was sich tatsächlich ereignet hat und wie aufs äußerste der Zeitfaktor zusammengedrängt ist. Ganze Jahre verstreichen innerhalb eines einzigen Kapitels, zuweilen innerhalb weniger Seiten, und die Erzählung gelangt unvermittelt in völlig neue Situationen, veränderte Beziehungen, eine andere Atmosphäre. Auf diese Weise geschieht es, dass die Erscheinungen der Vergangenheit unversehens als viel sprunghafter, viel harlekinartiger und weniger natürlich abgebildet werden, als sie es in Wirklichkeit waren."[15]

Maurice Ashley war nur der erste in einer ganzen Reihe wissenschaftlicher Mitarbeiter oder „literarischer Assistenten", die Churchill im Laufe seines Lebens als Autor historischer Werke beschäftigte. Ihr Verdienst war nicht zuletzt die zügige Publikation von Churchills Buchprojekten. So konnte zum Beispiel der erste Band der Marlborough-Biographie schon 1933 erscheinen. Er nannte die wissenschaftlichen Mitarbeiter „meine jungen Herren". In den 1930er Jahren, als Churchill am Marlborough und daran anschließend an der ebenso umfangreichen Geschichte der englischsprachigen Völker arbeitete, gehörte zu ihnen neben Alan Bullock, Asa Briggs, J.H. Plumb und anderen der junge Geschichtsdozent William („Bill") Deakin, der nach dem Zweiten Weltkrieg wieder für mehrere Jahre in Churchills Dienste trat und danach Rektor des St. Antony's College in Oxford wurde. Sie beschafften Quellenmaterial, machten die Manuskripte druckfertig und halfen bei der Korrektur der Druckfahnen. Gelegentlich mussten sie selbstständig bestimmte Probleme, Aspekte oder Sachverhalte ausarbeiten, bei denen Churchill sich nicht gut auskannte. In der Regel akzeptierte er die Texte, überarbeitete sie, passte sie seinem Stil an oder benutzte sie einfach als Inspiration, bevor er den eigenen Text diktierte. Sowohl Deakin als auch Ashley haben über ihre lange Zusammenarbeit mit Churchill und dessen Arbeitsstil beim Verfassen seiner Bücher berichtet.[16]

„Gesprochene Bücher" – ein brillantes Gedächtnis und ein fast druckreifer Redefluss machten einen Schreibtisch für Churchill entbehrlich. Das erinnert noch einmal an Bismarck und seine Arbeitsweise bei der Entstehung von dessen Erinnerungen. Churchills bevorzugte Arbeitszeit beim Verfassen seiner literarischen Werke waren der späte Nachmittag und die Stunden nach dem Abendessen. Dann ging er in seinem Arbeitszimmer auf und ab, berichtet seine Tochter Mary,[17] und diktierte einer der Sekretärinnen, oft bis weit nach Mitternacht. Am nächsten Tag überlas er den am Abend zuvor entstandenen Text, gab ihn anderen zur kritischen Lektüre, korrigierte und veränderte. An das Diktieren von Briefen, Artikeln und Buchmanuskripten war Churchill seit langem gewohnt. Als frühestes und amüsantes Beispiel dafür verweist Martin Gilbert, der eminente Churchill-Kenner, auf einen Brief Churchills an seine Mutter. In ihm heißt es: „Milbanke schreibt dies für mich, denn ich nehme gerade ein Bad."[18] John Milbanke, ein Mitschüler in Harrow, war zu dem Zeitpunkt sechzehn, Churchill vierzehn Jahre alt. Nur die Biographie seines Vaters hatte Churchill mit eigener Hand geschrieben.

Zu Lebzeiten und auch noch lange nach seinem Tode war Churchill ein ungemein populärer Autor historischer Werke. Fast alle seine Bücher wurden Bestseller, erlebten Übersetzungen in andere Sprachen. Doch war er ein guter Historiker? Das Urteil über seine vielbändigen, quellenreichen, oft ausufernden historischen Darstellungen ist breit gefächert, positiv bis negativ. Häufig wird ihre exzessive Länge kritisiert, ihre thematische Konzentration auf Politik, Kriege und Schlachten, auf die Biographie großer Männer, die eigene Familiengeschichte, auch das unbekümmerte Einbringen persönlicher Erlebnisse und Erfahrungen, die journalistische Perspektive (was immer das heißt), die Betonung der eigenen Rolle, die Churchill manchmal zur Verfälschung der historischen Wirklichkeit verführte. Wenn der renommierte Oxforder Historiker Robert Blake lapidar feststellt: „Churchill war kein großer Historiker,"[19] dann begründet er sein harsches Urteil vor allem mit dem Hinweis auf Churchills subjektives und parteiisches Herangehen an die Geschichte.

Churchill selbst hat das nie geleugnet. Sein Werk *Die Weltkrise* leitete er mit den Worten ein: „Das Buch ist ein Beitrag zur Geschichte – eine Kette, die auf einem recht kräftigen Faden persönlicher Erinnerung aufgereiht ist. Es gibt nicht vor, eine umfassende Darstellung zu sein; es bemüht sich vielmehr, dabei zu helfen, aus einer unermesslichen Menge von Material die entscheidenden Fragen, um die es ging, zu entwirren und die großen Entscheidungen herauszuheben." Im Vorwort des vierten Bandes seiner *History of the English-Speaking Peoples,* 1958 als seine letzte große Publikation erschienen, liest man: „Dieses Buch will sich nicht mit den Werken von Fachhistorikern messen. Es will vielmehr eine persönliche Sicht auf die Prozesse geben, durch welche die Englisch sprechenden Völker in der ganzen Welt ihre eigentümliche Stellung und ihren besonderen Charakter gewonnen haben. Ich schreibe über die Dinge in unserer Vergangenheit, die mir bedeutsam erscheinen, und ich tue das als jemand, der nicht ganz unerfahren ist mit historischen und gewaltsamen Ereignissen in unserer Zeit." Als Churchill das schrieb, war er 84 Jahre alt.

Aber selbst Churchills Kritiker versäumen es nicht, die erstaunliche Weite seines Blicks hervorzuheben, sein tiefes Verständnis für langfristige historische Entwicklungen, die Farbigkeit und den Freimut seiner Darstellung, den Glanz seiner Sprache und die Eleganz seines Stils. Der Nobelpreis für Literatur, der ihm 1953 zugesprochen wurde, war zwar auch für ihn selbst eine Überraschung, aber angesichts der unbestreitbaren Qualitäten seines umfangreichen Werks sicher nicht unverdient. „Denn er ist ein großer Geschichtsschreiber," urteilte Churchills Zeitgenosse George Macaulay Trevelyan, Historiker wie Blake, nach den Unterhauswahlen vom Juli 1945. „Wenn ich als Historiker spreche, so muss ich sagen, dass es eine regelrechte Tragödie wäre, wenn Churchill jetzt keine Zeit und keine Muße hätte, um zu schreiben."[20] Die Tragödie blieb aus. Im Unterhaus erklärte Churchill am 23. Januar 1948, als es dort während einer Debatte um außenpolitische Fehler und Versäumnisse in der Zwischenkriegszeit ging: „Ich bin der Meinung, dass es wesentlich besser wäre, wenn alle Parteien die Vergangenheit der Geschichte überlassen würden, um so mehr, als ich beabsichtige, diese Geschichte selbst zu schreiben."[21] Als er das sagte, da war der erste Band seiner *Geschichte des Zweiten Weltkrieges* bereits im Druck.

Peter de Mendelssohn, Journalist und Schriftsteller, kein Fachhistoriker, pflichtete Trevelyan bei: „Zehn Jahre erzwungenen Müßiggangs, von 1929 bis 1939, genügten, um Churchill zu einem überragenden Geschichtsschreiber zu machen. Ein halbes Jahrhundert hätte nicht genügt, um Chamberlain oder Bonar Law zu befähigen, ein lesbares Buch zu schreiben."[22] Genau besehen, ist der Vergleich Churchills mit zwei anderen Politikern seiner Zeit unfair, denn vom Politiker wird nicht erwartet, dass er zugleich auch ein begabter Schriftsteller ist. Aber er unterstreicht, welche singuläre Persönlichkeit Churchill unter den Politikern seines Landes und seines Jahrhunderts war. Der französische Staatspräsident François Mitterrand wird ihm mit dieser Doppelbegabung vielleicht am nächsten gekommen sein.

Die Bücher, die Churchill in den 1930er Jahren vorbereitete und schrieb, waren von ihrer ambitiösen Anlage her langfristige Projekte, keine Produkte, die seine permanenten finanziellen Probleme schlagartig mildern konnten. Als Abgeordneter erhielt er im Jahr magere 400 Pfund Sterling an Diäten. Seine Ausgaben für den Unterhalt der Familie, das Appartement in London und Chartwell, für Hauspersonal, Chauffeur, Sekretärinnen und literarische Mitarbeiter mussten durch Einnahmen aus anderen Quellen gedeckt werden. Wo waren sie zu finden? Für Churchill waren solche finanzielle Quellen in erster Linie lukrative Honorare für journalistische Arbeiten. Er schrieb meist wöchentlich oder 14-täglich erscheinende, gut informierte und nicht selten polemische Kommentare zur Weltpolitik in Zeitschriften oder großen britischen und amerikanischen Zeitungen, die häufig von kleinen Provinzzeitungen nachgedruckt wurden. Seine Mitarbeit war gefragt und die so genannte „Syndikalisierung" seiner Beiträge so erfolgreich, dass er zu einem der bekanntesten und am besten bezahlten politischen Journalisten seiner Zeit avancierte. Dabei half es ihm, dass er britische Pressemagnaten wie Lord Beaverbrook (*The Daily Express, Evening Standard*), Lord Rothermere (*Daily Mail*), Lord Camrose (*The Daily Telegraph*) oder den amerikanischen Großverleger William Randolph Hearst gut kannte bzw. mit ihnen befreundet war. Sie verschafften ihm den Zugang zu ihren Blättern. Churchills Bibliographie führt allein über 800 Zeitungsartikel auf, die größtenteils in den 1930er Jahren erschienen sind.

Eine besondere Rolle spielte bei Churchills Pressekontakten und der internationalen Vermarktung seiner Kommentare und Kolumnen der etwas undurchsichtige Emery Reves (Imre Revesz), ein Ungar, der sich in den 1930er Jahren in Paris niedergelassen hatte und dort eine Presseagentur betrieb. Er hatte sich auf den Verkauf von Texten bekannter Politiker an Dutzende von Zeitungen in Europa und Nordamerika spezialisiert. Churchill wurde sein Starautor. Als Entgelt für die Nutzung seines internationalen Vertriebsnetzes behielt der polyglotte Reves vierzig Prozent der anfallenden Honorare ein. Ende der 1940er Jahre handelte er im Auftrag Churchills auch die Verlagsverträge für die amerikanische Ausgabe von dessen Erinnerungen an den Zweiten Weltkrieg aus und erwarb die Rechte für ihre Übersetzung in andere Sprachen. Der geschäftliche Erfolg war für ihn fast ebenso groß wie für den Autor Churchill. Er ermöglichte ihm den Kauf der großzügigen Villa *La Pausa* an der Côte d'Azur, in der Churchill in den späten 1950er Jahren häufig seine Ferien verbrachte. Vorbesitzer der Villa war Churchills Freund, der reiche Herzog von Westminster, der sie seinerzeit für seine Geliebte hatte bauen lassen, die französische Modeschöpferin Coco Chanel.

Churchill hatte Reves Anfang 1937 kennen gelernt, durch die Vermittlung des früheren britischen Außenministers Austen Chamberlain, und er blieb mit ihm bis zu seinem Tode in Verbindung. Reves gehörte vor allem in der Nachkriegszeit zu Churchills schillerndem Bekanntenkreis, zu dem Clementine Churchill nach Kräften Distanz hielt. Selbst kurze Besuche in *La Pausa* versuchte sie zu vermeiden, wie im Übrigen auch in der nahe gelegenen Villa *La Capponcina,* die Lord Beaverbrook 1939 gekauft hatte und die er den Churchills gern zur Nutzung überließ. Churchill akzeptierte die Abneigung seiner Frau gegen die Riviera-Gesellschaft und seine dort anzutreffenden, meist sehr reichen und exzentrischen Bekannten, ließ sich davon aber in seinen Feriengewohnheiten nicht beirren. Er gewöhnte sich daran, seine Ferien meist ohne sie zu verbringen.

Dank Reves befand sich die Vermarktung von Churchills journalistischen und literarischen Arbeiten seit den späten 1930er Jahren in professionellen Händen. Es ist anzunehmen, dass der ungarische Kosmopolit 1937 auch hinter der Publikation eines Sammelbandes mit 21 biographischen Studien stand, die in der Mehrzahl schon früher irgendwo veröffentlicht worden waren. Churchill hatte die Essays für den Band *Great Contemporaries* leicht überarbeitet und erweitert. Acht von ihnen behandelten britische Politiker und Monarchen, vom ehemaligen Premierminister Lord Rosebery bis zu König Georg V. Interessanterweise wurde von Churchill, neben dem deutschen Ex-Kaiser Wilhelm II. und Paul von Hindenburg, auch Hitler unter die „großen Zeitgenossen" aufgenommen – praktisch der Wiederabdruck einer kurzen Studie über den „Führer", die Churchill im Herbst 1935 für das *Strand Magazine* geschrieben hatte. In ihr hatte er die Möglichkeit nicht ausgeschlossen, dass sich Hitler als Retter der Deutschen entpuppen könnte, als der Mann, der sie stark und selbstbewusst in die Familie der europäischen Nationen zurückführen würde.

Der Ton des Artikels war keineswegs negativ, doch der deutsche Botschafter in London musste gegen die „persönliche Attacke auf das deutsche Staatsoberhaupt" protestieren.[23] Als 1959 eine gekürzte deutsche Ausgabe des Bandes herauskam, fehlte der Essay über den Diktator, ebenso derjenige über Hindenburg. Im Jahr ihres Erscheinens verkauften sich die *Great Contemporaries* jedenfalls, wie Churchill zufrieden feststellte, wie „warme Semmeln".[24] Roy Jenkins, selbst ein erfolgreicher Politiker und Autor bedeutender Biographien, zuletzt derjenigen Churchills, hält das kleine Buch auch aus heutiger Sicht für „einen sehr hellen Stern in der Konstellation von Churchills literarischem Werk".[25]

Churchill nutzte Chartwell als Ort intensiver Arbeit – doch das Leben auf dem Lande bot ihm auch den Raum und die Zeit für Entspannung, für das Zusammensein mit der Familie, für Gespräche mit zahlreichen Besuchern, für Lesen und Sport, letzteres in Maßen. Zeitweise beschäftigte er sich sogar mit der Aufzucht von Schweinen und Hühnern. Seine Freizeitinteressen waren breit gefächert. Aber wirkliche Distanz von den Alltagsgeschäften fand er eigentlich nur beim Malen. Wenn er vor der Staffelei saß, oft stundenlang, vergaß er sozusagen die Welt und ihre Probleme. Malen – das bedeutete für den stets unruhigen Churchill Ablenkung und Befriedigung, wahrscheinlich auch tief empfundenes Glück. Für ein verkanntes Malgenie, wie ein Zeitgenosse jenseits des Ärmelkanals, hielt er sich jedoch nicht.

Nur während der Kriegsjahre zwischen 1940 und 1945 war sein Geist durch andere Dinge voll beansprucht und seine ganze Konzentration auf den Krieg gerichtet. Da trat das Malen für Churchill in den Hintergrund, verschwand fast ganz aus seinem Leben. Die Erklärung, ihm habe in diesen Jahren schlicht und einfach die Muße für zeitaufwändige Freizeitbeschäftigungen gefehlt, ist sicher zutreffend. Entspannt habe er sich in diesen, für ihn so außerordentlich belastenden Jahren bei ausgedehnten Unterhaltungen im vertrauten Kreis und beim Betrachten sentimentaler Filme. Zu seinen Lieblingsfilmen gehörte *Lady Hamilton* des Regisseurs Alexander Korda mit den Schauspielern Vivien

Leigh als Lady Hamilton und Laurence Olivier als Admiral Nelson.

Die Kriegführung verlangte Churchill ohne Zweifel äußerste Konzentration ab, und da blieb für das Malen keine Zeit und keine Kraft. Nur ein einziges Bild gelang ihm während des Krieges. Im Anschluss an die Konferenz mit dem amerikanischen Präsidenten in Casablanca, im Januar 1943, verbrachte Churchill zwei Ferientage im marokkanischen Marrakesch, für ihn „der schönste Platz in der ganzen Welt".[26] Churchill und Roosevelt erreichten Marrakesch, das ungefähr 240 Kilometer südlich von Casablanca liegt, in einer mehrstündigen Autofahrt. Hier entstand ein Bild, das die Stadt mit ihren ockerfarbenen Mauern vor den verschneiten Gipfeln des Atlas-Gebirges zeigt. Churchill schenkte es Roosevelt. Dem Präsidenten Dwight D. Eisenhower verehrte er 1959 ebenfalls eines der Bilder, die er später in Marrakesch gemalt hatte.

Mit dem Malen hatte Churchill im Sommer 1915 begonnen, im Alter von vierzig Jahren und mitten in seiner Lebenskrise nach dem Gallipoli-Unternehmen, das zu seinem Rücktritt als Marineminister geführt hatte. Depressive Stimmungen plagten ihn und das Gefühl, in einer dramatischen Zeit, die auch von ihm höchste Anspannung forderte, plötzlich zum Nichtstun verurteilt zu sein. Die immer wiederkehrenden, mit fortschreitendem Alter sich häufenden Phasen tiefer Depression in seinem Leben bezeichnete er selbst als den „black dog". Als einen Weg, um aus ihnen herauszukommen, entdeckte Churchill das Malen. „Und dann kam auf einmal die Muse der Malerei zu meiner Rettung," und er meinte damit rückblickend die kritische persönliche Lebenslage im Sommer 1915. „Sie kam aus Mitleid und Ritterlichkeit, denn letzten Endes hatte sie mit mir nichts zu tun, und sie sagte: ‚Sind diese Spielzeuge für Dich von irgendeinem Nutzen? Manchen Leuten vertreiben sie die Zeit'."[27] Die „Muse der Malerei" in Churchills Lebenskrise war in der prosaischen Wirklichkeit seine Schwägerin Gwendeline, die Ehefrau seines Bruders Jack. Churchill beobachtete sie fasziniert, wie sie an einem Sonntagnachmittag mit Wasserfarben den Garten von Hoe Farm skizzierte, einem kleinen Bauernhaus nahe Godalming in der Grafschaft Surrey, das die Churchills im Sommer 1915 gemietet hatten.

In jenen düsteren Monaten seines Lebens war bei Churchill, der schon als Schüler gern gezeichnet hatte, eine Leidenschaft entflammt, die ihn bis zu seinem Lebensende nicht mehr verließ. Seine anfänglichen Hemmungen, auf die große weiße Fläche der Leinwand Farbtupfer aufzutragen, überwand er schnell. „Ich ergriff den größten Pinsel," erzählte er in den 1920er Jahren, „und fiel mit berserkerhafter Raserei über mein Opfer her. Seither habe ich nie wieder Scheu vor einer leeren Leinwand gehabt."[28] Aus Churchills Worten geht anschaulich hervor, was das Malen ihm bedeutete. Anfangs war es für ihn so etwas wie eine Beschäftigungstherapie und ein Mittel, um eine traumatische Lebenserfahrung zu verarbeiten. Später diente ihm der Griff zu Pinsel und Palette noch gelegentlich diesem Zweck, aber gerade in den 1930er Jahren und nach dem Zweiten Weltkrieg bot die Malerei ihm vor allem eine entspannende Ablenkung und Freizeitbeschäftigung. Malen half ihm, wie er seinem Arzt sagte, „sein Gleichgewicht zu finden".[29]

Die Lebenserfahrung, die er in der Krise gewonnen hatte, gab Churchill umgehend weiter: „Um Sorge und geistige Überbeanspruchung zu vermeiden, werden viele Heilmittel vorgeschlagen, insbesondere für Menschen, die für längere Zeit außergewöhnliche Verantwortung tragen und außerordentliche Pflichten übernehmen müssen. Einige empfehlen Bewegung, andere Ruhe. Einige raten zu reisen und andere, sich völlig zurückzuziehen. Manche preisen Einsamkeit, andere Unterhaltung. Alle diese Ratschläge mögen nützlich sein, je nach Temperament des Individuums. Aber das Element, das in allen immer vorhanden ist, ist Veränderung. Veränderung ist der Schlüssel … Die erschöpften Teile des Geistes können ruhen und sich regenerieren, nicht einfach durch Ruhe, sondern durch die Aktivierung anderer Teile."[30]

Für Churchill wurde die Malerei ein Hobby, das ihn völlig zu absorbieren vermochte und das er nie, wie das Schreiben, zum Geldverdienen benutzte. „Wenn er seine Pinsel und Farben hatte, vergaß er alles, wie ein Kind, dem man einen Farb-kasten geschenkt hat," erinnerte sich der französische Maler Paul Maze, der mit Churchill seit 1915 eng befreundet war.[31] Das Hobby war Churchill so wichtig und beschäftigte ihn so sehr, dass er darüber Ende 1921 sogar für eine Zeitschrift etwas geschrieben hat. Aus dem kleinen Essay, den er 1932 und 1950 noch einmal veröffentlichte, spricht seine ganze Begeisterung für eine spät gefundene Liebhaberei: „Glücklich sind die Maler, denn sie sind niemals einsam: Licht und Farbe, Friede und Hoffnung begleiten sie bis zum Ende oder fast bis zum Ende des Tages."[32]

Die Malerei begleitete Churchill bis in die Abenddämme-rung seines Lebens. Da war sein Interesse an anderen Aktivi-täten längst erloschen. „Ich war sehr froh festzustellen, dass die Malerei mir immer noch Vergnügen bereitet ... Ich habe mit viel Energie gemalt. Wichtig war für mich herauszufinden, dass ich mich drei Stunden lang konzentrieren konnte," bemerkte er Ende April 1955 nach der Rückkehr von einem Ferienaufenthalt auf Sizilien.[33]

Unbestritten besaß Churchill künstlerisches Talent. Durch Unterricht bei bekannten Malern, unter anderen bei Sir John Lavery seit dem Herbst 1915 und Walter Sickert im Jahre 1927, entwickelte er es weiter. Seine Vorliebe oder, wenn man so will, seine Stärke war die Landschaftsmalerei. Die Motive fand er in Chartwell und Umgebung, in Südfrankreich, in den kanadischen Rockies, auf Madeira, in Norditalien und, vor allem nach 1945, in Marrakesch, wo er sich 1935 zum ersten Mal aufgehalten und am dritten Band des *Marlborough* gear-beitet hatte. Selten malte Churchill Stillleben, fast nie Porträts – wenn, dann tat er es anhand fotografischer Vorlagen in sei-nem Studio im Garten von Chartwell, das er sich für sein Hobby eigens hatte herrichten lassen. Die gefälligen Bilder verschenkte er gern an Familienangehörige, an Freunde, Mit-arbeiter und Politikerkollegen. Der westdeutsche Bundes-kanzler Adenauer erhielt 1955 gelegentlich eines Besuches in London ein kleines Ölbild, das einen griechischen Tempel in sizilianischer Landschaft zeigt und heute im Konrad-Ade-nauer-Haus in Rhöndorf betrachtet werden kann.

Es ist ungewöhnlich, dass ein Politiker und Staatsmann im 20. Jahrhundert, zumal einer vom Range Churchills, in seiner Freizeit malt. Seine Prominenz trug zweifellos dazu bei, diesem Aspekt seiner facettenreichen Persönlichkeit öffentliche Aufmerksamkeit zu verschaffen. Hinzu kam, dass seine Fertigkeiten in dem Metier über die eines Dilettanten hinausgingen. Ehrungen und Anerkennung blieben nicht aus. So ernannte die führende Kunstakademie Großbritanniens, die Royal Academy of Arts in London, Churchill 1948 zu ihrem ersten „außerordentlichen Ehrenmitglied". In Englisch hieß das: "Honorary Academician Extraordinary". Die Londoner Tate Gallery erwarb 1955 eines seiner Bilder – nach den Worten ihres damaligen Direktors „aus künstlerischen, nicht aus politischen Gründen."[34] Vier Jahre später zeigte die Royal Academy of Arts in einer großen Ausstellung über sechzig „Paintings by the Rt. Hon. Sir Winston S. Churchill".

Der berühmte Kunsthistoriker Ernst Gombrich, der in den 1930er Jahren als Emigrant nach England gekommen war, zitierte Churchill zustimmend mit einer theoretischen Äußerung zum Malprozess aus dessen Essay *Painting as a Pastime*. „Ich würde es begrüßen," hatte Churchill dort geschrieben, „wenn eine wirkliche Autorität auf dem Gebiete einmal genau die Rolle untersuchen würde, die dem Gedächtnis beim Malen zukommt. Wir blicken voll Aufmerksamkeit zuerst auf den darzustellenden Gegenstand, dann auf die Palette und schließlich auf die Leinwand. Die Leinwand empfängt somit eine Botschaft, die meist ein paar Sekunden früher von dem Gegenstand der Darstellung ausgesandt wurde. Diese Botschaft geht jedoch durch ein Postamt, das sie … in Code-Form weiterbefördert. Lichtsignale werden in Pigmente umgewandelt, und die Botschaft gelangt, so verschlüsselt, als ‚Kryptogramm' auf die Leinwand. Erst wenn sie zu allem, was sich sonst noch auf der Leinwand vorfindet, in die richtige Beziehung gebracht wird, kann die Botschaft entziffert und ihre Bedeutung erkannt werden; aus dem bloßen Pigment wird wieder Licht, allerdings nicht das Licht der Natur, sondern das Licht der Kunst."[35] Churchill, so Gombrich, habe das angesprochene Problem, nämlich die komplexe Beziehung zwischen Objekt und Kunstwerk, klarer erfasst als jeder „berufsmäßige Kunsttheoretiker".

Schreiben, Malen und Reisen füllten den größten Teil von Churchills Zeit in den 1930er Jahren. Sport trat demgegenüber immer mehr in den Hintergrund. Das Polospiel hatte er in den 1920er Jahren aufgegeben, die Jagd und die Fliegerei schon früher. Golf spielte er eher widerwillig; die geschwächte rechte Schulter erwies sich als Handicap. An sportlichen Aktivitäten blieben schließlich Schwimmen und hin und wieder ein Spaziergang. Das angebliche Churchill-Wort „no sports" müsste, wenn es denn authentisch ist, aus dieser Zeit stammen oder aus den 1950er Jahren, als Sport für ihn überhaupt keine Rolle mehr spielte und er nach dem Rezept für sein langes Leben gefragt wurde.

Die Freistellung von ministeriellen Pflichten gab Churchill auch die Möglichkeit für Reisen und längere Ferienaufenthalte, letztere vorzugsweise in Frankreich. Unter den Reisen, die Churchill in den 1930er Jahren unternahm, sind drei von besonderem Interesse. Da war zum einen seit Ende 1931 eine mehrmonatige Vortragsreise durch die Vereinigten Staaten, die vor allem der Verbesserung seiner finanziellen Verhältnisse nach den Verlusten an der Wall Street dienen sollte. Diesen Zweck erfüllte die Reise. Begleitet wurde er von seiner Frau, der ältesten Tochter Diana und einem Leibwächter. Aus Termingründen musste die Passage nach den Vereinigten Staaten auf der deutschen *Europa* gebucht werden. Darüber war Churchill nicht glücklich: Die *Europa* hatte soeben das „Blaue Band" für die schnellste Atlantiküberfahrt gewonnen und damit die Schiffe der britischen Reederei Cunard geschlagen. In New York erlitt Churchill überdies am 13. Dezember auf dem Wege zu seinem Freund und Berater in finanziellen Angelegenheiten, dem legendären amerikanischen Finanzier Bernard Baruch, einen schweren Verkehrsunfall. Als er, an den britischen Linksverkehr gewohnt, die Fifth Avenue überqueren wollte, erfasste ihn ein Auto.

Zwei Monate lang sei er danach ein Wrack gewesen, klagte Churchill.[36] In den beiden vergangenen Jahren habe Winston drei schwere Schläge einstecken müssen, schrieb Clementine

Churchill von den Bahamas, wo das Ehepaar Anfang 1932 einen dreiwöchigen Erholungsaufenthalt verbrachte: „Erstens, den Verlust all des Geldes beim New Yorker Börsenkrach, dann den Verlust seiner politischen Stellung in der Konservativen Partei und jetzt diese schrecklichen körperlichen Verletzungen. Er sagt, er glaube nicht, dass er sich von diesen drei Ereignissen jemals völlig erholen werde."[37] Churchill setzte die Vortragsreise gegen Ende Januar 1932 dennoch fort und sprach in großen Städten der amerikanischen Ostküste und des Mittleren Westens über globale Themen. Auf die Honorare konnte und wollte er nicht verzichten. „Tagsüber lag ich in meinem Bahnabteil auf dem Rücken und abends sprach ich vor großen Zuhörerschaften. Die Zeit scheint mir die härteste meines Lebens gewesen zu sein. Das ganze Jahr hindurch ging es mir reichlich schlecht. Aber zur rechten Zeit war ich doch wieder bei Kräften."[38]

Die Kräfte reichten jedenfalls schon für eine weitere Reise, die Churchill in Begleitung seiner Familie und eines Freundes, des Oxforder Physikers Frederick Lindemann, im Sommer 1932 durch die Niederlande, das Rheinland und Bayern unternahm. Er schrieb an der Marlborough-Biographie und wollte die Schlachtfelder sehen, auf denen sein berühmter Vorfahr Ruhm und Ehre erworben hatte. Im Gedächtnis blieb diese Reise jedoch nicht wegen ihres wissenschaftlichen Anliegens, sondern aus einem ganz anderen Grund: In München wäre es beinahe zu einem Zusammentreffen Churchills mit Adolf Hitler gekommen.

Es lohnt sich nachzulesen, was Churchill später selbst über die Episode berichtet hat: „Im Hotel Regina stellte sich ein Herr einem meiner Mitreisenden vor. Es war ‚Putzi‘ Hanfstaengl, er sprach viel über ‚den Führer‘, mit dem er offenbar in sehr engen Beziehungen stand. Da er ein lebhafter und gesprächiger Bursche zu sein schien und vortrefflich Englisch sprach, lud ich ihn zum Essen ein. Er erzählte höchst interessant über die Tätigkeit und die Pläne Hitlers. Er redete wie ein Behexter. Wahrscheinlich hatte man ihm die Weisung gegeben, sich mit mir in Verbindung zu setzen … [Hanfstaengl] erklärte mir, ich müsste ihn [Hitler] kennenlernen und nichts wäre leichter, als das in die Wege zu leiten. Hitler kam jeden Tag gegen 17 Uhr in das Hotel, und er würde sich sicherlich sehr freuen, mich zu sehen … Im Laufe des Gesprächs … äußerte ich nun aber nebenbei: ‚Warum ist Ihr ‚Führer' so leidenschaftlich gegen die Juden? Ich kann durchaus verstehen, dass man gegen Juden vorgeht, die etwas Übles angestiftet haben oder sich unpatriotisch aufführen; ich kann es auch verstehen, dass man ihnen entgegentritt, wenn sie auf irgendeinem Gebiet des Lebens die Macht an sich zu reißen versuchen, aber was hat es für einen Sinn, einen Mann einfach wegen seiner Geburt zu befehden? Was kann denn ein Mensch überhaupt dafür, wie er auf die Welt kommt?' Hanfstaengl muss diese Worte Hitler mitgeteilt haben. Am folgenden Tag kam er gegen Mittag mit ernster Miene und berichtete, die Zusammenkunft mit Hitler, die er für mich vorbereitet hatte, könne nicht stattfinden, weil der ‚Führer' an diesem Nachmittag nicht ins Hotel komme … So kam es, dass Hitler die einzige Gelegenheit verpasste, mich kennenzulernen. Als er später allmächtig war, sollte ich mehrere Einladungen von ihm erhalten. Inzwischen hatte sich aber gar manches ereignet, und ich leistete der Einladung keine Folge."[39]

In der Tat: Als der undiplomatische und inkompetente Joachim von Ribbentrop 1936–1938 den Londoner Botschafterposten versah, lud er Churchill zweimal zu einem Besuch Deutschlands ein und stellte ein Treffen mit Hitler in Aussicht. Dazu Churchill: „Mit der Autorität Englands hinter mir wäre ich gerne mit Hitler zusammengekommen. Als Privatmann aber hätte ich mich selbst und mein Land in eine unvorteilhafte Lage gebracht. Wenn ich als Gast dem Diktator zugestimmt hätte, wäre das einer Irreführung gleichgekommen. Hätte ich ihm aber widersprochen, so wäre ich beschuldigt worden, dass ich die englisch-deutschen Beziehungen trübe. Ich lehnte daher beide Einladungen ab oder wich ihnen vielmehr aus. Alle Engländer, die in jenen Jahren den deutschen Führer besuchten, kamen in schwierige Lagen oder wurden kompromittiert."[40] 1932 dachte Churchill noch anders. Damals zählte er Hitler noch zu den „großen Zeitgenossen".

Ernst Hanfstaengl, Spross der Münchner Verlegerfamilie und zum damaligen Zeitpunkt Hitlers „Auslandspressechef", kannte Churchills Sohn Randolph. Von ihm war offenbar auch die Anregung für das Zusammentreffen in München ausgegangen. Es sei jedenfalls seit längerem geplant gewesen, behauptet Hanfstaengl in seinem geschwätzigen Bericht über die Episode, der in wichtigen Details von der Darstellung Churchills abweicht. Glaubt man Hanfstaengl, was schwer fällt, dann hatte nicht Hitler den Wunsch geäußert, Churchill kennen zu lernen, „sondern dieser [Churchill] schien daran interessiert zu sein, mit dem Chef der antikommunistischen NSDAP zu sprechen."[41] Und warum kam die Begegnung nicht zustande? „Hitler, mit dem Aufarbeiten liegengebliebener Akten beschäftigt," so Hanfstaengl in seinem fast vier Jahrzehnte später niedergeschriebenen Bericht, „war offensichtlich schlechter Laune und machte ein Gesicht, als hätte ich ihm eine Hiobsbotschaft überbracht. ‚Wieso? Was soll dabei herausschauen? Sehen Sie denn nicht, wie beschäftigt ich bin? Worüber soll ich denn mit diesem Churchill überhaupt reden? Außerdem kann ich kein Englisch.‘ ‚Aber, Herr Hitler,‘ wandte ich ein, ‚mit keinem Menschen der Welt ist so leicht zu reden, wie mit ihm – Kunst, Politik, Architektur, worüber Sie immer wollen. Und zum Dolmetschen haben Sie mich. Churchill ist einer der einflussreichsten Männer in England und eines Tages bestimmt wieder in der Regierung. Sie müssen ihn unbedingt sehen.‘ Hitler blieb jedoch stur und brachte tausend Einwände vor, wie immer, wenn ihm die Begegnung mit einer profilierten Persönlichkeit bevorstand, der er sich nicht gewachsen fühlte. In solchen Fällen wurde der unsichere Kleinbürger in ihm spürbar."[42]

Eine dritte bemerkenswerte Reise führte Churchill im Juli 1938 nach Paris, wenige Wochen vor der fatalen Münchner Konferenz, bei der Ende September durch die Vermittlung Mussolinis die Regierungschefs Großbritanniens, Frankreichs, Italiens und Deutschlands zusammentrafen, um über die Sudetenfrage zu sprechen. Sie hatte sich wegen des deutschen Verlangens nach Abspaltung der Sudetengebiete vom neuen tschechoslowakischen Staat zu einem Gefahrenherd für den europäischen Frieden entwickelt. In München wurde auf Kosten der Tschechoslowakei dann gerade das besiegelt, wovor Churchill seit Mitte der 1930er Jahre immer wieder gewarnt hatte: Um des lieben Friedens willen auf die maßlosen Forderungen des deutschen Diktators einzugehen und an der gescheiterten Appeasement-Politik festzuhalten, wie sie in Großbritannien vor allem von Neville Chamberlain mit breiter Rückendeckung durch seine Partei und die Öffentlichkeit vertreten wurde.

Die Einladung nach Paris zeigte, welche Wertschätzung Churchill als prominenter und unbequemer „elder statesman" damals in französischen Regierungskreisen genoss. Anlass seiner Reise in die französische Hauptstadt war der Staatsbesuch des neuen britischen Königs Georg VI., der von den beiden großen westeuropäischen Demokratien als Demonstration ihrer Verbundenheit und ihrer Gemeinsamkeiten angesichts der nationalsozialistischen Herausforderung angelegt war. Das Ehepaar Churchill zählte nicht zum offiziellen königlichen Gefolge, sondern war Gast der französischen Regierung. Beim Staatsbankett am 19. Juli 1938 im Pariser Elysée-Palast saß Clementine Churchill neben Marschall Pétain, dem Verteidiger von Verdun und französischen Kriegshelden. Der Journalist Churchill, weder im Amt noch in Würden, berichtete über den glanzvollen königlichen Besuch, wie vierzig Jahre zuvor über den Malakand-Feldzug, für den Londoner *Daily Telegraph*. Wer im Elysée-Palast seine Tischnachbarn waren, ist nicht überliefert.

Blieb bei allen diesen Aktivitäten Churchills in den 1930er Jahren überhaupt noch Zeit für die Politik? Hatte er noch politische Ambitionen? Jeder andere von geringerer Statur wäre wahrscheinlich von dem, was Churchill in diesen Jahren umtrieb, ausgefüllt gewesen. Zeitweise schien es in der Tat auch so, als sei das brennende Interesse an der Politik bei Churchill in den Hintergrund getreten. Seit 1929 gehörte er nicht mehr zum inneren Kreis der Regierenden, auch nicht mehr zu den Entscheidungsgremien seiner Partei. Im Gegenteil: Er wurde von ihr bewusst ausgegrenzt, und er tat vieles, um sich selbst auszugrenzen. In manchen Fragen vertrat

Churchill, impulsiv und eigensinnig, völlig andere Positionen als die Konservativen und ihre politische Führung. Seine von leidenschaftlicher Rhetorik geprägten Interventionen im Unterhaus, seine publizistischen Attacken und seine öffentlichen Reden mit ihren kaum verhüllten Angriffen auf die Regierung mussten Baldwin und Neville Chamberlain als Parteiführer und Premierminister, vermutlich zähneknirschend, erdulden. „Was nun Winston angeht," meinte Chamberlain im März 1935, „so hält er weiter ganz gute Reden … Einige von ihnen sind sogar sehr gut in dem von ihm gewohnten Stil, aber sie überzeugen nicht mehr. Seine Gefolgschaft schrumpft eher als dass sie sich vergrößert."[43]

Im Grunde betrieb Churchill in diesen Jahren eine Einmann-Opposition, allerdings ohne erkennbare politische Wirkung. Anfang 1931 trat er aus dem Konservativen Schattenkabinett aus, weil er sich mit Händen und Füßen gegen die erweiterte Selbstregierung für Indien stemmte. „Es ist beunruhigend und auch abscheulich," erklärte er voller Emphase am 23. Februar 1931, „Herrn Gandhi halbnackt die Stufen zum vizeköniglichen Palast emporsteigen und mit dem Vertreter des Königs/Kaisers auf gleichberechtigter Basis verhandeln zu sehen – ein aufsässiger Advokat, der sich nun als Fakir gibt, wie man sie im Osten kennt, während er weiterhin die Kampagne des zivilen Ungehorsams organisiert und leitet."[44] Die Führer der indischen Unabhängigkeitsbewegung haben ihm diese Worte nie verziehen.

Die Stärke der indischen Unabhängigkeitsbewegung wie auch das Aufkommen von Nationalismus in den afrikanischen Kolonien unterschätzte er. Indien und die anderen Teile des Empire sollten, wäre es nach ihm gegangen, das bleiben, was sie in den Tagen des Malakand-Feldzuges und von Omdurman waren. Das Verfassungsgesetz für Indien wurde dann ungeachtet seiner polemischen Attacken 1935 vom Londoner Parlament mit großer Mehrheit beschlossen. Um diese Zeit, im Juli 1934, meinte er gegenüber dem sowjetischen Botschafter in London: „Das Britische Empire ist für mich das A und O. Was für das Empire gut ist, ist auch für mich gut; was für das Empire schlecht ist, ist auch für mich schlecht. 1919 glaubte ich, Ihr Land stelle die größte Gefahr für das Empire dar, und war deshalb damals ein Gegner Ihres Landes. Jetzt bin ich der Ansicht, dass Deutschland die größte Gefahr für das Empire ist, darum bin ich jetzt ein Gegner Deutschlands …Ich war und bleibe ein Gegner des Kommunismus, aber um der Integrität des Empire willen bin ich zur Zusammenarbeit mit den Sowjets bereit."[45]

Viel mehr als Herr Gandhi und das Empire beschäftigte jedoch in diesen Jahren Mrs. Wallis Warfield Simpson die britische Öffentlichkeit. Der König wollte die zweimal geschiedene Amerikanerin heiraten und stieß mit diesem Wunsch auf den heftigen Widerstand der Regierung. Churchills entschiedene, wenn man will: ritterliche Unterstützung des mit ihm befreundeten Eduards VIII. in der dramatischen Abdankungskrise Ende 1936, die sich zur Staatskrise ausweitete, machte ihn nicht nur bei der politischen Klasse des Landes, sondern selbst bei den konservativen Wählern seines Wahlkreises unpopulär. Churchills Plädoyer dafür, die Heiratspläne des neuen Königs hinzunehmen und nichts vorschnell zu entscheiden, verstieß gegen die Moralvorstellungen der Zeit. Der Viktorianer Churchill bezog in dieser Frage eine Außenseiterposition.

Eine solche Haltung hatte er inzwischen auch in der Frage eingenommen, wie die britische Regierung mit Hitler und der nationalsozialistischen Außenpolitik umgehen solle. Immer wieder kritisierte er die Duldung aggressiver Akte des nationalsozialistischen Regimes durch die Londoner Regierung. Seine ebenso scharfe wie klarsichtige Kritik am Münchner Abkommen in der Sitzung des Unterhauses am 5. Oktober 1938: „Schweigend, trauernd, verlassen und gebrochen versinkt die Tschechoslowakei in der Dunkelheit",[46] erzürnte die Konservative Parteiführung. Sein Rückhalt in der eigenen Partei näherte sich dem Nullpunkt.

Die Rede Churchills vom 5. Oktober, eine seiner größten, steigerte sich zur Generalabrechnung mit der Appeasement-Politik gegenüber dem deutschen Diktator. Konnte man mit einem Mann weiter verhandeln, der sich erpresserischer Mittel bedient? Churchill umschrieb Hitlers Taktik mit drastischen Worten: „Ein Pfund wurde mit vorgehaltenem Revolver gefordert. Als man es hergab, wurden zwei Pfund mit vorgehaltenem Revolver gefordert. Schließlich fand sich der Diktator bereit, ein Pfund, 17 Schilling und sechs Pence zu nehmen und den Rest in Zusicherungen von guten Absichten für die Zukunft."

Das tapfere britische Volk, so Churchills Verdikt, „soll die Wahrheit erfahren. Es soll wissen, dass grobe Nachlässigkeiten und schwere Mängel in unserer Verteidigung existieren; es soll wissen, dass wir, ohne Krieg, eine Niederlage erlitten haben, deren Folgen uns für eine lange Strecke begleiten werden; es soll wissen, dass … jetzt das furchtbare Urteil über die westlichen Demokratien gefällt worden ist: ‚Gewogen, gewogen und zu leicht befunden'." Und dann sein Appell an die zahlreich erschienenen Abgeordneten: „Glauben Sie nicht, dass dies das Ende ist. Das ist erst der Beginn der Abrechnung, bloß der erste Schluck, der erste Vorgeschmack des bitteren Trankes, der uns Jahr für Jahr vorgesetzt werden wird, es sei denn, dass wir in einer großartigen Wiedergewinnung unserer moralischen Gesundheit und kriegerischen Stärke von neuem erstehen und mutig für die Freiheit eintreten, wie in alter Zeit."[47] Die Abgeordneten, vor allem die auf den Bänken der Konservativen, schwiegen. Konnten die Regierenden nach einer so fulminanten Philippika einfach zur Tagesordnung übergehen?

Die Außen- und die Verteidigungspolitik Großbritanniens, die beunruhigenden politischen Entwicklungen auf dem europäischen Kontinent und die Bedrohung durch das nationalsozialistische Deutschland unter einem „Führer", der die Regeln konventionellen politischen Handelns einfach vom Tisch fegte, rückten in den Mittelpunkt von Churchills Interesse. Im skandalösen Münchner Abkommen, das die Zerschlagung des tschechoslowakischen Staates einleitete, erblickte er das Menetekel. Zunehmend plagte ihn die Ahnung, ja, die Befürchtung, dass in Europa ein schwerer Sturm heraufzog, und die Londoner Regierung, sei es die „Nationale Regierung" unter dem pazifistischen Labour-Politiker Ramsay MacDonald (1931–1935) oder seien es die Konservativen Regierungen unter Stanley Baldwin (1935–1937) und Neville Chamberlain (1937–1940), verschlossen davor die Augen. Die „Jeremiaden" Churchills nervten. Zum ersten Mal in seiner parlamentarischen Karriere leerten sich die Bänke des Unterhauses, wenn er das Wort ergriff. Man wollte seine Kritik und seine penetranten Warnungen nicht mehr hören. Ein Gefühl des Überdrusses stellte sich ein. Selbst diejenigen unter den Konservativen, die den außenpolitischen Kurs Chamberlains ablehnten, setzten ihre Hoffnungen auf andere, etwa auf den Außenminister Anthony Eden, der im Februar 1938 wegen Chamberlains Haltung gegenüber Mussolini zurücktrat, oder auf den ehemaligen Kolonialminister Leopold Amery (1924–1929), in dem sie den künftigen Premierminister sahen.

*Der Sturm zieht auf* (*The Gathering Storm*) hat Churchill den ersten Band seiner Memoiren über den Zweiten Weltkrieg betitelt, in dem er die 1930er Jahre behandelt. Seit 1933 drängte er die Regierung, die britischen Luftstreitkräfte und die Luftverteidigung massiv zu verstärken. Er verwies auf die Angriffe der deutschen Luftwaffe auf London in den beiden letzten Jahren des Ersten Weltkrieges, die über 1 400 Menschen das Leben gekostet hatten. Würde ein moderner Luftkrieg nicht furchtbare Opfer unter der Zivilbevölkerung fordern? Nach 1937 drängte Churchill den neuen Premierminister Chamberlain, er solle die Initiative für ein Bündnis aller Staaten ergreifen, die sich von Nazi-Deutschland bedroht fühlten. Eine solche Allianz unter dem Banner des Genfer Völkerbundes sollte sogar die kommunistische Sowjetunion einschließen. Nicht sie stellte in der Sicht Churchills jetzt und in absehbarer Zukunft die größte Bedrohung für den Frieden und den Bestand des Britischen Empire dar, sondern das nationalsozialistische Deutschland, das neue Karthago.

Während eines Mittagessens mit Ivan Maiski, dem sowjetischen Botschafter in London, erklärte Churchill am 23. März 1938 in großer Offenheit: „Vor zwanzig Jahren habe ich mit aller mir zur Verfügung stehenden Energie den Kommunismus bekämpft, weil ich ihn damals mit seiner Idee der Weltrevolution als größte Gefahr für das Britische Weltreich ansah. Heute bedroht der Kommunismus unser Empire nicht in dieser Weise. Im Gegenteil, heute geht die größte Gefahr für das Britische Weltreich vom deutschen Nazismus mit seiner Idee der Welthegemonie Berlins aus. Deswegen bekämpfe ich gegenwärtig Hitler mit aller mir zu Gebote stehenden Macht. Sollte die Gefahr des Faschismus für das Britische Weltreich verschwinden und erneut eine Bedrohung seitens des Kommunismus entstehen, dann würde ich – das sage ich absolut offen – erneut gegen Sie kämpfen. Aber in der absehbaren Zukunft und sicherlich bis zum Ende meines Lebens kann ich eine solche Situation nicht erkennen. Für diese Zeit haben wir und Sie den gleichen Weg. Das ist der Grund, weshalb ich für eine enge Zusammenarbeit zwischen Großbritannien, Frankreich und der UdSSR eintrete."[48] Zu Maiski unterhielt Churchill seit 1934 regelmäßige Kontakte, was manche seiner Parteifreunde befremdlich fanden. Noch 1931 hatte er die Arbeitslager in der Sowjetunion öffentlich angeprangert. Davon war längst keine Rede mehr. Auch über die Schreckenszeit der „Großen Säuberung" (1934–1939) in der Sowjetunion verlor Churchill kein Wort.

Die Reaktionen der Regierung in Whitehall und der Parteien auf Churchills Warnungen, Anregungen und Forderungen waren verhalten; sie wurden lediglich zur Kenntnis, aber nicht wirklich ernst genommen. Selbst ein so enger Freund Churchills wie der Pressemagnat Lord Beaverbrook meinte Anfang 1932: „Er [Churchill] ist alles in jeder Partei gewesen. Er hat jede Ansicht über jede Frage vertreten … Er ist äußerst unzuverlässig in seiner geistigen Haltung."[49] Zweifel an seinem politischen Urteilsvermögen machten erneut die Runde. Konservative Parteifreunde erhoben den Vorwurf der Illoyalität. „Der größte Fehler, den die Konservative Partei in der Zwischenkriegszeit beging," urteilte Churchill seinerseits nach dem Zweiten Weltkrieg, „war es, dass sie sich zu sehr von den pazifistischen Überzeugungen beeinflussen ließ, die auf der anderen Seite dieses Hauses [bei der Labour-Opposition] modisch waren."[50]

Dabei lehnte Churchill die Beschwichtigungspolitik der britischen Regierungen in den 1930er Jahren keineswegs grundsätzlich ab. Enthält nicht jede vernünftige Politik ein gutes Stück Appeasement? Doch wollte diese Politik erfolgreich sein, musste sie nach Meinung Churchills auf den richtigen Voraussetzungen beruhen: „Appeasement für sich genommen kann, je nach den Umständen, gut oder schlecht sein. Appeasement aus Schwäche und Furcht ist gleichermaßen wirkungslos und lebensgefährlich. Appeasement aus einer Position der Stärke heraus ist großmütig und edel, und es kann der sicherste und vielleicht einzige Weg zum Weltfrieden sein."[51] Mit anderen Worten: Klug dosiertes Appeasement ist auf dem Felde der internationalen Beziehungen wie auch in der Innenpolitik ein sinnvolles Konzept. Doch darauf einlassen kann sich nur derjenige, der stark ist.

Nein, die Politik ließ Churchill nicht los. Als nach den Wahlen vom November 1935 Baldwin wieder die Regierung bilden konnte, hoffte Churchill, er würde ihn, wie 1924, ins Kabinett rufen. Das war eine ganz unrealistische Annahme, denn die Zahl der Widersacher und Feinde in der eigenen Partei war groß. Vielleicht ahnte Churchill, dass angesichts der politischen Entwicklungen in Europa die Zeit letztlich zwar für ihn arbeitete, aber der Zeitpunkt für seine Rückkehr ins Kabinett 1935 und selbst 1937 noch nicht gekommen war. Für jemanden, der von einem kommenden Krieg redete, war in ihm angesichts der pazifistischen Grundstimmung im Lande noch kein Platz.

Derweil hatte Churchill in Chartwell so etwas wie einen privaten Beraterkreis um sich versammelt. Er setzte sich zusammen aus früheren Kollegen, Freunden, einer Handvoll Abgeordneter und Sympathisanten. Dazu gehörte der Oxforder Physikprofessor Frederick Lindemann, der in Baden-Baden geborene Sohn eines Elsässers und einer Amerikanerin, den Churchill kurz nach dem Ersten Weltkrieg kennen gelernt hatte. Lindemann hatte in Paris und Berlin studiert. Aus seiner antideutschen Einstellung machte „The Prof", wie er allgemein genannt wurde, kein Hehl. Er beriet nun Churchill in allen Fragen der modernen Kriegführung, vor allem des Luftkrieges und des so wichtig werdenden Radars, zunächst als Privatmann und vertrauter Freund, später in offi-

zieller Funktion als wissenschaftlicher Berater des Marine-
und dann des Premierministers. Durch die Forschungen Martin Gilberts ist überdies bekannt geworden, dass Churchill im Kriegs- und Außenministerium über Informanten verfügte, die ihn unter großem persönlichem Risiko mit geheimem Material über militärische Planungen und den Stand der britischen Verteidigungskapazität versorgten. Sie teilten entweder seine politischen Ansichten oder empfanden ihm gegenüber, dem sprichwörtlichen Rufer in der Wüste, offenbar größere Loyalität als gegenüber der Regierung, der sie dienten.

Je mehr Churchill über die alarmierenden britischen Rüstungsdefizite und militärischen Schwächen erfuhr, desto ungeduldiger und unduldsamer wurde er. Und seine unerbetenen Einmischungen und seine Kritik an der Regierungspolitik wurden in dem Maße schärfer, in dem Hitlers politische Rhetorik und Aktionen an Aggressivität zunahmen. „Churchill," bemerkte der sowjetische Botschafter Maiski im März 1938, „ist eine bedeutende und kraftvolle Figur, gegenüber der die anderen Kabinettsmitglieder farblos und mittelmäßig erscheinen. Sie haben Angst, den Wolf in die Schafherde zu lassen. Churchill würde sie alle erdrücken, insbesondere wenn es zu einer Krise käme. Churchill wird zur Macht gelangen, wenn der kritische Punkt in Englands Schicksal erreicht ist."[52] Dieser kritische Punkt war am 1. September 1939 erreicht, dem Tag des deutschen Überfalls auf Polen. Zwei Tage später erklärten Großbritannien und Frankreich dem Deutschen Reich den Krieg und honorierten damit ihre den Polen gegebene Garantieerklärung vom 31. März 1939.

Stand Europa, als Folge nationalsozialistischer Aggressionspolitik und britischer Appeasement-Politik, am Beginn eines neuen großen, verheerenden Krieges? In dieser kritischen Situation entschloss sich der glücklose, von Hitlers Täuschungen und Hinhaltetaktik zermürbte Chamberlain, seinen ebenso hartnäckigen wie gefährlichen Kritiker und innerparteilichen Widerpart in das neu gebildete Kriegskabinett einzubinden. Teile der Presse hatten schon in den Monaten zuvor seine Aufnahme in die Regierung gefordert. De facto gab

Chamberlain dem Druck der Öffentlichkeit nach. Churchill, den viele seiner Kollegen und die meisten hohen Beamten mit „Argwohn" beobachteten,[53] ließ sich jedenfalls nicht lange bitten. Er unterbrach umgehend die Arbeit an seinem neuen, alle Kräfte beanspruchenden literarischen Projekt, eine auf vier Bände geplante Geschichte der Englisch sprechenden Völker, um sie erst wieder in den 1950er Jahren fortzusetzen und abzuschließen. Seit Mitte 1938 hatte er daran intensiv gearbeitet. Als Autor war Churchill so prominent, dass ihm der Verlag bei Vertragsabschluss einen Vorschuss von 5 000 Pfund Sterling auf das Gesamthonorar in Höhe von 20 000 Pfund gezahlt hatte. Geld war ihm immer willkommen. Noch in den 1950er Jahren, selbst angesichts des phänomenalen Erfolgs seiner Kriegsmemoiren, behauptete er, er sei kein reicher Mann.

Der unruhige Politiker im erzwungenen Ruhestand, der seit 1929 zehn Jahre lang Geschichte geschrieben hatte, konnte endlich wieder Geschichte machen. War das nicht seine wahre, seit Jahren brach liegende Berufung? Als Churchill am 3. September 1939 nach einem Vierteljahrhundert erneut das Marineministerium übernahm, war er für die nun auf ihn zukommenden Aufgaben ebenso gut vorbereitet wie im August 1914, als der Erste Weltkrieg begann. Er war davon überzeugt, in der Stunde der höchsten Gefahr der Mann des Schicksals zu sein, der Retter des Vaterlandes. „Winston ist wieder da", funkte das Ministerium angeblich an die Schiffe der Flotte. Doch eine jüngere Generation fragte im September 1939: „Wer ist Winston?"

# Der große Kampf (1940–1945)

## 1. Auf des Messers Schneide

Der zweite große Krieg, den Europa im 20. Jahrhundert erlebte, dauerte länger als der erste. Er begann am 1. September 1939 mit einem brutalen Akt, dem deutschen Überfall auf Polen, und er endete mit der Unterzeichnung der Kapitulationsurkunde durch die Spitzen der deutschen Wehrmacht, zunächst in der nordfranzösischen Stadt Reims am 8. Mai 1945 und am nächsten Tag noch einmal in Berlin-Karlshorst. Die sowjetische Siegermacht hatte auf der Wiederholung der Zeremonie in ihrem Einflussbereich bestanden.

Doch im Unterschied zum Ersten Weltkrieg begann diese zweite „Weltkrise" nicht mit groß angelegten Offensiven und gewaltigen Materialschlachten. Nach der schnellen Niederwerfung Polens durch die einmarschierenden deutschen Truppen folgten auf den potentiellen Kriegsschauplätzen Europas Monate des Abwartens und diplomatischen Taktierens. Die Deutschen redeten vom „Sitzkrieg", die Briten vom „Scheinkrieg" („phoney war") oder, wie Churchill, vom „Zwielichtkrieg" („twilight war"). Großbritannien und Frankreich hatten dem Deutschen Reich zwar den Krieg erklärt, aber sie waren den Polen militärisch nicht zu Hilfe gekommen. War ihre Kriegserklärung nur ein Bluff? Hitler und seine Entourage scheinen wochenlang geglaubt zu haben, die Westmächte würden auch die Aggression gegen Polen, so wie frühere aggressive Akte, letztlich tatenlos hinnehmen, würden sich mit der Aufteilung des Landes zwischen dem Dritten Reich und der Sowjetunion Stalins abfinden, gar über Frieden reden wollen.

Nach Churchills Aufnahme in das britische Kriegskabinett unter dem Premierminister Chamberlain stellten sich diese Erwartungen jedoch sehr schnell als Illusionen heraus. „Wir haben keinen Konflikt mit dem deutschen Volk, sondern mit seinen Nazi-Machthabern, deren Regierung sie zulassen," verkündete Chamberlain am 1. September 1939 im Unterhaus. „Solange diese [deutsche] Regierung am Ruder ist und sich der Methoden bedient, die sie in den letzten Jahren unaufhörlich angewendet hat, wird es keinen Frieden in Europa geben. Wir werden nur von einer Krise zur nächsten stolpern … Wir sind fest dazu entschlossen, dass diesen Methoden ein Ende gemacht wird."[1] Das war nicht mehr die verbindliche Sprache des Appeasement-Politikers Chamberlain, der Hitler binnen weniger Wochen dreimal in Deutschland aufgesucht hatte, um den Frieden zu retten – hier vernahmen die Abgeordneten aus dem Munde des enttäuschten Premierministers bereits das Grollen und die unerbittliche Härte Churchills. Ob es auch der gewaltbereite deutsche Diktator hörte?

Zurück in seinem alten Amt tat Churchill umgehend das, was er schon ein Vierteljahrhundert zuvor mit Erfolg getan hatte: Er bereitete die Flotte auf den Kampf vor, besuchte ihre wichtigsten Stützpunkte in der Bucht von Scapa Flow auf den Orkney-Inseln und im schottischen Loch Ewe, organisierte die Blockade der deutschen Überseeverbindungen, stimmte sich mit der französischen Marineführung ab, schrieb Memoranden und kümmerte sich praktisch um jedes Detail. „Als Winston das Marineministerium führte," schwärmte seine langjährige Sekretärin Kathleen Hill nach dem Krieg, „da war das Haus voller Atmosphäre und Elektrizität. Befand er sich auf Dienstreise, war es tot, tot, tot."[2] Der prominente amerikanische Journalist James Reston schrieb in der *New York Times*: „Winston Churchill ist aus den ersten fünf Wochen des Krieges als die inspirierendste Persönlichkeit Großbritanniens hervorgegangen und als wahrscheinlicher Nachfolger des 71-jährigen Neville Chamberlain … Sogar seine alten Kritiker scheinen jetzt darin übereinzustimmen, dass er einen großen Führer im Kriege abgeben würde."[3]

Wie man es von ihm gewohnt war, bedachte Churchill den Premierminister und seine eher lethargischen Ministerkollegen mit Vorschlägen für die Kriegführung, die weit über seine Ressortverantwortlichkeit hinausgingen. „Ich kann Ihnen versichern, dass ich alle Ihre Briefe aufmerksam gelesen und sie berücksichtigt habe," antwortete Chamberlain Mitte September 1939 seinem rastlosen Minister, „und wenn ich nicht darauf geantwortet habe, so nur deswegen, weil ich Sie jeden Tag sehe und überdies, soweit ich feststellen konnte, Ihre und meine Ansichten sich weitgehend decken."[4] In der Tat: Beide, Chamberlain und Churchill, die in ihren Charakteren so verschieden waren und in den vergangenen Jahren so gegensätzliche politische Positionen vertreten hatten, kamen „bewundernswert miteinander" aus.[5] In einem Brief an seine Schwester wurde Chamberlain deutlicher. Churchills zahlreiche Briefe an ihn dienten seiner Meinung nur dazu, zitiert zu werden, wenn der Verfasser einmal sein Buch über diese Zeit schreiben würde. So ganz daneben lag Chamberlain mit seiner Vermutung nicht.

Bei seinen Inspektionen der Flotte und ihrer Stützpunkte gewann Churchill zwiespältige Eindrücke. „Eine ganz neue Generation stand in den Uniformen und auf den Kommandoposten," erinnerte sich Churchill nach dem Krieg. „Nur die Schiffe waren zum größten Teil noch während meiner ersten Amtsperiode auf Kiel gelegt worden. Nicht eines davon war neu. Es war ein seltsames Erlebnis – wie wenn man auf einmal wieder in ein früheres Dasein zurückkehren würde. Es war, als wäre ich allein übrig geblieben, in der gleichen Stellung, die ich vor so langer Zeit eingenommen hatte."[6] Sicher, die mächtige Flotte des kaiserlichen Deutschland gab es nicht mehr. Aber die britische Flotte schien Churchill veraltet zu sein, kaum noch ebenbürtig der modernen deutschen Marine. Sie hatte gerade neue Schlachtschiffe auf Kiel gelegt und plante sogar den Bau eines Flugzeugträgers.

Die deutschen U-Boote erzielten bei ihren Operationen zu Beginn der Feindseligkeiten alarmierende Erfolge. Bis zum Jahresende torpedierten sie Handelsschiffe mit insgesamt 412 000 Bruttoregistertonnen. Im September 1939 versenkten sie im Bristolkanal den britischen Flugzeugträger *Courageous* und im darauf folgenden Monat das Schlachtschiff *Royal Oak*, das in Scapa Flow vor Anker lag. „Es gab einen fürchterlichen Skandal. Churchill erlebte als Marineminister einige sehr unangenehme Tage," beobachtete der Londoner Sowjetbotschafter.[7] Persönliche Schuld an dem Desaster lehnte Churchill ab. „Jedem Minister, der für die Vorsichtsmaßnahmen vor dem Kriege verantwortlich gewesen wäre, hätte das leicht verhängnisvoll werden können. Als Neuling war ich in diesen ersten Kriegsmonaten gegen derartige Vorwürfe gefeit."[8] Erst zwei Monate später, als die Briten im Südatlantik vor der La Plata-Mündung ein deutsches Kreuzergeschwader um die *Admiral Graf Spee* vernichteten, wendete sich allmählich das Blatt im Seekrieg.

Im Grunde war es wenig verwunderlich, dass die deutschen Schläge gegen die Handelsmarine und die britische Hochseeflotte, deren Chef Churchill seit September 1939 war, seine Entschlossenheit zum Krieg gegen das nationalsozialistische Deutschland nur stärkten. Schließlich weckte der Kampf, wie Sebastian Haffner richtig bemerkte, bei dem „geborenen Krieger" alle Energien und Leidenschaften. In ihm lebte nun einmal der „strategische Genius und Dämon", der „stoßend und stampfend nach Entfaltung und Selbstverwirklichung drängte."[9] Der „Sitzkrieg" konnte ihm nicht behagen. Der schwelende Konflikt mit dem Gegner musste in Bewegung gebracht werden, mit dem Ziel, ihn an einer lebenswichtigen Stelle zu verwunden und nachhaltig zu schwächen. Churchill glaubte zu wissen, wo und wie.

Seit Ende 1939 bedrängte er den Premierminister mit Anregungen, Vorschlägen und Initiativen. Sie alle liefen darauf hinaus, die Seeverbindungen des Deutschen Reiches zum norwegischen Hafen Narvik zu unterbrechen. Wenn die deutsche Rüstungsindustrie von einem ihrer wichtigsten Rohstoffe, dem schwedischen Eisenerz, abgeschnitten würde, hätte das entscheidende Auswirkungen auf die nationalsozialistische Kriegsmaschinerie. In der Kabinettssitzung am 23. Dezember 1939 stützte sich Churchill bei seinen Ausführungen auf ein Memorandum des deutschen Stahlindustriellen Fritz Thyssen, der sich in die Schweiz abgesetzt hatte. Thyssen vertrat die Auffassung, und Churchill stimmte ihm zu, dass der Sieg in diesem Krieg dem zufalle, der über die Eisenerzlager Nordschwedens verfügen könne. Die Blockade der deutschen Erzimporte, die über Narvik liefen, bot nach

Churchills Meinung eine „große Chance, den Krieg abzukürzen und möglicherweise unermessliches Blutvergießen an der Westfront zu vermeiden."[10] Der deutschen Rüstungswirtschaft würde dadurch ein empfindlicher Schlag versetzt. Das Kriegskabinett schwankte; Chamberlain zeigte sich beeindruckt von den Argumenten Thyssens und seines Marineministers; sah ebenfalls eine Chance, mit der Operation gegen das neutrale Norwegen dem Gegner einen „tödlichen Schlag" zu versetzen. Die „Winston-Politik"[11] setzte sich durch.

Letztlich scheiterte das militärische Unternehmen, das im Ansatz logisch und sinnvoll war, an der Art und Weise seiner Durchführung. Mit der blitzartigen Besetzung Dänemarks und Norwegens seit dem 9. April 1940 kamen die Deutschen den Briten zuvor. „Die Deutschen haben durch die Besetzung der norwegischen Häfen trotz unserer Übermacht auf See einen bemerkenswerten Erfolg errungen," meinte John Colville, der junge Privatsekretär des Premierministers. „Wir, die wir das ganze Spiel doch begonnen hatten, haben die Initiative abgeben müssen."[12] Die bei Narvik und an anderen Abschnitten der norwegischen Küste gelandeten britischen Truppen mussten evakuiert werden oder kapitulierten. Erinnerungen an Gallipoli wurden in der Öffentlichkeit wach. Wieder einmal wurde Churchills Name mit einem militärischen Desaster in Verbindung gebracht.

Doch – und das ist das Paradox – diesmal führte die Urheberschaft für das verlustreiche Unternehmen nicht zu Churchills Sturz und Ausscheiden aus der Regierung. Genau das Gegenteil trat ein. Die überaus kritische Situation, die durch die schnelle Besetzung Norwegens durch die Wehrmacht und den Beginn des deutschen Westfeldzuges Anfang Mai 1940 entstanden war, schuf gerade die Voraussetzungen für Churchills Griff nach dem höchsten politischen Amt Großbritanniens. Schon zwei Wochen vor dem Regierungswechsel in London hatte John Colville prophezeit: „Wenn Norwegen ins Auge geht, erwarte ich, dass der Aufschrei in der Öffentlichkeit eine Regierungsumbildung erzwingen wird. Und dann wird Winston, dem man mindestens soviel Schuld zumessen kann wie jedem anderen, auf der Woge der unverdienten Publikumsgunst triumphierend weiterreiten. Einer von Hitlers … Schachzügen ist es gewesen, Winston zum Staatsfeind Nr.1 zu machen, was dazu beitrug, ihn hier und in den USA zum öffentlichen Helden Nr. 1 hochzustilisieren."[13] Genau so kam es. Der renommierte Militärhistoriker Basil Liddell Hart sprach deshalb von der Ironie der Geschichte, dass „Churchill die höchste Macht durch ein Fiasko erlangen konnte, dessen hauptsächlicher Verursacher er selbst war."[14]

Am 9. Mai beobachtete Colville, der den dramatischen Ablauf der Ereignisse aus nächster Nähe erlebte: „Inzwischen bekam ich heraus, dass der Premierminister gestern abend sowohl Winston wie Halifax erklärte, er stelle sich gern zur Verfügung, wenn einer von beiden die Regierung übernehmen würde. Halifax lehnte dies kategorisch ab, Winston leckte sich nur die Lippen."[15] Die Okkupation weiter Teile Nord- und Westeuropas durch Hitlers Armeen katapultierte den entschiedenen Gegner der britischen Appeasement-Politik an die Macht, den Mann, der aus seiner Verachtung Hitlers und seiner kruden Ideologie seit den späten 1930er Jahren kein Hehl gemacht hatte. Unvermeidlich und folgerichtig, wie es im Nachhinein aussieht, war das keineswegs.

Widerstände gegen Churchills Wechsel in das höchste Staatsamt hat es durchaus gegeben. Andere Kandidaten waren im Gespräch, als Chamberlain resignierte – angesichts der Trümmer seiner Außenpolitik und angesichts eines Parlaments, das ihm am 8. Mai de facto das Misstrauen ausgesprochen hatte. Große Teile der Konservativen Partei und der Presse, auch der König, favorisierten den Außenminister Lord Halifax, den ehemaligen Vizekönig von Indien, ein Mann ohne parteiinterne Feinde. Die Labour-Partei wollte in eine „Nationale Regierung" nur eintreten, wenn sie von einem anderen als Chamberlain geführt wurde. Sie sprach sich für Churchill aus, ungeachtet seiner kaum zu leugnenden Mitschuld am gescheiterten Norwegenunternehmen und seiner bekannten antisozialistischen Haltung. „Neville Chamberlain hat heute Abend im Radio seinen Rücktritt erklärt," notierte der Konservative Unterhausabgeordnete Cuthbert Headlam am 10. Mai 1940 in seinem Tagebuch. „Ein würdevoller Entschluss – Winston soll an seine Stelle treten – so hat dieser Mann endlich die Erfüllung seines Ehrgeizes gefunden: Ich habe das niemals für möglich gehalten, nun, wir wollen hoffen, dass er es gut macht. Ich habe ihm nie getraut. Ich hoffe nur, dass mein Urteil über den Mann sich als falsch herausstellen wird. Zweifellos besitzt er Mut, Fantasie und Schwung, und Lebensalter, Erfahrung und Verantwortung mögen sein Urteil lenken – dann sollte alles gut gehen."[16] An dramatischen Momenten mangelte es in diesen Tagen nicht.

John Colville, aufgrund seiner Stellung immer gut informiert, hielt am 10. Mai, einem Freitag, in seinem Tagebuch fest: „Vorausgesetzt, Chamberlain und Halifax gehören weiterhin dem Kriegskabinett an, würde unser neuer ‚Oberster Kriegsherr' zumindest einer gewissen Kontrolle unterliegen. Er mag ja zugegebenermaßen der Mann mit Energie und Tatkraft sein, als der er draußen im Lande geschätzt wird, und er mag auch in der Lage sein, unsere ächzende Kriegsmaschinerie wieder in Schwung zu bringen, aber ein gefährliches Risiko bleibt er doch. Seine Ernennung würde die Gefahr tollkühner und spektakulärer Unternehmungen heraufbeschwören. Ich kann mich der Furcht nicht erwehren, dass er unser Land in die gefährlichste Situation hineinmanövrieren könnte, in der es sich je befunden hat."[17]

In den Worten Colvilles kam eine Meinung zum Ausdruck, die von vielen anderen in Parlament und Politik geteilt wurde. Richard „Rab" Butler, der Staatssekretär im Foreign Office und Anhänger Chamberlains, bezeichnete die Ernennung Churchills als eine „große Katastrophe". Den führenden Konservativen warf er sehr undiplomatisch vor, „sie hätten sich feige einem amerikanischen Halbblut ergeben, dessen Hauptanhänger ebenso untauglich und schwatzhaft seien wie er selbst."[18] Nur wenige Monate später gehörte Butler, der sich am Abend des 10. Mai 1940 so drastisch geäußert hatte, zu den Bewunderern des neuen Premierministers.

Über die entscheidende Unterredung zwischen dem noch amtierenden Premierminister Neville Chamberlain und seinem Marineminister, die zur Regierungsumbildung führte, hat Churchill natürlich in seinen Memoiren selbst berichtet. In einigen Details weicht seine Schilderung von derjenigen ab, die Lord Halifax in seinem Tagebuch überliefert hat, aber sie ist dramatischer und spannender zu lesen. Ob sie den Ablauf der Unterredung wahrheitsgetreu wiedergibt, muss offen bleiben.[19] „Um 11 Uhr [richtig: um 16.30 Uhr am 9. Mai] wurde ich abermals vom Premierminister nach der Downing Street bestellt. Wieder traf ich dort Lord Halifax. Wir setzten uns an den Tisch gegenüber Chamberlain. Er sagte uns, er habe sich davon überzeugt, dass er nicht imstande sei, eine nationale Regierung zu bilden. Die Antwort, die ihm von den Labourführern zuteil geworden war, hatte ihn darüber nicht in Zweifel gelassen. Es frage sich daher, wen er dem König als seinen Nachfolger vorschlagen solle, wenn sein Rücktrittsgesuch angenommen sei ... Ich habe in meiner politischen Laufbahn manches bedeutsame Gespräch geführt, und dieses war unzweifelhaft das bedeutsamste. Gewöhnlich pflege ich viel zu reden, diesmal aber schwieg ich ... [Es] trat eine sehr lange Pause ein ... Dann endlich ergriff Halifax das Wort. Er erklärte, nach seiner Meinung würde ihm seine Stellung als Peer, der außerhalb des Unterhauses steht, die Erfüllung der Obliegenheiten eines Premierministers in einem derartigen Krieg höchlich erschweren ... Er sprach mehrere Minuten lang in diesem Sinne, und als er zu Ende kam, war es klar, dass die Aufgabe der Regierungsbildung auf mich fallen musste – dass sie tatsächlich bereits mir zugefallen war."[20] Die Labour-Partei ließ überdies ihre Bereitschaft erkennen, einer Allparteienregierung unter Churchill beizutreten.

Am Nachmittag des nächsten Tages, dem 10. Mai, informierte Chamberlain den König über die Entscheidung zugunsten Churchills. „Ich wusste," vertraute der Monarch seinem Tagebuch an, „dass es nur noch eine einzige Person gab, die das Vertrauen des Landes besaß und die ich mit der Regierungsbildung beauftragen konnte – und das war Winston."[21] Kurz danach, um 18.00 Uhr, begab sich Churchill zur Audienz beim König. Trotz aller Hektik, die die Regierungsumbildung mit sich brachte, und ungeachtet der dramatischen Nachrichten vom Kontinent, nach denen die deutsche Wehrmacht in die Niederlande, Belgien und Luxemburg einmarschiert war, blieb Zeit für einen Scherz. Georg VI., der Lord Halifax als Nachfolger Chamberlains vorgezogen hätte, empfing Churchill im Buckingham-Palast mit den Worten: „Sie wissen wohl nicht, weshalb ich Sie zu mir gebeten habe!" Churchills Antwort: „Majestät, ich könnte mir wirklich nicht vorstellen warum". Der Monarch lachte, berichtet Churchill, und bat ihn, eine Regierung zu bilden. „Ich erwiderte, dass ich das bestimmt tun würde."[22]

Als der neue Premierminister nach einem langen Tag gegen drei Uhr morgens zu Bett ging, empfand er große Zufriedenheit und tiefe Erleichterung: „Endlich verfügte ich über die Autorität, in jeder Richtung maßgebende Weisungen zu erteilen. Mir war zumute, als ob das Schicksal selber mir den Weg wiese,[23] als wäre mein ganzes bisheriges Leben nur eine Vorbereitung auf diesen Augenblick gewesen und auf diese Prüfung … Ich glaubte, einen guten Überblick über die mir zufallenden Aufgaben zu haben, und war sicher, dass ich nicht scheitern würde. Deshalb schlief ich gut, obwohl ich den Morgen mit Ungeduld erwartete, und bedurfte keiner aufmunternden Träume. Tatsachen sind besser als Träume."[24] Wohlgemerkt, so gelassen und selbstzufrieden äußerte sich Churchill sechs oder sieben Jahre nach den Ereignissen in seinen Erinnerungen.

Man muss es unterstreichen: Churchill wurde am 10. Mai 1940 nicht durch einen Beschluss der Konservativen Unterhausfraktion oder das Votum der Wähler ins Amt gehievt. An eine Unterhauswahl im Krieg dachte niemand. Allerdings haben die Wähler Churchill 1945 abgewählt. Im Mai 1940 hat der amtierende Premierminister Chamberlain seinen Marineminister Churchill mangels anderer Optionen dem König als seinen Nachfolger vorgeschlagen, und Georg VI. beauftragte ihn daraufhin, eine neue Regierung zu bilden. Nach der gängigen Verfassungspraxis konnte der Monarch gar nicht anders handeln. Letzten Endes hatte sich in der britischen Politik auf allen Seiten die Einsicht durchgesetzt, dass in der Stunde höchster Gefahr nur der Mann das Land führen könne, der in den Jahren zuvor wie eine Kassandra vor dem nationalsozialistischen Deutschland und seinem unberechenbaren „Führer" unablässig gewarnt hatte. Deswegen war er politisch ausgegrenzt worden. Nun begrub sogar die Labour-Partei ihren Groll gegen den Widersacher der organisierten Arbeiterbewegung im Generalstreik von 1926. In der Stunde seines Triumphes ließ sich Churchill jedoch von Ressentiments nicht leiten. Als er einige Monate nach seiner Ernennung zum Premierminister auch zum Vorsitzenden der Konservativen Partei gewählt wurde, bescheinigte er seinem erkrankten Amtsvorgänger Chamberlain „Achtung und Bewunderung für den Mut und die Ehrenhaftigkeit, die all sein Handeln bestimmten".[25] Einigkeit war das Gebot der Stunde. Die von ihm gebildete Allparteienregierung nannte Churchill gern die „Große Koalition".

Soll man die Ernennung Churchills als verzweifelten Griff der politischen Klasse Großbritanniens nach dem letzten Strohhalm verstehen, gefordert von der Öffentlichkeit und der Mehrheit der ratlosen Parlamentarier? Es mag so aussehen. Dass Churchill das Amt schon lange angestrebt hatte und dafür auch die erforderlichen Qualifikationen mitbrachte, stand außer Frage. Seine lange parlamentarische und ministerielle Erfahrung sprach für ihn, ebenso seine Autorität als „elder statesman", sein Tatendrang, sein politisches Durchsetzungsvermögen. Und überdies: Niemand konnte ihn mit der fatalen Appeasement-Politik der späten Dreißigerjahre in Verbindung bringen.

Der Einwand, Churchill sei für das Amt zu alt, scheint im Mai 1940 nicht erhoben worden zu sein. Als er Premierminister wurde, war er fast 66 Jahre alt, etwas jünger als Baldwin und Chamberlain, die bei Amtsantritt 1935 bzw. 1937 zwei Jahre älter waren als er. Aber dass er seinen späten Einzug in die Downing Street Nr. 10 allein dem unheilvollen Tun des deutschen Diktators verdankte, war ihm bewusst. Wäre Churchill 1939 gestorben, so sein Biograph Robert Rhodes James, dann hätte man ihn als einen zweiten Lord Randolph abgeschrieben – ein glänzender Beginn und große Talente, vernichtet durch Fehlurteile und Charakterschwächen, die seine Qualitäten überdeckten.[26] Letztlich ist das eine müßige Spekulation nachgeborener Historiker. Am 10. Mai begann für Churchill jedenfalls die Zeit, auf die er schon nicht mehr zu hoffen gewagt hatte: die heroische Phase seines Lebens, die Zeit, von der er immer geträumt hatte und die ihn zur historischen Größe führte.

Die Machtfülle, die Churchill im Mai 1940 eher informell denn durch Parlamentsbeschlüsse zugestanden wurde, war außerordentlich. Dass seine Kompetenzen in der Ausnahmesituation des Krieges vergleichsweise vage umschrieben waren, kam seinen Neigungen und Instinkten entgegen. Letzten Endes, und das war ihm wichtig, lag die höchste politische und militärische Entscheidungsgewalt in seinen Händen. „Indem ich mich, mit Einwilligung des Königs, Verteidigungsminister nannte, hatte ich keine gesetzliche oder verfassungsmäßige Änderung vorgenommen," erläuterte er Jahre später seine Stellung als Kriegspremier. „Ich war sorgsam darauf bedacht gewesen, meine Rechte und Pflichten nicht genau zu umschreiben. Ich erbat weder von der Krone noch vom Parlament besondere Vollmachten. Immerhin wurde einhellig anerkannt, dass ich, die Unterstützung des Kriegskabinetts und des Parlaments vorausgesetzt, die allgemeine Führung des Krieges auf mich nehmen sollte. Die wesentliche Veränderung, die sich aus meiner Amtsübernahme ergab, war natürlich die Oberaufsicht und Leitung des Komitees der Stabschefs durch einen Verteidigungsminister mit unabgegrenzten Befugnissen. Da dieser Minister gleichzeitig Premierminister war, besaß er alle mit diesem Amt verbundenen Rechte, darunter auch sehr weitgehende Vollmachten, alle Fachleute und politischen Persönlichkeiten auszusuchen und abzusetzen."[27]

Churchills Resümee: „Die tatsächliche Kriegführung ... vereinigte sich bald in sehr wenigen Händen, und was vorher so schwierig ausgesehen hatte, wurde viel einfacher – natürlich von Hitler abgesehen."[28] Die „wesentliche Veränderung" stellte die Schaffung jenes Amtes dar, das es vorher gar nicht gegeben hatte – das des Verteidigungsministers. Nun, in der Kombination der beiden Ämter Premier- und Verteidigungsminister (ein Minister ohne eigenes Ministerium) hing alles von ihm ab. Durch die Bildung einer Allparteienregierung hatte das Parlament zudem viel von seiner Funktion als politisches Gegengewicht zur Downing Street verloren. Man hat im Rückblick von einem „taktischen Geniestreich" Churchills gesprochen.[29] Die „tatsächliche Kriegführung" lag jedenfalls fortan in seinen Händen.

Vom Mai 1940 her gesehen erwiesen sich Churchills lange Jahre im politischen Abseits in der Tat als Atemholen, als Kräfteschöpfen und mentale Vorbereitung auf die Belastungen, die ihn in den kommenden Monaten und Jahren erwarteten. Dazu sollte man noch einmal Sebastian Haffner zu Wort kommen lassen. „Tatsächlich sammelte ja Churchill in diesen zehn Wüstenjahren, ihm selbst und allen anderen unbewusst, das politische Kapital an, das ihn dann, 1940, als Kriegspremier, eine Weile in England fast allmächtig, unangreifbar und unverwundbar machte. Nicht seine glänzende Jugend – die 1940 ziemlich vergessen war; nicht seine Rolle im Ersten Weltkrieg – die immer umstritten blieb; nicht seine Politik im ersten Nachkriegsjahrzehnt, die selbst seinen wenigen Freunden und Bewunderern eher eine Peinlichkeit bedeutete: ausschließlich die unbeirrbare Klarsicht und Standhaftigkeit des einsamen Warners und Rufers in der Wüste der dreißiger Jahre gab ihm dann 1940 plötzlich den Ruf des Mannes, der als einziger immer Recht gehabt hatte und als einziger vielleicht noch Rettung bringen konnte."[30] An die Spitze der Regierung trat der Mann, der mit seiner kämpferischen und patriotischen Rhetorik alle Parteien hinter sich zu sammeln und die Bevölkerung des Landes in einer einzigartigen Kraftanstrengung zu mobilisieren vermochte. Hatte ihn das Schicksal, wie im Nachhinein offenbar wurde, für die gewaltige Verantwortung im anstehenden Kampf auf Leben und Tod stählen wollen? Nicht nur Churchill wollte die Geschichte so verstehen.

Mit dem Amtsantritt Churchills war die Möglichkeit eines europäischen Friedens mit Hitler praktisch ausgeschlossen. Mit einer Kapitulation Großbritanniens vor dem kontinentalen Siegeslauf des Diktators konnte man angesichts der Unbeugsamkeit des neuen Premierministers in der Berliner Reichskanzlei und anderswo nicht mehr rechnen. Joseph Goebbels, der nationalsozialistische Propagandaminister, sprach sich selbst Mut zu: „Churchill ist nun wirklich zum Premier ernannt. Klare Fronten! Das lieben wir," schrieb er am 11. Mai in sein Tagebuch.[31]

Die Fronten waren jetzt in der Tat klar. „Hier, umgürtet von den Meeren und Ozeanen, wo unsere Flotte herrscht," erklärte Churchill am 14. Juni in der BBC, „hier erwarten wir furchtlos den drohenden Ansturm. Vielleicht kommt er heute. Vielleicht kommt er nächste Woche. Vielleicht kommt er nie … Doch ob unsere Qual heftig oder lang sei, oder beides: wir werden keinen Ausgleich [sic] schließen, wir werden kein Parlamentieren zulassen; wir werden vielleicht Gnade walten lassen – um Gnade bitten werden wir nicht."[32] Nichts könne die „Entschlossenheit Englands und des Britischen Weltreichs" ändern, den Kampf fortzusetzen, „wenn es sein muss, jahrelang, wenn es sein muss, allein … Rüsten wir uns daher zur Erfüllung unserer Pflicht; handeln wir so, dass, wenn das Britische Weltreich und seine Völkergemeinschaft noch tausend Jahre bestehen, die Menschen immer noch sagen werden: ‚Das war ihre größte Stunde!'"[33] Der anfangs skeptische John Colville sah den neuen Premierminister zu diesem Zeitpunkt bereits in einem günstigeren Licht: „Jedenfalls scheint Winston, welche Nachteile er auch immer hat, der richtige Mann für die gegenwärtige Situation zu sein. Sein Kampfgeist ist unbezwingbar. Selbst wenn Frankreich und England in Feindeshand fielen, würde er, glaube ich, mit einer Freibeuterschar weiterkämpfen."[34]

Von Joachim C. Fest, dem Biographen Hitlers, ist die historische Tragweite der Personalentscheidung in London so beschrieben worden: „Es war, als habe das in seine komplizierten Einverständnisse mit Hitler verstrickte und tief defaitistisch gestimmte Europa mit diesem Mann seine Normen, seine Sprache und seinen Selbstbehauptungswillen wiedergefunden; er gab der Auseinandersetzung, jenseits aller politischen Interessen, das große moralische Motiv und einen einfachen, jedermann einleuchtenden Sinn. Wenn es richtig ist, dass Hitler der allen Gegenspielern überlegene Politiker der dreißiger Jahre war, so bleibt doch auch zutreffend, dass man das Maß dieser Gegenspieler kennen muss, um das Maß dessen zu beurteilen, der sie überragte. In Churchill fand Hitler nicht nur einen Widersacher. Dem panischen Europa war der deutsche Diktator fast wie das unbezwingbare Schicksal selber erschienen; Churchill reduzierte ihn wieder auf das Maß einer überwindbaren Macht."[35] Auf den neuen britischen Premierminister richteten sich die Hoffnungen derjenigen Europäer, die sich gegen den gewaltsamen Zugriff des aggressiven Diktators zu wehren suchten oder die den „melancholischen Entschluss" (Churchill) der französischen Regierung unter dem Marschall Pétain zur Kapitulation ablehnten. Er wurde zum Zentrum und zum Symbol des Widerstandes.

Die Antwort Hitlers auf die veränderte Situation und Stimmung in Großbritannien ließ nicht lange auf sich warten. Vor dem Berliner Reichstag, der zu dem Zeitpunkt längst zum nationalsozialistischen Akklamationsverein degeneriert war, verkündete er am 19. Juli 1940: „Meine Absicht war es nicht, Kriege zu führen, sondern einen neuen Sozialstaat von höchster Kultur aufzubauen ... Mister Churchill hat es soeben wieder erklärt, dass er den Krieg will. Er ... sollte mir dieses Mal vielleicht ausnahmsweise glauben, wenn ich als Prophet jetzt folgendes ausspreche: Es wird dadurch ein großes Weltreich zerstört werden. Ein Weltreich, das zu vernichten oder auch nur zu schädigen, niemals meine Absicht war. Allein ich bin mir darüber im klaren, dass die Fortführung dieses Kampfes nur mit der vollständigen Zertrümmerung des einen der beiden Kämpfenden enden wird. Mister Churchill mag glauben, dass dies Deutschland ist. Ich weiß, es wird England sein."[36]

Auf beiden Seiten des Ärmelkanals waren damit die Pflöcke in dem anhebenden Konflikt zwischen Leben und Tod fest eingeschlagen, die ideologischen Fronten und politischen Ziele klar definiert. Der erbitterte Kampf begann: „Zu Wasser, zu Lande und in der Luft," wie Churchill drei Tage nach seiner Ernennung zum Premierminister im Unterhaus und Rundfunk erklärte, „mit all unserer Macht und mit aller Kraft, die Gott uns verleihen kann; Krieg zu führen gegen eine ungeheuerliche Tyrannei, die in dem finsteren, trübseligen Katalog des menschlichen Verbrechens unübertroffen bleibt. Das ist unsere Politik."[37] Churchill sprach vom Krieg, sein Gegenspieler Hitler vom Frieden – aber zu seinen Bedingungen.

Die Unterhauserklärung vom 13. Mai 1940 sollte Churchills berühmteste Rede werden. Sie war nüchtern, pathetisch und kurz, umfasste in der gedruckten Fassung gerade einmal zwei Seiten. Ihr Zweck war es, den Abgeordneten das von ihm geführte Kriegskabinett, das sich auf alle Parteien stützte, vorzustellen und formell um ihr Vertrauen für die neue Regierung zu bitten. Deshalb besteht der erste Teil der Rede aus eher trockenen verfassungsrechtlichen Ausführungen. Zugleich sollte die Rede aber dazu dienen, die Bevölkerung Großbritanniens im Augenblick des Regierungswechsels auf die kommenden, außerordentlichen Belastungen und Opfer vorzubereiten und ihre Moral zu stärken. Das verlangte Offenheit, kein Herumreden. „Ich möchte dem Hause dasselbe sagen, was ich den Mitgliedern dieser Regierung gesagt habe: ‚Ich habe nichts zu bieten als Blut, Mühsal, Tränen und Schweiß'. Uns steht eine Prüfung von allerschwerster Art bevor. Wir haben viele, viele lange Monate des Kämpfens und des Leidens vor uns." Dann fuhr er fort: „Sie fragen: Was ist unser Ziel? Ich kann es in einem Wort nennen: Sieg – Sieg um jeden Preis, Sieg trotz allem Schrecken, Sieg, wie lang und beschwerlich der Weg dahin auch sein mag; denn ohne Sieg gibt es kein Weiterleben …. Doch ich übernehme meine Aufgabe voll Energie und Hoffnung. Ich bin dessen gewiss, dass es nicht geduldet werden wird, dass unsere Sache Schiffbruch erleide. So fühle ich mich in diesem Augenblick berechtigt, die Hilfe aller zu fordern, und ich rufe: ‚Auf denn, lasst uns gemeinsam vorwärtsschreiten mit vereinter Kraft'."[38] Mit dem Appell an den Gemeinsinn endete die Rede.

Der sowjetische Botschafter in London beschrieb die Atmosphäre im Unterhaus an diesem 13. Mai 1940: „Ich erinnere mich gut an die gehobene, entschlossene Stimmung im Unterhaus. Nichts von dem üblichen Lärm, den Gesprächen und Scherzworten, die sonst zwischen den Abgeordneten gewechselt wurden. Alle waren irgendwie gesammelt und konzentriert, von einem Gefühl der Erwartung beherrscht, und blickten ungeduldig auf die Regierungsbank, genauer gesagt: auf die massige Gestalt des Premierministers, der in der Mitte Platz genommen hatte. Churchill erhob sich und begann zu sprechen. Er hatte von Natur aus etwas von einem Schauspieler an sich. Wenn er genug Zeit hatte, pflegte er seine Parlamentsreden zuvor niederzuschreiben. Diesmal jedoch glühte echte, aufrichtige Erregung in ihm; manchmal überschlug sich seine Stimme … Ich lauschte Churchill von der Botschaftergalerie aus und dachte: Das ist Churchill, wie er leibt und lebt."[39]

Die Wirkung der Rede vom 13. Mai auf die britische Öffentlichkeit war gewaltig, aufwühlend; ihre Kernsätze wurden zu geflügelten Worten. Hatte Churchill sie selbst verfasst? War sie ein Produkt seiner Inspiration im bewegendsten Moment seines bisherigen politischen Lebens? Churchills nachgeborene Kritiker haben ihm „rhetorisches Recycling" (David Cannadine) vorgeworfen, weil er in seiner Rede Formulierungen des italienischen Freiheitskämpfers Giuseppe Garibaldi und des französischen Politikers Georges Clemenceau, des Ministerpräsidenten im Ersten Weltkrieg, übernommen habe. Pedantische Kritik wie diese schmälert nicht das Verdienst des neuen Premiers, die Stimmung und die Erwartungen der Bevölkerung einfach, klar und mitreißend ausgedrückt zu haben. Dass die Rede aus seiner Feder stammte, wurde hingegen nie bestritten.

Die Dienste von Ghostwritern hat Churchill zeitlebens nicht in Anspruch genommen, was übrigens auch Hitler nie getan hat. Alle großen Reden seit seinem ersten Auftritt im Unterhaus am 18. Februar 1901 bereitete er mit großer Sorgfalt eigenhändig vor und versuchte, sie dann ohne Manuskript vorzutragen. Das gelang ihm nicht immer zu seiner Zufriedenheit, und so verzichtete er in seinen mittleren und späten Jahren nur selten auf ein Redemanuskript, das er vorher bis in die Details ausgearbeitet hatte. Churchill galt, und das wohl zu Recht, als brillanter Rhetoriker und als ebenso geistreicher wie geistesgegenwärtiger Debattierer. Im Sommer 1940, so brachte es der amerikanische Journalist Edward R. Murrow auf den Punkt, habe Churchill „die englische Sprache mobilisiert und sie in die Schlacht geschickt".[40] Wahrscheinlich wussten aber nur seine Familie, seine Privatsekretäre, Freunde und sein Leibarzt, welche Mühe ihm das Verfassen selbst kleiner Ansprachen machte. Lord Birkenhead, ein enger Freund, meinte einmal scherzhaft, Churchill habe die besten Jahre seines Lebens damit verbracht, improvisierte Reden zu schreiben. Churchill selbst behauptete einmal, er verstehe nichts von Rhetorik, aber er wisse, was „die Leute erwarten und wie man mit ihnen reden muss".[41]

An wichtigen Reden arbeitete Churchill mehrere Tage, gelegentlich sogar einige Wochen. Er zog es vor, sie handschriftlich zu fixieren. Seinen Romanhelden Savrola ließ er sagen: „Er wusste, dass ohne Anstrengung nichts Gutes erreicht werden kann. Diese improvisierten Heldentaten der Redekunst existieren nur in den Köpfen der Zuhörer. Die Blumen der Rhetorik sind Treibhausgewächse."[42] Robert Rhodes James brachte Churchills Arbeitsweise unter Aufnahme des Bonmots von Harold Nicolson auf die Formel, er habe seine Reden geschrieben und seine Bücher gesprochen (siehe S. 10).

Als Churchill Ende 1941 in Washington vor dem amerikanischen Kongress sprechen sollte, verbrachte er den Abend davor mit Präsident Roosevelt, berichtet Lord Moran, „schweigsam und in Gedanken versunken". Nach dem Abendessen gähnte er und bat den Präsidenten, ihn zu entschuldigen, denn er müsse sich für den nächsten Tag vorbereiten. Noch Stunden vor der Rede, buchstäblich bis zur letzten Minute, habe er am Schreibtisch im Gästeappartement des Weißen Hauses gearbeitet.[43] Wenn der Termin einer wichtigen Rede näher rückte, beobachtete Lord Moran, lebte Churchill mit ihr 48 Stunden. Dann sei er angespannt und reizbar gewesen, und am besten habe man ihn allein gelassen.[44] „Für mich ist es interessant," notierte John Colville, Churchills langjähriger Privatsekretär, wenige Monate früher, „wie er wochenlang auf einer Redensart oder einem Zitat herumkaut, bis er die Wendung schließlich in eine seiner Reden einbaut."[45] Wenn aus seiner Sicht eine

Rede fertig war, sandte er sie noch, falls ihm das sinnvoll erschien, an Minister oder Mitarbeiter zur Kommentierung und eventuell auch zur Ergänzung. Reden auf Massenversammlungen mochte er nicht. Er bevorzugte das Parlament und dann, während des Krieges schon seit seiner Zeit als Marineminister, das Radio, wo die Zuhörer für ihn nicht sichtbar waren.

Erst in seinem letzten Lebensabschnitt bedeutete für Churchill jede Rede eine beschwerliche Last. Er klagte über seine nachlassende Konzentrationsfähigkeit und das Ausbleiben von Ideen, die „mir nicht mehr so leicht einfallen wie früher."[46] Zunehmend verließ er sich auf Entwürfe und aufs Improvisieren – nicht immer mit Erfolg. Längere Pausen unterbrachen seinen Redefluss, und wenn er sprach, wirkte es so, „als würde er sich langweilen".[47]

Im Mai 1940 konnte jedoch von Langeweile und fehlender Konzentration beim Redner Churchill noch nicht gesprochen werden. Er befand sich auf dem Höhepunkt seiner öffentlichen Wirkung als Politiker – und eben auch als Redner. Wie er mit dem dramatischen Hinweis auf „Blut, Mühsal, Tränen und Schweiß" („blood, toil, tears and sweat") ankündigte, stand Großbritannien in den nächsten Monaten am Rande der Katastrophe – in Churchills bilderreicher Sprache: „Deutschland und Italien triumphierend an unserer Kehle."[48] Der düstere Ausblick des neuen Premierministers vom 13. Mai beschönigte nichts. Das nationalsozialistische Deutschland bemächtigte sich des Kontinents. Die Invasion und Besetzung Großbritanniens schien im Frühsommer 1940 nur noch eine Frage der Zeit zu sein. Für Großbritannien und seine wenigen noch verbliebenen Alliierten riss die Serie der militärischen Rückschläge und Niederlagen nicht ab.

Die Kapitulation Frankreichs im Juni 1940 brachte das britische Expeditionskorps auf dem Kontinent in eine militärisch aussichtslose Situation. Mit viel Improvisation und Glück gelang der Armeeführung Ende Mai/Anfang Juni 1940 in einer beispiellosen Aktion die Rückführung der Truppen aus dem eingekesselten Brückenkopf Dünkirchen nach England. Ermöglicht wurde die Evakuierung durch den Einsatz von allem, was einen Kiel hatte und Schiff genannt werden konnte, von der requirierten Segeljolle und vom Fischkutter bis zum Minenräumboot und Zerstörer. Unmengen von militärischem Ausrüstungsmaterial mussten die Briten dabei an der französischen Kanalküste zurücklassen, doch fast 340 000 Mann der alliierten Streitkräfte konnten der Gefangennahme durch die Deutschen entgehen. In der Bilanz wog das schwer.

Am 28. Mai, als die Einschiffung unter starkem deutschen Beschuss begann, informierte Churchill seine Ministerkollegen im und außerhalb des fünfköpfigen Kriegskabinetts über die militärische Lage. „Dann sagte ich," schreibt er in seinen Erinnerungen, „gewissermaßen nebenbei und ohne diesen Punkt besonders hervorzuheben: ‚Natürlich werden wir, was immer in Dünkirchen geschehen mag, weiterkämpfen'. Da kam es zu einer Kundgebung, die mich, angesichts des Charakters der Versammlung – 25 erfahrene Politiker und Parlamentarier, die alle vor dem Krieg die verschiedensten, richtigen oder irrigen, Auffassungen vertreten hatten – überraschte. Einige sprangen vom Tisch auf, stürzten auf meinen Stuhl zu, sie schrieen und klopften mir auf den Rücken. Kein Zweifel – hätte ich in dieser kritischen Stunde bei der Führung der Nation gewankt, so hätte man mich aus dem Amt gejagt. Ich wusste nun, dass jeder Minister eher gewillt war, in nächster Zeit zu sterben und Familie und Habe zu verlieren, als nachzugeben. Darin waren sie die wahren Vertreter des Unterhauses und fast des ganzen Volkes."[49] Ein Memorandum ungewöhnlichen Inhalts ging zur gleichen Zeit an alle seine Kabinettskollegen. In ihm hieß es: „In diesen dunklen Tagen wäre der Premierminister dankbar, wenn alle seine Kollegen in der Regierung und alle höheren Beamten in ihrem Wirkungskreis eine hohe Moral an den Tag legen würden. Sie sollten die Schwere der Ereignisse nicht verniedlichen, aber Vertrauen in unsere Fähigkeit und unbeugsame Entschlossenheit zeigen, den Krieg so lange fortzusetzen, bis wir den Willen des Feindes, ganz Europa unter seine Herrschaft zu bringen, gebrochen haben."[50]

Nach dem erfolgreichen Abschluss der Evakuierungsoperation am 3. Juni warnte Churchill allerdings die Abgeordneten des Unterhauses: „Wir müssen sehr sorgfältig darauf bedacht sein, diese Rettung nicht in einen Sieg umzudeuten. Kriege werden nicht durch Evakuierungen gewonnen. Doch erfochten wir bei dieser Rettung einen Sieg, der verdient, festgehalten zu werden. Er wurde von unserer Luftwaffe errungen."[51] In dieser Rede, einer seiner bekanntesten, beschwor er noch einmal den britischen Widerstandswillen. „Man sagt uns, dass Hitler einen Plan für die Invasion der Britischen Inseln vorbereitet habe," erklärte er. „Daran ist oft zuvor gedacht worden. Als Napoleon ein Jahr lang mit seinen Flachbooten und mit seiner großen Armee bei Boulogne lag, sagte ihm jemand: ‚Es wächst manch bitteres Kräutlein in England'." Er selbst sei voller Zuversicht, sagte er mit unnachahmlichem rhetorischen Stakkato, „dass wir, wenn alle ihre Pflicht erfüllen, wenn nichts vernachlässigt wird und wenn alles aufs beste vorbereitet wird …, uns neuerlich als fähig erweisen werden, unsere Inselheimat zu verteidigen, die Stürme des Krieges zu überdauern und die Bedrohung der Tyrannei abzuwehren; wenn es sein muss, jahrelang; wenn es sein muss, allein … Wir werden nicht wanken noch weichen. Wir werden ausharren, wir werden in Frankreich kämpfen, wir werden auf den Meeren und Ozeanen kämpfen, wir werden mit wachsender Zuversicht und zunehmender Stärke in der Luft kämpfen, wir werden unsere Insel verteidigen, was immer es auch kosten möge, wir werden auf den [Stränden] kämpfen, wir werden auf den Landungsplätzen kämpfen, wir werden auf den Feldern und in den Straßen kämpfen, wir werden auf den Hügeln kämpfen; wir werden uns niemals ergeben."[52] Churchill hatte für die Nation gesprochen. Nur im engsten privaten Kreis und im Kriegskabinett sprach er in diesen Monaten gelegentlich die Möglichkeit eines Verhandlungsfriedens mit Hitler an, der den europäischen Kontinent der nationalsozialistischen Herrschaft überließ, aber Großbritanniens Unabhängigkeit wahrte. Doch das blieben für ihn Gedankenspiele.

Der von Churchill gelobten Royal Air Force (RAF) war in dieser frühen Phase des Krieges längst die entscheidende

Rolle zugefallen. Ihrem Einsatz war es im Grunde zu verdanken, dass Hitler die geplante Invasion der Britischen Inseln mit einer Armada von Landungsbooten aufgab. „Niemals in der Geschichte menschlicher Kämpfe hatten so viele eine so große Dankesschuld an so wenige," erklärte Churchill schon im August 1940 im Unterhaus. „Alle Herzen fliegen den Jäger-Piloten zu, deren glänzende Ruhmestaten wir Tag für Tag mit unseren eigenen Augen erblicken."[53] Sein Dank an die RAF wurde zum geflügelten Wort.

Aber die zerstörerischen Angriffe der deutschen Bombenflugzeuge, die nun von den nahen Rollfeldern in Nordfrankreich, Belgien und Holland starteten, konnten die Jagdflieger, unter ihnen auch Polen und Tschechen, nicht verhindern. Nach vereinzelten Attacken der deutschen Luftwaffe auf London und andere englische Städte im Juni und Juli 1940 begann die eigentliche „Luftschlacht über England" am 13. August 1940. In der Nacht vom 14. auf den 15. November zerstörten deutsche Bomben große Teile der Industriestadt Coventry mit ihrer spätgotischen Kathedrale St. Michael. Ihre Ruine gemahnt heute an den Irrsinn des Krieges.

Die nächtlichen Bombardierungen der Luftwaffe („The Blitz") hielten bis zum Mai 1941 an. Aus London, das den ersten Angriff am 7. September 1940 erlebte, wurden Mütter und Kinder zu Hunderttausenden evakuiert. Für die Zurückgebliebenen dienten die U-Bahnhöfe als Luftschutzkeller. In der City fielen unzählige Kirchen und Häuser den Flammen zum Opfer. Die St. Pauls-Kathedrale, deren Kuppel die Riesenstadt beherrscht, blieb wie durch ein Wunder verschont. „Steht sie noch?", soll Churchill angeblich jeden Morgen gefragt haben.[54] Der Osten Londons mit seinen dicht besiedelten Wohnvierteln erlebte bei weitem die meisten und schwersten Angriffe. Hitler meinte, die englischen Arbeiter würden dadurch zermürbt und zur Rebellion gegen ihre Regierung angestachelt. Die Bomben fielen aber auch im Westen der Stadt. Selbst der Buckingham-Palast und der Sitzungssaal des Unterhauses, Churchills „geliebte Werkstatt",[55] erhielten Treffer. Allein in London, das den letzten Großangriff der deutschen Luftwaffe am 11. Mai 1941 erlebte,

**Abb. 7:** Im September 1940 besichtigen Churchill und seine Frau Clementine nach einem deutschen Luftangriff Bombenschäden in London.

forderte der Bombenkrieg unter der Zivilbevölkerung an die 30 000 Tote und 50 000 Verletzte. Die Gesamtzahl der Opfer, die der deutsche Luftkrieg gegen Großbritannien bis 1945 forderte, wird auf 147 000 veranschlagt.

Die Opfer waren jedoch nicht umsonst gebracht worden. Der „Blitz" stärkte die Moral der Bevölkerung, statt sie zu schwächen. Der Diktator hatte die Grenzen seines aggressiven Handelns erfahren müssen: Die von ihm geplante Invasion der Britischen Inseln war vorerst gescheitert, die „Schlacht um England" (Churchill) hatte er verloren. Von ihrem Ausgang, so hatte Churchill am 18. Juni 1940 im Unterhaus und in der BBC voller Leidenschaft und Pathos prophezeit, „hängt das Schicksal der christlichen Zivilisation ab. Von ihr hängt unser eigenes britisches Leben und der Fortbestand unserer staatli-

chen Einrichtungen unseres Weltreiches ab ... Hitler weiß
sehr wohl, dass er uns auf dieser Insel niederwerfen muss oder
den Krieg verlieren wird. Wenn wir seinen Angriff abschlagen
können, kann ganz Europa befreit werden.“[56] Damals stand
die Entscheidung in dem großen Ringen noch aus. Aber das
Ziel war unverändert: „Sieg um jeden Preis.“

Acht Wochen später, im August 1940, ließ Churchill im
Unterhaus schon vorsichtigen Optimismus erkennen. Großbritannien hatte dem Ansturm des Diktators und seiner
bewaffneten Macht widerstanden, das Volk unterstützte seine
Führung und war entschlossen, den Krieg bis zum Sieg durch-
zustehen. „Das britische Volk und das Britische Weltreich, die
sich allein fanden, boten dem Unheil unerschrocken die Stirn.
Nicht einer zuckte oder wankte; nein, manche, die früher an
die Möglichkeit des Friedens dachten, denken jetzt ausschließlich an Krieg.“[57] Trotz aller Rückschlage und Niederlagen genoss er das Vertrauen des Landes. Er könne „kaum
verstehen, warum er selbst so populär sei,“ meinte er drei
Monate nach seiner Amtsübernahme als Premierminister.
„Letzten Endes sei doch, solange er regiere, fast alles schiefge-
laufen, und er habe nur Niederlagen bekanntgegeben. Die
Grundlage, auf der er stehe, sei noch immer ‚Blut, Schweiß
und Tränen‘.“[58] Im Oktober 1940 bemerkte sein Privatsekretär: „Ich fuhr mit dem Premierminister zurück nach Downing
Street. Als uns die Passanten unterwegs zujubelten, meinte er:
‚Ich repräsentiere für sie etwas, was sie von ganzem Herzen
unterstützen: den Willen zum Sieg. Ein oder zwei Jahre werden sie mir noch so zujubeln‘.“[59]

In den kritischen Monaten der „Battle of Britain“ hielt sich
Churchill meistens in London auf, allerdings häufig unterbro-
chen von kurzen Reisen, um militärische Einrichtungen im
Lande zu inspizieren. Er, der Krieger, genoss diese Visiten.
„Es war ein herrlicher Sommerabend mit ausgezeichneter
Sicht. Über die Dünen von Kent hinweg konnten wir in drei-
ßig Meilen Entfernung Kap Gris Nez erkennen. Für den
Anflug feindlicher Flugzeuge war der Himmel zu klar und
wolkenlos, und so mussten wir uns damit begnügen, die
patrouillierenden Spitfires zu beobachten, die in 10 000 Fuß

Höhe über uns in der Sonne blinkten. Winston war enttäuscht: Der ganze Zweck der Fahrt war es gewesen, dass er einen feindlichen Luftangriff erleben wollte!"[60]

Das Blut und die Mühsal, die Tränen und den Schweiß wollte der Premierminister mit der Bevölkerung teilen, und er zeigte das demonstrativ. Während des Krieges suchte er geradezu die Öffentlichkeit und den Kontakt mit der Bevölkerung, während sich auf der anderen Seite Hitler zunehmend der deutschen Öffentlichkeit entzog. Immer wieder besuchte Churchill zerbombte Stadtviertel in London, Coventry, Birmingham und anderen Städten, sprach mit den Menschen inmitten rauchender Trümmer und bemühte sich, Zuversicht und Gelassenheit zu verbreiten. In den Monaten zwischen Mai 1940 und Juni 1941, als der Kampf um die Lufthoheit über den Britischen Inseln auf des Messers Schneide stand, wurden sein Victory-Zeichen und die unvermeidliche Havanna-Zigarre zu Symbolen des Durchhaltewillens und unbeugsamen Widerstandes. Nie war er populärer, nie konzentrierten sich alle Hoffnungen der Menschen stärker auf seine Person als in dieser Zeit. „Good old Winnie" oder „Wir halten es aus" oder „Zahl's ihnen heim" riefen ihm die Menschen im Londoner East End zu.[61] Die enorme Wirkung, die von diesen Auftritten Churchills auf die Bevölkerung, ihre Moral und ihren Durchhaltewillen ausging, blieb einem Mann wie Joseph Goebbels, dem ebenso cleveren wie gewissenlosen Propagandaminister des Dritten Reiches, natürlich nicht verborgen. Er versuchte deshalb, nach Angriffen der alliierten Bomberverbände Hitler zum Besuch zerstörter Stadtviertel zu bewegen. Vergebens. Der Diktator weigerte sich, das mit eigenen Augen zu sehen, was seine Aggressionen und seine verblendete Kriegspolitik in den deutschen Städten anrichteten.

Besonders in den Monaten des „Blitz" musste auch Churchill Konzessionen an seine Sicherheit und Unversehrtheit machen. Die Nächte während der Bombardierung Londons durch die deutsche Luftwaffe verbrachte er in der Regel in seinem Amtssitz und bei Alarm in den Cabinet War Rooms, dem seit 1938 angelegten Labyrinth von Luftschutzkellern unter den Regierungsgebäuden in unmittelbarer Nähe der

Downing Street. Am 26. August 1940 beobachtete Churchills Privatsekretär: „Ich hatte mich nach dem Alarm in den Garten von Nr. 10 begeben und über die dunkle, regungslose Stadt hinweggeschaut, während nebenan die Glocken von Big Ben Mitternacht schlugen. Plötzlich ertönte das Brummen eines Flugzeugmotors und entferntes Kanonenfeuer. Der Premierminister kam die Treppe heruntergehastet – in seinem Morgenmantel mit den prächtigen goldenen Drachen, den Stahlhelm in der Hand – und verschwand im Schutzraum."[62] Heute sind die Cabinet War Rooms eine eindrucksvolle Sehenswürdigkeit für Touristen.

Die Wochenenden verbrachte Churchill oft in Chequers, dem in einem bewaldeten Gelände gelegenen offiziellen Landsitz des Premierministers sechzig Kilometer nordwestlich von London, nahe der Kleinstadt Aylesbury. Nur in mondhellen Nächten wich er nach Ditchley Park aus, einem sehr geräumigen Schloss aus dem frühen 18. Jahrhundert im Norden der Grafschaft Oxfordshire, das von London aus mit der Bahn oder dem Auto in zwei Stunden zu erreichen ist. Churchill benutzte den Ort häufig auch für Verhandlungen mit hohen Regierungsvertretern der Vereinigten Staaten. Im Krieg befand sich Ditchley Park noch im Privatbesitz. 1958 ging das Anwesen in den Besitz einer britisch-amerikanischen Stiftung über und wird seitdem für internationale Konferenzen genutzt.

Seit seinem Amtsantritt hatte Churchill nie einen Zweifel daran gelassen, dass er den Krieg gegen das nationalsozialistische Deutschland und das faschistische Italien mit aller Härte und Entschlossenheit führen würde. Praktische Beweise dafür folgten umgehend, und das bekam ironischerweise zuerst der Verbündete von gestern zu spüren. Als die französische Regierung im Juni 1940 um Waffenstillstand nachsuchte, verlangte Churchill, dass die französische Kriegsflotte nicht in deutsche Hände fallen dürfe. Die französische Seite verhielt sich abwartend, zögerte, dem britischen Verlangen nachzukommen. „Die französische Flotte scheint nicht bereit zu sein," bemerkte Colville, „unter britischem Befehl gegen die Deutschen und Italiener zu kämpfen, nicht einmal als Alliierte."[63]

Unter diesen Umständen entschloss sich Churchill, schnell und brutal zu handeln. Ein großer Teil der französischen Flotte ankerte Anfang Juli 1940 in der Marinebasis Mers-el-Kebir in der Bucht von Oran an der algerischen Mittelmeerküste. Am 3. Juli tauchte vor dem Flottenstützpunkt ein britisches Geschwader auf und sein Kommandant verlangte auf Geheiß Churchills die Übergabe der französischen Schiffe. Nach erfolglosen Verhandlungen mit dem kommandierenden Admiral eröffneten die Briten gegen Abend das Feuer auf die ankernde Flotte. Ein französischer Schlachtkreuzer sank, ein zweiter und ein Kreuzer wurden schwer beschädigt, fast 1 300 französische Seeleute starben. Nur der Schlachtkreuzer *Strasbourg* und ein paar andere Schiffe konnten nach Toulon entkommen.

Churchill wertete die Aktion als großen Erfolg, sowohl für seine Autorität als Premierminister als auch für die Dokumentation des britischen Kampfwillens nach außen. Als er dem Unterhaus am 4. Juli davon berichtete, spendeten ihm die Abgeordneten lang anhaltenden Beifall. „Bis zu diesem Augenblick hatte die Konservative Partei mir gegenüber einige Zurückhaltung geübt, und die Labourbänke waren es, von denen ich den wärmsten Willkomm erfuhr, wenn ich das Haus betrat oder bei ernsten Anlässen das Wort ergriff … Dass die französische Marine als Machtfaktor fast mit einem einzigen Schlag durch eine gewaltsame Handlung ausgeschaltet wurde, machte in allen Ländern tiefen Eindruck. Da war dieses England, das so viele schon für erledigt gehalten hatten, von dem viele Ausländer meinten, es bebe am Rande der Kapitulation vor der gewaltigen feindlichen Macht, und nun führte es einen rücksichtslosen Schlag gegen den besten Freund von gestern und sicherte sich für eine Zeitlang die unbestrittene Seeherrschaft. Die Welt konnte nicht mehr daran zweifeln, dass das englische Kriegskabinett vor nichts zurückschrak und vor nichts haltmachen würde. Und sie täuschte sich nicht."[64] Nach dem Krieg scheint Churchill die Sache jedoch anders gesehen zu haben. In seinen Erinnerungen spricht er von der „schrecklichen Episode von Oran".[65]

Auf den von Hitler begonnenen Bombenkrieg gegen britische Städte ließ Churchill postwendend antworten. Am

26. August 1940 berichtete Colville, ein deutsches Flugzeug habe vor zwei Tagen über London Bomben abgeworfen, wahrscheinlich ein Versehen. „Zur Vergeltung haben wir in der vergangenen Nacht 89 Maschinen nach Berlin geschickt. Vermutlich müssen wir deshalb heute Nacht mit einem heftigen Vergeltungsangriff auf London rechnen." Der Premierminister habe sich beim Chef des Luftwaffenstabes darüber beschwert, „dass unser Angriff in der kommenden Nacht Leipzig und nicht Berlin gelten soll. ‚Nachdem sie begonnen haben, unsere Hauptstadt zu bedrängen,' sagte er, ‚wünsche ich, dass Sie hart zurückschlagen, und Berlin ist der Ort, wo sie verwundbar sind."[66] Am 19. September hielt Colville fest: „Die Bomberverbände wurden angewiesen, sobald das Wetter es erlaubt, den schwersten nur möglichen Angriff auf Berlin zu fliegen. Jetzt, da die Deutschen ihre Fallschirm-Minen so wahllos abwerfen, müssen sie, so hat Winston erklärt, für jede Mine zwei zurückbekommen."[67]

War Churchill für die Härte solcher Entscheidungen wirklich persönlich und allein verantwortlich? Traf er Entscheidungen autonom auf der Grundlage und im Bewusstsein seiner weit reichenden Befugnisse als Premierminister, als die militärischen Anstrengungen koordinierender Verteidigungsminister und oberster Kriegsherr, der das Vertrauen von Parlament und Bevölkerung besaß? Tatsächlich verfügte Churchill als Kriegspremier über diktatorische Vollmachten, doch zum Diktator ist er im Krieg nicht geworden, ungeachtet mancher autoritärer Anwandlungen, die sich bei ihm leicht nachweisen lassen. Wahrscheinlich hat seine politische Sozialisation im britischen Parlamentarismus eine derartige, durchaus mögliche Entwicklung verhindert. Er wusste, dass er letzten Endes für alle Entscheidungen, die die Regierung während des Krieges traf, verantwortlich war, auch für ihre falschen. Daran hat er gegenüber Mitarbeitern, Ministern und Militärs nie einen Zweifel aufkommen lassen. Er vertrat nachdrücklich die Auffassung, dass im Krieg ein „leitender Wille"[68] notwendig sei, denn mit einem diskutierenden Ausschuss könne man ihn nicht führen.

Seine Verantwortung schloss natürlich nicht aus, dass Churchill sich bei allen seinen Entscheidungen beraten ließ, oft zögerte und reflektierte und nach den Gründen für abweichende Meinungen fragte. „In manchen seiner Handlungen war er in der Tat diktatorisch," erinnerte sich einer seiner Mitarbeiter, „obwohl es bemerkenswert ist, dass er nicht ein einziges Mal gegen die Auffassung der Stabschefs entschied. Aber wenn er Anordnungen über die Führung der laufenden Geschäfte traf, politischer oder militärischer Art, dann erwartete er Gehorsam oder eine klare und schnelle Begründung, warum seiner Anordnung nicht Folge geleistet werden solle. Es war wirklich nicht diktatorisch, den Grund wissen zu wollen, warum einem der Gehorsam verweigert wurde."[69]

Von Churchill selbst wird diese Verfahrensweise im Wesentlichen bestätigt. „Zwischen mir und den englischen Stabschefs hatte sich eine Art von Übereinkommen herausgebildet, demzufolge wir einander überreden und überzeugen, niemals aber dem andern die eigene Meinung aufzwingen wollten. Dabei kam uns natürlich sehr zustatten, dass wir die gleiche technische Sprache sprachen und ein beträchtliches Maß an militärischem Wissen und Kriegserfahrung   miteinander teilten."[70] Kein Stabschef ist während des Krieges wegen Meinungsverschiedenheiten mit dem Premierminister zurückgetreten. Churchill bevorzugte den Konsens, wie er dies am Beispiel des Außenministeriums deutlich machte: „Ich arbeitete natürlich Hand in Hand mit dem Außenminister und seinem Ministerium, und alle Meinungsverschiedenheiten   wurden gemeinsam bereinigt."[71] Möglicherweise gab Churchill hier im Nachhinein eine harmonisierende Darstellung der rauen Wirklichkeit. Zumindest von Feldmarschall Lord Alanbrooke, Großbritanniens ranghöchstem Soldaten und begabtestem Strategen, ist bekannt, dass er die Zusammenarbeit mit dem Premierminister manchmal nur schwer ertragen konnte. Seine Hauptaufgabe im Krieg sei es gewesen, ließ er Ende der 1950er Jahre verlauten, dem Premier immer wieder Initiativen auszureden, die in militärischer Hinsicht unsinnig waren.

Von Befehlen an Mitarbeiter, so behauptete Churchill, hielt er nicht viel. „Von der Hierarchie der militärischen Disziplin

abgesehen, ist es immer besser, Meinungen und Wünsche auszusprechen, als Befehle zu erteilen."[72] John Colville schrieb
über die Entscheidungsfindung bei Churchill, die in aller
Öffentlichkeit ablaufen konnte: „Die wichtigeren Entscheidungen traf Churchill langsam. Manchmal benötigte er
Wochen des Nachdenkens, ehe er zu einem befriedigenden
Entschluss kam. Über die Dinge, die ihn sehr beschäftigten,
pflegte er halblaut mit sich selbst zu reden. Manchmal sprach
er dabei zusammenhanglos mit seiner Umgebung, während er
gleichzeitig flüsternd ein Konzept für den Generalstab oder
eine Rede vor dem Unterhaus memorierte."[73]

Dass sich der neue Premierminister um jedes Detail küm-
mern würde, war den Ministerkollegen, Mitarbeitern und
Beamten schon aus seinen Zeiten als Minister verschiedener
Ressorts bekannt. „Ich sagte zum Premierminister," notierte
Lord Moran Ende 1943, „Hitler scheint nicht nur den Krieg
in seinen großen Linien zu führen, sondern er plant auch alle
Einzelheiten. Ja,' antwortete der Premierminister lächelnd,
,genau das mache ich auch'."[74] Gerade das Tagebuch John
Colvilles ist für Belege von Churchills Detailbesessenheit eine
gute Quelle: „Dies ist einer der grundlegenden Unterschiede
zwischen Chamberlain und Churchill: Während ersterer beim
Lesen der Kabinettsvorlagen kaum Kommentare abgab, meist
nur bei Angelegenheiten von höchster Wichtigkeit, kümmert
sich letzterer um beinahe alles, was mit dem Krieg zu tun hat,
und ist sich nicht zu schade, sich auch mit den geringsten
Kleinigkeiten zu befassen."[75]

Kritik an Churchills Umgang mit Mitarbeitern und an seiner ministeriellen Geschäftsführung hat es natürlich gegeben.
Bevor John Colville Churchills Privatsekretär wurde, war er
in gleicher Funktion bei Chamberlain tätig. In dieser Zeit
spricht er in seinem Tagebuch von „Tobsuchtsanfällen" Churchills, von seiner „Schwatzhaftigkeit und seiner Ruhelosig-
keit", die „viel unnütze Arbeit, viele Reibereien und … eine
wirksame Planung" verhinderten. Ein Großteil seiner Energie
erweise sich „als ineffektiv, ja sogar schädlich."[76] Bei diesen
Einschätzungen mögen bei Colville Loyalitätsgefühle gegenüber Chamberlain eine Rolle gespielt haben.

Nachdem er den Chef gewechselt hatte, wurden seine Urteile freundlicher. Seine Eindrücke zusammenfassend schreibt er: „Churchill war weder in seinen Urteilen noch in seinen Handlungen einigermaßen zu kalkulieren … Wenn eine Sache ihn nicht interessierte, dann überließ er sie, wie wichtig sie auch immer sein mochte, der Entscheidung anderer und kümmerte sich auch nicht weiter um die Hintergründe." Nach Colville besaß Churchill „die Gabe, ungewöhnliche Zuneigungen zu entwickeln. Denjenigen, die er lange kannte oder die ihm gut gedient hatten, bewies er große Loyalität … Obwohl es auch einige Leute gab, die er ausdauernd verabscheute, war Großmut eine seiner hervorstechendsten Charaktereigenschaften. Rachsucht lag ihm absolut fern. Sein Zorn fuhr wie ein Blitz hernieder und war manchmal schrecklich, dauerte aber nie lange an. Er konnte seine Untergebenen außerordentlich verletzend behandeln, doch obwohl er sich niemals ausdrücklich entschuldigte, ließ er die Sonne nicht untergehen, ohne auf die eine oder andere Weise zu erkennen gegeben zu haben, dass es ihm leid tat. Sein Sarkasmus konnte äußerst bissig sein, war aber oft von einem Lächeln begleitet, das andeutete, er meine es gar nicht so. Für junge Leute, Männer und Frauen, hegte er eine große Zuneigung, und sein Sekretariat behandelte er so, als ob wir seine Kinder wären."[77]

Der enorme Stress forderte jedoch seinen Tribut. Clementine Churchill, immer direkt und offen, schrieb im Sommer 1940 an ihren Mann: „Es besteht wirklich die Gefahr, dass Dich Deine Kollegen und Mitarbeiter wegen Deines rauen, sarkastischen und herrischen Benehmens ganz allgemein ablehnen … Mein Darling Winston – ich muss Dir gestehen, dass ich bei Dir eine Verschlechterung Deines Benehmens bemerkt habe; Du bist nicht mehr so freundlich wie früher … Im übrigen wirst Du nicht die besten Ergebnisse durch Reizbarkeit und Grobheit erzielen. Durch beides entsteht entweder Abneigung oder eine Sklavenmentalität."[78] Als Clementine Churchill den Brief schrieb, stand Frankreich vor der Kapitulation, und das britische Expeditionskorps war in Dünkirchen eingekesselt.

Am Ablauf von Churchills Arbeitsalltag, an seinen Gewohnheiten und seiner Arbeitsweise änderte sich mit der Übernahme der Regierungsverantwortung wenig. Sein Arbeitstag begann morgens kurz nach 8.00 Uhr und endete am nächsten Morgen gegen 2.00 oder 3.00 Uhr, unterbrochen von einem Mittagsschlaf. Die Unterbrechung nach dem Mittagessen empfahl er nachdrücklich zur Nachahmung. „Ich ging jeden Tag so bald als möglich nach Mittag auf mindestens eine Stunde zu Bett, wobei mir meine glückliche Begabung, fast augenblicklich tief einzuschlafen, vollauf zustatten kam. Auf diese Weise brachte ich es zustande, die Arbeit von anderthalb Tagen in einen einzigen hineinzuzwängen. Es liegt nicht in der Absicht der Natur, dass die Menschen von acht Uhr morgens bis Mitternacht arbeiten sollen, ohne die Erquickung eines gesegneten Vergessens, die, selbst wenn sie nur zwanzig Minuten währt, alle Lebenskräfte zu erneuern vermag. Es tat mir leid, dass ich mich selber wie ein kleines Kind jeden Nachmittag ins Bett schicken musste, aber ich wurde dafür entschädigt, wenn ich dann imstande war, die Nacht hindurch bis zwei Uhr morgens oder noch später – manchmal viel später – zu arbeiten und den neuen Arbeitstag um acht oder neun Uhr zu beginnen. Den ganzen Krieg hindurch habe ich die Gewohnheit eingehalten, und ich empfehle sie anderen, die es je notwendig finden, längere Zeit hindurch das Letzte an Energie aus dem menschlichen Organismus herauszuholen."[79]

Den Vormittag verbrachte Churchill, wie er es gewohnt war, arbeitend im Bett. Wenn er gegen acht Uhr morgens aufwachte, las er Telegramme und diktierte von seinem Bett aus „einen ständigen Strom von dienstlichen Äußerungen und Weisungen an die Ministerien und an das Komitee der Stabschefs. Diese Diktate wurden von sich ablösenden Sekretären sofort in Maschinenschrift ausgefertigt und sogleich General Ismay ausgehändigt, dem stellvertretenden militärischen Sekretär des Kriegskabinetts … So konnte er bei der Sitzung des Komitees der Stabschefs um 10 Uhr 30 gewöhnlich schon sehr viele Schriftstücke vorlegen, und meine Auffassungen wurden gleichzeitig mit der allgemeinen Lage erörtert. Zwischen drei und fünf Uhr nachmittags .. war in der Regel eine ganze Reihe von Befehlen und Telegrammen, sei es von mir oder von den Stabschefs im Einverständnis mit mir, bereits abgesandt, die alle dringend erforderliche Entscheidungen enthielten."[80] Gegen 9.00 Uhr frühstückte er im Bett, las dort auch die Zeitungen und badete vor dem Mittagessen, das er zusammen mit seiner Frau und häufig mit Gästen einnahm.

Colville zufolge brach jeden Morgen im Büro des Premierministers „fieberhafte Aktivität aus, wenn nämlich der Aktenkoffer des Premierministers zurückkommt. Er enthält die Vorgänge, die er über Nacht bearbeitet hat − allesamt Dinge, deren Erledigung man ihm am vorhergehenden Tag nicht hatte abnötigen können … Vieles kommt auch unerledigt zurück und muss ihm in der nächsten Nacht noch einmal vorgelegt werden. Auf andere Vorgänge hat er mit roter Tinte unleserliche Anweisungen gekritzelt, die sofort ausgeführt werden sollen."[81] Denn „Geduld war eine Tugend, die ihm vollkommen abging."[82] Der neue Premierminister bestand auf der umgehenden Erledigung seiner Anordnungen, verlangte „Action this Day" und brachte dadurch, wie Colville bemerkte, „Land und Regierung wieder in Schwung".[83] Schon wenige Tage nach Churchills Ernennung, so beobachtete er, sah man alt gediente Ministerialbeamte *im Laufschritt* durch die Korridore ihrer Ministerien hasten.

Für die hohen Beamten in Whitehall war Churchills Arbeitsstil geradezu revolutionär, überhaupt nicht vergleichbar mit dem eines Neville Chamberlain oder Stanley Baldwin. Sir Edward Bridges, der Sekretär des Kriegskabinetts und von Churchill als Verwaltungsfachmann hoch geschätzt, fasste die Erfahrungen des „inneren Kreises" so zusammen: „Zwischen privatem Bereich und Büro, zwischen Arbeitsstunden und dem Rest des Tages gab es [bei Churchill] keine Grenzen: Die Arbeit ging überall weiter, auch zuhause in seinem Arbeitszimmer, im Esszimmer, im Schlafzimmer. Eine Vorladung, um bei irgendeiner Angelegenheit zu helfen, konnte fast zu jeder Tages- oder Nachtzeit kommen. Aktennotizen wurden diktiert, korrigiert und erneut diktiert. Während man seine Anordnungen entgegennahm, fand man sich ganz unerwartet im Familienkreis wieder oder saß mit ihm gerade bei einer

Mahlzeit."[84] Die Dynamik und Arbeitsintensität des so behäbig wirkenden Premiers strahlte auf seine ganze Umgebung aus. Doch nur wenige seiner Mitarbeiter konnten sich einen regenerierenden Mittagsschlaf leisten. Alle klagten über Schlafmangel.

Churchills Arbeitsrhythmus war zweifelsohne unkonventionell, aber nichtsdestoweniger professionell. Als Premierminister versuchte er, auf der höchsten Entscheidungsebene umgehend das zu korrigieren, was 1915 bei der Dardanellen-Operation seiner Meinung nach zur Katastrophe geführt hatte. Die Autorität und Verantwortung des Premierministers musste den Ministern, Beamten und Militärs in jeder Situation klar sein. Churchill selbst hat das „System und den Apparat" beschrieben, „die ich in den ersten Tagen meiner Amtsübernahme aufbaute und handhabe, um die militärischen wie auch die anderen Angelegenheiten zu lenken. Ich bin fest davon überzeugt, dass die Amtsgeschäfte durch *das geschriebene Wort* geleitet werden sollen."[85] An General Ismay, seinen Vertreter beim Komitee der Stabschefs, ging daher im Juli 1940 die Weisung: „Es muss vollkommene Klarheit darüber herrschen, dass alle von mir ausgehenden Weisungen schriftlich ausgestellt sein werden oder sogleich nachher schriftlich bestätigt werden sollen, und dass ich keine Verantwortung für Dinge, die die nationale Verteidigung betreffen und über die ich Entscheidungen getroffen haben soll, übernehme, wenn diese Entscheidungen nicht schriftlich festgelegt sind."[86]

Als Neuerung führte Churchill die „Kabinettsparade" ein. „Jeden Montag gab es eine vielbesuchte Zusammenkunft – das ganze Kriegskabinett, die Wehrminister, der Minister des Innern, der Schatzkanzler, die Minister für die Dominien und für Indien, der Informationsminister, die Stabschefs und der oberste Beamte des Foreign Office nahmen daran teil. Bei diesen Sitzungen gab jeder Stabschef einen Überblick über die Ereignisse der vergangenen sieben Tage; und der Außenminister folgte ihnen mit einer Darstellung aller wichtigen Entwicklungen in der auswärtigen Politik. An andern Wochentagen versammelte sich nur das Kriegskabinett, und alle wichtigen Angelegenheiten, die eine Entscheidung erforder-

ten, wurden ihm vorgelegt. Andere Minister wurden beige-
zogen, wenn es sich um Fragen ihres besonderen Ressorts
handelte. Den Mitgliedern des Kriegskabinetts waren sämtli-
che den Krieg betreffenden Akten zugänglich, und sie lasen
auch alle wichtigen Telegramme, die ich ausgeschickt [sic]
hatte."[87]

Die Folge der von Churchill eingeführten Neuerung war
eine Arbeitsteilung bei den Regierungsgeschäften und im
Grunde eine außerordentliche Konzentration der Macht in
den Händen des Premierministers. Das liest sich bei Churchill
so: „Mit wachsendem Vertrauen griff das Kriegskabinett
weniger aktiv in die Fragen der Kriegführung ein, wenn es
auch die Entwicklung der Operationen mit größter Aufmerksamkeit und genauer Kenntnis verfolgte. Sie nahmen fast das
ganze Gewicht der Angelegenheiten, die das Innere und die
Parteien betrafen, von meinen Schultern und ermöglichten es
mir auf diese Art, mich ganz auf die Hauptsache zu konzentrieren. Über alle künftigen Operationen von Bedeutung zog
ich sie stets rechtzeitig zu Rate; aber wenn sie auch die ange-
strebten Ziele sorgfältig erwogen, baten sie doch häufig, über
Daten und Details nicht informiert zu werden, und unterbrachen mich sogar mehrmals, wenn ich sie ihnen unterbreiten
wollte."[88]

Alles in allem habe sich die Regierungspraxis, wie er sie
organisierte, bewährt. In der Rückschau meinte Churchill:
„Die Leistungsfähigkeit einer Kriegsregierung hängt vor allem
davon ab, ob die Weisungen, die von der höchsten maßgeben-
den Autorität ausgehen, auch tatsächlich strikt, getreu und
pünktlich befolgt werden. Das erreichten wir in diesen Kri-
senzeiten in England."[89] Historiker kritisieren allerdings, dass
im Kriegskabinett zu viel über das Kriegsgeschehen und zu
wenig über Politik und Friedensplanung gesprochen worden
sei.

Den zweiten Band seiner Geschichte des Zweiten Weltkrieges, der die Zeit bis Ende 1940 umfasst, betitelte
Churchill *Englands größte Stunde (Their Finest Hour)*. England
– damit meinte er die Soldaten und Seeleute, besonders die
jungen Jagdflieger der Royal Air Force in der Luftschlacht

über England, aber auch die Menschen in London und anderen Städten, die dem Bombenhagel der deutschen Luftwaffe ausgesetzt waren. England hatte dem Ansturm des Feindes im Schicksalsjahr 1940 widerstanden. In seinen Erinnerungen zog Churchill die Bilanz: „Wir lebten noch. Wir hatten die deutsche Luftwaffe geschlagen. Es war zu keiner Invasion gekommen … London hatte alle seine Prüfungen triumphierend überstanden … Die Fabriken dröhnten, und die ganze englische Nation werkte Tag und Nacht, von Erleichterung und Stolz erfüllt … All unsere schlummernde Kraft war jetzt erwacht. Der Luftterror hatte uns nicht zu zerbrechen vermocht. Unsere Insel stand unantastbar, unversehrt … Wir hatten der Welt gezeigt, dass wir uns behaupten konnten."[90]

Die Jahre 1940 und 1941, genauer: die achtzehn Monate zwischen seiner Ernennung zum Premierminister und dem Kriegseintritt der Vereinigten Staaten waren indes auch Churchills „größte Stunde". Nun, da die „Krisenzeit" äußerster Bedrohung durch das Deutschland Hitlers überwunden war, konnten sich das Interesse und die Aktivitäten des Premierministers anderen Fragen zuwenden. Und die drehten sich um den militärischen Sieg über Hitler in Zusammenarbeit mit den Verbündeten, um Großbritanniens Stellung in der Welt nach dem Ende des Krieges, um seine Beziehungen zu den beiden anderen Weltmächten, den Vereinigten Staaten und der Sowjetunion, und um die Neuordnung Europas nach der Beseitigung der nationalsozialistischen Herrschaft.

## 2. Kriegsherr und Friedensplaner

An einem kalten Winterabend Mitte Januar 1943 startete auf einem Flugplatz in der Nähe von Oxford eine britische Militärmaschine mit Kurs auf Nordafrika. „Im Heck des Bombers lagen Seite an Seite zwei Matratzen, eine für den Premierminister, eine für mich," berichtet Churchills Arzt Lord Moran. „Die anderen Mitreisenden schliefen in ihren Sitzen. Plötzlich erwachte ich und sah den Premierminister, wie er in den darunter liegenden Gepäckraum zu kriechen versuchte ... Ich fragte ihn, ob irgendetwas nicht in Ordnung sei. Winston erwiderte, er habe seine Zehen an den Metallverbindungen der provisorischen Heizungsanlage am unteren Ende der Matratze verbrannt. ‚Sie sind glühend heiß,' erklärte er. ‚Die Benzindämpfe können Feuer fangen. Gleich werden wir eine Explosion erleben'."[1]

Der 69-jährige britische Premierminister, einer der „Großen Drei", ließ den mehrstündigen Flug unter Lebensgefahr und spartanischen Umständen über sich ergehen, um in der marokkanischen Hafenstadt Casablanca den amerikanischen Präsidenten Roosevelt zu treffen. Die Konferenz der beiden Regierungschefs über militärische und politische Fragen des Krieges, wenige Wochen nach dem Sieg der Briten über das Afrikakorps Rommels bei El Alamein, begann am 14. Januar 1943 im Hôtel d'Anfa, das damals am Rande der Stadt lag. Sie dauerte zehn Tage. An ihrem Ende stand der Beschluss der Vereinigten Staaten und Großbritanniens, den Krieg bis zur „bedingungslosen Kapitulation" des Deutschen Reiches und seiner Verbündeten führen zu wollen.

Zu diesem Zeitpunkt, Anfang 1943, war längst absehbar, dass sich das Kriegsglück den Alliierten in der „Anti-Hitler-Koalition" zuneigte. Großbritannien stand Hitler-Deutschland nicht mehr allein gegenüber wie bis Mitte 1941. Mit dem deutschen Angriff auf die Sowjetunion, der am 22. Juni 1941 begann, war die für Großbritannien gefährlichste Phase des Krieges, der verzweifelte Kampf ums schiere Überleben, praktisch abgeschlossen. Das Gefühl der unmittelbaren Bedrohung wich in Großbritannien allmählich der Gewissheit, dass der Krieg über kurz oder lang gewonnen würde.

Churchills wachsende Siegeszuversicht erhielt dadurch Nahrung, dass gerade im Mai 1940, als er die Führung des Krieges übernahm, die britischen Abhörspezialisten auf dem Landsitz Bletchley Park in der Grafschaft Buckinghamshire, nordwestlich von London, das deutsche Chiffriersystem „Enigma" entschlüsselten. Seitdem konnten die Briten den Funkverkehr der deutschen Luftwaffe und später auch den der Marine und des Heeres lesen, eines der bestgehüteten Geheimnisse des Krieges. Für Churchill waren die abgefangenen Meldungen „goldene Eier", die er sich jeden Morgen vorlegen ließ. Schon bevor die Sowjetunion zum Verbündeten wurde, ließ er Stalin über den Sowjetbotschafter in London wichtige Meldungen über militärische Planungen und Operationen der Deutschen im Osten zukommen, ohne ihn allerdings über die Quelle der Informationen aufzuklären. So warnte er Stalin seit April 1941 vor deutschen Angriffsabsichten. Inwieweit Stalin die vertraulichen Nachrichten aus London ernst nahm, ist nicht bekannt. Erst 1979 wurde der Hintergrund für das geheime Wissen der Briten in der Öffentlichkeit publik.

Dann, am 7. Dezember 1941, traten nach dem japanischen Überfall auf die amerikanische Marinebasis Pearl Harbor auch die Vereinigten Staaten in den Krieg gegen die so genannten Achsenmächte Deutschland, Italien und Japan ein. Darauf hatte Churchill seit langem gehofft und hingearbeitet. Die Nachricht vom japanischen Angriff bedeutete für ihn die Rettung aus höchster Not, nicht mehr und nicht weniger. „Übersättigt von Aufregung und Gefühlsstürmen, ging ich zu Bett und schlief dankbar den Schlaf des Geretteten."[2] Das Hochgefühl nach Erhalt der ersehnten Nachricht hielt an. „Er ist ein anderer Mann, seit Amerika in den Krieg eingetreten ist," beobachtete Lord Moran während der Seereise mit Churchill nach Amerika Ende Dezember 1941. „Der Winston, den ich in London kannte, erschreckte mich ... Ich konnte sehen, dass er das Gewicht der Welt auf seinen Schultern trug, und fragte mich, wie lange er so noch weitermachen und was man für ihn tun könne. Und nun – scheinbar über Nacht – hat ein junger Mann seinen Platz eingenommen … Die Müdigkeit und die Glanzlosigkeit ist aus seinen Augen verschwunden … Plötzlich ist der Krieg so gut wie gewonnen, und England ist gerettet."[3] Der häufig geäußerte Verdacht, Churchill habe von einem bevorstehenden Angriff der japanischen Flotte auf Pearl Harbor gewusst und die Amerikaner darüber absichtlich nicht informiert, ist bis heute nicht ganz ausgeräumt.

Für Churchill verminderte sich durch die amerikanische Entscheidung das „Gewicht der Welt", das er auf seinen Schultern trug, in geradezu dramatischer Weise. Seit dem Beginn des neuen europäischen Krieges hatte er beharrlich die Auffassung vertreten, dass es für Großbritannien im Kampf gegen Nazi-Deutschland ohne die massive Unterstützung der Vereinigten Staaten keine Überlebenschance gebe. So war es nur folgerichtig, dass er sich sofort nach seinem Amtsantritt als Marineminister um den direkten Kontakt zum Präsidenten Roosevelt bemühte, unter Umgehung des üblichen diplomatischen Weges. Vorangegangen waren am 11. September 1939 Briefe Roosevelts, in denen er eine vertrauliche Korrespondenz zwischen ihm und Neville Chamberlain oder seinem möglichen Nachfolger Churchill anregte. „Was ich Ihnen und dem Premierminister sagen möchte," schrieb der Präsident an den Marineminister Churchill, „ist, dass ich es jederzeit begrüßen werde, wenn Sie sich in irgendeiner Angelegenheit, über die Sie mir eine Mitteilung zukommen lassen möchten, persönlich an mich wenden."[4] Churchill ergriff die Chance, die sich hier unverhofft auftat, sozusagen mit beiden Händen. Fiel mit der Aufnahme von engen Kontakten zum amerikanischen Präsidenten nicht schon eine Vorentscheidung über den Ausgang des europäischen Krieges?

Eine gute Grundlage für den Kontakt zu Franklin D. Roosevelt war in Churchills Sicht der Umstand, dass beide in ihrer politischen Laufbahn intensiver mit Marineangelegenheiten befasst waren. Deshalb unterschrieb Churchill seine Briefe und Telegramme an den Präsidenten etwas kokett mit „Marineperson" und, seit er Premierminister geworden war, mit „Ehemalige Marineperson" („Former Naval Person"), um

„den informellen Charakter unseres Briefwechsels zu wahren."[5] Im Übrigen hatte Roosevelt Churchills *Marlborough* „mit großem Vergnügen" gelesen.[6] Wie Autoren so sind – Churchill hörte es gern.

Roosevelts Angebot vom September 1939 bildete den Anfang einer ungewöhnlich dichten Korrespondenz: Churchill schickte im Verlauf des Krieges 950 Botschaften an Roosevelt und erhielt vom Präsidenten bis zu dessen Tod im April 1945 etwa 800. Wahrscheinlich ahnte Churchill, dass der Präsident in vielen angesprochenen Fragen völlig andere Ansichten hatte als er. Wenn Roosevelt seine Visionen von einer neuen Nachkriegsordnung der Welt und den damit einhergehenden politischen und sozialen Reformen ansprach und dann Churchills Reaktionen las, erschien ihm der britische Premier wie ein „old Tory".[7]

Nichtsdestoweniger nannte Churchill das Vertrauensverhältnis, das in den ersten Monaten des Krieges in Europa zwischen den Regierungschefs in London und Washington entstand, bald eine „besondere Beziehung" („special relationship") und übertrug die Bezeichnung umgehend auf das Verhältnis der beiden angelsächsischen Mächte zueinander. Eingängige Formulierungen flossen ihm immer leicht von der Zunge. „Meine Beziehungen zu dem Präsidenten wurden nach und nach so eng," schrieb er rückblickend, „dass die wichtigsten, unsere beiden Länder betreffenden Fragen im Wesentlichen durch diesen persönlichen Meinungsaustausch zwischen ihm und mir geregelt wurden. Auf diese Art wurde unser vollständiges gegenseitiges Verständnis erreicht."[8] Stimmten der Präsident und er in irgendeiner Frage nicht überein, war Churchill zutiefst unglücklich. Für Isaiah Berlin formten Roosevelt, ein „Kind des 20. Jahrhunderts", und Churchill, ein „Europäer des 19. Jahrhunderts", mit ihrer außerordentlich engen Kooperation die kriegsentscheidende Achse. „Der Präsident und der Premierminister waren oft nicht einer Meinung, ihre Ideale und ihre Methoden waren sehr verschieden, … aber die eigentliche Debatte wurde immer auf einem Niveau geführt, dessen sich beide Regierungschefs sehr bewusst waren. Sie mögen sich gegenseitig widersprochen haben, aber niemals haben sie einander verletzen wollen."[9]

Dies mag eine idealisierende Darstellung des bilateralen Verhältnisses sein, doch unverkennbar ging die „besondere Beziehung" zwischen den beiden Staatsmännern weit über die Verfolgung handfester gemeinsamer Interessen hinaus. Das galt selbst noch für die späten Kriegsjahre, als sich Roosevelt in einer eigentümlichen Faszination zunehmend Stalin, der „russischen Sphinx" (Isaiah Berlin), zuwandte und dadurch bei Churchill Misstrauen und Befürchtungen hinsichtlich der Motive und Ziele der beiden „Großen" weckte. Während der Konferenz von Teheran 1943 realisierte Churchill, mehr oder weniger plötzlich, wie sehr das Schicksal der Welt nach dem Kriege von den beiden neuen Weltmächten Vereinigte Staaten und Sowjetunion abhängen würde. Notfalls würden sie sich, so Churchills Ahnung, in entscheidenden Fragen der Weltpolitik über die Köpfe und Interessen der Briten hinweg einigen. Er könne nicht länger auf die Unterstützung des Präsidenten vertrauen, meinte er gegenüber seinem Arzt und beklagte die „eigene Machtlosigkeit",[10] die eine Folge des schleichenden Machtverfalls Großbritanniens sei.

Das nicht zu übersehende Zusammenspiel zwischen Roosevelt und Stalin während der Verhandlungen in Teheran wie auch die Aufmerksamkeit und die Rücksichtnahme, mit der sie sich dort begegneten, gaben ihm dafür einen Vorgeschmack. Später, in Jalta 1945, wollte Roosevelt mit Stalin über die Zukunft Hongkongs reden, unter Ausschluss der Briten. Als das am Rande der Verhandlungen durchsickerte, war Churchill außer sich. Von den Kolonialreichen der Europäer, von deren Wiederherstellung nach dem Kriege hielt der Präsident nichts. Churchill wusste das. Mit einiger Berechtigung wird die Erkenntnis Churchills, dass Großbritannien bei Kriegsende keine gleichrangige Weltmacht mehr sein würde, für seinen physischen und psychischen Zusammenbruch unmittelbar nach der Konferenz von Teheran mitverantwortlich gemacht. „Teheran war für Churchill der Wendepunkt des Krieges; und darüber hinaus eine Lebenswende," schreibt Sebastian Haffner. „Mitten in die Konferenz fiel sein 69. Geburtstag. Bis dahin hatte man ihm die ungeheuerliche physische und seelische Anspannung, die der Krieg ihm in einer so späten Lebensphase abverlangte, kaum angemerkt ... Plötzlich, noch während der Konferenz, wurde er zum alternden, beinah, stundenweise, zum alten Mann – langatmig, unkonzentriert, fahrig."[11] Die Tage vom 13. bis zum 26. Dezember 1943 verbrachte er in Tunis im Krankenbett. Aus London wurden Herz- und Lungenspezialisten eingeflogen. Clementine Churchill folgte wenige Tage später. Das einschlägige Kapitel in seinen Kriegsmemoiren nannte Churchill „In den Ruinen Karthagos" – auch ein Hinweis, historisch verbrämt, auf die persönliche Krise, die er in diesen Tagen durchmachte.

Ende Dezember begann der Premier einen Erholungsaufenthalt im marokkanischen Marrakesch. Er fühlte sich schwach und elend. „Als Folgeerscheinung meiner Lungenentzündung verspürte ich in Marrakesch große körperliche Mattigkeit. Mein Malgerät war mir zugesandt worden, ich vermochte aber nicht, mich seiner zu bedienen. Kaum, dass ich gehen konnte. Wenn ich bei herrlichem Wetter in den Vorbergen des Atlas vom Auto zum Picknickplatz wankte, durfte die Entfernung achtzig bis hundert Meter nicht übersteigen. Achtzehn von vierundzwanzig Stunden verbrachte ich liegend. Ich erinnere mich nicht, je einen derartigen Schwäche- und Erschöpfungszustand verspürt zu haben."[12]

Erst Mitte Januar 1944 kehrte Churchill nach London zurück: zunächst mit dem Flugzeug nach Gibraltar und von dort weiter mit dem Schlachtschiff *King George V* nach Plymouth. In dem Maße, in dem er gegen seinen Willen und gegen sein Selbstverständnis die Rolle des Juniorpartners in der „besonderen Beziehung" übernehmen musste, kühlte sich seine Freundschaft mit dem Präsidenten ab. Damit hing möglicherweise zusammen, dass er nicht zum Begräbnis Roosevelts fuhr. Er war am 12. April 1945 verstorben. Fünf Tage später nahm Churchill jedoch an einem Gedenkgottesdienst für Roosevelt in der Londoner St. Pauls-Kathedrale teil.

Zu Beginn des Krieges konnte von gewollter Distanz zu Roosevelt keine Rede sein. Da suchte Churchill mit allen Mitteln, die ihm zur Verfügung standen, die Nähe zum amerikanischen Präsidenten. Mit aller Überredungskunst, die er aufbringen konnte, drängte er im Kriegsjahr 1940 den Präsidenten, amerikanische Hilfslieferungen an sein sich verzweifelt wehrendes Land zu veranlassen. Die amerikanische Hilfe für das bankrotte Großbritannien, vor allem Rüstungsgüter und Rohstoffe, wurde zunächst verdeckt, nach der Verabschiedung des Leih- und Pachtgesetzes durch den amerikanischen Kongress (11. März 1941) und nach Pearl Harbor aber in aller Offenheit abgewickelt.

Dass es Churchill gelang, früh und auf eine damals unübliche Weise eine enge Verbindung zu Roosevelt herzustellen, ist, alles in allem, sicher eine nicht weniger bedeutsame Leistung im Hinblick auf den Ausgang des globalen Konflikts geworden als seine Führungsqualitäten als Premierminister. Da sind sich die Historiker einig. Der Zusammenarbeit auf höchster Ebene ist es auch zuzuschreiben, dass die Vereinigten Staaten die unmittelbare Bedrohung durch Japan zurückstuften und sich zu dem Prinzip „Europe first" bekannten. Das heißt: Die Amerikaner akzeptierten den Vorrang des europäischen Kriegsschauplatzes gegenüber dem im Pazifik. Selbstverständlich war diese Prioritätensetzung gewiss nicht, aber Churchill hatte unablässig dazu gedrängt. Doch die Konzession der Amerikaner musste bezahlt werden: Fortan lag die militärische Führung des Krieges de facto in den Händen der Amerikaner, verbrämt durch einen gemeinsamen Generalstab mit den Briten, der in Washington angesiedelt war.

Aus der Sicht Churchills hatte sich die Kriegslage seit Ende 1941 zugunsten Großbritanniens stabilisiert, ungeachtet aller noch folgenden militärischen Rückschläge im Jahre 1942 wie etwa der Serie von Niederlagen in Nordafrika, des Falls von Singapur (15. Februar 1942) oder der schweren Schiffsverluste im Nordatlantik. Wer konnte nach der Bildung der „Großen Allianz", wie Churchill die Anti-Hitler-Koalition in Anlehnung an Marlboroughs Koalition gegen Ludwig XIV. glorifizierte,[13] noch am siegreichen Ausgang des Krieges zweifeln?

In den Vordergrund der Londoner Politik rückten nun Überlegungen, wie das Ende des Krieges durch enge Abstimmung mit den neuen Alliierten, den Vereinigten Staaten und der Sowjetunion, schneller herbeigeführt werden könne und was mit den Besiegten, speziell mit Deutschland, danach geschehen solle. Aus der militärischen Defensive heraus gewannen in der britischen Politik seit Mitte 1941 zunehmend Fragen der europäischen Nachkriegsordnung, insbesondere der Deutschlandplanung, der künftigen weltpolitischen Stellung Großbritanniens und seiner Beziehungen zu den beiden anderen Weltmächten an Bedeutung. Dadurch veränderte sich Churchills Rolle, zumindest in seiner eigenen Wahrnehmung, anfangs unmerklich, dann immer deutlicher.

Der Kriegsherr, der noch bis in den Herbst 1941 vollauf mit der akuten militärischen Bedrängnis seines Landes beschäftigt war, glaubte sich nun zum Mittler zwischen den beiden mächtigen, so gegensätzlichen Verbündeten in der „Grand Alliance" berufen, gegebenenfalls als Zünglein an der Waage. Doch verstand er sich auch als Friedensplaner, den die Sorge um Großbritanniens politischen und wirtschaftlichen Einfluss in der Welt nach dem Kriege und die Zukunft des europäischen Kontinents bedrückte. Waren Großbritanniens Tage als Weltmacht angesichts der sich entfaltenden amerikanischen und sowjetischen Militärmacht gezählt? Churchill reagierte auf seine Befürchtungen und Ängste mit geradezu hektischer Mobilität – mit einer Vielzahl von Reisen, die ihn bis zum Kriegsende auf vier Kontinente führen sollten. Bei manchen stieß das auf Kritik. Sollte der Regierungschef in kritischer Zeit nicht in der Hauptstadt sein, so wie Stalin, wie Roosevelt? Und war seine Rolle als Mittler und Ratgeber überhaupt willkommen? Roosevelt wollte jedenfalls davon nichts wissen. Das ließ er alsbald erkennen. Auf Churchills Reiseaktivitäten hatte dies jedoch keinen Einfluss.

So wollte Churchill, zum Entsetzen der Militärs, auch den Beginn der alliierten Invasion in der Normandie am 6. Juni 1944 persönlich miterleben. Doch da intervenierte der König. „Lieber Winston," schrieb ihm Georg VI., „ich habe lange über unsere gestrige Unterhaltung nachgedacht und bin zu dem Schluss gekommen, dass es weder für Sie noch für mich richtig wäre, den ‚D'-Tag so zu verbringen, wie wir es

**Abb. 8:** Winston Churchill bei britischen Truppen in der Normandie, Juni 1944. Rechts: General Montgomery.

geplant haben. Ich glaube nicht, dass ich betonen muss, was es für mich persönlich und für die alliierte Sache im gesamten bedeuten würde, wenn Sie eine Zufallsbombe, ein Torpedo oder eine Mine in diesem kritischen Augenblick aus dem Leben risse, und auch ein Thronwechsel wäre in diesem Moment für Land und *Empire* eine ernste Sache. Ich weiß, wir wären beide gern dabei; dennoch möchte ich Sie in allem Ernst bitten, Ihre Absicht noch einmal zu erwägen."[14]

Churchill folgte der königlichen Bitte. Die ersten Tage der Invasion beobachtete er von London aus, weit weg vom eigentlichen Geschehen, besorgt und ungeduldig. Dann hielt ihn nichts mehr in seinem Amtssitz. Am 10. Juni betrat er den Strand bei der kleinen normannischen Ortschaft Courseulles zwischen Bayeux und Caen. General Montgomery, der Befehlshaber der alliierten Landstreitkräfte, begleitete ihn zu seinem Hauptquartier in einem Schloss, das etwa sieben Kilometer von der Küste entfernt lag. „In einem dem Feind zugekehrten Zelt nahmen wir den Lunch ein," so beschrieb Churchill später die idyllisch anmutende Szene. „Der General war in überschäumender Laune. Ich fragte ihn, wie weit wir von der Frontlinie entfernt seien. Er antwortete, ungefähr fünf Kilometer. Ich erkundigte mich, ob er eine zusammenhängende Frontlinie habe. Die Antwort lautete verneinend. ‚Was kann dann die deutschen Panzer hindern, vorzuprellen und unseren Lunch zu unterbrechen?‘ Er glaube nicht, dass sie kommen würden, erwiderte Montgomery. Vom Stab erfuhr ich, dass das Schloss in der vorangegangenen Nacht schwer bombardiert worden war, was die zahlreichen Bombentrichter rundum bestätigten." Und dann mit typisch hintergründigem Witz: „Ich sagte Montgomery, er setze sich einer zu großen Gefahr aus, wenn er ein solches Verhalten zur Gewohnheit mache."[15]

Mit seiner rastlosen Mobilität konnte sich kein anderer „Führer" der Krieg führenden Staaten messen. Sie wurde für ihn charakteristisch. Churchills Enkelin Celia Sandys hat über seine Reisen in Krieg und Frieden ein ebenso anschauliches wie amüsantes Buch geschrieben.[16] Sie schildert darin die Umstände und die häufigen Zwischenfälle. Bei seinen Reisen zu den Treffen mit Roosevelt und Stalin in Washington, Moskau und anderswo und bei seinen zahllosen Besuchen an vorderster Front, in der Regel in irgendeiner Uniform, in Frankreich, Nordafrika, Italien und schließlich gegen Kriegsende am Niederrhein scheute Churchill weder Unbequemlichkeiten noch Gefahren für Leib und Leben. Dabei hatte er bereits Ende 1941 in Washington seine erste Herzattacke erlitten.

Meist benutzte Churchill bei seinen Reisen in den Kriegsjahren Militärmaschinen, häufig ohne Begleitschutz, aber gelegentlich auch Schlachtschiffe und Zerstörer oder den riesigen Passagierdampfer *Queen Mary*, der während des Krieges als Truppentransporter eingesetzt wurde. Die mehrtägige Überfahrt nach Amerika oder die Rückreise nach England schätzte er eigentlich wenig, des damit verbundenen Zeitaufwands und des Empfindens wegen, von wichtigen militärischen und politischen Entwicklungen abgeschnitten zu sein. Er nutzte die Tage auf See zur Arbeit und Erholung. Die Reisen Churchills wurden selbstverständlich geheim gehalten, dennoch drohten stets Angriffe deutscher Jagdflieger oder U-Boote, besonders im Mittelmeerraum und im Nordatlantik. Als Anekdote wird man allerdings die Geschichte bewerten dürfen, Churchill habe zur Selbstverteidigung ein

Maschinengewehr im Heck des kleinen Bootes installieren lassen, das ihn im Falle einer Torpedierung der *Queen Mary* retten sollte. Lord Moran hat sie überliefert.[17]

Belegt ist hingegen die Warnung seines Stellvertreters Clement Attlee vom August 1941. Er wies Churchill auf die Gefahr hin, dass das Schlachtschiff *Prince of Wales*, mit dem Churchill zu seinem Treffen mit dem amerikanischen Präsidenten in der Placentia-Bucht von Neufundland unterwegs war, vom deutschen Schlachtschiff *Tirpitz* abgefangen werden könnte. Ein Mitarbeiter hielt Churchills Reaktion auf Attlees Besorgnis fest: „Der Premierminister scheint nicht im geringsten beunruhigt zu sein, und im Geheimen hofft er, die ‚Tirpitz' würde auslaufen und sich auf ihn stürzen."[18]

Kein anderer amtierender Regierungschef irgendeines Staates der Welt ist bis zur Mitte des 20. Jahrhunderts so ausgiebig und so weit gereist wie Churchill. Erst danach hat er zahlreiche Nachahmer gefunden. Man hat penibel ausgerechnet, dass er in den ersten vier Jahren des Krieges fast 180 000 Kilometer zurücklegte, 33 Tage auf See verbrachte und 14 Tage in der Luft. Churchills Beweggründe für seine gefahrvollen Reiseaktivitäten sind schon angeklungen. Er war davon überzeugt, dass nur der persönliche Kontakt zwischen den führenden Männern, das Gespräch unter vier oder sechs Augen, die heterogene Koalition der drei Staaten zusammenhalten würde. Zugleich stellte dies für ihn die beste Methode dar, um die militärischen und politischen Planungen der Verbündeten untereinander abzustimmen. Besonders die enge, vertrauensvolle Verbindung zum amerikanischen Präsidenten war ihm wichtig. Deshalb scheute Churchill keine mühselige Atlantiküberquerung, wenn er glaubte, mit Roosevelt persönlich reden zu müssen. Daran änderte sich auch nichts, als zwischen den Cabinet War Rooms in London und dem Weißen Haus in Washington eine direkte Telefonleitung eingerichtet wurde.

Geradezu abenteuerlich war Churchills Moskaureise im August 1942. Von einem Militärflugplatz in der Nähe von London brachte ihn ein ungeheizter Bomber nach Gibraltar. Da die Maschine in 5 000 Meter Höhe flog, mussten die Passagiere Sauerstoffmasken tragen. Von Gibraltar flog Churchill über Nordafrika zu einem neuntägigen Zwischenstopp nach Kairo. Er besuchte die Truppen der 8. Armee bei El Alamein und ernannte bei dieser Gelegenheit General Montgomery zu deren Oberbefehlshaber. Ein sechsstündiger Flug brachte ihn dann von Kairo nach Teheran und von dort ein über zehnstündiger Flug nach Moskau. Bereits zwei Stunden nach der Landung begannen die Gespräche mit Stalin im Kreml. Der Rückflug in der Nacht vom 15./16. August ging wieder über Teheran und Kairo. Am 24. August war Churchill zurück in London. Insgesamt hatte er bei dieser Reise mehr als 16 000 Kilometer zurückgelegt.

Mit seiner Präsenz, seinem Prestige, seiner Erfahrung und seiner Überredungskunst glaubte Churchill, seinen Argumenten Nachdruck verleihen und gemeinsame Beschlüsse stärker in seinem Sinne beeinflussen zu können. Er sah sich gewissermaßen als Dreh- und Angelpunkt der „Grand Alliance", der weltumspannenden Koalition von drei Staaten mit unterschiedlichen Interessen, Potentialen und Zielen, die allein ein gemeinsamer Gegner zusammengeschmiedet hatte. Deshalb reden deutsche Historiker von der „Anti-Hitler-Koalition".

Die vielen Frontbesuche dienten Churchill, dem Oberbefehlshaber, zur Information. Aber sie sollten, besonders in kritischen Momenten, auch die Moral der Truppe und den Durchhaltewillen der Bevölkerung zuhause stärken. Dieser Zweck seiner Reisen war ihm genau so wichtig. Deshalb begrüßte er es, wenn die Presse über die Visiten in Text und Bild ausgiebig berichtete. Die Nähe der Front und die Gesellschaft der einfachen Soldaten, mit denen er sprach und scherzte, suchte er auch aus ganz persönlichen Gründen. Sie gaben ihm das stimulierende Gefühl, sich mitten im Geschehen aufzuhalten, am Ort der Entscheidung zu sein – das Gefühl von Drama, Abenteuer und Kampf, das er seit Jugendzeiten liebte. Die Besuche weckten in ihm die Erinnerung an Kuba, Indien, Südafrika, den Sudan. Da war er wieder, der Krieger im Getümmel der Schlacht, zumindest in deren akustischen Nähe. „Wenn der Premierminister von seinen Akten wegkommt und London verlässt," beobachtete sein Arzt, „dann lässt er alle Sorgen hinter sich. Er liebt nicht nur das

Abenteuer; nein, manchmal hat er auch das Empfinden, er müsse ausspannen; selbst eine oder zwei Wochen weg von der nicht enden wollenden Schinderei helfen. Er möchte wenigstens ab und zu das Gefühl loswerden, dass da mehr Dinge zu tun sind als die, die man in 24 Stunden hineinpressen kann ... Es ist der Fluchtinstinkt, das Bedürfnis, einmal tief Atem zu holen."[19]

Das war die Sicht von außen. Churchill selbst hat sich dazu differenzierter geäußert: „Ein Mann, der im Krieg mit der höchsten Verantwortung betraut ist, schwere und schreckliche Entscheidungen treffen muss, der benötigt wahrscheinlich die Erfrischung durch das Abenteuer. Er braucht wahrscheinlich auch den Trost, dass er in sehr bescheidener Weise die Gefahren derjenigen teilen darf, die er möglicherweise in den Tod schickt. Die Bereiche seiner persönlichen Anteilnahme, und in der Folge seine Tatkraft, werden durch den direkten Kontakt mit den Ereignissen angeregt."[20]

Wie Churchill die Gefahren der Soldaten teilte, hat er in seinen Kriegsmemoiren anschaulich beschrieben. Am 25. März 1945 stand er in Begleitung Montgomerys, den er am 1. September 1944 zum Feldmarschall befördert hatte, am linken Ufer des Niederrheins und schaute auf das gegenüberliegende Flussufer, das angeblich noch von der Wehrmacht gehalten wurde. Beiläufig sagte er zu Montgomery: „,Wollen wir nicht hinüber[fahren] und sehen, wie es drüben ausschaut?' Einigermassen überrascht hörte ich ihn antworten: ,Warum nicht?' Er zog noch einige Erkundigungen ein, dann setzten wir mit drei oder vier amerikanischen Generälen und einem halben Dutzend amerikanischer Soldaten über den Strom. Im hellsten Sonnenschein und absoluten Frieden landeten wir am deutschen Ufer und gingen dort eine halbe Stunde unbelästigt spazieren."

Für Churchills Geschmack war das kein richtiges Abenteuer gewesen. Montgomery muss Churchills Enttäuschung bemerkt haben, denn plötzlich sagte er: „,Fahren wir zur Eisenbahnbrücke nach Wesel, wo wir sehen können, was vorgeht.' Wir bestiegen seinen Wagen, und von den Amerikanern, die das Abenteuer genossen, begleitet, begaben wir

**Abb. 9:** Am 25. März 1945 betritt Winston Churchill während eines Frontbesuchs das rechte Rheinufer bei Wesel.

uns auf die große, in der Mitte gesprengte Eisenbahnbrücke, in deren verbogenem Eisenwerk wir gute Beobachtungsposten fanden. Eine gegenseitige Beschießung war im Gang, und die deutschen Granaten schlugen in Vierersalven ungefähr anderthalb Kilometer von uns entfernt ein. Nach und nach näherten sich die Einschläge. Dann ging eine Salve über unsere Köpfe hinweg und klatschte an unserer Uferseite ins Wasser … Einige Granaten fielen sogar unter die etwas weiter hinten versteckten Autos; so wurde beschlossen, den Ort zu verlassen."[21] Zu seinem Privatsekretär sagte er am nächsten Tag, er sei „von dem, was er von der deutschen Zivilbevölkerung gesehen habe, sehr bewegt."[22]

Unter den führenden Politikern seiner Zeit war Churchill zudem sicher einer der ersten, der schon früh die Funktion und Wirkung symbolischer Politik erkannt hatte und das politische Showgeschäft ebenso bewusst wie zielgerichtet für seine Zwecke einsetzte. „Immer will er wissen, was die Zeitungen über ihn sagen," beobachtete Lord Moran.[23] Die noch relativ neuen Medien nutzte Churchill virtuos. Schon als Marineminister sprach er seit September 1939 regelmäßig im

Radio. Als Premierminister wandte er sich während des Krieges, allerdings mit abnehmender Frequenz, fast fünfzig Mal über die BBC direkt an die Nation. In den Wochenschauen der Filmtheater konnte die Bevölkerung mit eigenen Augen sehen, wie der Premier sein Amt ausübte: Treffen mit Politikern verbündeter Staaten, Frontbesuche, Begrüßung erfolgreicher Generäle, Besichtigung von zerstörten Wohnvierteln, Fabriken und Werften.

Jeder Radiohörer und Kinobesucher gewann auf diese Weise einen Eindruck von Churchills Persönlichkeit und glaubte, ihn zu kennen. Das kann nicht einfach als Selbsttäuschung abgetan werden. Dank der neuen Medien hatten sich die Menschen einem führenden Politiker noch nie so nahe gefühlt. Noch nie hatten sie einen Premierminister erlebt, der an ihrem Geschick während eines Krieges so demonstrativ Anteil nahm. Das 1939 eingerichtete Informationsministerium, das seit Mitte 1941 von Churchills Freund, dem irischen Journalisten Brendan Bracken geleitet wurde, leistete Hilfe, doch die Ideen für eine effektvolle Öffentlichkeitsarbeit kamen von Churchill.

Er war der autonome Schöpfer seines Images in der Öffentlichkeit. Berater brauchte er nicht. Im Gegenteil. Er gab jüngeren Politikern gern den Rat, in der Öffentlichkeit niemals ihr Markenzeichen zu vergessen. Seine eigenen Markenzeichen sind bis heute in das Gedächtnis der Menschen eingebrannt: der Spazierstock schon in jüngeren Jahren, die schwere Havanna-Zigarre seit seinem Aufenthalt in Kuba, Hüte in jeder Form, vom Tropenhelm bis zum Zylinder, die oft merkwürdige Garderobe, die gepunktete Fliege und seit dem Sommer 1941 das Victory-Zeichen, das nach Kriegsende zum automatischen Reflex erstarrte, wann immer die Menschen ihn erkannten und ihm zujubelten.

Als Churchill im März 1946 zu seiner so berühmt gewordenen „Eiserner Vorhang"- Rede in Fulton, Missouri, angesagt war, ließ er sein offenes Auto kurz vor der Ankunft in der kleinen amerikanischen Ortschaft anhalten, denn, so meinte er, „in diesem Wind kann ich meine Zigarre nicht anzünden, und ich weiß, dass die Leute sie erwarten."[24] In der bewussten

Selbstinszenierung war Churchill ein früher Meister, in dieser Hinsicht modern und gar kein Vertreter der „alten Schule", auch nicht beeinflussbar durch die Kritik seiner Frau oder seines Kammerdieners bei der Wahl seiner Kleidung. Für Harold Macmillan, den späteren Premierminister, war Churchill ein „superb showman".[25] Wenn in unseren Tagen Politiker mit rotem Wollschal oder gelbem Pullover auftreten, um sich auf diese Weise dem schnelllebigen Bewusstsein der Wähler und Wählerinnen einzuprägen, dann imitieren sie nur etwas, was ihnen Churchill vor mehr als einem halben Jahrhundert, wenn auch mit mehr Charme und Originalität, vorexerziert hat.

Churchills große Popularität bei der britischen Bevölkerung während des Krieges ist umso erstaunlicher, als er sich in der Öffentlichkeit und bei seinen Rundfunkansprachen nicht als strahlender Held darstellte, sozusagen als zeitgemäße Verkörperung des heiligen Georg, der das Böse in Gestalt des deutschen Diktators bekämpft und das Land mit dem Schwert zu retten verspricht. Auch beschönigte er nichts. Obwohl er als Einziger der Premierminister Großbritanniens im 19. und 20. Jahrhundert häufig Uniform trug, erschien er doch wie der Prototyp des Zivilisten. Nach außen gab er sich als politisierender Aristokrat, für dessen unkonventionelles Erscheinungsbild, für dessen notorische Egozentrik, Arbeitszeiten und Lebensstil andere Maßstäbe galten als für bürgerliche Politiker vom Schlage eines Stanley Baldwin oder Neville Chamberlain. Was er tat und sagte, hatte eigentlich immer Nachrichtenwert. Noch heute lassen sich dabei Journalisten durch sein öffentliches Schauspielern täuschen und reden etwas naiv von Churchill als dem „Romantiker" oder dem „Haudegen vergangener Zeiten".[26] Seiner komplizierten Persönlichkeit wird das nicht gerecht

Wie dem auch sei: Der Kontrast im öffentlichen Auftreten zwischen Churchill und den Diktatoren Europas konnte nicht größer sein. Die Härte und Offenheit seiner Ansprachen, die Schonungslosigkeit seiner Prognosen, aber auch sein öffentlich gezeigter Siegeswillen und sein unerschütterlicher Optimismus im Hinblick auf den Ausgang des tödlichen Ringens mit den Achsenmächten trafen Stimmung und Empfinden der

Bevölkerung. So sah es auch Churchill: „Ich trug die lächelnde Sicherheit und den zuversichtlichen Ausdruck zur Schau, die als angemessen gelten, wenn die Dinge sehr schlecht stehen."[27] Seine „Öffentlichkeitsarbeit" erwies sich als viel glaubwürdiger als die verschleiernde und verfälschende Propaganda der Diktatoren, denen ein von oben verordneter „Personenkult" oder ein artifizieller „Führermythos" übermenschliche Führungsqualitäten zuschreiben wollte. Der sich jovial und bürgernah gebende Churchill genoss seit seinem Einzug in die Downing Street ganz offensichtlich die Loyalität der Bevölkerung, und das gab ihm seine Stärke und seine Zuversicht.

Die rigorose Abschirmung von der Bevölkerung, wie sie die Diktatoren Europas pflegten, lehnte Churchill immer ab. Er liebte das so genannte „Bad in der Menge", obwohl er häufig Drohbriefe erhielt. Er schätzte es, auch in schwierigen Augenblicken der Kriegführung im Mittelpunkt allgemeiner Aufmerksamkeit zu stehen. Das Image, ein Regierungschef zum Anfassen zu sein, fest verwurzelt in der Realität, pflegte er mit Hingabe. Dabei kam er mit einem Minimum an Sicherheitsvorkehrungen aus, wie es heute für eine Person in seiner Stellung unvorstellbar wäre. Seit 1921 wurde Churchill von einem Leibwächter begleitet, da damals Gerüchte umliefen, die irische Terrororganisation Irish Republican Army (IRA) plane einen Anschlag auf den Kolonialminister, der an den Verhandlungen über den anglo-irischen Vertrag dieses Jahres beteiligt war. Auf der Grundlage des Vertrages wurde Irland geteilt: Im Süden entstand der Irische Freistaat, während sechs Grafschaften in Nordirland beim Vereinigten Königreich verblieben.

Als der Privatmann Churchill 1932 durch die Vereinigten Staaten reiste, verstärkten die amerikanischen Behörden seinen Schutz durch Polizei und Geheimdienstbeamte, denn erneut gab es Gerüchte über einen Anschlag, diesmal geplant von indischen Nationalisten. Doch ernsthafte Zwischenfälle, geschweige denn ein Attentat auf Churchill, hat es nicht gegeben. Auch während der Kriegsjahre und danach blieb es bei einem einzigen Leibwächter zum Schutz seiner Person. Die

Funktion übte jahrelang Inspektor Walter Thompson aus, der aus dem Dienst von Scotland Yard kam. Auf vielen Fotos ist er direkt neben Churchill zu sehen.

Doch als Churchill Ende November 1943 zur Konferenz von Teheran mit Roosevelt und Stalin anreiste, fielen selbst ihm die mangelhaften Sicherheitsvorkehrungen für seine Person auf. „Die in Teheran für meinen Empfang getroffenen Maßnahmen konnte ich nicht bewundern," meinte er im Nachhinein. „Der britische Gesandte holte mich mit seinem Wagen ab und fuhr mit mir vom Flugplatz zur Gesandtschaft … Im Stadtzentrum stand die Menge zu viert und fünft hintereinander. Man kam freundlich, aber zurückhaltend, bis auf wenige Schritt an den Wagen heran. Gegen zwei oder drei entschlossene Individuen mit Revolvern oder Bomben hätte es keinen Schutz gegeben. An der zur Gesandtschaft führenden Kreuzung entstand eine Stockung; wir standen drei bis vier Minuten unbeweglich inmitten der Menge der gaffenden Perser. Wenn man sich vorgenommen hätte, das größte Risiko zu laufen und sowohl auf den Schutz einer geheimen Ankunft wie auf die Bedeckung durch eine starke Eskorte zu verzichten, hätte man das Problem nicht besser lösen können. Doch ereignete sich nichts. Ich lächelte der Menge zu, und die meisten lächelten zurück."[28] Die komischen Aspekte einer Situation entgingen ihm nie.

Krieg und Frieden – beides füllte Churchills Denken und Handeln seit 1942 mit wechselnder Gewichtung. Denn während das Ende des großen Krieges noch gar nicht absehbar war, wurden bereits die Weichen für die politische Ordnung Europas und der Welt nach dem erwarteten Sieg der Anti-Hitler-Koalition gestellt. Darüber waren sich Churchill und seine Diplomaten völlig im Klaren. Was würde nach der Erreichung des obersten Ziels, nämlich der „Vernichtung Hitlers",[29] nach der Niederwerfung und „bedingungslosen Kapitulation" der Achsenmächte, wie sie Anfang 1943 in Casablanca beschlossen worden war, geschehen? Im Grunde hatte Churchill seine Richtlinie dafür bereits 1930 in seinen Jugenderinnerungen festgelegt: „Ich habe immer den Standpunkt vertreten, dass man Kriege oder sonstige Gewaltmaßnahmen mit allen Machtmitteln bis zum vollkommenen Siege durchführen muss, dann aber dem Überwundenen die Hand der Freundschaft reichen soll."[30] Und zwei Jahre später hatte er geschrieben: „Es ist bemerkenswert, wie selten im Lauf der Geschichte Sieger imstande gewesen sind, die ganz anderen Methoden und Einstellungen zu finden, die sie brauchen, um durch Großmut zu bewahren, was sie im Kampf gewonnen haben. In der Stunde des Sieges wird die Politik noch von der Leidenschaft des Kampfes geblendet. Dennoch ist der Kampf vorüber, und es bleibt der Kampf mit sich selbst. Der allerdings ist der schwerste von allen."[31]

Seit dem Überfall des Dritten Reiches auf die Sowjetunion am 22. Juni 1941 forderte Stalin von Großbritannien die Errichtung einer „Zweiten Front" gegen Nazi-Deutschland in Westeuropa. Der Wunsch, der von Stalin erstmals am 18. Juli 1941 vorgebracht wurde, war angesichts der enormen sowjetischen Opfer im Krieg legitim, und er machte militärisch Sinn. Auch die Amerikaner sprachen sich dafür aus, nachdem sie in den Krieg eingetreten waren. Dennoch weigerte sich Churchill, auf die Moskauer Forderung mit konkreten Zusagen oder Terminfestlegungen einzugehen. Unterstützt von seinen Stabschefs und militärischen Beratern suchte er nach Ausflüchten, verfolgte er gegenüber dem sowjetischen Verbündeten eine Hinhaltetaktik, setzte er all seine Beredsamkeit ein. Er riskierte damit zunehmend Spannungen und Misstrauen auf höchster Ebene. Seine Gründe?

Es ist nicht zu übersehen, dass für Churchill in der heiklen Frage der „Zweiten Front" im Westen sein Dardanellen-Trauma eine erhebliche Rolle spielte. Eine Landung der Alliierten an der französischen Atlantik- oder Kanalküste musste aus Churchills Sicht wegen der starken deutschen Befestigungen zwangsläufig mit großen Verlusten verbunden sein und barg die Gefahr, in einen Menschen und Material verschlingenden Stellungskrieg wie im Ersten Weltkrieg einzumünden. Deshalb sprach nach Meinung Churchills alles dafür, eine groß angelegte, amphibisch gestützte Landung alliierter Truppen in Nordfrankreich erst dann zu wagen, wenn der Gegner entscheidend geschwächt war. Dann würde die Eröffnung einer „Zweiten Front" im Westen ihm gewissermaßen den Todesstoß versetzen.

Stalin, Hitlers ehemaliger Komplize, wollte Churchills Argumente, die dieser auch bei seinem wichtigen Moskaubesuch im August 1942 vortrug, nicht akzeptieren. Brachte die Sowjetunion, auf deren Territorium sich der grausame Krieg im Osten abspielte, nicht furchtbare Opfer, unvergleichlich größere als Großbritannien und die Vereinigten Staaten, die aus Moskauer Sicht im Grunde nur den „Sitzkrieg" der Jahre 1939–1940 fortsetzten? Und steckte hinter der abwartenden Strategie in London vielleicht ein langfristiges Kalkül: Die Sowjetunion und Nazi-Deutschland würden sich in blutigen Schlachten gegenseitig so schwächen, dass am Ende die Westmächte als lachende Dritte bereitstünden, wenn es darum ging, die Früchte des Sieges zu verteilen?

Stalins Misstrauen wuchs in dem Maße, in dem sich Churchill ungeachtet aller seiner Hilfsversprechen für den bedrängten Verbündeten dem hartnäckig vorgebrachten sowjetischen Ansinnen mit immer neuen Ausflüchten zu entziehen versuchte. Seinen Botschafter in London ließ er im Frühjahr 1942 bei einem Besuch in Chequers angeblich mit kaum verhüllter Missbilligung und Ironie feststellen: „Sie sagen, Mister Churchill, dass die Eröffnung einer zweiten Front in Frankreich Sie auch jetzt überfordern würde, da die Amerikaner in den Krieg eingetreten sind. Wir wollen uns nicht darüber streiten. Aber wenn Sie uns keine Hilfe durch Schaffung einer zweiten Front leisten können, so erweisen Sie uns doch unverzügliche und praktische Hilfe auf eine andere Weise."[32] Der Botschafter ignorierte dabei offenbar bewusst den Umstand, dass die Vereinigten Staaten Anfang 1942 in Europa als militärische Macht de facto noch gar nicht präsent waren, sondern zunächst einmal ihre militärischen Niederlagen im Krieg gegen Japan bewältigen mussten. Und einen großen Teil von Großbritanniens Landstreitkräften banden der verlustreiche Wüstenkrieg in Nordafrika und der Kampf gegen Japan in Südasien.

Mit Blick auf diese militärische Gesamtsituation gab Churchill seine Bemühungen nicht auf, Stalin von der Idee einer „Zweiten Front" in Frankreich im damaligen Stadium des Weltkrieges abzubringen. Er schlug eine amphibische Landung der Alliierten in Nordafrika vor, dann in Südeuropa und gegen Ende des Krieges auf dem südlichen Balkan, damit die westlichen Alliierten von dort aus nach Mitteleuropa vorstoßen konnten. Von einer Landung britischer und amerikanischer Truppen auf dem Balkan und ihrem anschließenden Vorstoß nach Norden wollte Stalin jedoch überhaupt nichts wissen. Wohl zu Recht unterstellte er Churchill das politische Kalkül, alliierte Truppen sollten auf diese Weise der Roten Armee den Vormarsch nach Westen, in das Herz des Kontinents, abschneiden.

Das Problem einer „Zweiten Front" entwickelte sich zum politischen und persönlichen Duell zwischen Stalin und Churchill, der seine Botschaften an den Diktator gern mit „Ihr Freund und Kriegskamerad"[33] unterzeichnete. Es sorgte im diplomatischen Verkehr und bei persönlichen Zusammentreffen für Spannungen, Vorwürfe und Schärfe zwischen den Freunden und Verbündeten. Rückblickend schrieb Churchill, die Russen hätten zu keiner Zeit „auch nur das geringste Verständnis für das Wesen von Landungsoperationen entwickelt, die die Ausschiffung und Versorgung großer Armeen an einer gut verteidigten feindlichen Küste zum Ziele haben … Für eine erfolgreiche Landung gegen heftige feindliche Gegenwehr ist der Einsatz einer gewaltigen Flotte aus eigens zu diesem Zweck konstruierten Landungsschiffen … Grundbedingung. Auf die Schaffung dieser Flotte hatte ich … schon lange hingearbeitet und diese Anstrengungen setzte ich … auch weiterhin fort. Vor dem Sommer 1943 konnte sie nicht einmal in kleinem Rahmen fertig gestellt sein; aber ihre Schlagkraft konnte … nicht vor dem Sommer 1944 wirklich genügen."[34]

Erst mit der Landung der Alliierten in der Normandie („Operation Overlord") im Juni 1944 trat der Konflikt zwischen Churchill und Stalin, zumindest vorübergehend, in den Hintergrund. Die Beschlüsse der Konferenz von Teheran im November/Dezember 1943, des ersten Zusammentreffens der „Großen Drei", hatten für die „Zweite Front" den Weg geöffnet. Nach dem Kriege wurde das Duell zwischen den ehemaligen „Kriegskameraden" in anderen Formen und auf anderen Ebenen wieder aufgenommen. Nun weigerte sich Churchill, die territorialen Gewinne der Sowjetunion in Ost-mittel- und Südosteuropa anzuerkennen, und stellte ihren Einfluss in den Staaten jenseits des „Eisernen Vorhangs" in Frage.

Die Diskussion um die „Zweite Front" blieb aber nicht theoretisch. Schon frühzeitig hatte sie praktische Folgen. Denn zwischen dem Problem einer „Zweiten Front" und dem Bombenkrieg gegen das Deutsche Reich bestand unverkennbar ein Zusammenhang. Ursprünglich waren die nächtlichen Angriffe britischer Bomber auf deutsche Großstädte eine reine Vergeltungsmaßnahme gewesen, eine von Churchill selbst angeordnete Reaktion auf die deutschen Luftangriffe auf britische Städte, vor allem auf London während des „Blitz", aber auch auf Bristol, Manchester, Birmingham und Belfast. Wer Wind sät, wird Sturm ernten, sagt die alte Weisheit, und hier bestätigte sie sich in furchtbarer Weise. Bombardierten deutsche Verbände London, erlitt Berlin am nächsten Tag das gleiche Schicksal – eine Spirale ohne Ende.

Spätestens seit Anfang 1942 wurde von der britischen Seite der Einsatz der Royal Air Force über Deutschland gegenüber der Sowjetunion als Kompensation für das Ausbleiben der „Zweiten Front" gerechtfertigt. De facto war ja die Bomberflotte die einzige Offensivwaffe, die Großbritannien damals zur Verfügung stand. Sie sei in der Lage, argumentierte Lord Trenchard, der Schöpfer der Royal Air Force, dem Feind enormen Schaden zuzufügen. Churchill ließ sich überzeugen. Nun erst begann die systematische Bombardierung deutschen Städte und militärischer Einrichtungen, der Verkehrswege und Industrieanlagen. Das sollte den gemeinsamen Gegner schwächen, aber eben auch die deutsche Zivilbevölkerung demoralisieren. Lübeck fiel dieser Strategie in der Nacht vom 28. März 1942 zum Opfer. Köln erlebte am 30./31. Mai 1942 den ersten „Tausend-Bomber-Angriff", und die eng bebaute Innenstadt von Hamburg legte die Royal Air Force am 27. Juli

1943 mit einem vernichtenden „Feuersturm" in Schutt und Asche. Seit der zweiten Jahreshälfte 1943 beteiligten sich auch die Amerikaner an den Großangriffen. Roosevelt und Churchill hatten die „Combined Bomber Offensive" in Casablanca beschlossen. Das letzte Opfer wurde am 12./13. April 1945 Potsdam.

Der Bombenkrieg gegen Deutschland hatte also aus britischer Sicht vor allem drei Aufgaben. Anfangs war er Vergeltung, wobei sich die Wucht und die Frequenz der britischen Angriffe seit Mitte 1940 unverkennbar steigerten. „Die Öffentlichkeit verlangte Taten," sagte Churchill im hohen Alter zu seinem Privatsekretär. „Nach den Angriffen auf Coventry und andere Städte freute sie sich über unsere Gegenschläge auf deutsche Städte. Und eine unumstößliche Tatsache ist, dass eine große Zahl deutscher Jagdflugzeuge und Unmengen von Personal und Material durch ihre Luftverteidigung gebunden wurden."[35] Das war in den Kriegsjahren ein zentrales Argument, insbesondere auch gegenüber dem drängenden Stalin.

Seit dem Kriegseintritt der Sowjetunion im Juni 1941 diente der Bombenkrieg dann als Legitimierung der Kriegsanstrengungen Großbritanniens angesichts der Kritik Stalins am Ausbleiben der geforderten „Zweiten Front" in Westeuropa, die die Sowjetunion wirksam entlasten würde. Das war die zweite Aufgabe, die dem Bombenkrieg zugedacht war. Drittes Ziel der systematischen Flächenbombardements („area bombing"), die im August 1942 beschlossen wurden, bildete schließlich die Destabilisierung der nationalsozialistischen Diktatur durch die Demoralisierung der Zivilbevölkerung. Sie würde sich, so hoffte man in London, dadurch vom Hitler-Regime abwenden und das Ende des Krieges verlangen. Ähnlich naive Erwartungen hatte ja auch die deutsche Seite bei der Planung des „Blitz" gegen London gehegt. In beiden Fällen haben sie sich nicht erfüllt. Man fragt sich, warum Churchill und seine Berater aus der eindeutigen Reaktion der Londoner Bevölkerung auf den „Blitz" nicht ihre Schlüsse gezogen haben.

Doch dann ist da noch Dresden. In diesem besonders tragischen Fall geht es um die Frage, ob die brutale Zerstörung einer Stadt zu einem Zeitpunkt, an dem sich das Ende des Krieges schon absehen ließ, aus welchen Gründen auch immer notwendig war und wie sie gerechtfertigt werden konnte. Auch das britische Bomberkommando wusste, dass die militärisch-strategische Bedeutung der Stadt gering und sie von Flüchtlingen überfüllt war. Stellte die Bombardierung Dresdens am 13. und 14. Februar 1945 durch britische und amerikanische Verbände nichts anderes als einen skrupellosen, in militärischer Hinsicht sinnlosen Racheakt dar? In Deutschland neigt man verständlicherweise dazu, das apokalyptische Geschehen so zu sehen.

Über Verantwortung und Schuld für die Vernichtung Dresdens wenige Wochen vor dem Ende des Krieges gibt es keine Zweifel. Nach Lage der Dinge hätte das Bomberkommando unter dem Luftmarschall Arthur Harris ohne die ausdrückliche Billigung Churchills nicht so entscheiden und nicht so handeln können, wie es das im Februar 1945 tat. Harris traf den Premierminister regelmäßig. Ende Januar 1945 gab Churchill die Anweisung, die Angriffe auf ostdeutsche Städte zu verstärken. Er glaubte, das aus Loyalität zum sowjetischen Verbündeten tun zu müssen und, so sein Biograph Roy Jenkins, „dadurch den Krieg entscheidend verkürzen zu können."[36] Aber schon Ende März 1945 stellten die Briten den Luftkrieg gegen Deutschland mehr oder weniger ein, denn sonst, hielt Churchill in einer Aktennotiz für das Komitee der Generalstabschefs am 28. März 1945 fest, „werden wir die Kontrolle über ein völlig ruiniertes Land erhalten". Für ihn schien nun der Zeitpunkt gekommen zu sein, an dem „die Frage der Bombardierung deutscher Städte mit dem alleinigen Zweck, den Terror zu vermehren, wenngleich unter anderen Vorwänden, überdacht werden sollte ... Die Zerstörung Dresdens weckt ernste Zweifel an der Führung des alliierten Bombenkrieges."[37]

In Großbritannien wurde die Frage nach Sinn und Zweck der Bombardierung Dresdens und des Luftkrieges gegen die deutsche Zivilbevölkerung seither intensiv und differenziert diskutiert. Noch heute, aus der Distanz von mehr als einem halben Jahrhundert, umfasst die Bewertung die ganze Spannbreite von Zustimmung bis Verurteilung. „Die Bombardierung war kein Kriegsverbrechen," schrieb der ehemalige Leiter des Churchill-Archivs in Cambridge, Correlli Barnett, im November 2002 in dem britischen Massenblatt *The Daily Mail*. Anlass für diese Feststellung war das Erscheinen eines Buches, verfasst von einem deutschen Historiker,[38] über den Bombenkrieg der Alliierten im Zweiten Weltkrieg und Churchills Anteil an den strategischen und taktischen Entscheidungen. Für Barnett handelte es sich um einen „Beschluss, der aus strategischen Gründen gefasst wurde, welche unter Berücksichtigung der damaligen Zeitumstände vernünftig und ehrlich waren. 1940/41 war Churchill und seinen Beratern klar geworden, dass Deutschland nur durch das Bomber Command der Royal Air Force direkt angegriffen werden konnte. Die britische Armee war nicht stark genug …, um in Hitlers Europa einzufallen und die Wehrmacht an der neuen Westfront zu besiegen."[39]

Der britische Historiker Richard Overy, der ein Maßstäbe setzendes Werk über das Thema geschrieben hat, nannte den Bombenkrieg „barbarisch, aber sinnvoll".[40] Es war „weder vorsätzlicher Massenmord noch ein Massaker. Niemals ging es um Terror als Selbstzweck, auch wenn die Folgen zweifellos schrecklich waren. Die Bomben haben die deutsche Wirtschaft nicht zerstört, aber Deutschland daran gehindert, zu einer unbesiegbaren Supermacht zu werden. Sie haben den Durchhaltewillen der Bevölkerung nicht gebrochen, aber doch der Mobilisierung im Lande selbst Grenzen gesetzt. Aus der Sicht des 21. Jahrhunderts mag dies als unzureichende Rechtfertigung erscheinen – 1945 schien die völlige Niederwerfung von Hitlers Deutschland Rechtfertigung genug zu sein, um bis zum Äußersten zu gehen."[41]

Auffallend ist, dass von Churchill nur wenige Äußerungen zum alliierten Bombenkrieg gegen das nationalsozialistische Deutschland bekannt sind. In seinen Memoiren über den Zweiten Weltkrieg, die seit 1948 sukzessive erschienen, spielt diese Form des Krieges keine prominente Rolle. „Dresden" wird dort nicht thematisiert. Erst am Ende seines Erinnerungswerkes, im Kapitel über „Deutschlands Kapitulation" des sechsten Bandes *Triumph und Tragödie*, steht ein einziger Satz, ebenso beiläufig wie nichts sagend – oder vielleicht gerade deshalb so decouvrierend? „Unsere Bombardierung dauerte den ganzen Januar und Februar hindurch fort; im letztgenannten Monat wurde insbesondere Dresden, damals ein Verkehrsknotenpunkt für die deutsche Ostfront, schwer bombardiert."[42] Damit spielte Churchill offensichtlich auf eine Vereinbarung der alliierten Generalstabschefs vom 5. Februar 1945 in Jalta an. Die Sowjets hatten darauf hingewiesen, dass die Deutschen mehrere Divisionen von der West- an die Ostfront zu verlegen planten. Der sowjetische Generalstabschef forderte deshalb massive Bombenangriffe auf die Verkehrswege im Raum Berlin-Leipzig-Dresden und auch auf diese drei Städte. Wollte Churchill mit der Bombardierung Dresdens seine Verhandlungsposition gegenüber Stalin stärken? Das wird gelegentlich vermutet, obwohl wenig dafür spricht. Denn dann hätte der verheerende Angriff vor dem Beginn der Konferenz von Jalta erfolgen müssen, also vor dem 4. Februar 1945.

Als die Stadt an der Elbe brannte, hielt sich Churchill auf der Krim und in Athen auf. Es schien so, als habe er mit dem Angriff nichts zu tun. Am Nachmittag des 13. Februar 1945, nach dem Abschluss der Konferenz, besichtigte er, folgt man seinen Memoiren, Schauplätze des Krimkrieges (1853–1856). Wo er den Abend verbrachte, teilt er nicht mit. Am nächsten Morgen, dem 14. Februar 1945, flog er nach Athen und berichtet von einem Abendessen in der britischen Botschaft. Martin Gilberts Darstellung von Churchills Tagesabläufen Mitte Februar 1945 weicht von Churchills eigenem Bericht ab. Nach Gilbert fanden die Besichtigungen auf der Krim am 12. Februar statt. Am 13. Februar habe sich Churchill auf dem britischen Passagierschiff *Franconia* aufgehalten, das vor Sewastopol ankerte, und gearbeitet. Abends sprach er zur Schiffsbesatzung und dinierte im kleinen Kreis an Bord. Am nächsten Morgen informierte ihn ein Telegramm aus London über nächtliche Bombenangriffe auf Dresden und andere deutschen Städte. Um die Mittagszeit flog er nach Athen.[43]

Zu der Zeit, als Churchill in Chartwell seine Kriegsmemoiren diktierte, hielt er es offenbar nicht für notwendig, über die moralischen Aspekte des Luftkrieges zu räsonieren. Heißt das, dass er zeitlebens von der Legitimität des alliierten Bombenkrieges völlig überzeugt war und eine moralische Diskussion für überflüssig hielt? Oder war sein Schweigen eher als eine Art Verlegenheit zu verstehen, den Bombenkrieg mit seinen gewaltigen Zerstörungen und zahllosen Opfern unter der Zivilbevölkerung im Nachhinein rechtfertigen zu müssen? Das Ziel, Hitlers Herrschaft zum Einsturz zu bringen, hat der Bombenkrieg jedenfalls nicht erreicht. Das konnte auch ihm nicht entgangen sein.

Vieles deutet darauf hin, dass sich Churchill der Monstrosität des Geschehens, vielleicht weniger des ganzen Ausmaßes der angerichteten Zerstörungen in Deutschland, durchaus bewusst war. Aber er zog es vor, darüber zu schweigen. Nur gelegentlich verriet er etwas von seinen Empfindungen. Seine Tochter Sarah, die im Krieg bei der britischen Luftaufklärung diente, kam im Sommer 1943 zu einem Wochenendbesuch nach Chequers und brachte Aufnahmen vom nächtlichen Angriff der Royal Air Force auf eine deutschen Stadt mit. Beim Betrachten der Bilder habe sich Churchill plötzlich kerzengerade aufgerichtet und gesagt: „Sind wir Bestien? Treiben wir das zu weit?"[44] Und Jahre später, als er in Aachen den Internationalen Karlspreis erhalten sollte, beobachtete sein Arzt: „Winston ist ganz ausgefüllt von seinem Besuch in Deutschland. Dass er, der Hauptarchitekt von Deutschlands Sturz, Gast der Deutschen sein soll, regt ihn auf … ,In Deutschland gelte ich als Held. Das ist sehr seltsam'."[45] Dachte der damals 82-Jährige an die vielen zerstörten deutschen Städte und die Menschen, die dort auf grausame Weise umgekommen waren? Als er nach London zurückgekehrt war, bemerkte er zu seinem Arzt: „Die Deutschen waren freundlich, wirklich sehr freundlich. Die erste Nacht war allerdings nicht angenehm. Ich bin erst um drei Uhr eingeschlafen. Die Betttücher waren am unteren Bettende fest eingeschlagen. Das Bett war hart, die Laken waren rau und die Decken schwer."[46] Churchills Bequemlichkeit hatte gelitten, aber er nahm es nicht übel.

In diesem Zusammenhang ist es erwähnenswert, dass der Oberbefehlshaber der britischen Bomberflotte, Sir Arthur

Harris, nach dem Krieg nicht die Peerswürde erhielt. Das war ungewöhnlich, denn die hohen britischen Militärs wurden für ihre Verdienste im Weltkrieg reihenweise in das Oberhaus befördert. In seiner Siegesrede am 13. Mai 1945, die über den Rundfunk verbreitet wurde, erwähnte ihn Churchill mit keinem Wort. Erst seit 1992 erinnert an Luftmarschall Harris eine Bronzestatue vor der Widmungskirche der Royal Air Force, St. Clement Danes, im Zentrum von London. Diese späte Ehrung für den Koordinator des Luftkrieges gegen das Dritte Reich sorgte damals in der deutschen und britischen Öffentlichkeit für erheblichen Wirbel. Die Hallenkirche, von Christopher Wren im späten 17. Jahrhundert erbaut, war im Mai 1941 wie so viele Kirchen in der City durch deutsche Bomben schwer beschädigt worden.

Jeder weiß, dass Geschehenes nicht rückgängig gemacht werden kann. Aber ist das gegenseitige Aufrechnen der Opfer imstande, die Traumata der Vergangenheit zu heilen? Die furchtbaren Katastrophen, die während des Krieges über Dresden und andere Städte Europas hereinbrachen, können und sollen im Gedächtnis der Menschen nicht gelöscht werden. Doch es ist gewiss als Trost, vielleicht sogar als Wunder zu begreifen, dass an die Stelle von Hass und Vergeltung heute das Streben nach Verständigung und Versöhnung getreten ist, getreu dem Motto, das Churchill allen sechs Bänden seiner Erinnerungen an den Zweiten Weltkrieg voranstellte: „Im Krieg Entschlossenheit. In der Niederlage Trotz. Im Sieg Großmut. Im Frieden Wohlwollen."[47] Städtepartnerschaften wie die zwischen Coventry und Dresden, die schon 1959 besiegelt wurde, sind dafür ein ebenso lebendiges wie bewegendes Symbol.

Schon Monate vor der Intensivierung des Bombenkrieges gegen Nazi-Deutschland begann die britische Regierung, sich über die militärische, politische und wirtschaftliche Behandlung Deutschlands nach Kriegsende Gedanken zu machen. Churchill überließ hierbei das Feld den Fachleuten, und das hieß: in erster Linie dem Foreign Office. In entscheidenden Momenten griff er jedoch in die Debatte mit eigenen Vorstellungen ein. Am bekanntesten blieb bis heute seine Position in Teheran, als die Frage anstand, ob das besiegte Deutschland in mehrere Teilstaaten zerstückelt, der deutschen Nationalstaat also aufgelöst werden sollte. In der Schlussbilanz am Ende des Krieges wird allerdings deutlich, dass seine Interventionen in die britische Deutschlandplanung nur wenig Wirkung hatten. Im Grunde folgte Churchill, vor allem auch in der Spätphase des Krieges und in Jalta, den Empfehlungen seiner Berater.

In Teheran sprachen sich am 1. Dezember 1943, in der vierten Vollsitzung der Konferenz, sowohl Roosevelt als auch Churchill für die Zerstückelung („„dismemberment") Deutschlands aus, während Stalin, „Uncle Joe" im Jargon der Angelsachsen, zuhörte. Nach einer längeren Diskussion des Problems ließ er eine Präferenz für den Deutschlandplan des amerikanischen Präsidenten erkennen. Dass Stalin eine Zerschlagung des Deutschen Reiches befürwortete, war schon seit dem Herbst 1941 bekannt. Jetzt, in Teheran, trieb der von Roosevelt vorgelegte Plan das Prinzip der Zerstückelung weiter als derjenige des britischen Premierministers. Er, so Stalin, „verspreche eine größere Schwächung Deutschlands."[48] Churchill schlug seinerseits die Isolierung Preußens vom restlichen Deutschland vor und die Verselbstständigung Süddeutschlands, unter Einschluss Sachsens, in einem „Donaubund", denn „die Bevölkerung dieser Teile Deutschlands ist weit weniger ungestüm."[49] Praktisch lief Churchills Plan, der wenig durchdacht wirkt, auf die Teilung Deutschlands in zwei Staaten hinaus, in einen nördlich und einen anderen südlich der Mainlinie. Das Preußen westlich der Oder sollte in Churchills Konzept offenbar nahezu ungeschmälert erhalten bleiben und das, obwohl der Premierminister in Teheran Preußen als die „Wurzel allen Übels" in Deutschland bezeichnete.[50] Aus seinem Konzept ging überdies nicht eindeutig hervor, ob der vorgesehene „Donaubund" nur die süddeutschen Staaten umfassen sollte oder die süddeutschen Staaten plus Österreich.

Einigkeit bestand unter den „Großen Drei" schon in Teheran darüber, dass Polens künftige Westgrenze an der Oder verlaufen würde. Einen förmlichen Beschluss fassten sie jedoch

**Abb. 10:** Am 30. November 1943 feiert Churchill in Teheran mit Roosevelt und Stalin seinen 69. Geburtstag.

nicht. Auseinandersetzungen gab es später in Jalta und Potsdam nur noch über die Frage, ob in Schlesien die westliche oder die Glatzer Neiße den künftigen Grenzverlauf markieren sollte. Churchill sprach sich für die östliche, die Glatzer Neiße aus. Das Potsdamer Abkommen vom 2. August 1945, das Churchill wegen seines zwischenzeitlich erfolgten Rücktritts nicht mehr unterzeichnete, bestimmte schließlich die westliche Neiße als künftige deutsch-polnische Grenze. In Potsdam fiel auch die Entscheidung über die Annexion des nördlichen Ostpreußens, einschließlich Königsbergs, durch die Sowjetunion. Der sowjetische Annexionswunsch, den Stalin zum ersten Mal in Teheran vortrug, stieß dort weder auf den ausdrücklichen Widerspruch Churchills noch Roosevelts.

Seit der Potsdamer Konferenz (17. Juli – 2. August 1945), die die europäische Nachkriegsordnung festklopfte, haben die Historiker gefragt, warum die Briten sich so früh über Deutschland und das Europa nach dem Krieg den Kopf zerbrachen. Drückte sich darin die Sorge über die Zukunft des Kontinents aus? Wohl kaum. Auf der britischen Seite nahm vielmehr während des Krieges das Bewusstsein zu, in der Anti-Hitler-Koalition der schwächste Partner zu sein. Seit dem Zusammentreffen in Teheran gaben in dem Triumvirat Roosevelt und Stalin den Ton an. Darin kam zum Ausdruck, dass sich die bis ungefähr 1941 weitgehend konservierte europazentrische Welt des 19. Jahrhunderts im Grunde binnen weniger Monate in ein bipolares, globales Mächtesystem verwandelte, in dem die alte Weltmacht Großbritannien nur noch eine Nebenrolle spielte. Was in den 1930er Jahren noch verdeckt gewesen war: die Überbeanspruchung der britischen Macht, kam in der Extremsituation des Krieges unverhüllt ans Tageslicht.

Churchill realisierte die frappierende Entwicklung, die sich rapide vergrößernde Kluft zwischen Anspruch und Wirklichkeit britischer Macht, in aller Klarheit. So bemühte er sich darum, die beiden mächtigen Alliierten frühzeitig auf schriftlich fixierte Kriegs- und Friedensziele festzulegen, also auf politische Abmachungen, auf deren Einhaltung der schwächere britische Partner nach Kriegsende pochen konnte. „Durch präventive Diplomatie," so ist über die britische Politik zusammenfassend gesagt worden, „sollte der Ausbruch kruder Machtpolitik angesichts eines plötzlich eintretenden Machtvakuums in der Mitte Europas verhindert werden."[51] Letzten Endes haben die britische Diplomatie und Churchill selbst in seinen Verhandlungen mit den beiden Verbündeten in der „Grand Alliance" dieses ehrgeizige Ziel nicht erreicht. Jeder Bündnispartner verfolgte mit dem Näherrücken des Kriegsendes wieder seine eigenen Ziele. Vor allem Stalin wollte sich nicht festlegen. Spekulierte er auf den schnellen politischen und militärischen Rückzug der Amerikaner aus Europa, so wie 1918/19 nach dem Ende des Ersten Weltkriegs?

Hingegen waren sich die „Großen Drei" während des ganzen Krieges darin einig, dass keiner mit dem nationalsozialistischen Deutschland Hitlers einen Separatfrieden schließen würde. Das Prinzip wurde von ihnen immer wieder bekräftigt, nachdem es zum ersten Mal im britisch-sowjetischen Beistandspakt vom 26. Mai 1942 unmissverständlich formuliert worden war. Allein aus diesem Grunde mussten alle deutschen Friedensfühler während des Krieges scheitern. Selbst einen Kompromissfrieden mit Hitler-Gegnern, also mit einer aus einem Umsturz hervorgegangenen deutschen Regierung, lehnten die Alliierten ab. Denn dadurch hätte sich nach ihrer Meinung das Führungspersonal in Deutschland, das dem nationalsozialistischen Regime dienstbar gewesen war, der Verantwortung für den Krieg und den vom Regime begangenen Verbrechen entziehen können. Der Misserfolg der Verschwörung und des Attentats vom 20. Juli 1944 wurde daher in London eher mit Erleichterung aufgenommen. Am Ende einer langen Rede im Unterhaus ging Churchill am 2. August 1944 nur kurz auf das Attentat ein. „Die höchsten Persönlichkeiten im Deutschen Reich sind damit beschäftigt, sich gegenseitig umzubringen bzw. sie versuchen es," erklärte er. „So stark diese Manifestationen eines inneren Zerfalls auch sein mögen, so wichtig sie eines Tages sein werden, so schenken wir ihnen doch nicht unser Vertrauen. Wir vertrauen allein unseren starken Waffen und der Rechtmäßigkeit unserer Sache."[52]

Wäre das Attentat auf Hitler geglückt und danach die nationalsozialistische Herrschaft in Deutschland von den Verschwörern beseitigt worden, hätten die Alliierten vor einer für sie heiklen Entscheidung gestanden. Sie hätten entscheiden müssen, ob sie mit dem neuen Regime in Deutschland einen schnellen Waffenstillstand herbeiführen oder ob sie am Grundsatz der „bedingungslosen Kapitulation" festhalten sollten. Nach 1945 ist die abweisende Haltung Großbritanniens zum deutschen Widerstand gegen Hitler, unabhängig von dessen politischer Couleur, häufig kritisiert worden, sowohl von deutscher als auch von britischer Seite, wahrscheinlich zu Unrecht. Wie hätte Großbritannien den verschiedenen, schwachen, voneinander isoliert agierenden Gruppen des Widerstands effektiv helfen können? Mit Sprengstoff, Geld, moralischem Zuspruch? Und wer stand hinter dem Widerstand? Zumindest die Attentäter des 20. Juli repräsentierten für die Briten den „preußischen Militarismus", den Churchill in Teheran so vehement verdammt hatte. Überdies stand für ihn 1944 ein Kompromissfriede ebenso wenig zur Debatte wie 1940–1941. Churchill wollte den Sieg, unverwässert und bedingungslos. Erst danach war Großmut und Versöhnung angesagt.

Das schnelle Auseinanderbrechen der Anti-Hitler-Koalition nach der deutschen Kapitulation und der alsbald beginnende „Kalte Krieg" zwischen West und Ost zogen die Spaltung Deutschlands in zwei Staaten nach sich. War Churchill, der einzige Überlebende der „Großen Drei" nach Stalins Tod im März 1953, mit seinem in Teheran vorgestellten Zerstückelungskonzept dafür verantwortlich zu machen? Trug er gar eine Mitschuld an der Teilung Europas nach 1945?

In seinen Kriegsmemoiren versuchte Churchill, seine Haltung auf den alliierten Kriegskonferenzen, die die europäische Nachkriegsordnung in ihren großen Zügen festlegten, zu rechtfertigen, vielleicht sogar zu beschönigen. „Der Wunsch nach Vergeltung am gemeinsamen Feind beherrschte unser aller Denken …," schrieb er in ihnen rückblickend. „Wir alle fürchteten die Macht eines geeinten Deutschlands. Preußen hatte seine eigene große Vergangenheit. Ich hielt es für möglich, einen harten und dennoch ehrenvollen Frieden mit diesem Staat zu schließen und gleichzeitig eine modernisierte Auflage des alten Österreich-Ungarn zu schaffen, von dem man sehr zutreffend gesagt hat: ‚Wenn es nicht existierte, müsste man es erfinden'. Rascher als bei jeder anderen Lösung konnte sich hier ein großer Raum konsolidieren, in dem nicht nur Frieden, sondern sogar Freundschaft herrschte. So konnte ein Vereinigtes Europa geschaffen werden, in dem Sieger und Besiegte eine gesicherte Grundlage für das Leben und die Freiheit ihrer gequälten Millionen fänden."[53] War sich Churchill darüber im Klaren, dass Preußen im Jahre 1945 de facto gar nicht mehr existierte? Und hatte er überhaupt präzise Vorstellungen von einem „harten und dennoch ehrenvollen Frieden" mit dem besiegten Deutschland?

Die Wirklichkeit überholte bei Kriegsende alle vorangegangenen Planungen der Alliierten an den Konferenztischen und in den Ministerien. „Ich bin mir keines Bruches in der

Folgerichtigkeit meiner Gedanken in diesem ungeheuren Problemkreis bewusst," schrieb Churchill in seinen Kriegserinnerungen. „Aber im Bereich der Wirklichkeit sind unabsehbare, katastrophale Änderungen eingetreten. Die polnische Grenze gibt es nur dem Namen nach, und Polen windet sich bebend im russisch-kommunistischen Griff. Deutschland ist in der Tat aufgeteilt worden, aber nur durch eine scheußliche Spaltung in militärische Besatzungszonen. Angesichts dieser Tragödie kann man nur sagen: ‚*Sie kann nicht dauern*'."[54] Die meisten seiner Berater vertraten eine andere Meinung.

# 3. Sieg und Niederlage

Tausende Menschen strömten am frühen Nachmittag des 8. Mai 1945, einem Dienstag, auf den großen Platz vor dem Londoner Buckingham-Palast und in die Mall, die breite Allee, die den Palast mit dem Trafalgar Square verbindet. Dort, im Palast, saßen der König und Churchill, wie an den meisten Dienstagen während des Krieges, beim Mittagessen und gratulierten einander „zum Ende des Krieges in Europa"[1] Als sich der Premierminister, umgeben von der königlichen Familie, danach auf dem Balkon des Palastes zeigte, kannten Jubel und Begeisterung der Wartenden keine Grenzen. Die Londoner feierten ihren Kriegshelden. Sie dankten dem Mann, der auch in den dunkelsten Stunden der vergangenen fünf Jahre nie einen Zweifel an seiner Siegeszuversicht erlaubt hatte, so irrational sie manchmal auch schien. Sie ließen ihrer Freude und Erleichterung über das Ende einer schweren Zeit freien Lauf.

Um 15.00 Uhr gab der Premierminister aus seinem Amtssitz über die BBC die Kapitulation aller deutschen Streitkräfte bekannt: „Damit ist der deutsche Krieg beendet ... Nachdem das tapfere Frankreich zu Boden geschlagen worden war, führten wir von dieser Insel und von unserem geeinten Empire aus den Kampf ein ganzes Jahr lang allein weiter, bis uns die militärische Macht Sowjetrusslands an die Seite trat und später die überwältigende Stärke und die überwältigenden Hilfsmittel der Vereinigten Staaten von Amerika. Schließlich stand beinahe die ganze Welt geeint gegen die Übeltäter, die nun zu unseren Füßen liegen. Alle Herzen hier auf dieser Insel und im ganzen Empire schlagen in Dankbarkeit für unsere herrlichen Verbündeten. Wir dürfen uns eine kurze Weile Freude gönnen." Er schloss mit den Worten: „Vorwärts, Britannia! Lang lebe die Sache der Freiheit. Gott schütze den König."[2]

Als Churchill seinen Amtssitz in der Downing Street verließ, bildeten seine applaudierenden Mitarbeiter Spalier. Er fuhr durch jubelnde Menschenmengen zum Unterhaus und verlas dort noch einmal seine Erklärung. Anschließend dankte

**Abb. 11:** Siegesfeier in London am 8. Mai 1945: Churchill und die königliche Familie auf dem Balkon des Buckingham-Palastes. Links: Kronprinzessin Elisabeth.

er den Abgeordneten für ihre Unterstützung und „die Art und Weise, in der unter dem feindlichen Feuer die parlamentarischen Einrichtungen erhalten wurden."[3] „Alle Abgeordneten erhoben sich. Sie schrieen und schrieen und winkten mit ihrer Tagesordnung," beschrieb Churchills Parteifreund Harold Nicolson die Szenen bei Churchills Eintreffen im Unterhaus und nach dem Ende seiner Ansprache. „Er [Churchill] antwortete nicht mit einer richtigen Verbeugung, sondern mit einem seltsamen scheuen Zucken des Kopfes und einem breiten Grinsen."[4] Danach versammelten sich die Parlamentarier, wie beim Kriegsende im November 1918, in der Kirche St. Margaret's gegenüber dem Parlamentsgebäude zu einem kurzen Dankgottesdienst. Winston und Clementine Churchill hatten dort 1908 geheiratet.

Churchills Rundfunkansprache an die Bevölkerung des Vereinigten Königreichs löste in den Straßen Londons einen Freudentaumel aus, wie ihn die Hauptstadt bis dahin noch nicht erlebt hatte. Gegen 16.30 Uhr beendete das Unterhaus seine Sitzung. Vom Balkon des Gesundheitsministeriums in Whitehall sprach Churchill noch einmal zu der wartenden

Menge: „Das ist *Euer* Sieg ...". Stimmen aus der Menge übertönten den nicht enden wollenden Beifall: „Nein, nein, das ist *Dein* Sieg!"[5] Jahre später, als ihn das Parlament an seinem 80. Geburtstag in einer bewegenden Veranstaltung ehrte, unterstrich Churchill noch einmal seine Auffassung: „Ich habe niemals akzeptiert, was die Leute freundlicherweise sagten – nämlich, dass ich die Nation inspiriert hätte. Der Wille der Menschen war entschlossen, hart und, wie sich herausstellte, unbesiegbar. Mir fiel es zu, ihn auszudrücken. Die Nation ... hatte das Herz des Löwen. Ich hatte nur das Glück, das Brüllen übernehmen zu können."[6] Dennoch: Nie war der Premier populärer als in den Tagen nach dem Ende des Krieges in Europa. Der Löwe hatte gesiegt.

Die Nachricht von der Unterzeichnung der Kapitulationsurkunde durch Generaloberst Jodl im Hauptquartier des Alliierten Oberbefehlshabers Dwight D. Eisenhower, in der nordfranzösischen Kleinstadt Reims, hatte Churchill am Tage zuvor, am 7. Mai, nach dem Aufwachen erhalten. „Fünf Jahre lang haben Sie mir schlechte Nachrichten gebracht, manchmal schlimmere als andere," sagte Churchill zu dem Mitarbeiter, der ihn informierte. „Nun haben Sie alles wieder gut gemacht."[7] Er blieb bis Mittag im Bett und arbeitete an seiner Ansprache, die er am nächsten Tag halten würde. Bei Scotland Yard und beim Ernährungsministerium ließ er nachfragen, ob in der Stadt ausreichend Bier vorhanden sei. „Der Premierminister scheint über das Ende des Krieges überhaupt nicht aufgeregt zu sein," schrieb Lord Moran in seinem Tagebuch.[8] Doch das war ein eher oberflächlicher Eindruck.

Den Abend des 8. Mai, nach dem Feiern und dem Jubel, verbrachte Churchill mit den Töchtern Sarah und Diana sowie Duncan Sandys, Dianas Ehemann, und dem alten Freund Lord Camrose, dem Besitzer des *Daily Telegraph*. Als er gegen 22.30 Uhr hörte, dass in Whitehall und Parliament Square immer noch die Menschen versammelt waren, trat er noch einmal auf den Balkon des Gesundheitsministeriums und ließ sich feiern. Die Menge sang „Land of Hope and Glory" und „For He's A Jolly Good Fellow". Weit nach Mitternacht verließ Lord Camrose den Premierminister, der noch arbeiten wollte.

Erschöpft von den Siegesfeiern des Vortages blieb Churchill am 9. Mai vormittags im Bett. In Begleitung seiner Tochter Mary und eines Privatsekretärs ließ er sich am Nachmittag zu den Londoner Botschaften der Vereinigten Staaten, der Sowjetunion und Frankreichs fahren. „In der russischen Botschaft," notierte der Sekretär, „hielt der Premierminister eine kurze Rede und danach wurden Toasts ausgebracht. In den anderen Botschaften gestaltete sich der Besuch weniger formell, aber ähnlich herzlich."[9] Aus Moskau erhielt Churchill im Laufe des Tages ein Telegramm von seiner Frau Clementine, die dort seit Ende März im Auftrag des britischen Roten Kreuzes („Red Cross Aid to Russia Fund") Krankenhäuser besuchte und die sowjetischen Siegesfeiern miterlebte: „Wir haben uns hier [= in der britischen Botschaft] alle versammelt, trinken um 12.00 Uhr Champagner und senden Dir unsere Grüße zum Tag des Sieges."[10] Die Rundfunkrede ihres Mannes hatte sie am Vortag in der Botschaft mitgehört. Churchill sandte Glückwünsche an die ehemaligen französischen Ministerpräsidenten Léon Blum, Edouard Daladier und Paul Reynaud, die aus deutscher Haft befreit worden waren, sowie Dankadressen an den amerikanischen Präsidenten Harry S. Truman und an Harry Hopkins, Roosevelts engen Vertrauten und Berater, der seit Anfang 1941 immer wieder in amtlicher Funktion zwischen Washington und London gependelt war. Am Abend sprach er erneut vom Balkon des Gesundheitsministeriums zur erregten Menge. Mit der Tochter Mary aß er zu Abend. Danach arbeitete er noch bis in die frühen Morgenstunden. So erlebte Churchill den Sieg, *seinen* Sieg.

Es ist auffallend, dass Churchill den Tag des Sieges in seinen Kriegsmemoiren nur mit wenigen Sätzen streift. Der Mann, der das Detail so sehr liebte, lässt dem Triumphgefühl nur wenig Raum. „In der Stunde des überwältigenden Sieges," liest man da, „war ich mir der vor uns liegenden Schwierigkeiten und Gefahren nur zu sehr bewusst, aber einen kurzen Moment der Freude durfte ich mir doch gönnen … Nicht nur die Sieger, auch die Besiegten fühlten eine unaussprechliche Erleichterung. Für uns aber in Großbritannien und darüber hinaus im ganzen Britischen Reich … lag in dem Siegesjubel eine Bedeutung, die über alles hinausging, was unsere mächtigen und tapferen Verbündeten empfinden konnten. Abgekämpft und erschöpft, verarmt und doch ungebrochen und am Ende siegreich, durchlebten wir Augenblicke höchsten Gefühlsaufschwungs."[11]

Als der Jubel in den Straßen Londons verebbte und er sich einen „kurzen Moment der Freude" gegönnt hatte, füllten die täglichen Geschäfte den Premier wieder voll aus. In Europa schwiegen zwar die Waffen, aber der Krieg im Fernen Osten gegen Japan ging weiter und sein Ende war noch nicht abzusehen. In den Staaten Ostmitteleuropas, die die Rote Armee von der nationalsozialistischen Herrschaft befreit hatte, leitete die Sowjetunion derweil Maßnahmen ein, die mit den beiden westlichen Verbündeten nicht abgesprochen waren. Am 12. Mai schrieb Churchill deshalb an den amerikanischen Präsidenten Harry S. Truman – später nannte er es das „bedeutendste Telegramm", das er je verfasst habe: „Die Lage in Europa beunruhigt mich zutiefst … Ein eiserner Vorhang ist vor ihrer [der russischen] Front niedergegangen. Was dahinter vorgeht, wissen wir nicht. Es ist kaum zu bezweifeln, dass der gesamte Raum östlich der Linie Lübeck – Triest – Korfu schon binnen kurzem völlig in ihrer Hand sein wird."[12]

Churchill warnte den Präsidenten vor den Absichten Russlands – von „Sowjetunion" sprach er eigentlich nie. „Die Aufmerksamkeit unserer Völker aber wird sich mit der Bestrafung Deutschlands, das ohnehin ruiniert und ohnmächtig darniederliegt, beschäftigen, so dass die Russen, falls es ihnen beliebt, innerhalb sehr kurzer Zeit bis an die Küsten der Nordsee und des Atlantik vormarschieren können. Es ist unbedingt lebenswichtig, zu einer Verständigung mit Russland zu kommen, beziehungsweise zu sehen, wo wir mit Russland stehen, und das sofort, ehe wir unsere Armeen bis zur Ohnmacht schwächen und uns auf unsere Besatzungszonen zurückziehen. Das lässt sich nur in einer persönlichen Aussprache erreichen."[13] Schon im April hatte er an seine Frau nach Moskau geschrieben: „Derweil brauche ich Dir kaum zu sagen, „dass sich hinter diesen [militärischen] Triumphen eine vergiftete Politik und tödliche internationale Rivalitäten verbergen."[14]

Vergeblich hatte Churchill in den letzten Kriegswochen den Präsidenten und General Eisenhower gedrängt, die Chance zu nutzen, mit ihren schnell vorrückenden Truppen Berlin und Prag zu erobern und nicht an der Elbe zu warten, bis der Roten Armee diese Beute mit ihrer hohen politischen und symbolischen Bedeutung in die Hände fiel und kommunistischen Umstürzen der Weg bereitet wurde. Die amerikanischen und britischen Truppen sollten so weit wie möglich nach Osten vordringen. Natürlich wusste er, dass ein solches Vorgehen der Westmächte gegen Abmachungen der Kriegsalliierten verstoßen würde. Aber nahm denn der sowjetische Verbündete, nun bei Kriegsende, seinerseits auf früher getroffene Vereinbarungen Rücksicht?

In Wien hatte die sowjetische Besatzungsmacht ohne Rücksprache mit den Westmächten eine provisorische österreichische Regierung errichtet. Bereits am 10. Mai war bekannt geworden, dass vierzehn polnische Politiker, die der künftigen nichtkommunistischen Regierung des Landes angehören sollten, von den sowjetischen Militärbehörden gefangen genommen und nach Moskau gebracht worden waren. Dort wurde ihnen mit fadenscheinigen Anschuldigungen der Prozess gemacht. Die Regierung in London protestierte. Die sowjetische Polenpolitik in den Jahren 1944 und 1945 widersprach allen Zusicherungen, die Churchill der polnischen Exilregierung in London über die Ausgestaltung ihres wieder entstehenden Staates seit 1940 gegeben hatte. Was konnte die polnischen Kommunisten, gestützt von Moskau, noch an der Machtübernahme hindern? Und entgegen den alliierten Abmachungen über ein humanes Verfahren duldete die Sowjetunion die brutale Vertreibung der deutschen Bevölkerung aus den Gebieten jenseits von Oder und westlicher Neiße. Am 24. Mai 1945 übergab sie die Gebiete formell an den polnischen Staat.

Die einseitigen Maßnahmen der Sowjetunion in ihrem Machtbereich konnten nach Meinung Churchills nur der Beginn neuen Unheils sein – Torheiten des Siegers. „Drei bis vier Millionen Polen umzusiedeln war arg genug. Sollten wir auch noch über acht Millionen Deutsche umsiedeln?" Churchill sprach sich entschieden dagegen aus. Doch war mit einem sowjetischen Einlenken zu rechnen? Wohl kaum. „Hier war ein Unrecht im Werden, gegen das unter dem Gesichtspunkt der künftigen Befriedigung Europas Elsass-Lothringen und der Polnische Korridor nicht viel mehr als Kleinigkeiten waren. Eines Tages würden die Deutschen diese Gebiete zurückverlangen und die Polen nicht in der Lage sein, sie aufzuhalten."[15] Churchill hatte das Gefühl, auf verlorenem Posten zu kämpfen, denn bei der Diskussion über die künftige polnisch-deutsche Grenze konnte Stalin mit der Unterstützung der Vereinigten Staaten rechnen.

Churchill war ratlos; er fühlte sich von Stalin gerade in der polnischen Frage hintergangen und getäuscht. Intern sprach er schon von der „russischen Gefahr"[16] und beklagte sich über Moskaus Auslegung der gemeinsamen Beschlüsse von Jalta über die europäische Nachkriegsordnung. Dass durch das Kriegsende eine ganz neue Situation zwischen den Verbündeten entstanden war, hatte sein wacher Geist sofort wahrgenommen. In Angelegenheiten, die von ihnen bislang in der Schwebe gehalten worden waren wie die künftigen Grenzen Polens, fielen nun über Nacht Entscheidungen, einseitig getroffen von den Sowjets, die kaum einen Gedanken darauf zu verschwenden schienen, was die Betroffenen oder die beiden Kriegsalliierten davon hielten. Es musste gehandelt werden, und Churchill, wer sonst, musste die Initiative ergreifen, um fatale Entwicklungen zu verhindern. In Telegrammen an Präsident Truman, den er noch nicht persönlich kennen gelernt hatte, und den sowjetischen Diktator forderte er ein baldiges Gipfeltreffen der „Großen Drei". Sein Glauben an den Nutzen solcher Zusammenkünfte war unerschüttert. Überraschend schnell übermittelte Stalin am 30. Mai seine Zustimmung.

Truman hingegen zögerte. Offensichtlich wollte er den erfolgreichen Test einer ganz neuen Waffe mit unvorstellbarer Zerstörungskraft auf dem Versuchsgelände in New Mexico abwarten: der Atombombe. Die Versuchsexplosion gelang am 16. Juli 1945. Die Nachricht davon erhielt Churchill am nächsten Tag in Potsdam vom amerikanischen Verteidigungsminister Henry Stimson. An der Entwicklung der Bombe arbeiteten amerikanische und britische Wissenschaftler seit

Juni 1942 unter strengster Geheimhaltung. Ihrem Einsatz gegen Japan hatten die Briten, genauer: Churchill und nicht das Kriegskabinett, schon am 4. Juli „grundsätzlich" („in principle") zugestimmt.[17] Schließlich einigten sich die Partner der brüchigen Kriegsallianz auf ein Gipfeltreffen in Potsdam. Es sollte am 17. Juli beginnen.

Nach Potsdam reiste Churchill als Vertreter einer der drei großen Siegermächte. Doch das erschöpfte Großbritannien konnte mit seinen bescheidenen wirtschaftlichen und militärischen Mitteln am Kriegsende nur noch mühsam den Schein von Weltmachtstatus aufrechterhalten. Als er am 18. Juli in Potsdam mit Truman zusammentraf, erwähnte der Premier die „traurige Lage" („the melancholy position") Großbritanniens.[18] Dabei hatte er den Zustand der britischen Wirtschaft im Blick, aber auch die Möglichkeiten britischer Diplomatie. Seit Teheran quälte ihn das Gefühl, zwischen dem russischen Bären mit seinen ausgestreckten Pranken und dem amerikanischen Elefanten nur noch als kleiner Esel („poor little English donkey") agieren zu können. Allein auf seine persönliche Autorität vertrauend beabsichtigte Churchill, den sowjetischen Diktator bei ihrem bevorstehenden Treffen zur Einhaltung der gemeinsamen Beschlüsse anzuhalten und ihm die Grenzen seines Handelns aufzuzeigen. Die weitere Ausdehnung sowjetischen Einflusses im östlichen und südöstlichen Europa, gestützt auf die Präsenz der Roten Armee, musste nach seiner Meinung verhindert werden.

Von der „deutschen Gefahr" war in britischen Regierungskreisen praktisch nicht mehr die Rede, eher von Zusammenarbeit in einer gar nicht so fernen Zukunft. „Ich habe mit einiger Beunruhigung gehört," schrieb er am 9. Mai 1945 an General Eisenhower, „dass den Deutschen befohlen wurde, ihre Flugzeuge *in situ* zu zerstören. Ich hoffe, dass man in bezug auf Waffen und anderes Kriegsmaterial nicht ebenso verfährt. Wir werden all dies eines Tages vielleicht dringend brauchen."[19] Den britischen Oberbefehlshaber im besetzten Deutschland, Feldmarschall Montgomery, wies er Anfang Juli 1945 an, keine deutschen Forschungseinrichtungen zu zerstören, da sie eventuell auch von britischen Wissenschaftlern ge-

**Abb. 12:** Winston Churchill und der Oberbefehlshaber der Alliierten Streit-kräfte in Europa, der amerikanische General Dwight D. Eisenhower, März 1945.

nutzt werden könnten. Schon am 17. Mai 1945 hatte er angeordnet, die Demobilisierung der Bomberflotte einzustellen.

Der Gedanke, an den Besiegten ausgiebig Rache zu nehmen, lag Churchill fern. Er mag sich an das erinnert haben, was er bereits 1932 geschrieben hatte: „Es ist bemerkenswert, wie selten im Lauf der Geschichte Sieger imstande gewesen sind, die ganz anderen Methoden und Einstellungen zu finden, die sie brauchen, um durch Großmut zu bewahren, was sie mit Gewalt gewonnen haben. In der Stunde des Sieges wird die Politik noch von der Leidenschaft des Kampfes geblendet. Dennoch ist der Kampf mit dem Feind vorüber, und es bleibt der Kampf mit sich selbst. Der allerdings ist der schwerste von allen. Darum bewegt sich die Welt nur langsam und unstetig vorwärts, mit vielen Rückfällen, und die wahrhaft staatsmännischen Lösungen, die sich manchmal und stets nur mühsam erreichen lassen, werden fast immer verdorben.“[20] Eine längere Besetzung Deutschlands durch alliierte Truppen war daher im Sinne Churchills. Das bot die Gewähr, dass sich die „Leidenschaft des Kampfes" abgekühlt hatte, wenn über den Frieden gesprochen wurde.

Churchill kam schon zwei Tage vor dem eigentlichen Konferenzbeginn nach Potsdam. Mit seiner Frau und der jüngsten Tochter Mary hatte er eine Ferienwoche in Hendaye am Atlantik verbracht, lesend und malend. „Mich auf die Konferenz vorzubereiten, war überflüssig, hatte ich doch den größten Teil der Unterlagen im Kopf."[21] Von Bordeaux aus flog er direkt nach Berlin und bezog Quartier in einer Villa in Neubabelsberg, Virchowstrasse 23, damals Ringstrasse. Das schöne Haus, das von der Bevölkerung nach der Konferenz „Churchill-Villa" genannt wurde, war 1915–1917 von dem Architekten Ludwig Mies van der Rohe für einen Berliner Bankier erbaut worden. Für Churchills Aufenthalt waren die Kriegsschäden an dem Gebäude notdürftig behoben worden, doch komfortabel war es nicht. Lord Moran hat Churchills Ankunft beschrieben: „Ich folgte dem Premierminister durch zwei kahle Räume mit großen Kronleuchtern zur anderen Seite des Hauses, wo Glastüren, die lange nicht geputzt worden waren, auf [eine Terrasse] führten; und dort ließ sich Winston, ohne seinen Hut abzunehmen, in einen Gartenstuhl sinken, der zwischen zwei großen Töpfen mit blauen, rosa und weißen Hortensien stand. Er schien zu erschöpft, um sich zu rühren. Dann blickte er auf: ‚Wo ist Sawyers [der Kammerdiener]? … Bringen Sie mir einen Whisky'."[22] Das, was er von dem zerstörten Land während der kurzen Autofahrt vom Flugplatz Gatow nach Potsdam sah, hatte ihn schockiert.

Am 16. Juli, dem Tag vor dem Beginn der Konferenz, äußerte der Premierminister den Wunsch, die „Sehenswürdigkeiten" von Berlin zu besichtigen. Nach seiner Rückkehr, notierte Lord Moran, habe er über das Erlebte nicht sprechen wollen. Abends habe er lediglich bemerkt, dass er dem kommenden Winter mit Schrecken entgegensehe.[23] Churchill hatte die Trümmer des Reichstages und der neuen Reichskanzlei besichtigt. Jahre später, in seinen Memoiren, beschrieb er seine Eindrücke: „Am 16. Juli unternahmen der Präsident und ich getrennte Rundfahrten durch die sich nur noch als ein Trümmerfeld darbietende Stadt. Da die Fahrt natürlich nicht angekündigt worden war, befanden sich auf den Straßen nur die üblichen Passanten. Lediglich vor der Reichskanzlei stand eine größere Menschenmenge. Als ich aus dem Auto stieg und mich unter sie mischte, ließen sie mich mit Ausnahme eines alten Mannes, der missbilligend den Kopf schüttelte, hochleben. Seit Deutschland den Kampf aufgegeben hatte, war mein Hass verflogen, und diese Demonstration bewegte mich ebensosehr wie die abgezehrten Züge und die abgetragene Kleidung der Bevölkerung. Anschließend wanderten wir eine gute Weile durch die zerstörten Korridore und Säle der Reichskanzlei. Unsere russischen Führer brachten uns in Hitlers Luftschutzbunker, wo ich mich bis ins unterste Stockwerk begab und den Raum besichtigte, in dem sich Hitler und seine Geliebte das Leben genommen hatten; als wir wieder hinaufkamen, zeigte man uns auch die Stelle, wo seine Leiche verbrannt worden war. So nahm ich an Ort und Stelle die beste zu jener Zeit erhältliche Schilderung des letzten Teils der Tragödie entgegen."[24] Am nächsten Tag, kurz vor Beginn der ersten Sitzung der Konferenz, besuchte Churchill noch Schloss Sanssouci, und am 21. Juli nahm er gemeinsam mit seinem Stellvertreter Attlee nahe dem Brandenburger Tor, in der Charlottenburger Chaussee (heute: Straße des 17. Juni), die 40-minütige britische Siegesparade ab, an der 10 000 Soldaten teilnahmen.

Da hatten die längst überfälligen Parlamentswahlen in Großbritannien schon begonnen. Sie zogen sich über drei Wochen hin, um auch die Stimmen der britischen Militärangehörigen in allen Teilen der Welt zu erfassen. Zuletzt hatte das Land im November 1935 gewählt, und es war keine Frage, dass das Unterhaus eine neue demokratische Legitimation brauchte. Die Allparteienregierung der Kriegsjahre war im Mai 1945 zerbrochen, weil Labour eine weitere Beteiligung an der „Großen Koalition" aufkündigte. Churchill hätte sie gern bis zum Ende des Krieges im Fernen Osten fortgeführt. Weil das an der Haltung der Labour-Partei scheiterte, erklärte er am 23. Mai seinen Rücktritt als Premier- und Verteidigungsminister. Drei Tage später beauftragte ihn der König mit der Bildung einer Konservativen Übergangsregierung.

Das Ergebnis der ersten Unterhauswahlen nach fast zehn Jahren stand am 26. Juli 1945 fest: Die Labour-Partei hatte 393 Sitze gewonnen, die Konservativen nur 213, die Liberalen 12 und die Independent Labour Party 22. Das ergab eine bequeme Mehrheit von 146 Mandaten für Labour. Seinen eigenen Sitz in Woodford konnte Churchill verteidigen. Für seinen Stellvertreter im Kriegskabinett, Clement Attlee, war der Weg frei für den Einzug in die Downing Street.

Dass er die Wahlen verloren hatte, erfuhr der bis dahin so selbstsichere Churchill am Morgen des 26. Juli in der Badewanne. Schon beim Erwachen hatte er eine düstere Vorahnung: „Kurz vor Tagesanbruch erwachte ich mit einem Ruck und von einem beinah körperlichen Schmerzgefühl durchzuckt. Die bisher unterbewusste [sic] Überzeugung, dass wir geschlagen seien, setzte sich plötzlich in mir durch und beherrschte meine Gedanken. Zu Ende die Wucht der großen Ereignisse, mit denen oder gegen die ich so lange meinen geistigen Höhenflug aufrechterhalten hatte, und vor mir der Sturz! Keine Macht zur Formung der Zukunft! All die von mir angesammelte Erfahrung und Kenntnis, mein ganzes Ansehen und all die Freundschaft, die ich mir in so vielen Ländern erworben hatte, vorbei und vertan!"[25] Er hatte, zusammen mit Attlee, die Potsdamer Konferenz am Tage zuvor verlassen, um den Ausgang der Wahlen in London abzuwarten. Das Ergebnis traf ihn wie ein Blitz aus heiterem Himmel. Das Ausmaß des Labour-Wahlsieges schockierte ihn. Nachwahlen zum Unterhaus während des Krieges hatten den Trend hin zu Labour allerdings schon angedeutet. Doch hatten ihn die Menschen bei seinen Wahlkampfauftritten nicht stürmisch bejubelt? Man wird davon ausgehen dürfen, dass Churchill den Titel des letzten Bandes seiner Kriegserinnerungen *Triumph und Tragödie*, der den Zeitraum von der Invasion in der Normandie bis zur Potsdamer Konferenz umfasst, nicht nur auf sein Land, sondern auch auf sein ganz persönliches Schicksal bezog.

Konsequenzen mussten gezogen werden. Churchill erklärte am 26. Juli 1945 umgehend seinen Rücktritt vom Amt. Um 19.00 Uhr fuhr er zum Buckingham-Palast und empfahl dem König, den Oppositionsführer Clement Attlee zu seinem Nachfolger zu ernennen. Über die Presse dankte er der Bevölkerung: „Mir bleibt nichts anderes mehr zu tun, als dem britischen Volk, für das ich in den Jahren der Gefahr gewirkt habe, meine tiefe Dankbarkeit zum Ausdruck zu bringen für die unentwegte, feste Unterstützung, die es mir während meiner Amtszeit angedeihen ließ, und für das Wohlwollen, das es seinem Diener in mannigfacher Art bezeigte."[26] Der Labour-Chef Clement Attlee flog am nächsten Tag als neuer britischer Premier nach Berlin, begleitet vom Außenminister Ernest Bevin, um in Potsdam die Beratungen mit Truman und Stalin fortzusetzen. Zurück blieb Churchill. Noch unter dem Eindruck der verheerenden Wahlniederlage schloss er ein politisches Comeback kategorisch aus. Das Angebot des Königs, ihn zum Ritter des Hosenbandordens oder zum Herzog von London oder Dover zu erheben, lehnte er ab. Die historische Parallele zur Verleihung der Herzogswürde an seinen Vorfahren John Churchill, den ersten Herzog von Marlborough, durch Königin Anna nahm seine Fantasie offenbar nicht gefangen.

Den Rest seines Lebens, so prophezeite der abgewählte Premier düster, werde er mit Ferien verbringen müssen.[27] Wie am Ende des Ersten Weltkrieges im November 1918 empfand er eine gähnende Leere. Doch schon am Nachmittag des 27. Juli hatte sich seine Stimmung wieder aufgehellt. Ob er den Wählern Undankbarkeit vorwerfe, fragte ihn Lord Moran. „O nein," antwortete Churchill. „So würde ich das nicht sehen. Das Volk hat eine sehr schwere Zeit durchgemacht."[28] Das sei Demokratie, meinte er abends zu einem Mitarbeiter, und für sie habe man im Krieg gekämpft.[29] Aber warum hatten sich die Wähler von ihm abgewandt, zudem noch mit einer so eindeutigen Mehrheit?

Wandel und Reformen waren nach Kriegsende angesagt, und darauf schienen in der öffentlichen Meinung Attlee und seine Partei eher eingestellt zu sein und konkrete Antworten geben zu können. Im Wahlkampf war es vor allem um wirtschaftliche und soziale Fragen gegangen, um die Schaffung des versprochenen Wohlfahrtsstaates auf der Grundlage des Beveridge-Berichts vom Dezember 1942 und nicht um die Bewertung von Churchills Leistungen im Krieg. Für innenpolitische Probleme hatte sich der Premier in den Kriegsjahren jedoch nur wenig interessiert. Unterschwellige Kritik an seinem Führungsstil hatte es unter den Abgeordneten des Unterhauses schon seit Jahren gegeben. 1942, als sich die militärischen Rückschläge für Großbritannien häuften, sah es zeitweilig so aus, als würde sich eine Mehrheit unter ihnen auf den linken Labour-Politiker Sir Stafford Cripps als Nachfolger Churchills einigen wollen. Cripps mit seiner scharfen Intelligenz schien eher befähigt zu sein, das Land aus dem Krieg in den Frieden zu führen, nachdem die Grundlagen für den militärischen Sieg gelegt waren.

Vielleicht erinnerte sich Churchill im Augenblick der bitteren Wahlniederlage an Einsichten, die er schon in den frühen 1930er Jahren formuliert hatte: „Demokratien sind einer Stetigkeit nicht günstig. Der Engländer will sich nicht das Vorrecht nehmen lassen, von Zeit zu Zeit die Minister der Krone – ganz gleich, wie sie sein mögen – zum Tempel hinauszujagen und die bisherige Politik – ganz gleich, ob gut oder schlecht – umzukrempeln."[30] Oder: „Wer den Sieg erringt, kann den Frieden nicht sichern; wer den Frieden schafft, hätte den Sieg niemals gewonnen."[31] Aber er, der so gern in historischen Analogien dachte, mag sich auch an David Lloyd George, den Premier des Ersten Weltkrieges, erinnert haben. Ihn hatten die Wähler 1918 nach der Niederringung der Mittelmächte mit einem Wahlsieg belohnt.

Später hat sich Churchill selbst gelegentlich gefragt, ob es ein Fehler gewesen sei, sich im Juli 1945 zur Wahl zu stellen. Wäre es nicht klüger gewesen, im Augenblick des Triumphes und nach der Erfüllung seiner historischen Mission zurückzutreten und fortan die warme Sonne des Ruhmes zu genießen? War er zu sehr von seiner vermeintlichen Unersetzlichkeit überzeugt? Immerhin war Churchill bei Kriegsende fast 71 Jahre alt, und er spürte die Belastungen, denen er in den vergangenen fünf Jahren ausgesetzt war. „Viele Leute sagen, ich hätte nach dem Krieg zurücktreten und eine Art ‚elder statesman' werden sollen, aber wie konnte ich das tun? Mein ganzes Leben lang habe ich gekämpft, und ich kann jetzt nicht einfach aufhören zu kämpfen."[32] Das sagte er 1946. Er werde die roten Lederkoffer mit den wichtigen Staatspapieren vermissen, meinte er zu seinem Arzt, als seine Wahlniederlage feststand. „Es ist ein seltsames Gefühl, wenn alle Macht weg ist. Ich hatte alle meine Pläne gemacht; ich glaube, dass ich die Dinge besser regeln könnte als sonst jemand."[33]

Merkwürdigerweise benutzte Churchill zehn Jahre später fast identische Formulierungen, um seinen seelischen Zustand nach dem Verlust der Macht zu beschreiben. Als im April 1955 seine zweite Amtszeit in der Downing Street beendet war, schrieb er an den befreundeten General Eisenhower, nun Präsident der Vereinigten Staaten: „Es ist eine seltsame und schreckliche Erfahrung, die Verantwortung abzugeben und das Beiwerk der Macht zu Boden fallen zu lassen. Nicht nur ein Empfinden psychologischer, sondern auch physischer Entspannung beschleicht einen und hinterlässt ein Gefühl der Erleichterung, aber auch der Entblößung."[34]

Als er das schrieb, war Churchill achtzig Jahre alt, und sein Rückzug aus der aktiven Politik kam nun nicht mehr überraschend, weder für ihn noch für die Öffentlichkeit. Im Juli 1945, wenige Wochen nach seinem Triumph über Nazi-Deutschland, war das noch völlig anders. Damals empfand Churchill die Abfuhr durch die Wähler als den dritten Absturz in seinem politischen Leben – nach der gescheiterten Gallipoli-Operation 1915 und nach seinem Ausschluss aus der Regierungsverantwortung 1929. Für Außenstehende bedeuteten die Wahlen unmissverständlich das Ende der „größten Abenteuergeschichte des Jahrhunderts".[35] Churchill lehnte eine solche Sicht ab, und damit hat er sich, wie wir wissen, letztlich keinen Gefallen getan.

Verursachte ihm der abrupte Machtverlust den tiefen Schmerz? Folgt man den Beobachtungen seines Arztes in den kritischen Tagen seines Rücktritts, dann war das offensichtlich der Fall. Es braucht gar nicht weiter diskutiert zu werden, dass Churchill ein „Machtmensch" war – jemand, der den Besitz von Macht leidenschaftlich anstrebte und die Ausübung von Macht liebte. Als er im Mai 1940 vom König zum Premierminister ernannt wurde, gab er seine Gefühle wider: „In meiner langen politischen Laufbahn hatte ich die meisten wichtigen Staatsämter bekleidet, aber ich gestehe gern, dass die Stellung, die mir jetzt zugefallen war, mir am besten zusagte."[36] So liest man es in seinen Erinnerungen, und es gibt keinen Grund, an der Aufrichtigkeit seiner damaligen Gefühle zu zweifeln.

Aber im gleichen Moment, in dem Churchill seine tiefe Genugtuung über die Übertragung des höchsten Amtes mit aller damit verbundenen Macht an ihn ausdrückte, unterschied er zwischen der Macht, die ein skrupelloser Tyrann missbraucht, und der Macht, die in einer schwierigen Zeit zum Wohl eines Volkes ausgeübt wird. „Macht, die nur dazu benutzt wird, über seine Mitmenschen zu herrschen oder damit zu prahlen, wird mit Recht sehr niedrig eingeschätzt. Doch über die Macht in einer nationalen Krise zu verfügen, ist ein Segen für einen Mann, der zu wissen glaubt, welche Befehle erteilt werden müssen. In keinem Tätigkeitskreis gibt es einen Vergleich zwischen den Stellungen von Nummer eins und den Nummern zwei, drei oder vier. Die Pflichten und Probleme aller anderen sind ganz anders und in vielen Beziehungen schwieriger als die von Nummer eins … Steht man dagegen an der Spitze, wird alles viel einfacher. Ein anerkannter Führer muss nur dessen sicher sein, was vor allem zu geschehen hat, oder doch zum mindesten in seinen eigenen Gedanken eine Entscheidungen getroffen haben."[37] Natürlich dachte Churchill an sich selbst und an sein Handeln, als er dies schrieb.

Bei aller Machtfülle, über die er in den Jahren des Weltkriegs verfügte, war sich Churchill immer bewusst, dass er für sein Tun und Handeln letztlich den gewählten Abgeordneten des Unterhauses, den Vertretern des Souveräns, verantwortlich war. „Ich bin in erster Linie ein Parlamentarier und ein Mann des Unterhauses," versicherte er den Abgeordneten am 17. September 1940.[38] Das Parlament verkörperte für ihn die Quelle und den Sitz der Macht.

Auch in der Ausnahmesituation des Krieges war das Unterhaus, das weiterhin regelmäßig zusammentrat, deshalb kein willenloses Akklamationsorgan geworden, so wie der Deutsche Reichstag in der Diktatur Hitlers. Bei aller Zustimmung und Unterstützung, die er während des Krieges von Seiten der Abgeordneten genoss, wusste Churchill, dass er unter ihnen auch Kritiker und sogar Gegner hatte, die er nicht einfach zum Schweigen bringen konnte. Insofern übte Churchill zwar seit Mai 1940 diktatorische Macht aus, aber seine Macht stützte sich auf die Mehrheit im Unterhaus und unterlag stets einer wachsamen parlamentarischen Kontrolle. Das war der gewaltige Unterschied zum nationalsozialistischen Regime in Deutschland.

Nachdem der Premier am 8. Mai 1945 im Unterhaus die deutsche Kapitulation bekannt gegeben hatte, fügte er seiner Erklärung noch ein paar Sätze an. In ihnen gab er deutlich zu verstehen, dass das Parlament auch in den Jahren des Krieges seine Machtfülle relativierte. Er drückte seine „tiefe Dankbarkeit gegenüber dem Unterhause" aus, „ das sich als die festeste Grundlage der Kriegführung erwies, die wir in unserer langen Geschichte gesehen haben. Wir alle haben Fehler begangen, aber die Kraft des Parlaments als Einrichtung hat sich erwiesen und hat es möglich gemacht, alle Ansprüche der Demokratie zu bewahren, während wir in der härtesten und ausgedehntesten Form Krieg führten. Ich möchte den Angehörigen aller Parteien, jedem einzelnen in jedem Teil dieses Hauses, meinen herzlichen Dank aussprechen für die Art und Weise, in der unter dem feindlichen Feuer die parlamentarischen Einrichtungen erhalten wurden."[39]

Trotzdem: Der plötzliche Abschied von der Macht fiel Churchill schwer, zumal er ihn in einem Augenblick nehmen musste, an dem er mit dem neuen amerikanischen Präsidenten und Stalin in Potsdam brisante Verhandlungen führte. Wer denn außer ihm, mit all seiner politischen Erfahrung und seinem Prestige, konnte dabei den Einfluss Großbritanniens angemessen zur Geltung bringen? Wer, wenn nicht er, konnte verhindern, dass die beiden militärischen Supermächte die Nachkriegswelt allein nach ihren Vorstellungen ordneten und nach Gutdünken in Interessensphären aufteilten? „Vielleicht hätte man in Potsdam noch etwas retten können," mutmaßte

Churchill im Rückblick, „aber die Auflösung der britischen Nationalen Regierung und meine Entfernung vom Schauplatz zu einem Zeitpunkt, da ich immer noch großen Einfluss und große Macht besaß, vereitelte jede befriedigende Lösung."[40] Er klagte über Schlafstörungen. Um vier Uhr morgens werde er wach und dann gingen ihm „unnütze Gedanken" durch den Kopf.[41]

Was Churchill als „Schlag" („blow") empfand, sahen die Familie, Freunde und Kollegen naturgemäß anders. Clementine Churchill, wie immer nüchtern und praktisch, meinte, die überraschende Abwahl ihres Mannes als Regierungschef sei „womöglich in Wahrheit ein Segen",[42] was dieser jedoch nicht so sehen wollte. Ihr Mann habe seine Aufgabe in den Kriegsjahren zu einem siegreichen Ende gebracht. Was wollte er mehr? Sie hatte ihm schon im Jahr zuvor geraten, die Führung der Konservativen Partei aufzugeben. „Du solltest Dein großes Prestige nicht dazu benutzen, sie [bei anstehenden Wahlen] wieder an die Macht zu bringen. Sie verdient es nicht."[43] Den Menschen in seiner engeren Umgebung war nicht verborgen geblieben, dass er nicht mehr der resolute, rastlose, vor Energie sprühende Mann der Monate nach seiner Ernennung zum Premier war. Die Verantwortung und die Belastungen der Kriegsjahre forderten ihren Tribut. „Der Premierminister ist sehr gealtert," stellte Montgomery in Potsdam fest. „Ich erschrak, als ich ihn sah; seit unserem letzten Treffen hat er zehn Jahre zugelegt."[44] Der Churchill von 1945 war nicht mehr der Churchill von 1940.

Dass sich die Jahre bemerkbar machten, spürte Churchill selbst. Seit seiner Herzattacke in Washington Ende 1941 und dem physischen Zusammenbruch im Anschluss an die Konferenz von Teheran Ende 1943 waren seine Gesundheit und psychische Robustheit geschwächt. Der Feldmarschall Sir Alan Brooke (später: Lord Alanbrooke) traf Churchill im März 1944 und meinte, der Premierminister sei „völlig erschöpft und baue schnell ab".[45] Der Gedanke an die Opfer, welche die bevorstehende Invasion der Alliierten in der Normandie fordern würde, bedrückte den Premier. Depressive Phasen häuften sich. Im September 1944 bemerkte er zu seinem Arzt, er werde nicht mehr lange leben. „Ich habe das sehr starke Gefühl, dass meine Arbeit getan ist. Ich habe keine Botschaft. Ich hatte eine."[46] Er sehe „müde und gelangweilt" aus, bemerkte zur gleichen Zeit Harold Nicolson.[47]

Die resignierende Stimmung verflog. Aber unverkennbar ließen Churchills Arbeitskraft und sein Interesse an den Tagesgeschäften merklich nach. „Als der Premierminister um halb drei zu Bett ging," beobachtete sein Privatsekretär, „war der riesige Papierstapel, der auf Entscheidungen wartet, so gut wie nicht angerührt. Er sagte mir, dass er daran zweifle, ob er die Kraft zum Weitermachen besitze."[48] Und wenige Tage später: „Was die tägliche Arbeit in Downing Street betrifft, so fällt der Premierminister aus. Vieles von dem, was ihm eigentlich vorgelegt werden müsste, erledigen wir selbst. Ich habe das Außenministerium dazu überreden können, uns so wenig Vorlagen wie möglich zu übersenden."[49]

Nach den verlorenen Wahlen vom Juli 1945 blieb Churchill natürlich Abgeordneter und Vorsitzender der Konservativen Partei. Aber alles in allem gibt es wenig Hinweise darauf, dass er in den nächsten Jahren ein effektiver Oppositionsführer war. Seinen parlamentarischen Pflichten ging er eher nachlässig nach. Im Grunde vermittelte er politischen Freunden und der Öffentlichkeit den Eindruck, dass ihn die Arbeit im Unterhaus weniger interessierte als früher. Falsch war der Eindruck nicht. Vieles lenkte ihn vom politischen Alltag auf den Oppositionsbänken ab, und er gab den Ablenkungen gern nach. Er reiste viel in und außerhalb Europas, griff wieder häufiger zu Palette und Pinsel, folgte Einladungen, begann mit der Arbeit an seinen Kriegserinnerungen und ließ sich überall, wo er hinkam, als Sieger über den Tyrannen feiern.

Der Auszug aus der Downing Street bedeutete, dass er zunächst für sich und seine Familie eine neue Bleibe suchen musste. Im Sommer 1945 erwarb er auf der Südseite des Hyde Parks im Stadtteil Kensington ein relativ bescheidenes Backsteinhaus, das Anfang des Jahrhunderts seinem früheren Chef, dem Kolonialminister Lord Elgin, gehört hatte. Im Oktober konnten die Churchills einziehen. Später kaufte Churchill ein

Nachbarhaus hinzu, um mehr Platz für Büros zu gewinnen. Dort, in Hyde Park Gate Nr. 28, einer ruhigen Sackgasse, lebte er bis zu seinem Tode. Frühere Bewohner der Straße waren unter anderen der berühmte Literaturkritiker Sir Leslie Stephen mit seinen Töchtern, der Malerin Vanessa Bell und der Schriftstellerin Virginia Woolf, und Lord Baden-Powell, der Gründer der Boy Scouts, der britische Pfadfinderorganisation. Blaue Gedenktafeln erinnern heute praktisch an jedem Haus der Straße an berühmte Vorbesitzer.

Mit dem Erwerb des Hauses in Hyde Park Gate verfügte Churchill weiterhin über zwei Wohnsitze, denn Chartwell in Kent behielt er bei. Dadurch blieb sein Lebensstil aufwändig, sogar luxuriös, wie Kritiker meinten, auf jeden Fall kostspielig. In den 1930er Jahren beschäftigte Churchill allein in Chartwell einen Verwalter, acht bis neun Hausangestellte, eine Gouvernante, zwei Sekretärinnen, einen Chauffeur, drei Gärtner und einen Kammerdiener. Der von Zeitgenossen gelegentlich erhobene Vorwurf, Churchill, der Enkel eines Herzogs und verwandt mit dem hohen Adel Großbritanniens, pflege in einem demokratischen Zeitalter ostentativ einen aristokratischen, zumindest exzentrischen Lebensstil, war nicht neu. Churchill nahm ihn Schulter zuckend zur Kenntnis. Um Kritik dieser Art hat er sich nie gekümmert. Selbstverständlich gehörte er zur sozialen Oberschicht des Landes und unterhielt freundschaftliche Kontakte zur königlichen Familie. Aber was war überhaupt gemeint mit „aristokratischem" Lebensstil? Weil er sich nicht an die üblichen Bürostunden hielt? Weil die Hilfe von Personal für ihn selbstverständlich war? Weil er luxuriös mit umfangreichem Gepäck und Gefolge reiste, Pferderennsport als Hobby betrieb?

Für den Turf hatte sich Churchill, ungeachtet seines Interesses am Polosport, in seinen jungen und mittleren Jahren eigentlich nie interessiert. Aber 1949 überredete ihn sein Schwiegersohn Christopher Soames zum Kauf des französischen Hengstes „Colonist II", der in seiner Rennlaufbahn dreizehn Mal als Sieger ins Ziel kam. Die unerwartete Erfolgsserie seines ersten Rennpferdes machte Churchill zum begeisterten Anhänger dieses Sports. In seinem Rennstall standen in den nächsten Jahren 37 Pferde. Clementine Churchill betrachtete die neue Leidenschaft ihres Mannes mit Verwunderung und Missbilligung. „Ich bin entschieden der Meinung, dass dies eine seltsame Facette in Winstons buntem Leben ist," schrieb sie im Mai 1950 an eine Bekannte. „Bevor er das Pferd kaufte (und ich weiß nicht, warum er das überhaupt tat), hatte er praktisch noch nie ein Pferderennen besucht. Ehrlich gesagt, finde ich das nicht wahnsinnig amüsant."[50]

Dass Churchill Bequemlichkeit, Privilegien und Luxus liebte und sich mit großer Selbstverständlichkeit Extravaganzen gestattete, die eigentlich jenseits seiner finanziellen Möglichkeiten lagen, war nie ein Geheimnis gewesen. Vom Alltagsleben eines Londoners hatte er offenbar nur vage Vorstellungen. Clementine Churchill behauptete einmal, er habe vom Leben des durchschnittlichen Bürgers keine Ahnung. „Er ist nie in einem Bus gefahren und nur ein einziges Mal mit der U-Bahn. Das war während des Generalstreiks [1926], als ich ihn an der Station South Kensington absetzte. Er ist dann endlos im Kreis gefahren, denn er wusste nicht, wo er aussteigen sollte, und man musste ihn schließlich retten."[51]

Sein langjähriger Privatsekretär John Colville stellte fest, dass Churchill nie Geld bei sich trug. Für seine Ferien bevorzugte er schon in seinen frühen Jahren als Politiker die großzügigen Villen und Landsitze wohlhabender Freunde und Gönner oder Luxushotels. In Kapstadt war es das „Mount Nelson Hotel", das er 1899 bei seiner Ankunft in Südafrika als junger Kriegskorrespondent und 1900 nach seiner Flucht aus der burischen Gefangenschaft bezog. In Monte Carlo liebte er das „Hôtel de Paris", in Kairo das „Mena House Hotel" nahe den Pyramiden, auf der portugiesischen Atlantikinsel Madeira „Reid's Palace Hotel", in Marrakesch das Hotel „La Mamounia". Viele dieser berühmten Hotels bieten heute besonders zahlungswilligen Gästen „Churchill-Suiten" an. In London lebte Churchill oft tage- und wochenlang im „Hotel Ritz" oder im „Claridge's Hotel".

Es war sicher Selbstironie, wenn Churchill wenige Tage vor seinem 80. Geburtstag von sich behauptete: „Es ist nicht so, als hätte ich kostspielige Vorlieben. Ich halte mich zu lange im

Bett auf, um viel Geld ausgeben zu können. Ich bin nicht extravagant. Die Rennpferde finanzieren sich praktisch selbst … Wenn die Leute Geld sammeln wollen, um mir ein Geburtstagsgeschenk zu machen, dann habe ich nichts dagegen."[52] Konnte von einem „aristokratischen" Lebensstil die Rede sein, weil ihm bürgerliches Schamgefühl so fremd war wie den Aristokraten früherer Jahrhunderte? Es kam vor, dass er sich wichtige Schriftstücke von seinem Privatsekretär vorlesen ließ, während er ein Bad nahm. Gern erzählt wird eine Begebenheit, die sich im Weißen Haus zutrug: Als Churchill dort bei einem seiner Besuche gerade aus dem Bad stieg, kam Roosevelt durch die Tür seines Appartements. Churchill geistesgegenwärtig zum Präsidenten: „Sie sehen, der Premierminister von Großbritannien hat vor dem Präsidenten der Vereinigten Staaten nichts zu verbergen."[53]

Viel ist über Churchills Ess- und Trinkgewohnheiten geredet, gerätselt und geschrieben worden. Dass er in dieser Hinsicht ein Asket gewesen wäre, hat nie jemand gesagt. Er aß gern und viel, und sein Alkoholkonsum mag zeitweise überdurchschnittlich gewesen sein. Da gibt es amüsante Parallelen zu Bismarck. Im Sommer 1948 besuchte Robert Boothby, ein Freund, das Ehepaar Churchill in der Provence. „Das Mittagessen war ordentlich," berichtete Boothby anschließend, „Langusten mit Mayonnaise, ein Soufflé, ein paar Flaschen Champagner, eine Flasche Volnay und zum Abschluss Cognac. ‚Ich finde, dass Alkohol im Leben eine große Stütze ist,‘ sagte er."[54] Er habe aus dem Alkohol mehr Nutzen gezogen als der Alkohol aus ihm, behauptete er einmal im höheren Lebensalter.[55] Es gibt keinen Grund, diese Feststellung anzuzweifeln.

Engen Mitarbeitern Churchills fiel auf, dass er mit seinem Alkoholkonsum gern kokettierte. Seine vermeintliche Trinkfestigkeit betrachtete er durchaus als positives und daher zu pflegendes Element seines Images in der Öffentlichkeit. Anthony Montague Browne, der letzte Privatsekretär, hielt alle Geschichten über Churchills Trinkgewohnheiten und seinen angeblichen Alkoholismus jedoch für maßlos übertrieben. „Ich erlebte ihn nie betrunken, aber belebt, angeregt und nach dem Abendessen leidenschaftlich interessiert an einem Gesprächsthema." Champagner, und zwar der einer bestimmten Provenienz, war ihm immer willkommen. Tagsüber bevorzugte Churchill Whisky mit sehr viel Soda, um, wie er bemerkte, „seine Kehle anzufeuchten".[56] Er führte den Genuss stark verdünnten Whiskys oder Wassers mit Whiskygeschmack auf seine Zeit als junger Leutnant in Indien zurück. Dort habe ein Schuss Whisky das Wasser überhaupt erst trinkbar gemacht.

Die Nationalsozialisten glaubten, vor allem in den Kriegsjahren, Churchill mit dem Hinweis auf angebliche Alkoholexzesse diffamieren zu können. Der Antialkoholiker Hitler und sein Propagandaminister Goebbels geiferten, mit ihrer bekannten Vorliebe für die Vulgärsprache, über den „Trunkenbold" und „Schnapssäufer" Churchill, den „Whiskysäufer von der Themse". Mit seinem Sinn für Wortwitz und Humor, auch wenn beide nur bescheiden daherkommen, wird der so Angesprochene darüber geschmunzelt haben. In der deutschen Literatur über Churchill wird die nationalsozialistische Propaganda jedoch auch heute noch oft ungeprüft übernommen.

Und die andere Seite? Churchill nannte seinen Gegenspieler in seinen öffentlichen Reden meist distanzierend „Herr Hitler" oder einfach „Hitler". Nur selten ließ er sich zu Tiraden über „diesen bösen Menschen, diese Spottgeburt aus Hass und Vernichtungswillen"[57] hinreißen oder bezeichnete ihn als „ein Ungeheuer an Verruchtheit, unersättlich in seiner Blut- und Raubgier".[58] Er geißelte dessen moralische Verderbtheit und verbrecherisches Tun. In den letzten Kriegsjahren beschäftigte sich Churchill jedoch kaum noch mit dem Diktator. Es scheint fast so, als sei der Gegenspieler nach der unmittelbaren, dramatischen Konfrontation in den Jahren 1940 und 1941 aus seinem Gesichtskreis allmählich verschwunden. Für ihn war Hitler nicht länger ein ernst zu nehmender Gegner. Die Nachricht von dessen Selbstmord nahm er ohne sichtbare Gemütsbewegung hin. Seine neuen Gegenspieler sah er längst woanders.

# Politisches Comeback und Ruhestand (1946–1965)

## 1. Warner und Visionär

Churchill auf den Oppositionsbänken des Parlaments – da erinnert manches an die Dekade nach 1929. Wie während seiner Jahre in der „Wüste" gewannen bei ihm nach der schweren Niederlage der Konservativen in den Wahlen zum Unterhaus wieder andere Interessen mehr Raum. Von der Bürde des Amtes befreit, natürlich zu früh und gegen seinen Willen, wie das Politiker so empfinden, gönnte er sich Ferien, so in der ersten Septemberhälfte 1945 am Comer See. Seine Tochter Sarah begleitete ihn, während seine Frau Clementine in London blieb und das neu erworbene Haus in Hyde Park Gate renovieren ließ. In Chartwell reinigten derweil deutsche Kriegsgefangene den von Pflanzen überwucherten Fischteich und das Schwimmbad, das Churchill in den 1920er Jahren angelegt hatte.

In seinem italienischen Feriendomizil empfing Churchill Besucher und malte. „Das Malen hat mir großes Vergnügen bereitet," schrieb er am 9. September an Clementine, „und ich habe all meinen Ärger und Verdruss vergessen. Es ist eine wunderbare Kur, weil man beim Malen im Grunde an nichts anderes denken kann."[1] Die zweite Septemberhälfte verbrachte Churchill am Mittelmeer, zunächst in der Nähe von Genua und anschließend in Monte Carlo und Antibes. In Antibes hatte ihm General Eisenhower, sein Freund aus Kriegstagen, eine Villa zur Verfügung gestellt. „Es war wie in alten Tagen," meldete er Clementine mit sichtlichem Vergnügen.[2] Lebens- und Arbeitsfreude stellten sich wieder ein. Zurück in London begann Churchill damit, die Niederschrift seiner Kriegsmemoiren vorzubereiten. Das war, alles in allem, ein Unternehmen, das ihm in den nächsten Jahren viel Zeit abforderte. Der handelnde Politiker verwandelte sich wieder in den berichtenden und erklärenden Historiker.

Ja, und daneben gab es dann doch noch die Politik. Aber zeitweilig schien es, als sei sie für Churchill während dieser Jahre in eine eigentümliche Ferne gerückt. Das war deshalb so merkwürdig und auffällig, weil er im Unterschied zu dem Jahrzehnt „in der Wüste" ein wichtiges politisches Amt bekleidete. Er blieb, ungeachtet interner Widerstände, auch nach der Wahlniederlage vom Juli 1945 Vorsitzender der Konservativen Partei und damit der Führer von „Seiner Majestät Loyaler Opposition". Aber der tägliche Kleinkram der Innenpolitik in den schwierigen Nachkriegsjahren, die enormen wirtschaftlichen Probleme, die Wohnungsnot und die von Labour forcierten Reform- und Verstaatlichungsprojekte scheinen ihn wenig interessiert zu haben. Immer häufiger nahm er an den Sitzungen des Parlaments gar nicht teil. Dachte er überhaupt an ein politisches Comeback?

Die von der Regierung Attlee eingeleiteten Schritte zur Errichtung des Wohlfahrtsstaates in Großbritannien stießen bei Churchill auf wenig Sympathie. Für ihn war dies alles die Frucht des so verabscheuten Sozialismus, der nach dem Willen der Labour-Partei die Fundamente für eine völlig neue Wirtschafts- und Gesellschaftsordnung, gar für einen kommunistischen Staat in Großbritannien legen sollte. Dass er selbst einmal als Minister vor 1914 der Initiator wichtiger sozialpolitischer Maßnahmen gewesen war, hatte Churchill offenbar vergessen oder verdrängt. Selbst bei Freunden und in der eigenen Partei, die ihn wegen seiner Vergangenheit nie richtig akzeptierte, stieß seine Haltung auf Befremden und Kritik; am liebsten wäre sie ihn losgeworden.

Der Krieger Churchill, der Bezwinger schrecklicher Diktatoren, fühlte sich von den Problemen des Friedens überfordert, vielleicht auch gelangweilt. Er reagierte im Parlament mit verletzender Polemik, Lethargie und Starrsinn. Ein Zeitalter der Rationierungen, leerer öffentlicher Kassen, staatlicher Planung und Vergesellschaftung war nicht nach seinem Geschmack. Sein Arzt meinte, Churchill sei mit dem Herzen nicht bei der Sache. „Er war nie glücklich, wenn er kein Amt innehatte. Während die Monate vergingen, fand er es immer schwieriger, sich einzureden, dass er in der ersten Reihe der Oppositionsbänke einen nützlichen Zweck erfüllte."[3] Kurzum, als Oppositionsführer erwies sich Churchill schlichtweg als Versager. Dass die Labourregierung Attlee im Oktober 1951 abgewählt wurde, war gewiss nicht sein Verdienst, aber auch nicht das seines Stellvertreters Anthony Eden. Deren Fall besorgte die Zeit.

In den sechs Oppositionsjahren zwischen 1945 und 1951, schreibt der Churchill-Biograph Paul Addison, zelebrierte Churchill die abgehobene Rolle des „elder statesman" mit weltweitem Renommee, der mit den Niederungen der Parteipolitik eigentlich nichts zu tun haben wollte.[4] Verstand er überhaupt noch die aktuellen Probleme und Herausforderungen, die das vom Krieg erschöpfte Land bewältigen musste? Ihm behagte es weit mehr, vor internationalem Publikum in Europa und in den Vereinigten Staaten große Reden zu den Problemen der Weltpolitik in der Nachkriegszeit zu halten, so etwa über den anhebenden Konflikt zwischen den westlichen Staaten und der Sowjetunion, über die Einigung Europas oder die Zusammenarbeit der liberalen Demokratien angesichts der sowjetischen Bedrohung. In diesen Reden entwickelte Churchill politische Perspektiven und Visionen. Sein Weltruhm als Staatsmann, Sieger über Hitler und Autor historischer Werke garantierte ihm eine breite Resonanz.

In den 1950er Jahren erlebte Churchill darüber hinaus die Renaissance seines liberalen Gesellschaftsbildes, an dem er unbeirrt festgehalten hatte. An seinem 80. Geburtstag nannte ihn folgerichtig der Philosoph Karl Popper „den Verteidiger der offenen Gesellschaft" und übersandte ihm ein gewidmetes Exemplar seines berühmten Buches *Die offene Gesellschaft und ihre Feinde*, das 1950 in England erschienen war.

Wahrscheinlich schien Churchill nach der Konservativen Wahlniederlage die Schriftstellerei auch deshalb attraktiver zu sein als die Politik, weil das Projekt seiner Kriegsmemoiren an frühere literarische und finanzielle Erfolge anzuknüpfen versprach. Schon vor dem Beginn der eigentlichen Arbeit an dem umfangreichen Werk, dem er den Titel *Der Zweite Weltkrieg* gab, flossen die Honorare, die seine notorischen finanziellen Sorgen ein für allemal aus der Welt schafften. Die Londoner

Zeitung *The Daily Telegraph*, für die er vor mehr als einem halben Jahrhundert aus Indien berichtet hatte, zahlte ihm für die Vorabdruckrechte 555 000 Pfund Sterling – nicht nur damals, auch heute noch eine immense Summe. Durch die Vermittlung seines bewährten literarischen Agenten Emery Reves kassierte er für die Verwertung der amerikanischen Rechte an seinen Memoiren weitere 1,4 Millionen Dollar.

Über achtzig Zeitschriften und Zeitungen in aller Welt, darunter die *New York Times*, druckten zwischen 1948 und 1954 Auszüge aus den sukzessiv erscheinenden Memoiren. „Ich habe von der Geschichte des Zweiten Weltkrieges gelebt," erklärte Churchill nach dem Erscheinen des sechsten Bandes. „Nun werde ich von dieser Geschichte leben [*A History of the English-Speaking Peoples*]. Jedes Jahr werde ich ein Ei legen – ein Band alle zwölf Monate sollte nicht allzu viel Arbeit bedeuten."[5] Seine früheren Bücher erlebten Neuauflagen. Amerikanische Zeitschriften wie *Time* und *Life* offerierten ihm hohe Honorare für kurze Beiträge. Nennenswerte Steuern auf seine üppigen Einnahmen umging er durch die Errichtung einer Stiftung („Chartwell Literary Trust"), die seine Familie, vor allem seine Frau im Falle seines Todes finanziell absichern sollte. Zum ersten Mal in seinem Leben konnte Churchill seine beträchtlichen Ausgaben ganz aus eigenen Mitteln bestreiten. Er war ein wohlhabender Mann geworden, der nicht nur, wie er es seit früher Jugend gewohnt war, großzügig Geld ausgeben konnte, sondern es auch auf sehr englische Weise investierte – in Land, um das landwirtschaftlich nutzbare Areal von Chartwell abzurunden.

Dort, im ländlichen und friedlichen Kent, begann Churchill im Herbst 1945 mit der Arbeit an seinem Bericht über den zweiten großen Krieg des 20. Jahrhunderts, auf den die Welt und seine Verleger warteten. Das gewaltige Unternehmen, das er auf mehrere Bände veranschlagte, organisierte er in gewohnter Weise mit einem Stab von Sekretärinnen und wissenschaftlichen Zuarbeitern. Ehemalige hohe Militärs – Generäle, Admiräle und Luftmarschälle – berieten ihn.

Sein engster Mitarbeiter seit März 1946, der Oxforder Historiker William Deakin, hat später einmal Churchills Alltag als

Autor beschrieben. „Er pflegte bis kurz vor Mittag im Bett zu bleiben. Er gab mir irgendeine Arbeit – zum Beispiel Korrektur lesen. Dann diktierte er einem der Mädchen Briefe. Gegen elf Uhr rief er wieder nach mir und gab mir weitere Arbeiten. Dann badete er und kleidete sich an … Nach dem Mittagessen ging er spazieren. Er zählte die Schwäne und die Fische im Teich. Dann ein Mittagsschlaf. Wenn er gegen fünf Uhr aufgestanden war, spielte er mit Clementine Karten … Zwischen 18.30 und 19.00 Uhr unterschrieb er seine Korrespondenz. Ich war dabei anwesend. Dann redete er über das Kapitel, an dem er gerade arbeitete. Er las einen der Entwürfe, die ich für ihn geschrieben hatte, fast ohne Kommentar. Sodann zog er sich fürs Abendessen um … Erst gegen 23.00 Uhr begann er wieder mit der Arbeit. Wir beide gingen nach oben. Wir arbeiteten bis zwei oder sogar drei Uhr morgens. Er knüpfte an dem an, was er vor dem Abendessen gelesen hatte; dann begann er zu diktieren. Das, was ich für ihn geschrieben hatte, schaute er nicht wieder an. Es war in seinem Kopf.“[6]

Beeindruckt zeigte sich Deakin, der die Arbeit der Mitarbeiter und Berater koordinierte, von Churchills Gedächtnis und seiner Konzentrationsfähigkeit. Deakin  stand von 1946 bis 1955 in dessen Diensten, denn er half ihm auch bei der Fertigstellung und Drucklegung seiner monumentalen *A History of the English-Speaking Peoples,* die er in den 1930er Jahren fast abgeschlossen hatte. Der erste Band erschien im April 1956. In diesem, seinem letzten großen historischen Werk handelt er, wie er selbst erläuterte, über die „Anfänge, Streitigkeiten, Missgeschicke und schließlich die Versöhnung“ der Englisch sprechenden Völker.[7] Gemeint waren Großbritannien mit seinem Empire und die Vereinigten Staaten.

Dank der Zielstrebigkeit und Arbeitsdisziplin des Autors Churchill erschienen die Bände der Kriegsmemoiren seit 1948. Die letzten Bände lagen schon im Sommer 1951 in Manuskriptform vor, wenige Wochen vor den Unterhauswahlen, die die Konservativen und Churchill wieder an die Macht brachten, allerdings nur mit einer hauchdünnen Mehrheit. 1954, ein Jahr vor seinem Ausscheiden aus dem Amt, war schließlich der sechste Band der Memoiren gedruckt. Das war ohne Zweifel eine staunenswerte Leistung, zumal wenn man bedenkt, dass Churchill in seinem achten Lebensjahrzehnt stand und neben dem Schreiben viele andere Verpflichtungen hatte, nicht zuletzt die eines Regierungschefs.

Auch um seine Gesundheit stand es in dieser Zeit nicht zum Besten. Zwischen August 1949 und Juni 1953 erlitt Churchill vier leichte bis schwere Schlaganfälle. Nur die ersten Bände der Memoiren hatte er schon vor dem fatalen August 1949 verfasst. Der Erfolg des sechsbändigen Werkes erfüllte dann aber zu seiner und der Verleger großen Zufriedenheit alle Erwartungen. Seine Geschichte des Zweiten Weltkrieges wurde ein Bestseller, natürlich vor allem in Großbritannien und in den Vereinigten Staaten. Die einzelnen Bände hatten dort Startauflagen von 300 000 Exemplaren. Übersetzt wurden sie in achtzehn Sprachen. Die deutsche Ausgabe des Werkes erschien fast zeitgleich mit der englischen.

Wiederholt hatte Churchill im Scherz gesagt, die Geschichte des Weltkrieges und seine eigene Rolle in ihm wolle er nicht den professionellen Historikern überlassen, sondern sie selbst schreiben. Gewissermaßen wollte er für sein eigenes Denkmal in der Geschichte verantwortlich sein. Das, was im Grunde alle Politiker mit ihren mehr oder weniger lesenswerten Memoiren anstreben, ist ihm mit seinem subjektiven Rechenschaftsbericht weitgehend gelungen. Als Autor nahm er dabei zweifellos eine einzigartige Stellung ein: „Ich bin vielleicht der einzige, der in hohen Staatsämtern die beiden größten Umwälzungen der überlieferten Geschichte erlebte. Während ich jedoch im Ersten Weltkrieg verantwortungsvolle, aber untergeordnete Stellungen einnahm, stand ich in diesem zweiten Kampf gegen Deutschland mehr als fünf Jahre lang an der Spitze der Regierung Seiner Majestät. Ich schreibe daher von einem anderen Gesichtspunkt aus und mit größerer Autorität, als dies in meinen früheren Büchern möglich war."[8]

Churchill hatte zudem den Vorteil, dass er Quellen benutzen und in seiner Darstellung auch reichlich, oft überreichlich, abdrucken konnte, die den Historikern in den Archiven noch lange verschlossen blieben. So vermochte er Akzente zu setzen, mit der Autorität des aktiv Beteiligten Interpretationen des Geschehens zu geben, politische und strategische Kontroversen zu bewerten und Zusammenhänge herzustellen, die den Blick der Historiker auf den Zweiten Weltkrieg über Jahre maßgeblich beeinflussten. Im Vorwort seiner Darstellung des Zweiten Weltkrieges schreibt Churchill, unter Verweis auf seine Geschichte des Ersten Weltkrieges, er habe über den modernen Dreißigjährigen Krieg berichtet, so wie er ihn erlebt hatte. Seine Befriedigung über das Geleistete, als Handelnder wie auch als Historiograph, ist dabei nicht zu überhören: „Ich bezweifle, dass eine ähnliche Wiedergabe der tagtäglichen Kriegführung und Regierungstätigkeit vorhanden ist oder jemals vorhanden war. Ich bezeichne sie nicht als Geschichtsschreibung, denn dies ist die Aufgabe einer späteren Generation. Aber ich erhebe zuversichtlich den Anspruch, dass sie einen Beitrag zur Geschichte bedeutet, der für die Zukunft von Nutzen sein wird."[9]

Hier, im Vorwort des ersten Bandes mit dem dramatischen Titel *Der Sturm zieht auf,* redet Churchill von den Absichten und Zielen, die seinem Bericht als Zeitzeuge und Handelnder zugrunde liegen. Seine Kriegserinnerungen wollte er als Warnung für die Gegenwart verstanden wissen – einer Zeit, in der die liberalen westlichen Demokratien erneut, wie in den 1930er Jahren, von einer totalitären Diktatur herausgefordert wurden: diesmal von der neuen Weltmacht, der Sowjetunion Stalins. „Es ist meine ernste Hoffnung," erklärt er, „dass die Betrachtung der Vergangenheit eine Richtlinie für kommende Zeiten bieten und die nächste Generation befähigen möge, einige der Irrtümer früherer Jahre gutzumachen und so im Einklang mit den Bedürfnissen und der Würde des Menschen die drohend sich entschleiernde Zukunft zu meistern." Der Bezug auf die Appeasement-Politik Chamberlains und den Ost-West-Konflikt der Nachkriegsjahre ist hier nicht zu überhören. In diesem Zusammenhang fiel auch das Wort vom „unnötigen Krieg", denn „niemals hätte sich ein Krieg leichter verhindern lassen als dieser, der soeben alles vernichtet hat."[10] Hätten die Westmächte dem Diktator frühzeitig und energisch seine Grenzen aufgezeigt, hätten die folgenden Entwicklungen vermutlich vermieden werden können. Musste das den Politikern der Gegenwart nicht zu denken geben? War die enge amerikanisch-britische Zusammenarbeit nicht unverzichtbar, geradezu die Vorbedingung für das Fortbestehen der Zivilisation?

Seine erste Reise als prominentester Redner und *eminence grise* der westlichen Welt führte Churchill Anfang 1946 in die Vereinigten Staaten. Als er im Oktober 1945 von seinen Ferien in Italien und Frankreich zurückkehrte, fand er die Einladung Präsident Trumans vor. Mit ihm hatte er sich in Potsdam bei ihrem ersten Zusammentreffen gut verstanden. „Ich spürte," meinte Churchill nach einem gemeinsamen Mittagessen, „dass ich in ihm eine außergewöhnlich fähige Persönlichkeit vor mir hatte, die sich einfach und direkt ausdrückte, ein gutes Stück Selbstvertrauen und Entschlossenheit besaß und deren Gedankengänge sich im Rahmen der in den letzten Jahren entstandenen anglo-amerikanischen Beziehungen bewegten."[11] Truman fragte bei Churchill an, ob er in seinem Heimatstaat Missouri drei oder vier Vorträge halten würde. Was als freundliche Geste gemeint war, wurde zum öffentlichen Auftritt, der in der Weltpresse Schlagzeilen machte und der bis heute in den Geschichtsbüchern seinen Niederschlag gefunden hat.

Churchill zögerte keinen Augenblick, der Einladung des Präsidenten Folge zu leisten. Denn hier bot sich ihm eine willkommene Gelegenheit, den Amerikanern, ihrem Präsidenten und ihrer Regierung, das vorzutragen, was ihn in diesen ersten Nachkriegsjahren bewegte. Nahezu alle seine öffentlichen Auftritte bis zu seiner Rückkehr in die Downing Street im Oktober 1951 benutzte er dazu, vor der „russischen Gefahr", vor dem „Vordringen Moskaus in das Zentrum Europas" zu warnen, wie er es gegenüber Truman am 12. Mai 1945 formuliert hatte, und die westlichen Demokratien zu gemeinsamen Handeln und zur Einigkeit aufzufordern, unter Führung Amerikas.

Die Sowjets hätten allein in den von ihnen besetzten Gebieten Ost- und Ostmitteleuropas weiterhin zweieinhalb

Millionen Mann unter Waffen. „Sie könnten in ein paar Wochen bis zum Atlantik marschieren, ohne auf nennenswerten Widerstand zu stoßen,"[12] meinte er im Oktober 1946. Ängste vor dem Ausbruch eines neuen Krieges plagten ihn. Sein Leibarzt berichtet davon. Die fortwährende Präsenz der Amerikaner in Europa war für Churchill deshalb unverzichtbar. Denn wer sonst, wenn nicht die Vereinigten Staaten mit ihrer militärischen Macht und der derzeit noch alleinigen Verfügungsgewalt über die Atombombe, konnte sich der befürchteten Expansion der Sowjetunion nach Westen in den Weg stellen und den westlichen Teil des Kontinents politisch stabilisieren?

Die Atombombe? Churchill hatte keine Bedenken und keine Hemmungen, sie als politisches Druckmittel gegen die renitente Sowjetunion einzusetzen, und er drängte den amerikanischen Präsidenten wiederholt, dies zu tun. Er war davon überzeugt, dass sich durch sie die Natur der Beziehungen zwischen dem Westen und Moskau grundsätzlich verändert hatte. Eine ganz andere Frage war für Churchill der militärische Einsatz der neuen Waffe. Ein Jahr nach Hiroshima und Nagasaki bemerkte er zu Lord Louis Mountbatten, dem ehemaligen britischen Oberbefehlshaber in Südostasien: „Die Entscheidung, die Atombombe einzusetzen, war vielleicht die einzige Sache, zu der die Geschichte ernste Fragen stellen wird." Und er fügte hinzu: „Vermutlich werde ich sogar von meinem Schöpfer gefragt, warum ich den Einsatz befürwortete. Aber ich werde mich energisch verteidigen und ihm sagen: ‚Warum hast Du uns dieses Wissen zu einem Zeitpunkt gegeben, als die Menschheit in schreckliche Kämpfe gegeneinander verwickelt war?'"[13] Ein Krieg in der Mitte des 20. Jahrhunderts war etwas völlig anderes als gegen Ende des 19. Jahrhunderts. Und Churchill war einer der ersten, der das aussprach und aus der Erkenntnis die Konsequenzen zog.

Den politischen Wert der neuen Waffe hatte Churchill sofort erkannt. Sie gab den Westmächten in ihren Beziehungen zur Sowjetunion einen einzigartigen Trumpf in die Hand, wenn auch möglicherweise nur für kurze Zeit. Musste man das den

Sowjets nicht deutlich und immer wieder sagen, um sie zu einer Änderung ihrer Politik zu veranlassen? Churchill meinte: ja, zum Nutzen der westlichen Politik. In der amerikanischen Kleinstadt Fulton im Bundesstaat Missouri, in Anwesenheit des Präsidenten Truman, sprach er am 5. März 1946 deshalb wieder vom „Eisernen Vorhang", mit dem die Sowjetunion ihr neu gewonnenes Imperium in Ostmittel- und Südosteuropa vom Westen abschotte. Damit machte er den Begriff zum Schlagwort, das hinfort die Teilung Europas zwischen Ost und West bezeichnen sollte und mithin auch die nahezu undurchdringliche Grenze, die nun quer durch Deutschland verlief. Der Begriff ließ natürlich keinen Zweifel darüber aufkommen, wer für diese Entwicklung verantwortlich war. Das, was er umschrieb, konnte und sollte der Westen nicht akzeptieren.

In der Rückschau von heute wird häufig die antikommunistische und antisowjetische Komponente in der Rede Churchills hervorgehoben, wohl zu Unrecht. Dass er seine Zuhörer in der Aula des Westminster College in Fulton vor der Sowjetunion und ihrer expansiven Politik warnte und effektive Gegenmaßnahmen der beiden führenden westlichen Mächte anmahnte, steht außer Zweifel. Das tat er seit dem Ende des Krieges überall und bei fast jeder Gelegenheit, die sich ihm bot. Aber eine Kampfansage an die Sowjetunion war die Rede nicht, eher ein versöhnliches Angebot an die Führung in Moskau, in den anstehenden großen Fragen der Weltpolitik mit den beiden angelsächsischen Mächten zusammenzuarbeiten, so wie im Krieg.

Churchill hatte die Hoffnung nicht aufgegeben, dass die Sowjetunion, noch unter Stalin oder spätestens unter seinen Nachfolgern, zu einem Partner der Westmächte auch in Zeiten des Friedens werden würde. Die Schrecken und das Elend eines neuen Krieges müssten unter allen Umständen vermieden werden, erklärte Churchill in Fulton. Die schiere Existenz der Atombombe in der alleinigen Verfügungsgewalt der Vereinigten Staaten könne das verhindern, ergänzt durch intensivere Kontakte der englischsprachigen Völker mit dem „russischen Volk". „Russland" gebühre eine herausgehobene Rolle in der Weltpolitik, allein schon wegen der Opfer, die es im Krieg gegen die Nazi-Tyrannei für die gemeinsame Sache gebracht habe.

Aber, so Churchill in Fulton, er müsse die gegenwärtige Lage in Europa dem amerikanischen Publikum klar und ungeschminkt schildern. Churchill sprach von „den Tatsachen", den „facts". Zu ihnen gehöre, dass „von Stettin an der Ostsee bis hinunter nach Triest an der Adria ein ‚Eiserner Vorhang' über den Kontinent gezogen [ist]. Hinter jener Linie liegen alle Hauptstädte der alten Staaten Zentral- und Osteuropas: Warschau, Berlin, Prag, Wien, Budapest, Belgrad, Bukarest und Sofia. Alle jene berühmten Städte liegen in der Sowjetsphäre und alle sind sie in dieser oder jener Form nicht nur dem sowjetrussischen Einfluss ausgesetzt, sondern auch in ständig zunehmendem Maße der Moskauer Kontrolle unterworfen." Die enge Partnerschaft der angelsächsischen Mächte beiderseits des Atlantiks müsse ein Gegengewicht bilden. Das war eine Forderung, auf die Churchill immer wieder zurückkam.

Dann sprach Churchill die Vorherrschaft und Macht der Kommunistischen Parteien im östlichen Europa an und ihr Bestreben, überall die „totalitäre Kontrolle an sich zu reißen." Das sei „sicher nicht das befreite Europa, für dessen Aufbau wir gekämpft haben. Es ist nicht ein Europa, das die unerlässlichen Elemente eines dauernden Friedens enthält." Er glaube zwar nicht, dass Sowjetrussland den Krieg wolle. Aber „was es will, das sind die Früchte des Krieges und die unbeschränkte Ausdehnung seiner Macht und die Verbreitung seiner Doktrin." Krieg zwischen Ost und West könne vermieden werden, wenn der Westen „trotz allen Differenzen und Rückschlägen unentwegt an der Errichtung einer dauernden Freundschaft mit Russland" arbeite und in allen Fragen mit Moskau zu einer Verständigung komme.[14] Das klang nach Entgegenkommen und Kompromissbereitschaft, und so war es von Churchill wohl auch beabsichtigt, ungeachtet aller Hinweise auf die beunruhigenden „Fakten" in Europa. Ursprünglich wollte Churchill seiner Rede in Fulton den Titel „Weltfrieden" geben, doch letztlich entschied er sich für „Der Nerv des Friedens" („The Sinews of Peace"). Den Begriff

„Eiserner-Vorhang-Rede" benutzten Zeitgenossen und Journalisten. Historiker, die es eigentlich besser wissen müssten, übernahmen später reichlich gedankenlos die sich darin ausdrückende Rhetorik des Kalten Krieges, der in den folgenden Monaten voll entbrannte.

In der westlichen Presse und bei Labour-Politikern zuhause fand Churchills Rede ein zwiespältiges Echo. Wollte der gefeierte Staatsmann zu einem neuen antibolschewistischen Kreuzzug aufrufen wie nach 1917? Churchill sah sich in den Tagen nach Fulton wiederholt genötigt, Missverständnisse und Unterstellungen zu korrigieren. Die staatlich gelenkten Medien in der Sowjetunion berichteten vom Zorn Stalins: Die Rede in Fulton säe Zwietracht unter den Alliierten der verblichenen Anti-Hitler-Koalition und erschwere ihre Zusammenarbeit bei der Lösung weltpolitischer Probleme in Gegenwart und Zukunft.

Doch allmählich legte sich in Ost und West die Aufregung über die Rede. Am 20. März trat Churchill an Bord der *Queen Mary* die Rückreise nach Southampton an. Fulton versank wieder in den Tiefschlaf der amerikanischen Provinz. An den denkwürdigen Besuch Churchills erinnert in der kleinen Stadt heute ein seltsames Denkmal. Als Westminster College 1964–1967 eine neue Kapelle und Bibliothek erhielt, wurden Wände und der Turm einer Londoner Kirche, die im Krieg weitgehend zerstört worden war, über den Atlantik geschafft und in die neuen Gebäude einbezogen. Fünfzig Jahre nach Churchill, im März 1996, besuchte die ehemalige Premierministerin Margaret Thatcher Fulton, um an die berühmte Rede ihres Amtsvorgängers zu erinnern. Ihr Wagen passierte dabei auch eine Skulptur, die eine Enkelin Churchills aus einem Stück der Berliner Mauer angefertigt hat.

Die amerikanische Öffentlichkeit, die seine Fulton-Rede im Rundfunk mithörte, hatte Churchill jedenfalls beeindruckt. Auf die Außenpolitik des amerikanischen Präsidenten übten seine Argumente, wie sich bald herausstellte, einen nachhaltigen Einfluss aus. Truman-Doktrin, Marshall-Plan, die Berliner Luftbrücke, Gründung des Nordatlantikpakts – alle diese Maßnahmen zur militärischen Eindämmung der

Sowjetunion und wirtschaftlichen Erholung Westeuropas erhielten von Churchills Rede entscheidende Anstöße. Nach Meinung des späteren Premierministers Harold Macmillan hat kein Ex-Minister jemals die internationale Politik so beeinflusst wie Churchill mit seinen Reden nach dem Kriege. Dem wird man nicht widersprechen wollen.

Churchill war mit dem Verlauf seines Besuchs, mit seinem Empfang und mit seiner öffentlichen Wirkung zufrieden und glaubte, in Truman einen Gesinnungsgenossen gefunden zu haben. Den ersten Amerikaaufenthalt nach dem Ende des Krieges in Europa und im Pazifik hatte er jedenfalls in vollen Zügen genossen, zumal er ihn mit Ferien in Florida und einem nostalgischen Besuch in der kubanischen Hauptstadt Havanna im Februar 1946 verbinden konnte.

Dem Gefühl der tatsächlichen oder vermeintlichen Bedrohung durch die Sowjetunion war es auch zuzuschreiben, dass sich Churchill nach der Rückkehr aus den Vereinigten Staaten zunehmend der Einigung Europas und den damit verbundenen Problemen zuwandte. Das Thema war für ihn nicht neu. Zum ersten Mal hatte er sich dazu im Februar 1930 in einem Zeitschriftenartikel geäußert. Ganz pauschal befürwortete er damals die europäische Idee, ohne jedoch näher darauf einzugehen, wie die Einigung praktisch verwirklicht werden könnte. In dem Artikel, der in den 1930er Jahren mehrmals nachgedruckt worden war, vertrat er Positionen, die er nun nach dem Ende des zweiten großen Krieges in Europa binnen einer Generation wieder aufnahm. Machte ihn das, wie häufig gesagt wird, zu einem der Gründungsväter der Europäischen Union von heute?

Vor dem Hintergrund des Versailler Vertrages, den er unverblümt eine „Apotheose des Nationalismus" nannte,[15] hatte Churchill 1930 für einen politischen Neuanfang plädiert, bei dem das, was die Nationen und Völker Europas trennte, durch das überwölbt werden sollte, was sie einte. Er beschwor das Vorbild der Vereinigten Staaten von Amerika als Föderation von Einzelstaaten mit einer gemeinsamen Regierung und pries die Anstöße, die in den 1920er Jahren von der Paneuropa-

Bewegung um den Grafen Coudenhove-Kalergi ausgegangen waren. Aber dann meldete Churchill einen Vorbehalt an, der seine Haltung zur Einigung Europas zeitlebens charakterisieren sollte. „Wir [Briten] haben unseren eigenen Traum und unsere eigene Aufgabe," schrieb er. „Wir sind für Europa, aber sind kein Teil von ihm. Wir sind mit Europa verbunden, aber wir sind nicht in Europa eingeschlossen … Wir gehören nicht zu einem einzigen Kontinent, sondern zu allen."[16]

An diese geistige Ortsbestimmung Großbritanniens knüpfte Churchill an, als er am 19. September 1946, ein halbes Jahr nach seiner Rede in Fulton, in der Aula der Züricher Universität zur Schaffung von „eine Art Vereinigter Staaten von Europa" aufrief. Das sei ein „Heilmittel", das „die ganze Szene wie durch ein Wunder verwandeln und innerhalb weniger Jahre ganz Europa, oder doch dessen größeren Teil, so frei und glücklich machen könnte, wie es heute die Schweiz ist." Das Glück der Schweiz hatte er gerade genossen, denn vor der Reise nach Zürich hatte er mit der Familie drei Wochen in einer Villa am Genfer See verbracht, die ihm ein Schweizer Bankier zur Verfügung gestellt hatte.

Es sei an der Zeit, sagte Churchill jetzt in Zürich, die „europäische Familie" wieder zu erneuern und sie mit einer politischen Struktur zu versehen, in der sie „in Frieden, Sicherheit und Freiheit leben könne". Der erste Schritt auf dem Wege dahin müsse „eine Partnerschaft zwischen Frankreich und Deutschland sein". Nur auf diese Weise könne Frankreich die moralische Führung Europas wieder erlangen. „Es gibt kein Wiedererstehen Europas ohne ein geistig großes Frankreich und ein geistig großes Deutschland." Ähnliche Gedanken hatte er schon nach dem Ersten Weltkrieg geäußert. Die Europäer müssten jetzt, nach dem zweiten Krieg, „den Schrecken der Vergangenheit den Rücken kehren" und sich der Zukunft zuwenden. „Wir können es uns einfach nicht leisten, durch all die kommenden Jahre den Hass und die Rache mit uns fortzuschleppen, die den Ungerechtigkeiten der Vergangenheit entsprossen sind."[17]

Sicher, die Züricher bereiteten Churchill einen triumphalen Empfang, überschütteten den Wagen, mit dem er durch die Stadt fuhr, mit Blumen. Sie wussten, dass sein nachdrückliches Eintreten für die europäische Einigung, kurz nach dem Ende des furchtbaren Krieges, der so utopisch scheinenden Idee enormen Auftrieb geben musste. Vereinigte Staaten von Europa, Europarat, Partnerschaft zwischen Frankreich und Deutschland – das waren kühne Visionen inmitten der Trümmer des Kontinents. Doch jeder, der in Zürich genau hinhörte oder Churchills Rede später las, musste sich fragen, was der große Staatsmann unter Europa verstand, wen er dazu rechnete und wen nicht. Da gab es offensichtlich unterschiedliche Vorstellungen.

Während für andere Fürsprecher der europäischen Idee, für einen Alcide de Gasperi oder Robert Schuman, für einen Paul-Henri Spaak oder Konrad Adenauer ein sich vereinigendes Europa ohne Großbritannien undenkbar war, hat Churchill eine Zugehörigkeit seines Landes zu einem geeinten Europa nicht in Betracht gezogen, für nicht wünschbar, ja mehr: nicht für möglich gehalten. Das hatte er schon 1930 gesagt, und das hat er nach dem Krieg bei den unterschiedlichsten Gelegenheiten wiederholt. Das geeinte Europa war eine Vision, die Churchill mit all seiner Beredsamkeit unterstützte. Aber die Realität war für ihn als Politiker das Britische Reich und eine internationale Stellung Großbritanniens, die es von allen anderen europäischen Staaten fundamental unterschied. Aufgrund seiner geographischen Lage und seines politischen Status als Siegermacht des Zweiten Weltkriegs, aufgrund seiner Geschichte und der Mentalität seiner Menschen gehörte Großbritannien für Churchill nicht zum europäischen Kontinent. „Großbritannien, das Britische Commonwealth of Nations, das mächtige Amerika und, ich hoffe, Sowjetrussland – denn dann wäre in der Tat alles gut – müssen die Freunde und Förderer des neuen Europas sein und für sein Recht auf Leben und Glanz eintreten."

Warum sollte es keine „europäische Gruppe" geben, fragte er in Zürich, die den „irregeleiteten Völkern dieses unruhigen und machtvollen Kontinents das Gefühl eines weiter gespannten Patriotismus und einer gemeinsamen Staatsangehörigkeit einflößen könnte, und warum sollte sie nicht bei der

Gestaltung des menschlichen Schicksals ihren rechtmäßigen Platz neben anderen großen Gruppen einnehmen?" Der erste Schritt in diese Richtung sei die Bildung eines Europarats. „Bei dieser so dringenden Aufgabe müssen Frankreich und Deutschland die Führung zusammen übernehmen."[18]

Das waren prophetische Worte, zumal zu diesem Zeitpunkt keiner wusste, was aus dem Deutschland der Besatzungszonen überhaupt werden sollte. „Das Wesentliche meiner Konzeption bestand darin," so kommentierte Churchill knapp anderthalb Jahre später seine Züricher Rede im Unterhaus, „dass Frankreich seinen tausendjährigen Streit mit Deutschland aufgab und wieder eine führende Stellung in Europa einnahm, indem es das deutsche Volk in die Gemeinschaft der Nationen zurückbringt, begleitet von unserer Hilfe und Sympathie. Das beinhaltete einen großen Vertrauensvorschuss von Seiten Frankreichs, aber wir befinden uns zur Zeit in einer Situation, in der solche Entschlüsse vielleicht die einzig wirklich entscheidenden sind."[19]

Bei den bald nach Kriegsende einsetzenden Integrationsbemühungen würde Großbritannien nach Meinung Churchills abseits stehen, und so ist es ja dann auch geschehen. Aus Churchills Sicht war Großbritannien für Europa zu groß, vielleicht auch zu fremd, mit seinen Interessen zu sehr auf die ganze Welt hin orientiert. Sein Land sei mehr eine asiatische denn eine europäische Macht, hatte Benjamin Disraeli, einer von Churchills Vorgängern im Amt des Premierministers, schon im 19. Jahrhundert festgestellt, und Churchill stand in dieser Tradition des imperialen politischen Denkens. Vor einigen Jahren ist eine Skizze bekannt geworden, die zeigt, wie sich Churchill die weltpolitische Stellung Großbritanniens in der Nachkriegszeit vorstellte. Churchill hatte sie im Juni 1948, knapp zwei Jahre nach der Züricher Rede, bei einem Abendessen in Hever Castle in der Grafschaft Kent, dem Landsitz der Familie Astor, entworfen. Drei sich überschneidende Kreise stellen das Britische Reich, das vereinte Europa und die Vereinigten Staaten dar. Im Schnittpunkt der Kreise lokalisierte Churchill Großbritannien – in einzigartiger Position, quasi im Zentrum der westlichen Welt.

In der Nachkriegszeit wurde Churchills politisches Weltbild und mithin auch seine Haltung zu Europa von diesem Drei-Kreise-Modell bestimmt. Auf dem Parteitag seiner Konservativen Partei im Oktober 1947 zeichnete Churchill beispielsweise das Bild einer Dreierkombination der westlichen Staatenwelt, bestehend aus dem Britischen Commonwealth of Nations, einer noch zu schaffenden Europäischen Union und der „brüderlichen Verbindung" der beiden Gruppierungen mit den Vereinigten Staaten. Großbritannien wäre das Scharnier zwischen den Gruppierungen, sozusagen der „ehrliche Makler" im Sinne Bismarcks.

Beinahe sechs Jahre später, als der deutsche Bundeskanzler im Mai 1953 London besuchte, erklärte ihm Churchill sein Modell beim Abendessen mit einer Skizze auf einer Tischkarte. Die internationale Position seines Landes liege im Schnittpunkt von drei Kraftfeldern, erläuterte er seinem Gast. Der Bundeskanzler war davon offenbar so beeindruckt, dass er die kleine Skizze als Souvenir mit nach Bonn nahm und sie im ersten Band seiner Erinnerungen abbilden ließ. Dazu notierte er: „An dieser Haltung Großbritanniens hat sich nichts geändert." Er bedauerte sie „aufs tiefste".[20]

Adenauer hatte Recht. Als 1950 mit dem Schuman-Plan das Konzept übernationaler Institutionen für die westeuropäischen Staaten geboren wurde, wollte Churchill davon nichts wissen. Selbst eine britische Teilnahme an den Gesprächen über die geplante Europäische Gemeinschaft für Kohle und Stahl, die „Montanunion", lehnte er ab, als er im Oktober 1951 zum zweiten Mal das Amt des Premierministers übernahm. Kurz zuvor, noch in der Opposition, hatte er dies der Labour-Partei eindringlich empfohlen und sich so den Ruf eines überzeugten Europäers erworben. Zu Unrecht, denn an die Aufgabe nationaler Souveränitätsrechte dachte er nie – falls das von Großbritannien verlangt würde. Im Dezember 1951, gerade wieder ins Amt gewählt, versicherte er seinem Gast, dem deutschen Bundeskanzler, Großbritannien werde „immer *an der Seite Europas* stehen". Das sollte den Kanzler beruhigen, der sich um die Stabilität der jungen Bundesrepublik angesichts der sowjetischen Politik sorgte. Doch Ade-

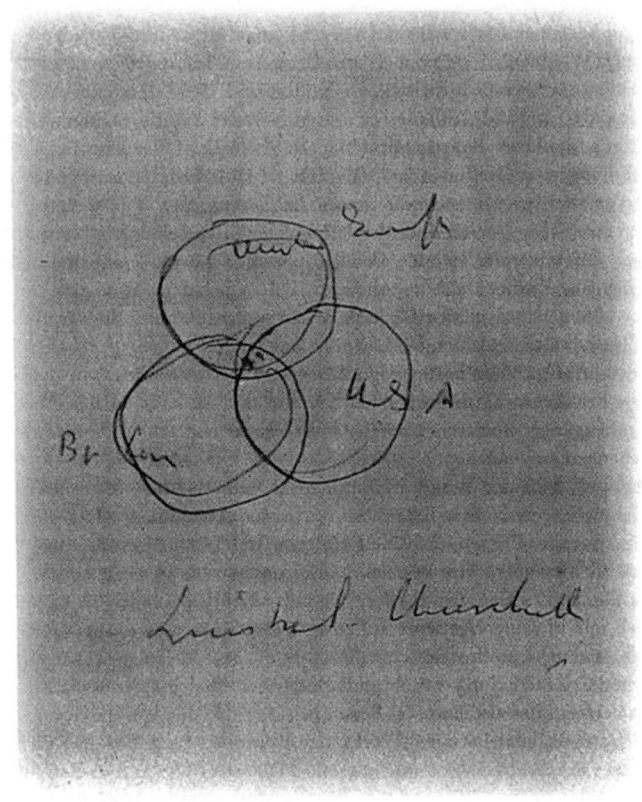

**Abb. 13:** Churchill erläutert dem deutschen Bundeskanzler Konrad Adenauer auf einer Tischkarte Großbritanniens weltpolitische Stellung, Mai 1953.

nauer korrigierte Churchill: „Herr Premierminister, da bin
ich ein wenig enttäuscht, England ist *ein Teil Europas.*"[21]

Die großen Erwartungen auf dem europäischen Kontinent,
die sich mit Churchills Namen und mit seinen engagierten
Äußerungen zur Einheit Europas in seinen Jahren ohne
Regierungsverantwortung verbanden, wurden also schnell
enttäuscht. Als Premierminister war Churchill seit 1951 nicht
bereit, im anlaufenden europäischen Integrationsprozess die
Initiative zu ergreifen. Alle seine pro-europäischen Verlaut-

barungen in den Jahren 1946 bis 1951 erwiesen sich letztlich als Rhetorik, gerichtet an die Menschen jenseits des Ärmelkanals.

Heute werfen auch britische Historiker dem alternden Premier vor, er habe es in seiner zweiten Amtszeit versäumt, im europäischen Einigungsprozess eine Chance zu sehen und für Großbritannien die Führungsrolle zu beanspruchen. Sie wäre ihm und seinem Land damals in den Schoß gefallen. Bedauerlicherweise habe Churchill die Zeichen der Zeit nicht erkannt. Er habe an anachronistischen Vorstellungen vom Empire und der politischen Bedeutung seines Landes festgehalten, als dessen Zeit als Weltmacht längst abgelaufen war. Großbritannien habe ein Empire verloren, bemerkte Dean Acheson, amerikanischer Außenminister unter Truman, in einer Rede vor amerikanischen Offiziersanwärtern Anfang der 1960er Jahre, und es habe noch keine neue Rolle in der Welt gefunden.

Mit Anthony Eden, seinem designierten Nachfolger im Amt des Premiers, hatte Churchill zudem 1951 einen Außenminister ernannt, der sich strikt gegen engere politische Bindungen Großbritanniens an die Staaten des europäischen Kontinents aussprach, also gegen Beziehungen, die den üblichen Rahmen diplomatischer Kontakte zwischen souveränen Staaten sprengten. Beide, Churchill wie Eden, wollten mit dem „karolingischen Europa" der Montanunion, so wie es von Frankreich, der Bundesrepublik, Italien und den Benelux-Staaten in den 1950er Jahren aus der Taufe gehoben wurde, nichts zu tun haben. Das Projekt einer Europäischen Verteidigungsgemeinschaft, das Anfang der 1950er Jahre diskutiert wurde und heftige Emotionen auslöste, begrüßte Churchill zwar als willkommene Stärkung der westlichen Verteidigungskapazität. Aber eine Beteiligung Großbritanniens an einer integrierten europäischen Armee schloss er kategorisch aus. Nicht zuletzt wegen der britischen Haltung scheiterte das Projekt.

Sicherlich war Churchill kein moderner Euro-Skeptiker, wie sie heute in Großbritannien und anderswo anzutreffen sind. Doch ihn zu den großen Architekten Europas, der heutigen Europäischen Union zu zählen, käme einem Missverständnis gleich. Sein Blick ging über Europa hinaus. Das Nordatlantische Bündnis war daher für ihn die ideale Klammer zwischen Nordamerika, dem sich einigenden Kontinentaleuropa und Großbritannien mit seinem Commonwealth.

Churchills Blick ging sogar noch weiter. Das sich zusammenschließende Kontinentaleuropa endete für ihn beileibe nicht an der Elbe und auch nicht wenige Kilometer hinter Wien. Natürlich schuf die überfällige Versöhnung zwischen Frankreich und Deutschland in seiner Sicht überhaupt erst die unabdingbaren Voraussetzungen dafür, dass eine wirtschaftliche und politische Union der europäischen Staaten möglich wurde. Doch die deutsch-französische Versöhnung war für ihn nur ein erster Schritt. Danach sollte der Integrationsprozess den ganzen Kontinent erfassen, und zwar unter Einschluss von Russland.

Deshalb wurde es besonders nach Stalins Tod im März 1953 Churchills wichtigstes Anliegen, zwischen West und Ost einen Dialog in Gang zu bringen. Der „Eiserne Vorhang", der Europa so brutal teilte, sollte fallen. Beim 1. Kongress der Europa-Union in Den Haag im Mai 1948 begrüßte Churchill, der das Ehrenpräsidium übernommen hatte, folglich die Anwesenheit politischer Exilgruppen aus Ostmittel- und Osteuropa. Das Fernziel sei, so erklärte Churchill bei diesem Anlass, die Teilnahme aller europäischen Völker an der europäischen Integration, genauer: aller Völker, „deren Sicherheit und Leben auf den Menschenrechten und demokratischen Prinzipien" gegründet sei.[22]

Als Nahziel verfolgte Churchill die zügige Wiederaufnahme der Westdeutschen in die sich organisierende europäische Völkerfamilie. In dieser, an der Zukunft und nicht an der unglücklichen Vergangenheit orientierten Haltung war er den meisten seiner Zeitgenossen weit voraus. Dass die gerade gegründete Bundesrepublik so schnell in den Europarat aufgenommen wurde, hatte sie also in erster Linie Churchill zu verdanken. Seine Mittel, um das Ziel zu erreichen, waren unkonventionell und robust. Als die neue, von Churchill angeregte Organisation Mitte August 1949 in Straßburg zum ersten Mal zusammentrat, blickte er ins Plenum, wich von seinem vorbereiteten Redemanuskript ab und herrschte die Delegierten an: „Wo sind die Deutschen?"[23] Die Beitrittseinladung müsse sofort hinausgehen.

So ehrten die Aachener Churchill sieben Jahre später mit dem Internationalen Karlspreis, und dafür hatten sie angesichts seines Eintretens für die europäische Idee und für Versöhnung zwischen den Völkern Europas gute Gründe. Aber für das Europa der Zukunft, das er auch in Aachen in seiner Dankrede skizzierte, brachten sie und ihre Gäste wohl wenig, wahrscheinlich gar kein Verständnis auf. Es erschien ihnen, in der erstarrten Atmosphäre des Kalten Krieges, fremd und utopisch. Indes äußerte sich Churchill in diesen Jahren nur noch selten zu Europa und den Fragen der wirtschaftlichen und politischen Integration des Kontinents. Öffentliche Kommentare von ihm zu den Römischen Verträgen von 1957, zur Europäischen Wirtschaftsgemeinschaft oder zum ersten britischen Beitrittsgesuch, das am 10. August 1961 in Brüssel eintraf, sind nicht bekannt. In diesen Jahren, in denen ihm Krankheit und Alter immer mehr zu schaffen machten, hatte sich sein Geist gegenüber dem banalen wie auch dem erhabenen Geschehen in der Welt bereits verschlossen, war sein Interesse an seiner nahen und fernen Umwelt praktisch erloschen.

Dennoch bleibt Churchill das Verdienst, im Nachkriegseuropa der erste bedeutende Staatsmann gewesen zu sein, der nachdrücklich für Versöhnung und Partnerschaft zwischen Deutschland und Frankreich eintrat und beides als Voraussetzung der europäischen Einigung bezeichnete. Immer wieder thematisierte er diese Überzeugung in seinen Reden als Oppositionsführer und Regierungschef, zuletzt noch im Mai 1956 in Aachen. Ohne Frage war ihm der politische und mentale Neuanfang in den Beziehungen zwischen den beiden Nationen diesseits und jenseits des Rheins ein persönliches Anliegen. Das hing letztlich auch damit zusammen, dass er mit beiden Ländern, mit ihren Menschen und der Politik ihrer Regierungen, zeit seines Lebens, wenngleich auf verschiedenen Ebenen und mit unterschiedlichen Vorzeichen, intensive Kontakte hatte.

Die zahlreichen und vielfältigen Begegnungen mit Frankreich und den Franzosen kamen dabei Churchills Neigungen und seinem Lebensgefühl entgegen; die Riviera war sein bevorzugtes und häufig besuchtes Ferienziel. Er kannte sich gut in der französischen Geschichte aus, bewunderte Johanna von Orléans und Napoleon Bonaparte. „Seit 1907 bin ich immer, in guten wie in schlechten Zeiten, ein aufrichtiger Freund Frankreichs gewesen," schrieb er im Juni 1944 an General de Gaulle.[24] Kein anderes Land hat er öfter aufgesucht, zum Vergnügen, zur Erholung und zur schriftstellerischen Arbeit. Die Beschäftigung mit Deutschland und den Deutschen ergab sich hingegen eher aus Notwendigkeit und Zwang. Die törichten Entscheidungen und Aggressionen des autoritären Kaiserreichs und der nationalsozialistischen Diktatur forderten den Politiker Churchill heraus und zwangen ihn zu handeln. In zwei Kriegen, die er gern die „German wars" nannte, hat er an der Seite Frankreichs gegen Deutschland kämpfen müssen.

Die Franzosen nahm Churchill als politische und militärische Bundesgenossen wahr. Er schätzte ihre politischen Werte, wenn auch nicht ihre republikanische Staatsform, und er verstand ihre Sprache, wenn auch mit einiger Mühe. Ob die Franzosen Churchills Französisch verstanden, ist allerdings nicht verbürgt. Ohrenzeugen bezeichneten es als ein anglisiertes „Pidgin-Französisch" oder als eine Mischung zwischen beiden Sprachen.[25] Zu General de Gaulle soll er einmal gesagt haben: „Si vous continuez m'obstructer, je vous liquidaterai."[26] An Selbstironie hat es ihm ja nie gemangelt. Bei einem Besuch in Frankreich, so will es die Anekdote, soll er sich 1946 geweigert haben, Französisch zu sprechen, und zwar mit der Begründung: „Das war ein Opfer, das Sie im Krieg ertragen mussten."[27] Martin Gilbert datiert den Ausspruch auf den November 1958.

Ungeachtet aller sprachlichen Missverständnisse und politischen Differenzen konnte Churchill zu de Gaulle, dem Chef der französischen Exilregierung in London seit Juni 1940, in den Kriegsjahren ein gutes Verhältnis herstellen. Er vertrat dessen politische Anliegen bei den Amerikanern, die den sich arrogant gebenden General ablehnten und ihn bei interalliierten Verhandlungen gern umgingen. Vor allem Roosevelt machte aus seiner Abneigung gegen de Gaulle kein Geheimnis. Doch Churchill ließ sich davon nicht beirren. Auf sein Insistieren ist es letztlich zurückzuführen, dass Frankreich 1945 eine Besatzungszone in Deutschland erhielt und einen permanenten Sitz als Vetomacht im Sicherheitsrat der gerade gegründeten Vereinten Nationen.

Heftige Auseinandersetzungen und Zeiten fruchtloser Spannungen mit dem eigenwilligen und empfindlichen General, der sich wie Churchill als Mann des Schicksals begriff, erlebte jedoch auch der Premierminister Churchill. Doch seine Toleranz und Geduld mit dem „undurchdringlichen", „hochgewachsenen, phlegmatischen Mann", der in seiner Wahrnehmung immer „die Ehre Frankreichs" im Reisegepäck mit sich trug,[28] waren zur Verwunderung seiner Mitarbeiter und Kabinettskollegen offensichtlich grenzenlos. Die Gründe dafür nannte er später selbst: „Er [de Gaulle] empfand es auch wegen seiner Stellung vor dem französischen Volk als notwendig, eine stolze, hochmütige Haltung gegenüber dem ‚perfiden Albion' einzunehmen, obgleich er als Verbannter von unserem Schutz abhängig war und in unserer Mitte lebte. Er musste sich den Engländern gegenüber grob zeigen, um vor den Augen der Franzosen zu beweisen, dass er keine englische Marionette sei. Diese Politik führte er gewiss mit aller Zähigkeit durch. Eines Tages erklärte er mir sogar diese Technik, und ich begriff die ungewöhnlichen Schwierigkeiten seiner Lage vollkommen. Ich hegte immer Bewunderung für seine wuchtige, starke Persönlichkeit."[29]

Die Bewunderung und Wertschätzung beruhte auf Gegenseitigkeit. Am 11. November 1944, dem Gedenktag des Waffenstillstands, der den Ersten Weltkrieg beendet hatte, bereitete de Gaulle seinem Protektor und Kampfgefährten im befreiten Paris einen glanzvollen Empfang. Seit über dreißig Jahren sei er für die Allianz zwischen Großbritannien und Frankreich eingetreten, sagte Churchill bei diesem emotionsgeladenen Auftritt in der französischen Hauptstadt, die den Krieg nahezu unversehrt überstanden hatte. Beide Nationen seien einander unentbehrlich.

Churchill trug aus unerfindlichen Gründen eine Uniform der Royal Air Force (RAF), als er neben de Gaulle das umjubelte Defilee auf den Champs Elysées anführte. Im Kriegsministerium in der Rue St. Dominique, de Gaulles provisorischem Hauptquartier, waren die französischen Gastgeber Churchills über ihren Schatten gesprungen und hatten zur Begrüßung ihres illustren Ehrengastes eine Büste seines ebenso illustren Vorfahren, des ersten Herzogs von Marlborough, des Siegers über Ludwig XIV., aufgestellt. Churchill nahm die überraschende Geste befriedigt zur Kenntnis. Wahrscheinlich ahnte er, welche Überwindung sie seinen Gastgebern gekostet hatte.

Ähnliche Sympathien wie für Frankreich empfand Churchill für Deutschland sicherlich nicht. Aber er war kein „Feind Deutschlands", wie häufig behauptet wird. Als der deutsche Bundeskanzler Konrad Adenauer Anfang Dezember 1951 mit Churchill in London zusammentraf, sagte der Premierminister, der gerade wieder ins Amt gewählt worden war, in einer Tischrede: „Es wird gesagt, ich hätte mein ganzes Leben gegen Deutschland gekämpft. In Wirklichkeit waren es nur fünf Jahre. Ich habe mein ganzes Leben eine tiefe Zuneigung für Frankreich empfunden. Wie herrlich wäre es, wenn Deutschland darin einbezogen würde, wenn ein großes Band der gegenseitigen Loyalität Großbritannien, Frankreich und Deutschland verbände und unsere Völker in einem breiten Strom einer lichtvollen Zukunft entgegenführen würde. Wenn wir alle unsere Anstrengungen, Möglichkeiten und Kräfte vereinten, um eine nicht zu erschütternde freie Demokratie zu schaffen, in der die Völker das Recht besäßen, über ihr eigenes Schicksal frei zu entscheiden, so würden wir dem Verhängnis eines neuen Krieges entgehen und in einer allumfassenden Harmonie des Friedens zusammen weiterleben."[30]

Von übertriebener Germanophilie war Churchill natürlich frei, und dafür hatte er seine Gründe. Aber gelegentlich äußerte er sich anerkennend über deutsche Einrichtungen und wissenschaftliche Erfolge. Manchmal drückte er sogar so etwas wie Bewunderung aus, wenn es um die militärischen

Leistungen der Deutschen ging. Hitler, dessen Gefolgsleute, die von ihnen vertretene Ideologie und ihren mörderischen Antisemitismus hat er verabscheut, ja gehasst, nicht jedoch die Deutschen als Volk oder Individuen. Für eine Verbesserung des deutsch-britischen Verhältnisses ist Churchill seit den Jahren vor dem Ersten Weltkrieg eingetreten, als die Beziehungen zwischen den beiden Ländern wegen des Flottenrüstens gespannt waren. In den Momenten deutscher Niederlagen und tiefer Erniedrigung der Nation ließ er Mitgefühl und Großmut erkennen.

Am Abend des 11. November 1918, dem Tag des Waffenstillstandes, unterhielt sich Churchill mit dem Premierminister Lloyd George. In der Erinnerung schrieb er darüber: „Meine eigene Stimmung war geteilt zwischen der Sorge um die Zukunft und dem Wunsch, dem gefällten Gegner zu helfen. Das Gespräch berührte die großen Eigenschaften des deutschen Volkes, den furchtbaren Kampf, den die Deutschen gegen drei Viertel der Welt ausgefochten hatten, und die Unmöglichkeit, ohne ihre Hilfe Europa wieder aufzubauen. Damals glaubten wir, dass sie tatsächlich verhungerten und unter dem zweifachen Druck von Niederlage und Hungersnot … in den scheußlichen Abgrund gleiten würden, der bereits Russland verschlungen hatte. Mein Vorschlag lautete, wir sollten ungesäumt, ohne weitere Nachrichten abzuwarten, ein Dutzend großer Schiffe mit Lebensmitteln vollbeladen nach Hamburg dirigieren."[31] Nach dem Zweiten Weltkrieg behauptete er: „Ich hatte während des Krieges immer das Gefühl, dass wir den Tyrannen niederringen müssen, aber bereit sein sollten, Deutschland als Freund wieder auf die Beine zu helfen."[32] Nachtragend war Churchill nicht. Er vertrat die Ansicht, dass die Vergangenheit vergeben, aber nicht vergessen werden solle. Eine Richtschnur für die Zukunft dürfe sie nicht sein.

Churchills persönliche Begegnungen mit Deutschland waren, alles in allem, spärlich, kurz und oberflächlich. Insgesamt acht Mal hat er das Land besucht: 1906 und 1909 beobachtete er die preußischen Herbstmanöver, 1919 inspizierte er als Kriegsminister die britischen Besatzungstruppen in Köln,

1932 besichtigte er in Süddeutschland die Schlachtfelder seines Vorfahren John Churchill, 1945 beobachtete er im März das Kriegsende am Niederrhein und im Juli nahm er an der Potsdamer Konferenz teil, und 1956 reiste er zunächst im Mai nach Aachen, Bonn und Celle, wo er die dort stationierten 4. Husaren, sein altes Regiment, besuchte, und dann im Juli zur Rennwoche nach Düsseldorf.

Die einschneidende Erfahrung bildete für Churchill wie für andere seiner Zeitgenossen das Erlebnis des Ersten Weltkrieges. In einer berühmten Passage am Ende des dritten Bandes seiner *Weltkrisis* schrieb er 1927: „Deutschland kämpfte vier Jahre lang und trotzte den fünf Erdteilen zu Lande, zu Wasser und in der Luft. Die deutschen Armeen unterstützten ihre wankenden Verbündeten, intervenierten erfolgreich auf jedem Kriegsschauplatz, standen überall auf erobertem Gebiet und nötigten ihren Feinden doppelt so viele Opfer ab, wie sie selbst erbringen mussten. Um ihre Kraft und Kriegstechnik zu brechen und ihre Kampfwut zu bändigen, mussten alle großen Nationen dieser Welt gegen sie ins Feld ziehen. Überlegene Bevölkerungszahlen, unbegrenzte Ressourcen, unermessliche Opfer und die Seeblockade konnten fünfzig Monate lang nichts ausrichten. Kleine Länder wurden in diesem Kampf überrannt; ein mächtiges Reich wurde in unkenntliche Stücke zerrissen und fast zwanzig Millionen ließen ihr Leben oder vergossen ihr Blut, bevor man dieser schrecklichen Hand das Schwert entreißen konnte. Wahrlich, ihr Deutschen, das ist genug für den Rest der Geschichte!"[33] Eine Warnung, die die Deutschen geflissentlich überhörten. Dafür mussten sie ein paar Jahre später büßen.

Dass der „deutsche Vulkan" 1918 erloschen war, wollte Churchill selbst nicht glauben. Die Schlusssätze des dritten Bandes der *Weltkrisis* sind von Skepsis durchzogen: „Ist das jetzt das Ende? Oder ist es nur ein Kapitel in einer grausamen und sinnlosen Geschichte? Wird eine neue Generation wieder geopfert werden, um die düsteren Rechnungen zwischen Teutonen und Galliern zu begleichen? Werden unsere Kinder wieder auf zerstörtem Land verbluten und ihr Leben aushauchen? Oder kann aus dem Feuer des Konflikts eine Versöhnung der drei großen Gegner entspringen, die ihre Genies vereint und jedem von ihnen in Sicherheit und Freiheit einen Anteil gewährt, wenn Europa in seinem alten Glanz wieder aufgebaut wird?"[34]

Als Churchill wenige Jahre später die Biographie seines Vorfahren John Churchill, des ersten Herzogs von Marlborough, schrieb, erwarb er sich gute Kenntnisse der Geschichte Mitteleuropas im 17. und frühen 18. Jahrhundert. Aber für die neuere Geschichte Deutschlands und die deutsche Politik in seiner eigenen Zeit zeigte er im Grunde nur wenig Interesse. Es blieb im Wesentlichen selektiv. Während er vor dem Ersten Weltkrieg zusammen mit Lloyd George an einer Verbesserung des britischen Sozialsystems arbeitete, studierte er die Sozialpolitik des Kaiserreichs und bezeichnete sie als vorbildlich. Die Weimarer Republik charakterisierte er als „fadenscheiniges Gewebe", unter dem „die Leidenschaften des mächtigen, zwar geschlagenen, aber in seinem Kern unversehrten deutschen Volkes" toben.[35] Eine originelle Einsicht war das nicht. „Nichts von dem, was er [Churchill] je sagte oder schrieb," urteilte der bedeutende amerikanische Deutschlandhistoriker Gordon Craig, „ließ erkennen, dass er ein wirkliches Verständnis von der Natur des politischen Prozesses im Kaiserreich oder während der tragischen Tage der Weimarer Republik hatte."[36]

Erst der Aufstieg Hitlers, dieses „Wahnsinnigen von dämonischer Wildheit" („maniac of ferocious genius"),[37] und die Auswirkungen seiner Außenpolitik auf den europäischen Frieden lenkten seit Mitte der 1930er Jahre Churchills ungeteilte Aufmerksamkeit auf Deutschland oder genauer: auf den seltsamen Mann, der sich zum „Führer" eines „Dritten Reiches" gemacht hatte. Doch warum er ihn mit Preußen, angeblich der „Wurzel allen Übels" in Deutschland, in Verbindung brachte, ist unklar. Hier scheinen ihm seine geschichtlichen Kenntnisse einen Streich gespielt zu haben.

Churchills früheste Beschäftigung mit Deutschland fällt offenbar in den Mai 1890. Da war er sechzehn Jahre alt und versuchte, die deutsche Sprache zu erlernen. „I began German yesterday," schrieb er aus Harrow an die Mutter. „Ugh.

Still I hope to be able to ,Sprechen ze Deutche' one of these days."[38] Die Hoffnung hat sich nicht erfüllt. Es blieb bei der Kenntnis von ein paar Worten. Kurz vor dem Ersten Weltkrieg ließ er noch einmal Lernunwilligkeit erkennen. „Ich werde die scheußliche Sprache niemals lernen," meinte er, „vielleicht erst dann, wenn der Kaiser auf London marschiert!"[39] Das war natürlich nicht ernst gemeint.

In dem Land, in dem diese schwierige Sprache gesprochen wird, hielt sich Churchill, wie gesagt, zum ersten Mal im September 1906 auf. Er war 32 Jahre alt und gerade zum Stellvertretenden Kolonialminister ernannt worden. Anlass des Besuchs waren die preußischen Heeresmanöver in Schlesien, zu denen ihn der Kaiser höchstpersönlich eingeladen hatte. Als prominenter ausländischer Gast traf er bei dieser Gelegenheit natürlich mit dem Kaiser zusammen. Aber die Unterhaltung, glaubt man dem Bericht Churchills über das Zusammentreffen, scheint nicht sehr tief schürfend gewesen zu sein – ein paar Worte über die Schönheit der schlesischen Landschaft und koloniale Probleme, insbesondere den Herero-Aufstand in Deutsch-Südwestafrika.

Churchill litt unter den Begleitumständen der kaiserlichen Manöver. Die Woche empfand er als höchst anstrengend. „Jeden Abend gab es ein glänzendes Bankett in voller Uniform, bei dem der Kaiser oder, im Falle seiner Verhinderung durch die Teilnahme an den Manövern, die Kaiserin präsidierte. Erst kurz vor Mitternacht konnten wir uns zur Ruhe begeben, wurden aber schon wieder morgens gegen drei oder vier Uhr geweckt, um den Sonderzug zu besteigen, der uns zu irgendeinem Punkt des Schlachtfeldes brachte."[40] Churchill bedankte sich bei Wilhelm II. für die Einladung zu den preußischen Herbstmanövern mit einem Exemplar seiner soeben erschienenen Biographie seines Vaters. Der Kaiser revanchierte sich mit dem Buch *Der Kaiser und die Kunst*. Wir können sicher sein, dass Churchill es nicht gelesen hat.

Die jährliche Schau der stärksten Armee Europas besuchte Churchill noch einmal, im September 1909. Er war nun Wirtschaftsminister in einer reformfreudigen Regierung der Liberalen. Zwar interessierte er sich weiterhin für Schlachtfelder, so etwa für das beim lothringischen Gravelotte gelegene aus dem Deutsch-Französischen Krieg von 1870, aber daneben auch für Einrichtungen des deutschen Sozialstaats in Straßburg und Frankfurt am Main. Er bewunderte die Sozialversicherung und die Arbeitsämter. Ihm fiel auf, dass die beiden politischen Lager im Deutschland Wilhelms II. durch eine tiefe Kluft voneinander getrennt waren. „Es gibt die Imperialisten und die Sozialisten. Nichts verbindet sie. Es sind zwei verschiedene Nationen."[41]

In Würzburg begegnete Churchill erneut dem Kaiser. „Er war sehr freundlich – ‚mein lieber Winston' und so weiter –, aber ich sah nicht viel von ihm,"[42] erzählte er danach. Ernsthafte und militärische Themen habe der Kaiser in der Unterhaltung vermieden. Er habe sich zur britischen Innenpolitik geäußert und sich dabei als überraschend gut informiert gezeigt. „Dies, abgesehen von einem formellen Abschiedsbesuch, war die letzte Gelegenheit, bei der ich mit dem Kaiser gesprochen habe. Aber es sollte nicht mein letzter Kontakt mit der deutschen Armee sein."[43]

Churchills Eindruck von Wilhelm II.? Er nannte ihn eine „glänzende Persönlichkeit, das verwöhnte Kind des Schicksals."[44] In der Porträtskizze für sein Buch *Great Contemporaries* fällte er 1937 über ihn, der nun im niederländischen Exil lebte, ein harsches Urteil: „Wilhelm II. … war eine pittoreske Repräsentationsfigur im Mittelpunkt der Weltbühne, von der verlangt wurde, dass sie eine Rolle spiele, welche weit über die Befähigung der meisten Menschen hinausgeht." Und dann weiter: „Er verstand es, die Gesten zu vollführen, die Worte zu äußern, die Haltungen einzunehmen, welche der kaiserliche Stil verlangt. Er wusste mit beträchtlichem schauspielerischem Können mit dem Fuß zu stampfen und den Nüstern zu schnauben, zu nicken und zu lächeln; aber unter der Oberfläche all dieser Posen und ihres reich verzierten Putzes befand sich ein durchaus alltäglicher, durchschnittlicher, aber im großen und ganzen wohlmeinender Mann mit guten Absichten, der hoffte, sich als einen zweiten Friedrich den Großen ausgeben zu können. Größe des Verstandes oder Geistes befand sich nicht unter den Elementen, aus denen sich seine Persönlichkeit zusammenfügte. Er besaß keine auf lange Sicht angelegte Politik vorsichtiger Staatskunst, keine Wägung und Berechnung, keinen tiefen Einblick in die Dinge, die er auf seine Untertanen hätte übertragen können."

Doch auch die hier angesprochenen Untertanen Wilhelms II. verschonte Churchill nicht mit seiner Kritik: „Die Wahrheit ist jedoch, dass kein Menschenwesen jemals in eine solche Stellung und Lage hätte versetzt werden dürfen. Auf dem deutschen Volk ruht eine gewaltige Verantwortung für seine Unterwürfigkeit unter den barbarischen Gedanken der Selbstherrschaft. Dies ist die Hauptbeschwerde, welche die Geschichte gegen die Deutschen vorbringen muss – dass sie trotz all ihres Verstandes und ihres Mutes die Macht anhimmelten und sich an der Nase herumführen ließen."[45]

Im Grunde hat Churchill nur einen anderen Deutschen mit politischer Verantwortung so gut gekannt wie Wilhelm II. Das war Konrad Adenauer, der erste deutsche Bundeskanzler nach dem Zweiten Weltkrieg. Einem der führenden Politiker der Weimarer Republik scheint Churchill nie begegnet zu sein, auch nicht einem der bekannteren Nationalsozialisten. Selbstverständlich traf er mehrmals den deutschen Botschafter Joachim von Ribbentrop während dessen kurzer Amtszeit in London. In seinen Memoiren beschreibt Churchill ausführlich zwei Begegnungen mit ihm: einmal, „eines Tages im Jahre 1937", im prachtvollen alten deutschen Botschaftsgebäude an der Mall und ein anderes Mal beim „Abschiedsfrühstück" für den scheidenden Botschafter in der Downing Street Nr. 10, zu dem Premierminister Chamberlain eingeladen hatte.

Bei der mehr als zweistündigen Unterredung in der deutschen Botschaft warb von Ribbentrop, wohl auf Weisung seines Chefs in Berlin, für ein deutsch-britisches Bündnis und um die britische Einwilligung, Deutschland im Osten Europas für seine politischen Pläne freie Hand einzuräumen. Hitlers Deutschland wolle dann seinerseits als Gegenleistung weder das Britische Weltreich noch die britische Seeherrschaft in Frage stellen. Die Verabschiedung von Ribbentrops, den Hitler zum Außenminister des Dritten Reiches ernannt hatte, fand am 13. März 1938 statt. Während des Essens traf die Nachricht vom Einmarsch deutscher Truppen in Österreich ein, und so nahm die Veranstaltung im Amtssitz des Premierministers ein schnelles Ende. „An diesem Tage," bemerkte Churchill, „sah ich Ribbentrop zum letzten Mal, bevor er gehängt wurde."[46]

Wenige Wochen später, im Juli 1938, sprach Churchill in Chartwell im Beisein seines deutsch sprechenden Beraters Frederick Lindemann mit dem jungen, ehrgeizigen Gauleiter von Danzig, Albert Forster. Durch Vermittlung des Danziger Völkerbundskommissars Carl J. Burckhardt und mit Wissen Hitlers besuchte Forster eine Woche lang Großbritannien und schwadronierte bei Begegnungen mit britischen Politikern über aktuelle außenpolitische Probleme. Nach Aussage Burckhardts, eines Großneffen des berühmten Basler Historikers, hörte Forster bei dem Gespräch mit Churchill nur auf die höflichen Komplimente seines Gastgebers und ignorierte dessen Warnungen vor einer gewalttätigen deutschen Politik, die „beinah unvermeidlich zu einem Weltkrieg führen müsse".[47]

Wenn man bedenkt, dass Churchill in diesen Jahren mit Dutzenden französischer Politiker zusammentraf und mit ihnen ausführlich politische Fragen erörterte, dann sagt das einiges über den Zustand der deutsch-britischen Beziehungen in der Zwischenkriegszeit aus. Was Churchill über die wenigen deutschen Politiker, die er in den Jahren vor dem Zweiten Weltkrieg traf, über ihr Auftreten und ihre politischen Ansichten dachte, lässt sich nur vermuten. In Konrad Adenauer begegnete er dann nach dem Zweiten Weltkrieg buchstäblich zum ersten Mal einem deutschen Politiker und Staatsmann, dessen Denken und Handeln von Vernunft, Klugheit und Respekt für den anderen geleitet war und der zudem über zivilisierte Umgangsformen verfügte.

Die Sympathie und Wertschätzung Adenauers für Churchill war nach ihrer ersten Begegnung beim 1. Kongress der Europa-Union in Den Haag im Mai 1948 spontan, und sie wurden von Seiten Churchills erwidert. Im Dezember 1954 ließ er

**Abb. 14:** Bundespräsident Theodor Heuss (links) empfängt am 11. Mai 1956 das Ehepaar Churchill in seinem Bonner Amtssitz, der Villa Hammerschmidt. Rechts: Bundeskanzler Adenauer und Außenminister Heinrich von Brentano.

Adenauer wissen, dass er „ganz oben auf der Liste seiner Bewunderer als Staatsmann und Patriot" stehe.[48] Churchill und Adenauer waren Altersgenossen, wenn auch mit ganz unterschiedlicher Lebenserfahrung, und Churchill kannte Adenauers Haltung gegenüber dem Nationalsozialismus. Für ihre offiziellen und privaten Kontakte in den 1950er Jahren, als Adenauer die junge Bundesrepublik mit allen ihren Belastungen aus der unmittelbaren Vergangenheit repräsentierte, waren das gute Voraussetzungen. In vielen aktuellen politischen Fragen vertraten sie dieselbe Meinung. Doch es gab zwischen ihnen auch Differenzen.

So bedauerte Adenauer Großbritanniens und insbesondere Churchills Haltung zur europäischen Einigung seit 1950 und machte daraus kein Hehl. Für ihn war Großbritannien zweifelsfrei ein Teil Europas. Doch die Sowjetunion wollte er, im Gegensatz zu Churchill, in den Einigungsprozess nicht einbeziehen. Vor allem in den 1950er Jahren unterschied sich Adenauers Haltung zur Sowjetunion erheblich von derjenigen Churchills. Wenn der britische Premierminister nach Stalins Tod von der Möglichkeit einer west-östlichen Verständigung sprach, schwieg Adenauer. In Washington plädierte er gegen Churchills so genannte „Gipfeldiplomatie" mit der nachstalinistischen Moskauer Führung – für Adenauer eine gefährliche *idée fixe* des Premiers, der sich nun im Kalten Krieg offensichtlich als Friedensbringer profilieren wollte.

Die gegenseitige Wertschätzung der beiden alten Herren nahm ungeachtet der unterschiedlichen Positionen zu Europa und zum Verhältnis des Westens zur Sowjetunion keinen Schaden. Zum 80. Geburtstag Churchills am 30. November 1954 wollte der Bundeskanzler nach Auskunft seines Vertrauten Herbert Blankenhorn, der damals deutscher Botschafter in London war, dem Premierminister seine Glückwünsche „in besonderer Weise" übermitteln. „Er hatte mir deshalb schon einige Wochen vorher den Auftrag gegeben," hielt Blankenhorn fest, „ein silbernes Geschenk auszusuchen. Ich fand eine wertvolle, schlichte Schale aus der Queen-Anne-Zeit. Dem Kanzler schien das Geschenk zu gering. Ein deutscher Juwelier wurde deshalb mit dem Entwurf eines gewichtigeren Geschenks beauftragt. Schließlich entstand ein stattliches, schweres Produkt deutscher Silberschmiedekunst, breit ausladend, mit überhängenden Trauben auf schwerem Holzsockel mit dem Wappen der Churchills in Gold und einer Widmung des Kanzlers auf den Seiten. Ich selbst sollte das Geschenk mit dem entsprechenden Schreiben dem Jubilar in London übergeben. Das Geschenk, in eine große Kiste verpackt, war mir an unsere Botschaft in London vorausgeeilt."

Blankenhorn hat auch Churchills Reaktion bei der Übergabe des Geschenks beschrieben. „Churchill empfing mich heute im historischen Kabinettssaal von Downing Street … Ich überbrachte die Wünsche des Kanzlers und übersetzte den Brief ins Englische … Churchill hörte aufmerksam zu, blickte mit deutlichem Interesse auf die große Kiste, die auf dem Kabinettstisch stand. Ich öffnete die Büchse der Pandora – und da stand das schwere, üppige Geschenk in vollem Glanz. Der Bundeskanzler hatte mit seiner Wahl das Richtige getroffen. Die Freude war groß, ja so groß, dass er sofort Lady Churchill herunterrufen wollte, die sich aber zur Ruhe begeben hatte. ‚This is indeed a lovely present' – und er hob die Schale mit beiden Händen."[49]

Auch nach Churchills Ausscheiden aus dem Amt des Premierministers versäumte es Adenauer nie, bei seinen offiziellen Besuchen in Großbritannien anzufragen, ob ein Besuch bei Churchill in seinem Londoner Privathaus in Hyde Park Gate genehm sei. Das geschah zum letzten Mal im November 1959, kurz vor Churchills 85. Geburtstag. Am nächsten Tag notierte Churchills Arzt Lord Moran, was Clementine Churchill über den Besuch erzählte: „Oh, Winston war begeistert von der Unterhaltung. Sehen Sie, Charles, ich spreche Deutsch und das war natürlich von Nutzen."[50]

Der damalige deutsche Botschafter in London, Hans von Herwarth, begleitete Adenauer. Er beschrieb in seinen Erinnerungen den Moment des Abschieds. „Churchill war nachdenklich, bedankte sich bei Adenauer für den Besuch und sagte dann nur: ‚Well, Mr. Chancellor, I wait, I wait'."[51]

## 2. Zurück an die Macht

Churchills Rückkehr in die Downing Street war etwas mühsam, doch sie beruhte letztlich auf dem Willen der Wähler. Von einem triumphalen politischen Comeback konnte nicht die Rede sein, denn den ersten Schritt zurück ins Zentrum der Macht muss man eher als gescheiterten Anlauf betrachten. Bei den Unterhauswahlen im Februar 1950 verlor die innerlich zerrissene Labour-Partei Clement Attlees zwar 78 Sitze, aber mit 46,1 Prozent Stimmenanteil und 315 Abgeordneten konnte sie wieder die Regierung bilden. Die Konservativen mit Churchill an der Spitze brachten es auf 43,5 Prozent Stimmenanteil und gewannen 298 Mandate. Durchaus ein Erfolg, aber zur Ablösung der Labour-Regierung reichte es nicht.

Doch wieder einmal, wie so oft in seinem Leben, kam Churchill das Glück zur Hilfe. Schon im September 1951 musste Attlee Neuwahlen ansetzen. Eklatante Schwächen in der Innen- und Außenpolitik, der Rücktritt oder der Tod führender Politiker seiner Partei gaben den Anlass. Möglicherweise war Attlee auch seines Amtes überdrüssig. Nun, sozusagen im zweiten Anlauf und früher als erwartet, siegte Churchills Konservative Partei. Aber der Vorsprung vor Labour war am Abend des Wahltags äußerst knapp und bot kaum Grund zum Jubeln. In den Wahlen vom Oktober 1951 gewannen die Konservativen zwar 321 Abgeordnetensitze gegenüber 295 Sitzen für Labour. Aber den Sieg verdankten sie dem britischen Mehrheitswahlrecht, denn für Labour waren 48,8 Prozent der Stimmen abgegeben worden, für die Konservativen nur 48,0 Prozent. Ein überzeugendes Wählervotum für den neuen, nun 77-jährigen Regierungschef war das gewiss nicht.

Churchill hat das klar gesehen, und die Enttäuschung über den Wahlausgang mag dazu beigetragen haben, dass seine zweite Amtszeit in der Downing Street mit wenig Schwung begann und auch in den nächsten Jahren von einem kraftvollen Regieren nicht die Rede sein konnte. Zwar hatte er die Zügel der lange entbehrten Macht wieder in den Händen, aber merkwürdigerweise machte er von den damit gegebenen Möglichkeiten in den folgenden Jahren im Grunde nur wenig Gebrauch. Fehlte ihm der Gegner, der ihn direkt herausforderte und ihn, wie 1914 oder 1940, zur vollen Entfaltung aller seiner Energien und Fähigkeiten anstachelte?

Auf Mitarbeiter und Außenstehende wirkte der Premier jedenfalls wie ein ermatteter Krieger. Für die aktuellen innenpolitischen und wirtschaftlichen Probleme des Landes, das er regierte, zeigte er nur geringes Interesse. Sein Patient lebe in der Vergangenheit und hasse Veränderung, beobachtete sein Arzt Lord Moran. „Uns war klar geworden, dass er einer anderen Zeit angehörte."[1] Churchill vernachlässigte Details, für die er früher immer ein so scharfes Auge hatte, und er schob die Akten vor sich her. Familie und Freunde drängten ihn, bald zurückzutreten – vergeblich, er ignorierte jeden gut gemeinten Rat. „Ich bin nun einmal an den öffentlichen Angelegenheiten interessiert," entgegnete er. „Über fünfzig Jahre lang ist das mein Leben gewesen, mein einziges Interesse."[2] Der erstickende Mehltau von Stillstand und steriler Routine überzog die Ministerien in Whitehall. Seine zweite Amtszeit war fraglos nicht Churchills „größte Stunde" – die Historiker bewerten sie entsprechend ungnädig. Nun rächte es sich, dass er im Juli 1945 nicht dem Rat seiner Frau gefolgt war und seine Wahlniederlage mit dem Rückzug aus der aktiven Politik quittiert hatte. Er war der Macht verfallen und unfähig, sich aus ihren Tentakeln zu lösen.

Offene Kritik an Churchills Amtsführung scheint es aus dem Kreis der Minister lange Zeit nicht gegeben zu haben, obwohl der Premier Widerspruch und Diskussion durchaus zuließ. Doch fast alle Kabinettsmitglieder waren alte Freunde, mit denen er schon im Krieg zusammengearbeitet hatte und die loyal zu ihm standen, zumindest in den ersten beiden Jahren der neuen Amtsperiode. Harold Macmillan, der spätere Premierminister, saß damals mit am Kabinettstisch in der Downing Street. Er erlaubt in seinen Memoiren einen Blick auf Churchills späten Regierungsstil. Die oft langweiligen Sitzungen hätten sich hingezogen, erinnerte er sich. Churchill hätte das Kabinett eher als Beratungs- denn Entscheidungsgremium betrachtet. Seine langen Monologe füllten den größten Teil der Zeit. Aber gelegentlich hätte der aufmerksame Zuhörer eine Lebensweisheit des alten Premiers aufschnappen können, etwa diese: „Die Politik ist voller Unsicherheiten. Sie ist kein Galopp-, sondern ein Hindernisrennen."[3]

Allein auf dem Felde der Außenpolitik hatte Churchill noch die Kraft für neue Initiativen. Mit ihnen erregte er weltweites Aufsehen und handelte sich auch eine Menge Ärger ein, aber zu nennenswerten Erfolgen führten sie letzten Endes nicht. Vielleicht waren seine hartnäckigen Anregungen und Versuche, mit der nachstalinistischen Sowjetunion nach dem Ende des Krieges in Korea wieder ins Gespräch zu kommen, in der Tat von Illusionen geleitet und nicht von den harten Realitäten in der Welt des Kalten Krieges zwischen West und Ost.

Churchill stellte eine einfache Frage: Konnten die Realitäten, die tagtäglich den heißen Krieg auszulösen drohten, nicht dadurch verändert werden, indem beide Seiten auf höchster Ebene miteinander über die strittigen Fragen, ihre Probleme und Ziele sprachen? Konnte auf diese Weise Konfrontation durch Kooperation ersetzt werden? „Mich überzeugt der Gedanke, eine energische Anstrengung zu machen," erklärte er im Februar 1950 in einer Rede in Edinburgh, „um den Abgrund zwischen den beiden Welten zu überbrücken, so dass jede ihr Leben leben kann, wenn nicht in Freundschaft, so doch wenigstens ohne die Risiken des Kalten Krieges."[4] Zum ersten Mal ventilierte er hier eine Idee, auf die er in den nächsten Jahren immer wieder zurückkam. Gegenüber Harold Macmillan ließ er die Bemerkung fallen: „Schreckliche Tatsache ist, dass die sowjetische Regierung unsere Freundschaft mehr fürchtet als unsere Feindschaft."[5]

In Glasgow sprach Churchill am 17. April 1953 von einer „neuen Brise" in einer gequälten Welt.[6] Am 11. Mai forderte er im Unterhaus praktisch das Ende des Kalten Krieges und ein neues „Locarno" – ein gesamteuropäisches Sicherheitssystem, wie es 1925 der Vertrag von Locarno geschaffen hatte. Es sollte an die Stelle der ideologischen und der Bündnisblöcke in Ost und West treten. Das waren damals unerhörte Gedanken. Der kranke Außenminister Eden, der von Churchills Vorschlägen aus der Zeitung erfuhr, machte aus seiner Verärgerung kein Geheimnis.

Bei seiner „Gipfeldiplomatie", die sein Denken besonders nach Stalins Tod im März 1953 immer stärker beherrschte, verfolgte Churchill eine doppelte Strategie. Einerseits strebte er Verhandlungen mit Moskau an, und zwar auf der Ebene der Regierungschefs; andererseits trat er dafür ein, die militärische Aufrüstung des Westens zu forcieren, um der „Politik der Stärke" mehr Nachdruck zu verleihen. Waffentechnisch hatten Ost und West ein Patt erreicht. Die Sowjetunion verfügte seit September 1949 ebenfalls über die Atombombe. Die Briten führten ihren ersten Nukleartest im Oktober 1952 durch. Die nun einsetzende Entwicklung der noch gewaltigeren Wasserstoffbombe in West und Ost beunruhigte Churchill. Die Amerikaner testeten sie erstmals im November 1952, die Sowjets folgten im August 1953. Für Churchill stand angesichts der sich nun öffnenden Perspektiven das Überleben der Menschheit auf dem Spiel. So begriff er sich in einer Welt, deren Fortbestehen vom „Gleichgewicht des Schreckens" abzuhängen schien, immer mehr als Friedensstifter, der auch in dieser Eigenschaft, eben nicht nur als Kriegspremier, in die Geschichte eingehen wollte. Wäre das nicht der krönende Abschluss einer beispiellosen politischen Laufbahn? Heute gehen manche Historiker so weit, in Churchill einen Vorläufer der Entspannungspolitik seit den 1960er Jahren zu sehen, zumindest den Propheten der *détente*.

Churchills Glaube an die Effektivität von Gipfelkonferenzen, um schwierige politische Probleme zu lösen, war ungebrochen, ungeachtet seiner Erfahrungen in Jalta und Potsdam. Deshalb drängte er den amerikanischen Präsidenten Eisenhower zu einer Dreierbegegnung mit Georgi Malenkow, der in der Sowjetunion die Nachfolge Stalins anzutreten schien. Zumindest wollte Churchill vom britischen Kabinett grünes Licht erhalten, notfalls im Alleingang zu Gesprächen nach Moskau zu reisen, um auf dem Wege des persönlichen Kontakts die Verkrampfung zwischen West und Ost aufzulockern und den Weltfrieden sicherer zu machen. Er vertraute auf sein großes persönliches Prestige und seine politischen Erfahrungen und hielt sich für den einzigen Politiker, der den Kontakt zwischen den verfeindeten Weltmächten herstellen und damit zugleich den politischen Status Großbritanniens absichern könne. „Es gibt ein Gefühl, dass ich die einzige Person bin, die mit Russland ins Geschäft kommen könne," behauptete er. „Ich glaube, in Moskau denkt man auch so."[7]

Seinem stets präsenten Leibarzt, sozusagen seinem Eckermann, vertraute Churchill an: „Ich spiele ein großes Spiel – die Befriedung der Welt, vielleicht Frieden in der ganzen Welt – ohne natürlich die geeigneten Mittel zur Verteidigung aufzugeben. Wenn es gelingt und mit der Abrüstung begonnen wird, könnte die Industrieproduktion verdoppelt werden und wir wären imstande, den arbeitenden Menschen das zu geben, was sie nie hatten – Muße. Eine Viertagewoche und dann drei Tage Spaß."[8] Churchills lebhafter Geist scheint in der ersten Hälfte der 1950er Jahre von der Vision des globalen Maklers, der sich dem Weltfrieden verschrieben hat, völlig fasziniert gewesen zu sein. Auch die Möglichkeit, dadurch seinen eigenen Rücktritt hinauszögern zu können, mag in seinem Kalkül eine Rolle gespielt haben. Es ist sogar der Verdacht geäußert worden, die Politik des Dialogs mit der Sowjetunion sei von Churchill ganz bewusst zum Erhalt seiner Macht eingesetzt worden. War er nicht unentbehrlich, gerade jetzt im Frühjahr 1953, nach dem Tod Stalins und angesichts der schweren Erkrankung Edens?

Die Frage, welche Motive mit welcher Gewichtung Churchill Anfang der 1950er Jahre bewegten, lässt sich heute nicht mehr mit letzter Sicherheit beantworten. Was bleibt, sind Vermutungen. Die von seinen Kriegserfahrungen inspirierte „Gipfeldiplomatie" Churchills scheiterte schließlich am Widerstand Eisenhowers und seines Außenministers John Foster Dulles. Beide nahmen dabei auch auf die strikt ablehnende Haltung des westdeutschen Bundeskanzlers Rücksicht. Von einem Gipfeltreffen der alten Anti-Hitler-Koalition erwartete Adenauer für die junge Bundesrepublik in ihrer prekären Lage an der Schnittstelle zwischen West und Ost nur

Nachteile. Zudem blieben positive Signale des Kremls, die auf Verhandlungs- und Kompromissbereitschaft hindeuteten, aus. Und das britische Kabinett dachte gar nicht daran, für die Pläne des eigenwilligen Premiers den Weg frei zu machen.

Eigenwillig? Möglicherweise verfügte Churchill selbst noch im hohen Alter über mehr politische Fantasie als seine Amtskollegen in Washington und Bonn, als die Funktionäre in Moskau und die Beamten in den Londoner Amtsstuben. Illusionen hin und her, zurück bleibt ein Stachel. Wurde vielleicht in den frühen 1950er Jahren eine weltpolitische Chance zur Beendigung des Kalten Krieges nicht hinreichend ausgelotet? Wie dem auch sei: Der Historiker muss nüchtern registrieren, dass die Zeit für Churchills Initiative offensichtlich noch nicht reif war.

Noch etwas anderes kam hinzu. Seit Ende 1953 wurde zunehmend deutlicher, dass das Konzept der „Gipfeldiplomatie" zum Spielball der persönlichen Rivalitäten und Animositäten zwischen Churchill und dem Außenminister Eden geworden war. Der designierte Nachfolger des Premierministers durchschaute Churchills Taktik der Versprechungen und des Hinauszögerns von Entscheidungen über sein Erbe und sah, wie ihm die Zeit davonlief. Immerhin hatte Churchill ihn schon im Juni 1942 dem König als seinen Nachfolger empfohlen, falls ihm etwas zustoßen sollte.

Nun, zehn Jahre später, wartete Eden immer noch darauf, das Amt übernehmen zu können. Der Premierminister argumentierte, dass ein Wechsel an der Spitze der britischen Regierung nicht opportun sei, wenn weltpolitische Weichenstellungen von größter Bedeutung anstanden. Anthony Eden, der erfahrene Außenpolitiker, wollte sich damit nicht abfinden. Er suchte den Premierminister im August 1954 auf, um über den Zeitpunkt der Nachfolge zu sprechen. Churchill gab sich unnachgiebig. „Sie sind jung," ließ er seinen 57-jährigen Stellvertreter wissen. „Sie werden alles erreicht haben, bevor Sie sechzig Jahre alt sind. Warum haben Sie es so eilig?"[9] So verwundert es nicht, dass Spannungen und Intrigen, enttäuschte Hoffnungen und Krankheit Churchills letzte Jahre im Amt überschatteten. Dass dank seiner Bemühungen Anfang

1954 in Berlin wenigstens eine Außenministerkonferenz der vier Siegermächte zustande kam, hat ihn wenig befriedigt, zumal sie ohne ein greifbares Ergebnis auseinander ging.

Häufig wirkte Churchill damals sogar so, als habe er resigniert. Kurz nach seinem Ausscheiden aus dem Amt, noch vom Schmerz über den Verlust der Macht geplagt, meinte er: „Seit ich zurückgetreten bin und entspanne, bemerke ich einen Rückgang meines Interesses an allen Dingen – oh, an allem. Ich hasse London. Ich will keine Leute mehr sehen. Sie interessieren mich nicht. Politik langweilt mich." Er werde bald sterben.[10] Als er das sagte, mag Verbitterung eine Rolle gespielt haben. Doch sein wachsendes Desinteresse an politischen Veränderungen und Entwicklungen war schon vor seinem Ausscheiden aus dem Amt nicht mehr zu übersehen.

Am europäischen Einigungsprozess, der mit der Gründung der Montanunion enormen Auftrieb erhielt, hatte Churchill noch als britischer Regierungschef keinen aktiven Anteil mehr genommen. Auf das Drängen von Freunden und politischen Weggenossen, öffentlich eine pro-europäische Rolle zu übernehmen, reagierte er mit unverbindlichen Floskeln. Für die deutsche Wiederbewaffnung und die Einbindung der Bundesrepublik in die militärischen Bündnisstrukturen des Westens hatte er sich allerdings nachdrücklich eingesetzt, nicht zuletzt deshalb, weil Außenminister Eden dafür eintrat. Die zügige Aufnahme des westdeutschen Teilstaats in den Nordatlantikpakt im Mai 1955 war nicht zuletzt beider Verdienst.

Hingegen schwand zusehends Churchills Interesse am zerbröckelnden Empire. Zum Prozess der Entkolonialisierung, der sich in diesen Jahren beschleunigte, hat sich Churchill selten geäußert. Dass er das Gefühl hatte, den Untergang einer ihm vertrauten Welt mitzuerleben, war nur allzu verständlich. Er hatte den Aufstieg des viktorianischen Empire zu seiner vollen Blüte erlebt, und die Vorstellung, dass Großbritannien mit seinen überseeischen Dominien und Kolonien eine große, den Globus umspannende Familie bildete, war für ihn selbstverständlich. In zwei blutigen Kriegen hatte die Familie loyal zusammengestanden und die Aggression feindlicher

Mächte gemeinsam abgewehrt. „Heilige Bande", so meinte er, verknüpften Großbritannien mit seinen „Tochterstaaten jenseits der Ozeane".[11] Nun wurde Churchill Zeuge, wie sich die Mitglieder der Familie vom Mutterland abwandten. Indien, angeblich das „Kronjuwel" des Empire, hatte schon 1947 seine Unabhängigkeit gewonnen und damit den verbleibenden Kolonien ein Signal und Vorbild gegeben. Ein zentraler, stark emotional besetzter Bestandteil von Churchills Weltbild löste sich auf und wurde zur Reminiszenz an eine glanzvolle, der Gegenwart schnell entrückende Vergangenheit. Das hat ihn verbittert und deprimiert.

Aber es gab für den alternden Premier, der Ende Juni 1953 während eines Abendessens für den italienischen Ministerpräsidenten Alcide de Gasperi in der Downing Street einen schweren Schlaganfall erlitt, auch Dinge, über die er sich freuen konnte. Selbst zum Erstaunen seiner Ärzte stabilisierte sich im Laufe des Jahres sein Gesundheitszustand. Weder die Öffentlichkeit noch einige seiner Kabinettskollegen hatten die Schwere seiner Erkrankung im Sommer 1953 voll realisiert. Der Schlaganfall hatte ihn wochenlang halbseitig gelähmt und der Sprache beraubt. In den Zeitungen stand lediglich, der Premierminister sei überarbeitet und brauche eine längere Ruhephase. Seine schnelle Erholung bezeichneten die Ärzte als Wunder, und Churchill empfand das auch so.

Es mag seltsam klingen, aber die Jahre seiner zweiten Amtszeit in der Downing Street waren für Churchill auch Jahre der Muße, überhaupt nicht vergleichbar mit dem täglichen Stress und der Anspannung der Kriegsjahre oder den Anforderungen, die heute, ein halbes Jahrhundert später, an den Regierungschef eines größeren Landes gestellt werden. Seine Pflichten als erster Minister der Krone nahm er mit einer Lässigkeit wahr, die er sich früher nie gestattet hätte. In den Korridoren von Whitehall machte die Rede vom „Halbtagspremier" die Runde.

Die Lektüre von Literatur entwickelte sich wieder zu einer seiner Leidenschaften. Seit seiner Militärzeit im indischen Bangalore war er nicht nur zum Autor, sondern auch zum

Leser geworden. In Chartwell hatte er sich eine große Bibliothek zugelegt, die Clementine Churchill Ende der 1950er Jahre auf ungefähr 10 000 Bände schätzte. Selbst während des Zweiten Weltkrieges fand er hin und wieder Zeit zum Lesen. Während der Seereise zum Treffen mit Präsident Roosevelt vor Neufundland im August 1941 vertrieb er sich mit C. S. Foresters *Captain Hornblower* die Zeit. Im Januar 1944 las er während seines Erholungsaufenthalts in Marrakesch Jane Austens *Pride and Prejudice*. Die englischen Romane des 18. und 19. Jahrhunderts wurden nach dem Krieg seine Lieblingslektüre: Henry Fielding, Anthony Trollope, Charlotte und Emily Brontë, William Thackeray. Aber er beschäftigte sich auch mit Voltaires *Candide,* Balzacs *Père Goriot,* H. G. Wells' *The Wonderful Visit* und Autoren, die heute vergessen sind. Gelegentlich las er Biographien von Politikern des 19. Jahrhunderts, auch die Biographie der französischen Königin Marie Antoinette von Stefan Zweig. Als er einmal gefragt wurde, was ihn an den Romanen besonders interessiere, antwortete er ausweichend: „Sie sorgen dafür, dass die Zeit vergeht."[12] Wenig später meinte er, er verschwende seine Zeit mit dem Lesen von Romanen.

Als Churchill das sagte, befand er sich, bürokratisch gesprochen, längst im Ruhestand. Während er noch im Amt war, lässt sich in seinen Äußerungen über Gelesenes eher ein Staunen erkennen, ein Staunen über Welten und Erfahrungen, die ihm nicht vertraut waren und ihn folglich faszinierten. „Ich war unartig," gestand der Premier einmal seinem Arzt. „Ich habe gestern ein Buch in einem Zug gelesen, acht Stunden lang. Zur Zeit kann ich Büchern nicht widerstehen."[13] Sein Bonner Amtskollege bekannte ein paar Jahre später in einem Gespräch mit Journalisten, er komme sehr wenig zum Lesen. „Was für Bücher, wollen Sie wissen? Sie werden erstaunt sein, wenn Sie z. B. hören, dass ich gern lyrische Gedichte lese und auch gern gute Kriminalromane – aber die müssen gut sein! –, und es gibt gute." Zu seinen favorisierten Lyrikern zählte Adenauer Eichendorff, Heine und Goethe.[14] Der Topos, er habe zu wenig Zeit zum Lesen, ist allerdings auch von Churchill überliefert. Zur Bibel griff er offenbar erst spät im Leben. Auf die Frage, ob er sie lese, antwortete er: „Ja, aber nur aus Neugierde."[15]

In den Jahren seiner zweiten Amtszeit in der Downing Street erfreuten Churchill aber nicht nur die Literatur und die eigenen schriftstellerischen Erfolge, sondern auch die vielen Ehrbezeugungen, die ihn seit Kriegsende in einem nicht enden wollenden Strom erreichten. Die damit einhergehenden repräsentativen Auftritte sorgten für angenehme Unterbrechungen des Regierungsalltags. Kein Staatsmann des 20. Jahrhunderts ist so mit Ehren und Ehrungen überschüttet worden wie Winston Churchill in den zwei Jahrzehnten zwischen 1945 und 1965.

Zahlreiche Städte in Großbritannien und im Ausland verliehen ihm die Ehrenbürgerrechte; Universitäten auf der ganzen Welt, von Cambridge in England bis Cambridge in Massachusetts, ihre Ehrendoktorwürde. Anfang 1946 erhielt er aus der Hand des Königs den Verdienstorden („Order of Merit"), eine der höchsten Auszeichnungen des Landes. Churchill freute sich darüber, denn über die Aufnahme in den Orden mit seinen gerade einmal zwei Dutzend Ordentlichen Mitgliedern entschied allein der Monarch, unabhängig von Regierung oder Premierminister. Der Großvater Georgs VI., Eduard VII., hatte ihn 1902 nach dem Vorbild des preußischen Ordens „Pour le Mérite" ins Leben gerufen. Der Hosenbandorden („Order of the Garter") wurde Churchill im April 1953 von der jungen Queen Elisabeth II. verliehen. Seitdem war er Sir Winston. Dass er die Ehre zum damaligen Zeitpunkt akzeptierte, war insofern ungewöhnlich, als britische Premierminister seit dem frühen 19. Jahrhundert und praktisch bis heute in der Regel erst nach ihrem Ausscheiden aus dem Amt geadelt werden. Doch Churchill konnte dem Charme der jungen Königin nicht widerstehe. „Ich nahm die Ehre an," schrieb er einer Bekannten, die ihm gratulierte, „weil das der Wunsch der Königin war. Ich finde, sie ist großartig."[16]

Wenige Monate später, der letzte Band seiner Kriegsmemoiren stand kurz vor dem Erscheinen, sorgte die Meldung für Schlagzeilen, dass die Schwedische Akademie Churchill den Nobelpreis für Literatur zuerkannt habe. Sie zeichnete den berühmten Briten aus für seine "meisterhafte Kunst historischer und biographischer Darstellung sowie für seine brillante Rhetorik im Zusammenhang mit der Verteidigung nobler menschlicher Werte". So steht es in der Begründung für die Preisverleihung. Mit anderen Worten: Auch Churchills aufwühlende Reden in den Jahren 1940 und 1941, mit denen er den Widerstandsgeist seiner Landsleute und die Werte der menschlichen Zivilisation beschwor, waren in die Begründung für die Preisvergabe eingeflossen.

War der neue Nobelpreisträger von der Ehrung beeindruckt? Churchills Privatsekretär Anthony Montague Browne berichtet, dass sich der Premier und Autor über die Nachricht zunächst gefreut habe. Doch seine Stimmung schlug in Gleichgültigkeit um, als er realisierte, dass er, der Politiker und Staatsmann, den Literaturpreis und nicht den erhofften Friedensnobelpreis erhalten hatte. So musste denn Clementine Churchill stellvertretend am 10. Dezember 1953 in Stockholm den Preis aus den Händen des schwedischen Königs Gustav VI. Adolf entgegennehmen. Ein wichtiges Treffen mit dem amerikanischen Präsidenten auf Bermuda verhindere sein persönliches Erscheinen bei der Verleihungszeremonie, ließ Churchill verlauten.

Von seinem Schlaganfall im Juni 1953 hatte sich Churchill so gut erholt, dass er seinen 80. Geburtstag im folgenden Jahr in guter Verfassung feiern konnte. Zum ersten Mal seit Lord Palmerston, dem Regierungschef unter Königin Viktoria, erlebte ein Premierminister den Übergang ins neunte Lebensjahrzehnt im Amt. Das politische Großbritannien gratulierte ihm in der ehrwürdigen Westminster Hall, dem ältesten Teil des Parlamentsgebäudes. Nahezu alle aktiven und ehemaligen Abgeordneten hatten eine Grußadresse unterzeichnet, die der acht Jahre jüngere Oppositionsführer Clement Attlee dem 80-Jährigen überreichte. Churchill schätzte seinen ehemaligen Stellvertreter im Kriegskabinett und empfing ihn auch gern im privaten Kreis.

Das Geschenk der beiden Häuser des Parlaments, ein großformatiges Porträt des Jubilars von dem Maler Graham

Sutherland, fand indes eine zwiespältige Aufnahme. Churchill selbst fällte ein sibyllinisches Urteil: „Ein bemerkenswertes Beispiel moderner Kunst. Gewiss vereinigt es Kraft und Aufrichtigkeit." Im privaten Kreis wurde er deutlicher – da nannte er es „bösartig".[17] Clementine Churchill hasste das Porträt. Irgendwann nach dem Tode ihres Mannes hat sie es angeblich eigenhändig zerschnitten und die Teile verbrennen lassen. Erhalten geblieben sind Vorstudien und Fotografien.

Ähnlich spektakuläre Ehrungen wie im eigenen Land erfuhr Churchill in Frankreich und den Vereinigten Staaten. In Paris empfing er 1947 unter großer Anteilnahme der Bevölkerung die „Médaille Militaire". Charles de Gaulle, noch Ministerpräsident, zeichnete ihn im November 1958 in Anwesenheit zahlreicher dekorierter Kriegsveteranen mit der „Croix de la Libération" aus. „Gleich nach meiner Rückkehr an die Macht," schreibt de Gaulle, der im Dezember zum Staatspräsidenten gewählt wurde, in seinen Memoiren, „hatte mir im übrigen daran gelegen, meine Gefühle sprechen zu lassen, indem ich den alt gewordenen, aber der Geschichte, die uns zusammenführte, treu gebliebenen Churchill empfing, um ihn die ‚Croix de la Libération' zu verleihen."[18]

Die Stadt New York ehrte Churchill am 15. März 1946 mit einer Konfettiparade. Obwohl es regnete, säumten geschätzte 400 000 Menschen den Weg zum Rathaus. Das Magazin *Time* wählte ihn zum „Mann des Jahres" 1949. Schiffssirenen und Wasserfontänen der Feuerlöschboote begrüßten ihn im April 1961, als er an Bord der Privatyacht *Christina* des griechischen Millionärs Aristoteles Onassis in den New Yorker Hafen einlief. Die Einladung Präsident Kennedys zu einem privaten Besuch im Weißen Haus musste er wegen seines Gesundheitszustands jedoch ausschlagen. Genau zwei Jahre später, am 8. April 1963, verliehen ihm beide Häuser des amerikanischen Kongresses die Ehrenbürgerschaft der Vereinigten Staaten. Diese außerordentliche und seltene Ehrung war zuletzt dem französischen General La Fayette zuteil geworden, einem Helden des amerikanischen Unabhängigkeitskampfes gegen die Briten.

Die vielfältigen Ehrungen, die ihn in seinen späten Jahren erreichten, ließ Churchill gelassen, meist auch mit sichtlichem Vergnügen über sich ergehen. Er bedankte sich mit launigen Reden. Doch wir wissen, dass sich die Tagespolitik von den öffentlichen Gesten der Wertschätzung und Bewunderung nur wenig und allenfalls kurzfristig beeinflussen lässt. In den Monaten um seinen 80. Geburtstag war deutlich geworden, dass der Premierminister zunehmend unter Schwerhörigkeit litt und auch seine Konzentrationsfähigkeit nachgelassen hatte. Kabinettssitzungen unter seiner Leitung entwickelten sich zu mühseligen Veranstaltungen, bei denen wenig entschieden wurde. Die innenpolitische Stagnation in seiner zweiten Amtszeit ließ sich nicht länger schön reden. In seiner Partei wuchs die Unruhe und bei seinem designierten Nachfolger Eden, der wieder genesen war, allemal.

Aber von Rücktritt wollte Churchill auch nach seinem Schlaganfall nichts wissen. Der Gedanke an Ruhestand und erzwungene Untätigkeit deprimierte ihn. Ihm schien es wie Exil. Hin und wieder deutete er in verklausulierten Wendungen seinen baldigen Rückzug aus der Politik an, wohl eher aus taktischen Gründen, um die Ungeduldigen in seiner Partei und die Journalisten zu beruhigen. Für die Regelung seiner politischen Nachfolge kann er, genau so wenig wie Adenauer oder manch anderer Politiker in einem hohen politischen Amt, kein Vorbild sein.

Die erwartete, bittere Entscheidung war schließlich nicht mehr zu umgehen. Freunde berichteten dem Premier von der Stimmung in der Partei, die den Wechsel wollte. Langjährige politische Weggefährten wie Anthony Eden, der seit 1952 in zweiter Ehe mit seiner Nichte Clarissa verheiratet war, und Harold Macmillan verlangten ein definitives Datum für seinen Rücktritt. Da gab Churchill auf, widerwillig und grollend, wie es von ihm nicht anders zu erwarten war. Der Kampf um sein politisches Überleben ging zu Ende.

Seit langem stand in Partei und Öffentlichkeit fest, dass der erfahrene, aber kränkelnde Anthony Eden dem müden Premierminister im Amt nachfolgen würde. Aber Churchills Vertrauen in den Mann, in dem er lange seinen Kronprinzen gesehen hatte, verflüchtigte sich mehr oder weniger in den Jahren seiner zweiten Amtszeit. Noch am Tage vor seinem Rücktritt sagte er allen, die es hören wollten, er glaube nicht, dass „Anthony die Sache machen kann"[19] – eine Feststellung, die offenbar jeden Wechsel in hohen Ämtern und Positionen begleitet. Im Falle Eden scheint Churchills Urteil allerdings im Rückblick zutreffend gewesen zu sein

Oder hatte sich Churchill nach zähem Widerstand mit dem Unvermeidlichen doch abgefunden? Manchmal schien es so. Zu seinem Arzt, immer in Churchills Nähe, sagte er wenige Tage nach seinem Rücktritt: „Ich bin froh und munter. Nachdem ich den Entschluss gefasst hatte, fühlte ich Erleichterung. Ich kümmere mich von jetzt an um nichts mehr. Ich hatte nie Zeit, die Dinge zu tun, die ich gern tun wollte. Von nun an werde ich nach Dingen suchen, die meine Zeit ausfüllen können."[20] Am 5. April 1955, einem Dienstag, verließ er die Bühne, die ihm alles bedeutete und fast ein halbes Jahrhundert sein Leben gewesen war. Zum Abschied schenkte er seinen engen Mitarbeitern ein silbernes V (für „Victory") mit dem eingravierten Rücktrittsdatum.

Am Abend vor dem Rücktritt ihres Premierministers, des ersten in ihrer langen Regierungszeit, ehrte die junge Königin die Churchills mit einer seltenen Geste. Sie und der Herzog von Edinburgh folgten der Einladung zum Abendessen im kleinsten Kreis in der Downing Street. Im 20. Jahrhundert ist ein solcher Besuch vom königlichen Protokoll nur viermal akzeptiert worden. Zum ersten Mal 1911, als König Georg V. und seine Gemahlin bei den Asquiths speisten, dann am 27. Mai 1937, als Georg VI. und seine Gemahlin am Vorabend vor Stanley Baldwins Abschied in die Downing Street kamen. Sie wiederholten den Besuch im März 1937 bei den Chamberlains.

Als die strahlende Königin und der Herzog von Edinburgh am 4. April 1955 spät abends die Downing Street verließen, öffnete Churchill, in der Uniform des Hosenbandordens, mit Ordenschärpe und dem Verdienstorden am Hals, die Wagentür. Das Bild ging um die Welt. Wiederholt sagte Churchill, dass ihn die junge Königin bezauberte. Er hatte sie am Flughafen Heathrow empfangen, als sie nach dem plötzlichen Tod ihres Vaters am 6. Februar 1952 die Reise in Länder des Commonwealth in Kenia abgebrochen hatte. Für die Details der Krönungsfeierlichkeiten am 2. Juni 1953 in der Westminsterabtei hatte er sich lebhaft interessiert. Die Frage, welcher Bekleidung die Kabinettsminister dabei den Vorzug geben sollten, hat der Premierminister höchstpersönlich entschieden.

Für den Privatsekretär John Colville war Churchill der „letzte überlebende Verfechter des Glaubens an die göttliche Sendung der Monarchie". Seine Verehrung für die Monarchie grenze fast an „Abgötterei".[21] Das mag ein übertreibendes Urteil gewesen sein, aber daran, dass der Viktorianer Churchill ein Verehrer monarchischer Institutionen und Zeremonien im allgemeinen und des jeweiligen Monarchen im Buckingham-Palast im besonderen gewesen ist, gibt es keinen Zweifel. Selbst die nüchterne Clementine Churchill meinte, ihr Mann sei „Monarchical No. 1" und schätze Tradition, Form und Zeremonien.[22] Als der jetzige Thronfolger Prinz Charles geboren wurde, erklärte Churchill: „Unsere Monarchie leistet für unser Land und das ganze Britische Weltreich und das Commonwealth unschätzbare Dienste."[23]

Indes darüber, wo für ihn die Prioritäten lagen, ließ Churchill nicht den geringsten Zweifel aufkommen. Den abgedankten Eduard VIII., nun Herzog von Windsor, ließ er 1939 wissen, dass im Falle eines Konflikts zwischen Monarch und Verfassung nicht die Verfassung geändert, sondern der Monarch ausgewechselt werde. Auf welche Konstellation und welchen Vorgang Churchill anspielte, war klar. Die konstitutionelle Monarchie, die aller realen politischen Macht entkleidet war, symbolisierte für ihn die Größe und die Traditionen des Landes, den Glanz des Empire, die stabile Ordnung von Gesellschaft und Staat. Die Königin Viktoria war für ihn die „great presiding personage" des Britischen Reiches.[24]

Churchills unerschütterliche Loyalität gegenüber der Monarchie, die abgehoben vom Parteienstreit und parlamentarischen Mehrheitsverhältnissen über dem Land präsidierte, schloss nicht aus, dass er mit manchen Monarchen Differenzen hatte und sich über sie privat gelegentlich wenig respektvoll äußerte. Fünf von ihnen hat er persönlich gekannt. Dennoch: Ungeachtet der Verfehlungen und Schwächen, der Eskapaden und Unzulänglichkeiten vieler gekrönter Häupter in der langen Geschichte des Landes war für Churchill, so ist zutreffend festgestellt worden, „die englische Krone eine heilige, mystische, fast metaphysische Institution, welche die Vergangenheit, die Gegenwart und die Zukunft verbindet und die Einheit und Identität der Nation verkörpert."[25]

Von der britischen Aristokratie, der er selbst entstammte, scheint Churchill hingegen wenig gehalten zu haben. Ihre politische Repräsentation im Oberhaus, dem House of Lords, nannte er Anfang 1952 „eine ziemlich verrufene Versammlung alter Herren."[26] Die Provokation sorgte für Ärger. Doch Churchill hielt an seiner Meinung fest. Für ihn war das Oberhaus anachronistisch, denn die Mitgliedschaft in ihm beruhte nicht auf demokratischen Wahlen, sondern auf Geburt und Erbfolge. Vermutlich spielte diese Einschätzung der zweiten Kammer des Parlaments bei seiner Entscheidung eine Rolle, die Herzogswürde, die ihm 1945 und erneut 1955 angetragen wurde, abzulehnen. Das gewählte Unterhaus – das war für ihn das Zentrum aller Politik, die Quelle der Macht; das Oberhaus – eine in die politische Bedeutungslosigkeit abgesunkene Tradition.

Ein Hauch von Ironie begleitete den Abschied des Premiers. Denn für die britische Öffentlichkeit gestaltete sich Churchills Auszug aus der Downing Street fast geräuschlos und unauffällig. Er, der die Schlagzeilen der Zeitungen seit seiner abenteuerlichen Flucht aus der Gefangenschaft der Buren Ende 1899 so liebte, verließ das Amt während eines Pressestreiks. Die britischen Journalisten schwiegen. So blieb es den Zeitungen außerhalb Großbritanniens überlassen, die Verdienste und die historische Bedeutung des zweimaligen Premierministers zu würdigen, eines Mannes, der schon zu Lebzeiten zur Legende geworden war und den die Menschen bei seinen öffentlichen Auftritten bestaunten. Doch die Auftritte wurden wegen seiner zunehmenden Gebrechlichkeit in den nächsten Jahren immer seltener. Das letzte Foto von ihm zeigt ihn an seinem 90. Geburtstag hinter einem Fenster seines Londoner Hauses.

# 3. Der lange Abschied

Heute werden ältere Menschen von allen möglichen Seiten, berufenen wie unberufenen, dazu aufgefordert, ihren Lebensabend aktiv zu gestalten. In einer Zeit, in der die Lebenserwartung der Bevölkerung in den entwickelten Ländern der Erde ständig steigt, ist das sicher ein guter Rat, oft schnell dahin gesagt. Denn hat es der einzelne Mensch wirklich in der Hand, gerade diese Lebensphase mit allen ihren Unwägbarkeiten autonom, allein nach seinem Willen und seinen Vorstellungen zu gestalten? Ist er nicht Einflüssen und Mächten ausgeliefert, die seinem Gestaltungswillen gar keinen oder nur wenig Raum lassen?

Die Verbesserung der materiellen Lebensbedingungen und der medizinischen Versorgung hat im Grunde wenig daran geändert, dass auch die Menschen in Europa und Nordamerika den Lebensabend als schrittweise, unaufhaltsame Einschränkung ihrer Beweglichkeit, ihrer Freiheit und geistigen Fähigkeiten erleben, manche früher, andere später. Dennoch gelingt es manchen, vielleicht sogar vielen, sich in diesem Abschnitt ihres Lebens Heiterkeit und Zufriedenheit, Interesse an ihrer Umwelt und Neugierde am Geschehen des Tages zu erhalten. Churchill gehörte nicht zu diesen glücklichen Menschen.

Als er im April 1955 aus dem Amt schied, stand er im 81. Lebensjahr. Keinem Familienangehörigen, keinem der Freunde und Besucher, die ihn sahen, konnte verborgen bleiben, wie sehr er in den letzten zehn Jahren gealtert war. Die Gesundheit machte ihm seit den Schlaganfällen 1949 und 1953, ungeachtet aller Rehabilitationserfolge, zu schaffen. Heute würde man sagen: Churchill war beim Abschied aus dem Amt verbraucht, und er fühlte und wusste es. Seine Schwerhörigkeit und Konzentrationsschwächen nahmen zu, ebenso häuften sich seine Depressionen, seine „Melancholie", offensichtlich ein Erbe der Marlboroughs. Was die Anfälle des von ihm so gefürchteten „black dog" auslöste, vermochte er selbst nicht zu sagen. Aktivität, Geschäftigkeit, lebhafte

Besucher konnten sie lindern, ja sogar vertreiben – auch das wusste er.

In den zehn Jahren seines Ruhestands seit 1955 fühlte sich Churchill meist elend und unzufrieden. Momente des glücklichen Einklangs mit der Welt um ihn herum waren selten. Alle, die ihn in den nächsten Jahren besuchten oder ihm begegneten, berichteten von seinem Jammern über Langeweile, Einsamkeit, Lebensüberdruss. „Ich bin niedergeschlagen. Oh, ich bin das jetzt eigentlich immer. Für mich ist das Leben vorbei, je früher desto besser."[1] Das sagte er wenige Wochen nach seinem Rücktritt. Am nächsten Tag ging es ihm besser: „Alles ist Eitelkeit. Viele haben mehr geleistet als ich, aber keiner ist so freundlich behandelt worden wie ich. Das verdiene ich nicht."[2] War ihm die Anerkennung, Bewunderung und Verehrung, die er überall wie kaum ein anderer Lebender genoss, nicht genug? Brauchte er im Ruhestand den täglichen Zuspruch, die Bestätigung seiner historischen Bedeutung und seiner Leistungen in Krieg und Frieden, beinahe so wie eine Droge? Zu erklären sind Churchills Stimmungsschwankungen nach dem Abschied vom Amt nur schwer.

In den vielen Gesprächen mit alten Freunden, Besuchern, seinem Privatsekretär und seinem Arzt überwucherte die Vergangenheit immer stärker die Gegenwart. Churchill spürte selbst, wie seine Anteilnahme an der Welt in ihren vielen Facetten schwand und wie seine Fähigkeit, sie aufzunehmen und zu verstehen, nachließ. Zu seiner Ausgeglichenheit trug das nicht bei. „Ich habe mich wie ein Narr aufgeführt," meinte er einmal zu Lord Moran, seinem Arzt, als sich ein Besucher verabschiedet hatte. „Wissen Sie, Charles, es ist mein Verstand, der mich beunruhigt."[3] Seine Geistesgegenwart und sein phänomenales Gedächtnis, mit dem er alle, die je mit ihm zu tun hatten, beeindruckte, ließen ihn nun immer häufiger im Stich. Er bemerkte es selbst.

Nicht selten wurde Churchills zunehmende Schwerhörigkeit mit Senilität verwechselt. Missverständnisse häuften sich, Unterhaltungen versandeten. Churchills privates Telefon hatte zwar einen Verstärker, aber er lehnte es ab, im Alltag ein

Hörgerät zu benutzen. „Es scheint noch nicht lange her zu sein," beobachtete Lord Moran wenige Wochen nach Churchills Rücktritt, „da beherrschte Winston bei jeder Mahlzeit die Unterhaltung. Nun sitzt er da, schweigend in sich zusammengesunken. Er versteht nicht mehr, was und worüber gesprochen wird; er ist außerhalb der Gesprächsrunde, nicht länger ein Teil von ihr."[4] Die Folge war, dass Churchill größere Gesellschaften und Menschenansammlungen mied.

Die Öffentlichkeit Großbritanniens nahm den schnellen körperlichen und geistigen Verfall des großen Kriegspremiers, der sich nicht länger verbergen ließ, mit Bestürzung und Scheu vor dem Unvermeidlichen und Unbegreiflichen zur Kenntnis. Wenn er, was in den kommenden Jahren immer seltener wurde, eine Theateraufführung besuchte, erhob sich das Publikum. In ähnlicher Weise bezeugten ihm die Anwesenden ihre Ehrerbietung, wenn er der Einladung zu einer privaten Gesellschaft folgte. Die ungebrochene, eher noch zunehmende Popularität des berühmten, nun greisen Mannes, der für die Zeitgenossen seit Menschengedenken in der Politik und im öffentlichen Leben des Landes präsent war, dessen unerschütterliche Zuversicht und Stimme sich während des Krieges in ihr Gedächtnis eingeprägt hatte, stieß in allen Schichten der Bevölkerung an keine Grenzen.

Clementine Churchill schilderte im April 1957 ein banal anmutendes, doch anrührendes Vorkommnis, das sich einige Tage zuvor in der Nähe ihres Hauses in Hyde Park Gate zugetragen hatte. Ein Mann stritt sich auf der Straße lautstark mit einer Frau. Der sich nähernde Wagen der Churchills musste anhalten. Daraufhin schien sich die Aggressivität des Mannes gegen die Wageninsassen zu richten. „Aber dann entdeckte der Mann auf einmal Winston im Auto. Sein Gesichtsausdruck veränderte sich. ‚Da ist der Chef,' rief er. ‚Geht es Ihnen gut, Sir?'"[5] Streit und Aggressivität waren verflogen.

Was tat Churchill selbst, um den Ruhestand zu gestalten, den er immer gefürchtet hatte und den er, nachdem er eingetreten war, als gähnende Leere empfand? Noch zweimal verteidigte er bei den allgemeinen Wahlen sein Unterhausmandat, im Mai 1955 und erneut im Oktober 1959. Auf die

Loyalität seiner Wähler in Woodford konnte er vertrauen, obwohl 1959 sein Stimmenvorsprung vor dem Labour-Kandidaten merklich schrumpfte. Hin und wieder erschien er auch noch zu den Sitzungen des Unterhauses, das letzte Mal am 28. Juli 1964. Aber er redete dort nicht mehr, selbst nicht bei Gelegenheiten, wenn alle Abgeordneten auf ein Wort von ihm warteten, etwa während des Suez-Debakels Ende 1956. Manchmal wurde noch sein Rat gesucht, so im Januar 1957, als die Königin entscheiden musste, wen sie mit der Nachfolge Anthony Edens als Premierminister betrauen sollte. Wie andere Ratgeber empfahl Churchill damals Harold Macmillan.

Von seinem alten Freund Frederick Lindemann, nun Lord Cherwell, ließ sich Churchill 1955 für ein akademisches Projekt gewinnen: für den Plan, ein britisches Äquivalent zum Massachusetts Institute of Technology (MIT) zu gründen. Es sollte Großbritannien neben den Vereinigten Staaten zur führenden Stellung in der naturwissenschaftlichen und technologischen Forschung verhelfen. Finanzielle Mittel wurden eingeworben, die dann letztendlich gerade einmal ausreichten, in Cambridge 1964 ein neues College entstehen zu lassen. Zu einem britischen MIT ist Churchill College nie geworden, aber heute ist es bekannt als Archiv für den umfangreichen Churchill-Nachlass.

Viel Zeit verbrachte Churchill nach 1955 in Chartwell. Dort arbeitete er anfangs an der Drucklegung seiner vierbändigen Geschichte der englischsprachigen Völker. Das Werk, dessen Erscheinen 1958 abgeschlossen war, absorbiere seine ganze Arbeitskraft und sein Interesse, sagte er. „Alles andere ist Plackerei."[6] Er las, meist die Londoner Tageszeitungen, gelegentlich noch Romane. Oft spielte er stundenlang Karten mit seiner Frau oder Freunden. Er malte wieder viel, besonders während seiner Urlaubsaufenthalte in Südfrankreich, auf Sizilien oder Madeira. „Winston ist nicht jemand, der sich Sorgen macht," meinte Clementine Churchill im April 1959. „Aber er ist zutiefst deprimiert. Die Tage sind sehr lang und langweilig, ganz anders als früher. Da wollte er hundert Dinge gleichzeitig tun. Er liest viel, aber findet das Gelesene wenig erfreulich … Am liebsten bleibt er im Bett."[7] Im Sommer 1960 saß er zum letzten Mal vor seiner Staffelei, im Garten von Lord Beaverbrooks Villa *La Capponcina* an der Côte d'Azur.

Und die Musik? Sie hat im großen Spektrum seiner Interessen nie eine herausgehobene Rolle gespielt. Musiker fehlten in seinem Freundeskreis. Es ist auch nicht bekannt, dass Churchill je ein Konzert klassischer Musik oder eine Opernaufführung besucht hat. Angeblich war er völlig ahnungslos, als ihm 1959 bei Beginn einer Mittelmeerkreuzfahrt auf der Privatyacht des Reeders Aristoteles Onassis die weltberühmte Operndiva Maria Callas als Mitreisende vorgestellt wurde. Ihr Name sagte ihm nichts. Vielleicht eine erfundene Geschichte, aber nichtsdestoweniger ein aufschlussreicher Hinweis auf sein Verhältnis zur Welt der Musik. Zumindest wusste Churchill seit der gemeinsamen Kreuzfahrt mit Maria Callas, warum Primadonnen im Musikbetrieb und in der Öffentlichkeit einen schlechten Ruf haben.

Churchills musikalischer Geschmack war einfach und orientierte sich am Repertoire der Unterhaltungsmusik des 19. und frühen 20. Jahrhunderts: Operetten, Lieder, die er während seiner Schulzeit in Harrow gelernt hatte, populäre Choräle und Hymnen wie „Land of Hope and Glory" oder Gassenhauer und Militärmärsche wie „Tipperary", Songs von Noël Coward oder aus den Filmen mit Fred Astaire und Ginger Rogers. Sein Lieblingslied war „Take a Pair of Sparkling Eyes" von William Gilbert und Arthur Sullivan.

Doch Churchills Interesse an diesen Liedern, die er im geselligen Kreis gern mitsang, ließ allmählich ebenso nach wie an seinen anderen Liebhabereien. Eine Konstante in seinem Leben blieben bis kurz vor seinem Tod die Ferien, die er auch im passiven Ruhestand in gewohnter Weise und Länge genoss. In den ersten Jahren nach dem Rücktritt reiste er regelmäßig mit Mitarbeitern, Personal und großem Gepäck an die von ihm so geschätzte Riviera, lebte dort in den Ferienvillen wohlhabender Freunde wie Lord Beaverbrook oder Emery Reves, seinem literarischen Agenten, und empfing Besucher, unter ihnen die Filmschauspielerin Greta Garbo, den Herzog und die Herzogin von Windsor und einmal sogar den deutschen Bundeskanzler Konrad Adenauer, der in der Nähe ein paar Ferientage verbrachte. Zwischen den beiden Herren entspann sich eine Plänkelei über die Frage, wer wen aufsucht. Churchill meinte, er müsse dem amtierenden Kanzler die Aufwartung machen. Adenauer insistierte, dass dem Älteren die Ehre gebühre – und setzte sich durch.

Waren keine Besucher angesagt, machte Churchill ab und an einen Abstecher in das Spielcasino von Monte Carlo. Wenn abends in der Villa der Reves Platten mit klassischer Musik aufgelegt wurden, zeigte Churchill, so berichtet jedenfalls sein damaliger Privatsekretär Anthony Montague Browne, Interesse an Stücken von Mozart, Beethoven, Brahms und Sibelius. Als Kind hätte er gern das Cellospielen erlernt, gestand er. Clementine begleitete ihn bei diesen, oft mehrwöchigen Ferienaufenthalten selten. Ihre bekannte Abneigung gegen die „Riviera-Gesellschaft" ließ sie eigene Wege gehen.

Anfang 1956 lernte Churchill bei einem Abendessen in der Villa *La Pausa* des Ehepaars Reves nahe der Ortschaft Roquebrune den Reeder Aristoteles Onassis kennen. Sein Sohn Randolph scheint die Verbindung hergestellt zu haben. Schon im Februar 1956 zählte Churchill Onassis zu seinen Freunden und besuchte ihn auf dessen Yacht, die im Hafen von Monte Carlo vor Anker lag. Die gegenseitigen Besuche wurden fortgesetzt. Unter dem Einfluss dieser Kontakte änderten sich Churchills Gewohnheiten. Die Neigung, seine Ferien bei oder mit reichen Freunden zu verbringen, behielt er bei. Aber er entwickelte eine Vorliebe für mehrwöchige Kreuzfahrten auf der *Christina*, damals eine der größten und luxuriösesten Yachten der Welt. Im September 1958 flog er, diesmal begleitet von seiner Frau, nach Nizza, um auf Einladung von Onassis die erste dieser Kreuzfahrten anzutreten. Ziel war das östliche Mittelmeer. Zuvor feierten die Churchills in der Villa Lord Beaverbrooks auf Cap d'Ail ihre Goldene Hochzeit.

Das nautische Vergnügen auf der Onassis-Yacht begann jedoch mit Komplikationen. Als Churchill erfuhr, dass zu den Gästen an Bord des Schiffes auch der Herzog und die Herzogin von Windsor gehören sollten, sagte er seine Teilnahme an der Kreuzfahrt ab. Seine Begründung wirkte vorgeschoben: Er wolle nicht jeden Tag vom königlichen Protokoll belästigt werden, das ihn bei den unvermeidlichen Begegnungen mit dem Paar zu Verbeugungen zwänge. Das Problem wurde im Sinne Churchills gelöst: Die Windsors wurden ausgeladen. Doch nun weigerte sich Clementine Churchill an Bord zu gehen, wenn sie dort Freunde ihres Mannes aus dem Umkreis der „Riviera-Gesellschaft" antreffen würde. Nach einigem Hin und Her wurden die ungeliebten Freunde ebenfalls ausgeladen. Die Großzügigkeit und Leidensfähigkeit des Gastgebers und das diplomatische Geschick von Churchills Privatsekretär retteten die Situation. Die Yacht konnte in See stechen, und Gastgeber wie Passagiere werteten die Kreuzfahrt nach ihrem glücklichen Ende als Erfolg.

Danach war Churchill noch sieben Mal Gast von Onassis auf seiner Yacht. Meist wurden Häfen im Mittelmeer angelaufen. Wenn die spektakuläre *Christina* irgendwo vor Anker lag, saß Churchill gern unter einem Sonnensegel an Deck, malte, las und freute sich, wenn die Menschen an Land ihn erkannten und grüßten. Dann bedankte er sich mit dem Victory-Zeichen. Die längsten Fahrten auf der *Christina* führten 1960 in die Karibik und 1961 von Teneriffa quer über den Atlantik nach Trinidad und von dort nach New York. Im Juni 1962, nach der Rückkehr aus der Ägäis, brach sich Churchill im Hotel in Monte Carlo den Oberschenkelhals. Er wolle in England sterben, beharrte Churchill entgegen dem Rat der behandelnden Ärzte, die von der beschwerlichen Heimreise abrieten. Auf Anordnung des Premierministers Macmillan wurde Churchill dann in einem Spezialflugzeug der Royal Air Force nach London geflogen und verbrachte dort einen mehrwöchigen Krankenhausaufenthalt. Seither benötigte er einen Rollstuhl. Ein Jahr später, im Juni 1963, hielt er sich zum letzten Mal auf der Yacht seines generösen Freundes auf.

In mancher Hinsicht geben Churchills Aufenthalte auf der *Christina* in den letzten Jahren seines Lebens Rätsel auf. Was war für ihn daran so attraktiv? Gewiss, er liebte Luxus und Bequemlichkeit, und da erfüllten die Yacht und ihr Besitzer alle seine Wünsche. Der Aufenthalt an Bord bot ihm Mobilität und damit willkommene Abwechslung, denn das Gehen fiel ihm zunehmend schwerer. Geistige Anregungen während der Tage auf See oder bei den gemeinsamen Mahlzeiten mit den anderen Gästen erwartete er wohl nicht. Was er suchte, war Zerstreuung in einem warmen Klima. Mit dem ihm ergebenen Onassis spielte er stundenlang Karten. Abends wurden im Bordkino sentimentale Filme gezeigt. Hin und wieder kamen prominente Besucher an Bord, so der jugoslawische Staatschef Marschall Tito, den Churchill gegen Kriegsende kennen gelernt hatte, oder der griechische Ministerpräsident Konstantin Karamanlis.

Gern hätte man gewusst, worüber die Gäste an Bord, Familienangehörige oder Freunde Churchills und Onassis', geredet haben. Dank des allgegenwärtigen Privatsekretärs und des Leibarztes, die manches notierten, haben wir darüber einige wenige Informationen. Lord Moran berichtet, Onassis sei nicht sehr gesprächig gewesen. Unterhaltungen zwischen ihm und Churchill seien sprunghaft verlaufen, hätten Neuigkeiten über gemeinsame Bekannte sowie die Jugend und erstaunliche Karriere des Reeders berührt. Churchill habe oft schroff reagiert und Gespräche abgebrochen. „Mein Geist ist den ganzen Tag über sehr leer,"[8] ließ er seinen Gastgeber einmal unwirsch wissen und verfiel in Schweigen. Anthony Montague Browne, Churchills Sekretär, berichtet, Onassis habe ihn bei Beginn der Bekanntschaft mit dem berühmten Mann um Rat gefragt, welche Themen man in Churchills Gegenwart ansprechen könne und welche nicht. Churchill habe in den Unterhaltungen selten die Initiative ergriffen. Onassis, nicht der häufig monologisierende Churchill, war nach dem Eindruck Montague Brownes der Gesprächigere von beiden.

Enge Familienangehörige und Privatsekretär stimmten darin überein, dass Onassis die Bekanntschaft mit seinem weltberühmten Gast nicht ausgenutzt hat. Die Presse schrieb darüber, und das mag ihm, dem Selfmademan, Genugtuung gewesen sein. John Colville, der bei einigen Kreuzfahrten anwesend war, berichtet, Onassis habe mit Churchill zusammen gesessen, nie Ungeduld gezeigt oder erkennen lassen, dass er andere Dinge zu tun hatte. Er sei ein perfekter und rücksichtsvoller Gastgeber gewesen. Als die *Christina* einmal die Dardanellen-Meerenge passieren musste, habe Onassis den Kapitän angewiesen, dies nachts zu tun, damit bei seinem Gast keine unangenehmen Erinnerungen geweckt wurden. Auch als Churchill kaum noch ansprechbar war und sich nur noch im Rollstuhl fortbewegen konnte, sei Onassis um ihn in geradezu rührender Weise bemüht gewesen. „Da war irgendetwas in Churchill, was die emotionale Seite in seiner [Onassis'] Natur anschlug. Jeder, der die beiden zusammensitzen sah, konnte sich der weit verbreiteten Meinung nicht anschließen, das einzige Motiv für seine Aufmerksamkeit sei das Sammeln berühmter Skalps gewesen."[9]

Was Churchills letzter Privatsekretär Anthony Montague Browne in seinem Erinnerungsbuch über die Jahre mit seinem kranken Chef einen „langen Sonnenuntergang" nannte, war in Wahrheit eine sich dehnende Tragödie. Als der französische Staatspräsident Charles de Gaulle im April 1960 London besuchte, sah er auch Churchill, der ihm während des Krieges den Widerstand gegen die deutsche Besetzung seines Landes ermöglicht hatte. In seinen Memoiren erinnerte sich de Gaulle: „Churchill, dessen Lebensflamme sich dem Ende neigt, nimmt trotzdem an den Empfängen und Zeremonien teil. Als ich ihn zu Hause aufsuche, sagt er noch einmal zu mir: ‚Es lebe Frankreich!', und dies werden die letzten Worte sein, die ich von ihm höre."[10]

In den letzten zwei, drei Jahren seines Lebens versank der einst so willensstarke, geistreiche, Energie sprühende und lebenszugewandte Mann in Schwermut und Apathie. Er las nicht mehr und redete nur noch selten. Seine Worte waren schwer zu verstehen. Selbst alte Freunde erkannte er nicht mehr. „Wenn er den Raum betrat," schreibt Lord Moran, „unter den Armen gestützt von zwei Pflegerinnen, standen wir alle auf. Während sie ihn zu seinem Sessel zogen, machten seine Füße auf dem Boden ein klopfendes Geräusch. Sehr klein, fast geschrumpft, erschien er wie zusammengesunken in der Tiefe eines großen Sessels. Dort saß er dann während der Nachmittagsstunden, starrte ins Feuer und fachte es mit seinem Stock an, wenn ihm der Raum kalt erschien." Der Arzt glaubte, sein Patient sei zeitlebens ein einsamer Mann gewesen.[11]

Dämmerte Churchill seinem Ende entgegen, so, wie es viele Menschen trifft? Durchlebte er das ganze Spektrum der *conditio humana,* vom Glück bis zur Verzweiflung? „Es ist ein Unglück," bemerkte der hoch betagte Historiker Theodor Mommsen Anfang 1902, anderthalb Jahre vor seinem Tod, „wenn das Leben vor dem letzten Ende einem entgleitet."[12] So erging es Mommsen, und Churchill teilte sein Schicksal. Wie Churchill war Mommsen mit dem Nobelpreis für Literatur geehrt worden, ein halbes Jahrhundert vor dem Briten, der ihm auch in seiner Rastlosigkeit und Tatkraft während seines langen aktiven Lebens so ähnelte.

Von der Welt verabschiedete sich Churchill seit 1963. Im Juni hatte er sich zum letzten Mal am Mittelmeer aufgehalten. Zwei Tage vor seinem 89. Geburtstag ließ er sich ins Unterhaus bringen. Dort hatte er vor über sechs Jahrzehnten seine Jungfernrede gehalten. Kein anderer gehörte im 20. Jahrhundert dem Parlament von Westminster so lange an wie er. Abgeordnete seiner Partei geleiteten ihn in den Sitzungssaal, den Mittelpunkt seines politischen Lebens. Als ihm der Oppositionsführer Hugh Gaitskell im Namen des Hauses zum bevorstehenden Geburtstag gratulierte, erhob sich der alte Mann aus seinem Rollstuhl und deutete dankend eine Verbeugung an. Den Sommer und Frühherbst 1964 verbrachte er im Kreise der Familie und von Freunden in Chartwell. Besonders freuten ihn dort Besuche seines Feldmarschalls Montgomery, mit dem er seit dem Feldzug in Nordafrika enge Kontakte pflegte. Es war Churchills letzter Aufenthalt auf dem geliebten Landsitz.

Seit den frühen 1950er Jahren hatten Vertraute und Freunde bemerkt, dass Churchill oft unvermittelt vom Tod sprach. Er glaube nicht an eine jenseitige Welt, meinte er im Juli 1953 nach seinem schweren Schlaganfall gegenüber Harold Macmillan. Der Tod sei „schwarzer Samt – ewiger

Schlaf".[13] Er fürchte sich nicht vor dem Tode, sagte er im April 1957. Ende 1959 regelte er die Einzelheiten seiner Beerdigung. Er wolle nicht in der Londoner Westminsterabtei oder in der St. Pauls-Kathedrale, auch nicht in Chartwell begraben werden, verfügte er, sondern an der Seite seines Vaters auf einem Dorffriedhof in Oxfordshire. Wenigstens im Tode wollte er ihm nahe sein.

Am 10. Januar 1965, vormittags, erlitt Churchill erneut einen Schlaganfall. Er fiel ins Koma, aus dem er nicht mehr erwachte. Sein Ringen mit dem Tod dauerte vierzehn Tage. Draußen, vor dem Haus in Hyde Park Gate, warteten Reporter und eine schweigende Menge, in ergriffener Neugier. Die täglichen Bulletins der Ärzte meldeten den unverändert kritischen Zustand des Kranken. Am 24. Januar, einem Sonntag, morgens kurz nach acht Uhr, starb Churchill, auf den Tag genau siebzig Jahre nach dem Vater. Seine jüngste Tochter Mary und ein Arzt waren anwesend.

Ein reiches Leben voller Mut und Tatkraft hatte sich vollendet. An diesem Mann, an seinen Überzeugungen, seiner Unbeugsamkeit und seinem Willen, die Freiheit und Würde des Menschen entschlossen zu verteidigen, war der deutsche Diktator in seinem Amoklauf gegen die abendländische Moral und Zivilisation gescheitert. Diesem Mann war es zu verdanken, dass Hitlers Schreckensherrschaft über Europa Episode blieb, wenn auch eine mit furchtbaren Folgen und um den Preis von Millionen gedemütigter und ermordeter Menschen. In einer nahezu aussichtslosen Situation, in der dem brutalen Gewaltherrscher alles zu gelingen schien, hat er sich dem Ansturm der Barbarei in den Weg gestellt. „Schicksale von Völkern und Staaten, Richtungen von ganzen Zivilisationen können daran hängen," meinte der weise Jacob Burckhardt am Ende des 19. Jahrhunderts, „dass ein außerordentlicher Mensch gewisse Seelenspannungen und Anstrengungen ersten Ranges in gewissen Zeiten aushalten könne."[14] Diese Eigenschaften und Fähigkeiten sind für Burckhardt Voraussetzungen historischer Größe. Ein solcher außerordentlicher Mensch war Winston Churchill. Was wiegen dagegen seine Schwächen und Fehler?

Burckhardt weist auch darauf hin, dass das Außerordentliche die extreme Herausforderung braucht, um aus dem Verborgenen herauszutreten und sich voll zu entfalten. „Nicht jede Zeit findet ihren großen Mann, und nicht jede große Fähigkeit findet ihre Zeit," schreibt er.[15] Churchill hatte das Glück, spät in seinem Leben in die Zeit gestellt zu sein, die alle seine großen Fähigkeiten beanspruchte. Und sein Land hatte das Glück, so kann man Burckhardt interpretieren, in einem Moment äußerer Bedrohung den „großen Mann" zu finden.

Das bewegende Staatsbegräbnis für den „Retter seines Landes" am Samstag, den 30. Januar 1965, ließ die Menschen in Großbritannien, in den Ländern des Commonwealth und anderen Teilen der Welt einen Augenblick innehalten. In der Westminster Hall, da, wo 1964 sein 80. Geburtstag gefeiert worden war, zogen in den Tagen zuvor Hunderttausende am Katafalk mit dem Sarg vorbei. Eine vergleichbare Anteilnahme der Bevölkerung am Tode eines bedeutenden Mitmenschen hat die britische Hauptstadt im 20. Jahrhundert nicht erlebt. Jedermann war sich bewusst, Zeuge eines historischen Augenblicks zu sein. Verkörperte Churchills alles überragende Gestalt nicht die Geschichte Großbritanniens, dessen Leben und Überleben im kriegerischen 20. Jahrhundert? Markierte der Tod dieses inspirierenden, außergewöhnlichen Mannes nicht das Ende einer glanzvollen Epoche, in der Großbritannien so etwas wie eine zivilisierende weltpolitische Mission erfüllte?

Eine Lafette brachte den Sarg, gefolgt von der Familie, durch die kalten Straßen Londons zur St. Pauls-Kathedrale. Die Turmuhr des Parlaments, „Big Ben", hatte um zehn Uhr aufgehört, die Stunden zu schlagen. Im Hyde Park feuerten Kanonen neunzig Schüsse, um die Lebensjahre des Toten zu markieren. In der Kathedrale stand der Sarg während der Trauerzeremonie unter der riesigen Kuppel nahe den Särgen Admiral Nelsons, der die britische Seeherrschaft begründet hatte, und des Herzogs von Wellington, des Sieger über Napoleon bei Waterloo. Dreitausend Menschen sollen dem Trauergottesdienst beigewohnt haben, an der Spitze Königin Elisabeth II. und der Herzog von Edinburgh, vier weitere

Monarchen und Königin Juliana der Niederlande, fünfzehn andere Staatsoberhäupter. Unter den Trauergästen befanden sich der französische Staatspräsident Charles de Gaulle, General Dwight D. Eisenhower und als Vertreter Deutschlands der Bundeskanzler Ludwig Erhard. Der amerikanische Präsident Lyndon B. Johnson, Nachfolger des ermordeten John F. Kennedy, ließ sich durch den Obersten Richter des Landes und den Londoner Botschafter der Vereinigten Staaten vertreten. Marschall Konjew, einer der bekanntesten sowjetischen Generäle im Zweiten Weltkrieg, repräsentierte die Sowjetunion.

Matrosen trugen den Sarg von der Kathedrale hinunter zur Themse. Im Hafen, den es damals noch gab, senkten die Arbeiter zu Ehren des großen Toten die Ausleger der Kräne. Dudelsäcke klagten. Eine Barkasse brachte den mit einem Union Jack bedeckten Sarg flussaufwärts zum Bahnhof Waterloo. Die Brücken waren für den Verkehr gesperrt. Tausende säumten die Ufer des Flusses, Zehntausende die Strecke des Zuges, der den Sarg zum kleinen Dorffriedhof von Bladon in Oxfordshire überführte.

Dort, in der Stille eines Wintertages, nur im Beisein der Familie und einiger enger Freunde und Mitarbeiter, wurde Winston Churchill beigesetzt, neben seinem Vater, so wie er es gewollt hatte. Auch seine Mutter und sein Bruder Jack sind in Bladon begraben. Eine schlichte helle Steinplatte mit seinem Namen schließt das Grab. In der Ferne, fast ganz verdeckt durch die Bäume, erkennt man die Türme von Schloss Blenheim.

# Nachwort

Das abenteuerliche Leben und die erstaunliche politische Karriere Winston Churchills haben die Öffentlichkeit schon früh interessiert. Vor hundert Jahren erschien von Alexander McCallum Scott die erste Biographie des ehrgeizigen Journalisten und Politikers – da war Churchill gerade einmal 31 Jahre alt.[1] Danach rissen die biographischen Studien über ihn nicht mehr ab, darunter so glänzende Arbeiten wie die von Robert Rhodes James, die das „Scheitern" des Politikers Churchill in seinen mittleren Jahren hervorhebt, oder die von Geoffrey Best, die die „Größe" des Kriegspremiers in den Vordergrund rückt.[2] Scheitern und Größe sind die Fixpunkte, zwischen denen die Bewertung von Churchills Lebensleistung noch heute hin und her schwankt.

Dank der öffentlichen Aufmerksamkeit, die er seit jeher auf sich zog, und des nie abreißenden biographischen Interesses an seiner Person sind wir über Churchills Leben so gut informiert wie kaum über das eines anderen Politikers im 20. Jahrhundert. Unübertroffen in ihrem Detailreichtum ist dabei seine „offizielle" Biographie, die seit 1966 zu erscheinen begann. Die ersten beiden Bände hat noch Churchills Sohn Randolph verfasst, die nächsten der Historiker Martin Gilbert. In den insgesamt acht umfangreichen Bänden und den dreizehn Begleitbänden mit Quellenmaterial wird Churchills Leben praktisch Tag für Tag nachgezeichnet.[3] An Stoff dafür mangelt es nicht, denn keiner hat so viel und so offen über sein Denken, seine Gefühle und sein Handeln geschrieben und geredet wie Churchill. Und zahlreiche Zeitgenossen, Mitarbeiter und Freunde, haben berichtet, was sie bei Begegnungen mit ihm hörten und beobachteten.

Für jeden, der sich mit Churchill beschäftigt, bildet die „offizielle" Biographie eine nahezu unerschöpfliche Fundgrube für Informationen. Aber welcher Leser, der sich für Churchill oder bestimmte Phasen seines Lebens interessiert, zumal in Deutschland, wird dieses voluminöse Werk in die Hand nehmen und lesen? Dafür eignet sich eher Roy Jenkins' prägnanter Lebensabriss. Er bietet eine moderne, überaus kenntnisreiche und elegant geschriebene Darstellung von Churchills Leben – des Mannes, den Jenkins für das „größte menschliche Wesen" hält, das je in der Londoner Downing Street sein Amt ausübte.[4] Doch auch die Biographie von Jenkins umfasst nahezu eintausend eng bedruckte Seiten.

Weder die „offizielle" Biographie von Randolph Churchill und Martin Gilbert noch die von Roy Jenkins dienten mir als Vorbild. Anstoß, eine Biographie Churchills zu schreiben, war meine Verwunderung darüber, dass es in Deutschland über Hitler eine unübersehbare Zahl von Veröffentlichungen gibt, die sich noch jedes Jahr vergrößert. Hingegen führt Winston Churchill, der Gegenspieler des Diktators, sein Bezwinger und ein unendlich viel interessanterer Mensch als der unselige „Führer", im deutschen Sprachraum eher ein Schattendasein. Den Deutschen ist er auf eigentümliche Weise fremd geblieben. Sebastian Haffner, der subtile Mittler zwischen Großbritannien und Deutschland, hat vor nunmehr vier Jahrzehnten einen glänzenden Essay über Churchill vorgelegt, der seither zu Recht immer wieder aufgelegt wurde. In seiner Quellengrundlage ist er heute naturgemäß veraltet, aber in der Interpretation des großen Briten ist Haffner allen nachfolgenden deutschen Biographen überlegen, auch dem weitschweifigen Christian von Krockow.[5]

Haffner hat Maßstäbe gesetzt, nicht zuletzt in methodischer Hinsicht. Nicht alles gelte es zu berichten, meinte er einmal, sondern nur das Wesentliche. Der Historiker dürfe den Leser nicht im Material ertränken. Er sei vielmehr dazu da, „dem Leser die Materialverarbeitung abzunehmen und ihm Extrakte und Resultate zu liefern, und zwar in pointierter, griffiger Form. Das ist schwerer, als einfach seine Zettelkästen über den Leser auszuschütten."[6] Der erfahrene Autor Churchill hat das Gemeinte kürzer ausgedrückt: „L'art d'être ennuyeux, c'est de tout dire."[7] Ich habe versucht, dieser klugen Einsicht zu folgen.

Viele haben mich bei meinen Begegnungen mit Winston Churchill begleitet – mit Hinweisen, Gesprächen und praktischer Hilfe. Dafür danke ich insbesondere Renate Alter, Dirk Blasius, Jost Dülffer, Leo Haupts, Helmut und Ursula Heuss, Lothar Kettenacker, Karl-Egon Lönne, Jan Pasternak, Lothar Reinermann, Günter Schulz, Angela Schwarz, Jörg-Philipp Thomsa und in Großbritannien Klaus Larres, Arnold und Pauline Paucker, David Peace und Marianne Wynn.

Köln, im Juli 2006                                           Peter Alter

# Anmerkungen

## Eine Preisverleihung in Aachen

[1] Der Spiegel 10 (1956), S. 14, 23. Mai 1956.

[2] Ebd.

[3] Anspielung auf die Rede Nikita Chruschtschows auf dem 20. Parteitag der KPdSU im Februar 1956, die den Prozess der Entstalinisierung in der Sowjetunion einleitete.

[4] Die Rede ist abgedr. in: Archiv der Gegenwart 26 (1956), S. 5769.

[5] Der Spiegel, S. 14.

[6] Harold Macmillan, Tides of Fortune, 1945–1955, London 1969, S. 484.

[7] Der Spiegel, S. 13.

[8] John Colville, Downing Street Tagebücher 1939–1945, Berlin 1988, S. 243, 24. Januar 1941.

[9] Robert Blake/Roger Louis (Hrsg.), Churchill, New York und London 1993, S. V.

[10] Robert Rhodes James, Churchill. A Study in Failure, 1900–1939, London 1970.

[11] John Charmley, Churchill. Das Ende einer Legende, Berlin und Frankfurt/M. 1997.

[12] David Cannadine, Winston Churchill. Abenteurer, Monarchist, Staatsmann, Berlin 2005, und Ders., Churchill and the Pitfalls of Family Piety, in: Blake/Louis (Hrsg.), S. 9–20.

[13] Dietrich Aigner, Winston Churchill. Ruhm und Legende, Göttingen 1974, S. 10. A. J. P. Taylor, English History 1914–1945, London 1965, S. 4, Anm.1.

[14] Isaiah Berlin, Winston Churchill, 1940, in: Ders., Persönliche Eindrücke, hrsg. von Henry Hardy, Berlin 2001, S. 69.

[15] Adenauer im Gespräch mit dem amerikanischen Journalisten Cyrus L. Sulzberger am 6. August 1957 in Bonn (Konrad Adenauer. Teegespräche 1955–1958, bearbeitet von Hanns Jürgen Küsters, Berlin 1986, S. 218).

[16] William Manchester, The Last Lion: Winston Spencer Churchill, 2 Bde, New York 1988.

[17] Ian Kershaw, Hitler 1889–1936, 2. Aufl. Stuttgart 1998, S. 15.

[18] Ebd., S. 15f.

[19] Emrys Hughes, Churchill. Ein Mann in seinem Widerspruch, Tübingen 1959 (Neudr. Kiel 1986).

[20] Die erste Biographie über den damals 31-Jährigen schrieb Alexander McCallum Scott, Winston Spencer Churchill, London 1905 (Neudr.1916).

[21] Aigner, S. 7.

22  David Lloyd George, War Memoirs, Bd. 3, London 1934, S. 1067.

23  Christian Graf von Krockow, Churchill. Eine Biographie des 20. Jahr-
    hunderts, 2. Aufl. München 2002, S. 308.

24  In seinem 1937 erschienenen Buch *Great Contemporaries* nahm Churchill
    einen Essay über Hitler auf, den er schon 1935 geschrieben hatte. Zu
    dem Zeitpunkt meinte er, man könne Hitlers Kampf „nicht ohne Be-
    wunderung für den Mut, die Hartnäckigkeit und die Lebenskraft lesen,
    die ihn befähigten, alle die Autoritäten und Widerstände herauszufor-
    dern, zu trotzen, zu vereinnahmen oder zu überwinden, die ihm im Wege
    standen." Zit. in: Andrew Roberts, Hitler and Churchill. Secrets of Lead-
    ership, 3. Aufl. London 2004, S. 10.

25  Ebd., S. XX.

26  Sebastian Haffner, Winston Churchill mit Selbstzeugnissen und Bilddo-
    kumenten, 17. Aufl. Reinbek 2001, S. 105.

27  Roy Jenkins, Churchill, London 2002, S. 3.

28  Hughes, S. 10.

29  Winston S. Churchill, Reden in Zeiten des Krieges, hrsg. von Klaus Kör-
    ner, Hamburg und Wien 2002, Einleitung S. 7.

30  Peter de Mendelssohn, Inselschicksal England. Schrittsteine der Ge-
    schichte, München 1965, S. 68.

# Welterfahrung und politischer Wartestand (1874–1939)

## 1. Privilegierter Außenseiter und Abenteurer

1  Winston S. Churchill, Weltabenteuer im Dienst, Hamburg 1951, S. 20
   und S. 25.

2  Ebd., S. 20.

3  Ders., Lord Randolph Churchill, 2 Bde, London 1906.

4  Vgl. Roy Jenkins, Churchill, London 2002, S. 825f., und Martin Gilbert,
   In Search of Churchill. A Historian's Journey, London 1994, S. 314.

5  Randolph S. Churchill, Winston S. Churchill, 2 Bde, London 1966 und
   1967. Die beiden Bände behandeln die Jahre 1874–1914. Martin Gilbert
   verfasste sechs weitere Bände. Das Werk ist bekannt als die „offizielle"
   Biographie Winston Churchills.

6  Churchill, Weltabenteuer, S. 3.

7  Winston Churchill an Lady Randolph, 28. Januar 1898, in: Randolph
   S. Churchill, Winston S. Churchill, Bd.1, Begleitband, Teil 2: 1896–
   1900, London 1967, S. 868.

8  Churchill, Weltabenteuer, S. 39.

9  Ebd., S. 3.
10 Ders., Der Zweite Weltkrieg, Bd. 2: Englands größte Stunde, 2. Buch: Allein, Hamburg 1950, S. 42.
11 Robert Rhodes James, Churchill the Parliamentarian, Orator, and Statesman, in: Robert Blake/Roger Louis (Hrsg.), Churchill, New York und London 1993, S. 505.
12 Anthony Montague Browne, Long Sunset. Memoirs of Winston Churchill's Last Private Secretary, London 1996, S. 119.
13 Churchill, Weltabenteuer, S. 7.
14 Ebd., S. 9.
15 Ebd., S. 6.
16 Ebd., S. 9.
17 Ebd., S.10.
18 Ebd.
19 Ebd.
20 Ebd., S. 73.
21 Zit. in: Paul Addison, Churchill. The Unexpected Hero, Oxford 2005, S. 15.
22 Lord Moran, Winston Churchill. The Struggle for Survival 1940–1965, London 1966, S. 192.
23 John Colville, Downing Street Tagebücher 1939–1945, Berlin 1988, S. 99.
24 Paul Addison, Churchill on the Home Front, 1900–1955, London 1992, S. 10.
25 John Keegan, Churchill, London 2003, S. 12.
26 Moran, S. 216, 30. Januar 1945.
27 Churchill, Weltabenteuer, S. 9.
28 Ebd.
29 Ebd.
30 Ebd. S. 11.
31 Ebd., S. 24.
32 Ebd., S. 25.
33 Ebd., S. 12.
34 Ebd., S. 14.
35 Ebd., S. 16.
36 Ebd., S. 17.
37 Ebd., S. 27f.
38 Ebd., S. 21.
39 Ebd., S. 28.
40 Ebd., S. 27.
41 Ebd., S. 23.
42 Sebastian Haffner, Winston Churchill mit Selbstzeugnissen und Bilddokumenten, 17. Aufl. Reinbek 2001, S. 28.
43 Churchill, Weltabenteuer, S. 39.
44 Ebd., S. 27.
45 Ebd., S. 41.

[46] Zit. in: Dietrich Aigner, Winston Churchill. Ruhm und Legende, Göttingen 1974, S. 27.

[47] Haffner, S. 29.

[48] Churchill, Weltabenteuer, S. 38.

[49] Ebd., S. 48.

[50] Ebd., S. 51.

[51] Ebd., S. 54f.

[52] Ebd., S. 56.

[53] Ebd.

[54] Ebd., S. 57.

[55] Ebd.

[56] Ebd., S. 56f.

[57] Ebd., S. 64.

[58] Ebd., S. 65.

[59] Ebd., S. 66.

[60] Churchill Speaks. Collected Speeches 1897–1963, hrsg. von Robert Rhodes James, London 1974, S. 514.

[61] Rede am 10. November 1942, zit. in: Rudolf von Albertini, Dekolonisation. Zur Diskussion über Verwaltung und Zukunft der Kolonien 1919–1960, Köln und Opladen 1966, S. 199.

[62] Churchill, Weltabenteuer, S. 67.

[63] Ebd., S. 63.

[64] Ebd., S. 69.

[65] Ebd., S. 71.

[66] Ebd., S. 70.

[67] Ebd., S. 96.

[68] Ebd., S. 102.

[69] Ebd., S. 107.

[70] Ebd., S. 122.

[71] Ebd., S. 123.

[72] Ebd., S. 114.

[73] Christian Graf von Krockow, Churchill. Eine Biographie des 20. Jahrhunderts, 2. Aufl. München 2002, S. 228.

## 2. Der Politiker: Erfolge und Scheitern

[1] Winston S. Churchill, Weltabenteuer im Dienst, Hamburg 1951, S. 97.

[2] Ders. an Lady Randolph, 16. August 1895, in: Randolph S. Churchill, Winston S. Churchill, Bd. 1, Begleitband, Teil 1: 1874–1896, London 1967, S. 583.

[3] Ders. an Lady Randolph, 6. April 1897, in: Randolph S. Churchill, Bd. 1: Youth 1874–1900, London 1966, S. 318.

[4] Ders., Weltabenteuer, S. 97.

[5] John Colville, Downing Street Tagebücher 1939–1945, Berlin 1988, S. 131, 27. Juni 1940.

6    Churchill, Weltabenteuer, S. 125f.
7    Ebd., S. 126.
8    Ebd., S. 131.
9    Ebd., S. 128.
10   Ebd., S. 134.
11   Ebd., S. 146.
12   Ebd., S. 150.
13   Ebd., S. 135.
14   Ebd., S. 221.
15   Ders. an Lady Randolph, 26. Januar 1898, in: Randolph S. Churchill,
     Winston S. Churchill, Bd.1, Begleitband, Teil 2: 1896–1900, London
     1967, S. 864.
16   Zit. in: Andrew Roberts, Hitler and Churchill. Secrets of Leadership,
     3. Aufl. London 2004, S. 113.
17   Churchill, Weltabenteuer, S. 226f.
18   Violet Bonham Carter, Winston Churchill as I Knew Him, London
     1966, S. 83f.
19   Churchill, Weltabenteuer, S. 228.
20   Ebd., S. 229.
21   Randolph S. Churchill, Churchill, Bd. 1, S. 318.
22   Winston Churchill an Lady Randoph, 16. Mai 1898, in: Randolph
     S. Churchill, Churchill, Bd. 1, Begleitband, Teil 2, S. 933.
23   Norman und Jeanne MacKenzie (Hrsg.), The Diary of Beatrice Webb,
     Bd. 2: 1892–1905, London 1983, S. 287f., 8. Juli 1903.
24   Sebastian Haffner, Winston Churchill mit Selbstzeugnissen und Bilddo-
     kumenten, 17. Aufl. Reinbek 2001, S. 52.
25   Ebd., S. 49.
26   Roy Jenkins, Churchill, London 2002, S. 81. Benjamin Seebohm Rown
     tree, Poverty. A Study in Town Life, London 1901.
27   William Bridgeman, The Modernisation of Conservative Politics. The
     Diaries and Letters of William Bridgeman, 1904–1935, hrsg. von P. Wil-
     liamson, London 1988, S. 233f., zit. in: Christian Graf von Krockow,
     Churchill. Eine Biographie des 20.Jahrhunderts, 2. Aufl. München 2002,
     S. 122.
28   Winston S. Churchill, Thoughts and Adventures, Neudr. London 1942
     (1932), S. 191.
29   Robert Rhodes James (Hrsg.), Winston S. Churchill. His Complete
     Speeches, 1897–1963, Bd. 1, New York 1974, S. 35, 26. Juni 1899.
30   Zit. in: Paul Addison, Churchill. The Unexpected Hero, Oxford 2005,
     S. 43.
31   Winston S. Churchill, The World Crisis 1911–1918, Bd. 1, London
     1923, S. 100.
32   Zit. in: Krockow, S. 68f.
33   Randolph S. Churchill, Churchill, Bd. 2: Young Statesman 1900–1914,
     London 1967, S. 710.
34   Haffner, S. 58.

[35] Zit. in: George A. Riddell, The Riddell Diaries 1908–1923, hrsg. von John M. McEwen, London 1986, S. 115.

[36] Martin Gilbert, Winston S. Churchill, Bd. 3: 1914–1916, London 1971, S. 473.

[37] Zit. in: Krockow, S. 84.

[38] Martin Gilbert (Hrsg.), Winston S. Churchill, Begleitband 3, Teil 2: Documents May 1915 – December 1916, London 1972, S. 1557 (Draft Statement, 8. September 1916).

[39] Winston S. Churchill, Der Zweite Weltkrieg, Bd. 2: Englands größte Stunde, 1. Buch: Der Zusammenbruch Frankreichs, Hamburg 1950, S. 30.

[40] Ders., Painting as a Pastime, London 1948, S. 16.

[41] Zit. in: Robert Rhodes James, Churchill. A Study in Failure, 1900–1939, London 1970, S. 54.

[42] Churchill, Weltabenteuer, S. 231.

[43] Lord Moran, Winston Churchill. The Struggle for Survival 1940–1965, London 1966, S. 103.

[44] Beatrice Webb, Our Partnership, London 1948, S. 41, 16. Oktober 1908.

[45] Anthony Montague Browne, Long Sunset. Memoirs of Winston Churchill's Last Private Secretary, London 1996, S. 220.

[46] Krockow, S. 42.

[47] Winston Churchill an Clementine Hozier, 16. April 1908, zit. in: Martin Gilbert, Churchill. A Life, London 2000, S. 195.

[48] Zit. in: David Cannadine, Churchill and the Pitfalls of Family Piety, in: Robert Blake/Roger Louis (Hrsg.), Churchill, New York und London 1993, S. 9.

[49] Haffner, S. 39.

[50] Zit. in: Mary Soames, Winston Churchill: The Father Figure, Zürich 1986, S. 8.

[51] Ebd., S. 4.

[52] Dietrich Aigner, Winston Churchill. Ruhm und Legende, Göttingen 1974, S. 8.

[53] Churchill, World Crisis, Bd. 3, Teil 2, London 1927, S. 294.

[54] David Lloyd George, War Memoirs, Bd. 3, London 1934, S. 1070.

[55] Zit. in: Norman Rose, Churchill. The Unruly Giant, New York 1995, S. 167.

[56] Lloyd George, War Memoirs, Bd. 3, S. 1067.

[57] Colville, Tagebücher, S. 99.

[58] David Lloyd George, The Truth about the Peace Treaties, Bd. 1, London 1938, S. 324f.

[59] The Daily Telegraph, 17. November 1922.

[60] Churchill, Thoughts and Adventures, S. 181.

[61] B. E. C. Dugdale, Arthur James Balfour, Bd. 2, London 1939, S. 247.

[62] Peter de Mendelssohn, Inselschicksal England. Schrittsteine der Geschichte, München 1965, S. 67.

[63] Churchill, Thoughts and Adventures, S. 31.

[64] Zit. in: Addison, S. 110.

65  Martin Gilbert, Winston S. Churchill, Bd. 5: The Prophet of Truth, 1922–1939, London 1976, S. 59.
66  Ders., Winston S. Churchill, Bd. 5: The Exchequer Years 1922–1929, Begleitband, Teil 1, London 1979, S. 472f., Baldwin an König Georg VI., 28. April 1925.
67  Zit. in: Rhodes James, Churchill, S. 176.
68  Zit. in: Robert Boothby, I fight to live, London 1947, S. 46.
69  Zit. in: William Manchester, Winston Churchill, Bd. 1: Der Traum vom Ruhm, 1874–1932, München 1989, S. 982.
70  Ebd., S. 985.
71  Moran, S. 303, 10. September 1945.
72  John Maynard Keynes, The Economic Consequences of Mr Churchill, London 1925. Auch in: The Collected Writings of John Maynard Keynes, Bd. 9: Essays in Persuasion, London 1972, S. 223 (Zitat).
73  Gilbert, Winston S. Churchill, Bd. 5, S. 154 und S. 163.
74  The Times, 8. Juni 1926, zit. in: Manchester, S. 999.
75  Gilbert, Winston S. Churchill, Bd. 5, Begleitband, Teil 1, S. 726.
76  Zit. in: Addison, S. 140.
77  Haffner, S. 85.
78  Gilbert, Winston S. Churchill, Bd. 5: The Prophet of Truth, 1922–1939, S. 91, 11. Februar 1925.
79  Ders., Winston S. Churchill, Bd. 5, Begleitband, Teil 1, S. 1474.
80  Haffner, S. 92.

## 3. Ratlos, rastlos, unbequem

1  Martin Gilbert, In Search of Churchill. A Historian's Journey, London 1994, S. 316.
2  Lord Moran, Winston Churchill. The Struggle for Survival 1940–1965, London 1966, S. 420, 3. Juli 1953.
3  Gilbert, S. 305.
4  Winston S. Churchill, Reden in Zeiten des Krieges, Hamburg und Wien 2002, S. 15, Einleitung des Herausgebers Klaus Körner.
5  Zit. in: Roy Jenkins, Churchill, London 2002, S. 421.
6  Zit. in: William Deakin, Churchill und Marlborough. Eine Erinnerung, in: Winston S. Churchill, Marlborough, Bd. 2: Der Feldherr und Staatsmann 1705–1722, Zürich 1990, S. 979.
7  Winston S. Churchill, Marlborough. His Life and Times, Bd. 1, Neudr. London 1947, S. 228.
8  Ders., The World Crisis 1911–1918, neue Ausgabe in zwei Bänden, London 1938, S. X.
9  Ders., Thoughts and Adventures, Neudr. London 1942, S. 215.
10  Ders., Marlborough. His Life and Times, Bd. 2, S. 381.
11  Anthony Montague Browne, Long Sunset. Memoirs of Winston Churchill's Last Private Secretary, London 1996, S. 216.

12 Zit. in: Gilbert, S. 160.

13 Zit. in: Ebd., S. 138.

14 Zit. in: Ebd.

15 Churchill, Marlborough. His Life and Times, Bd. 1, S. 296.

16 William Deakin, Churchill, the Historian, in: Schweizer Monatshefte 49 (1969/70), S. 1–19. Maurice Ashley, Churchill as Historian, London 1968.

17 Mary Soames, Winston Churchill: The Father Figure, Zürich 1986, S. 5.

18 Zit. in: Gilbert, S. 153.

19 Robert Blake/Roger Louis (Hrsg.), Churchill, New York und London 1993, S. 4, Einleitung.

20 Zit. in: Peter de Mendelssohn, Inselschicksal England. Schrittsteine der Geschichte, München 1965, S. 39.

21 Hansard, H. C., Parl. Deb., 5. Serie, Bd. 446, Sp. 557, 23. Januar 1948.

22 Mendelssohn, S. 46.

23 Zit. in: Gilbert, S. 275.

24 Zit. in: Jenkins, S. 510.

25 Ebd., S. 511.

26 Moran, S. 82, 24. Juni 1943.

27 Winston S. Churchill, Painting as a Pastime, London 1948, S. 16.

28 Ebd., S. 17.

29 Moran, S. 301, 8. September 1945.

30 Churchill, Painting, S. 7.

31 Zit. in: Gilbert, S. 76.

32 Churchill, Painting, S. 13.

33 Moran, S. 653, 27. April 1955.

34 Ebd., S. 679f., 18. Juli 1955.

35 Ernst H. Gombrich, Kunst und Illusion. Zur Psychologie der bildlichen Darstellung, 6. Aufl. Berlin 2002. Die englische Erstausgabe des Werkes erschien 1960.

36 Winston S. Churchill, Der Zweite Weltkrieg, Bd. 1: Der Sturm zieht auf, 1. Buch: Von Krieg zu Krieg 1919–1939, 2. Aufl. Hamburg 1950, S. 105.

37 Zit. in: John Keegan, Churchill, London 2003, S. 100.

38 Churchill, Zweite Weltkrieg, S. 105.

39 Ders., Der Zweite Weltkrieg. Mit einem Epilog über die Nachkriegsjahre, Bern 1985, S. 57f.

40 Ders., Zweite Weltkrieg, S. 308.

41 Ernst Hanfstaengl, Zwischen Weißem und Braunem Haus. Memoiren eines politischen Außenseiters, München 1970, S. 274.

42 Ebd., S. 274f.

43 Zit. in: Paul Addison, Churchill. The Unexpected Hero, Oxford 2005, S. 135.

44 Zit. in: Jenkins, S. 436.

45 Ivan M. Maiski, Memoiren eines sowjetischen Botschafters, 6. Aufl. Berlin 1977, S. 235f.

46 Churchill, Reden in Zeiten des Krieges, S. 38.

[47] Ebd., S. 34 und S. 50.

[48] Zit. in: Winston S. Churchill, Blut, Schweiß und Tränen. Antrittsrede im Unterhaus nach der Ernennung zum Premierminister am 13. Mai 1940. Mit einem Essay von Herfried Münkler, Hamburg 1995, S. 36f., Einleitung.

[49] Zit. in: Addison, S. 135.

[50] Hansard, H. C., Parl. Deb., 5. Serie, Bd. 446, Sp. 557, 23. Januar 1948.

[51] Rede im Unterhaus am 4. Dezember 1950, in: Martin Gilbert, Winston S. Churchill, Bd. 8: ,Never Despair' 1945–1965, London 1988, S. 574.

[52] Zit. in: Churchill, Blut, Schweiß und Tränen, S. 38f., Einleitung.

[53] John Colville, Downing Street Tagebücher 1939–1945, Berlin 1988, S. 26.

# Der große Kampf (1940–1945)

## 1. Auf des Messers Schneide

[1] Keith Feiling, The Life of Neville Chamberlain, London 1946, S. 415.

[2] Roy Jenkins, Churchill, London 2002, S. 559.

[3] New York Times, 8. Oktober 1939, zit. in: Paul Addison, Churchill. The Unexpected Hero, Oxford 2005, S. 157f.

[4] H. Montgomery Hyde, Neville Chamberlain. Der glücklose Staatsmann, München 1982, S. 217f. Der Brief ist auch abgedr. bei Winston S. Churchill, Der Zweite Weltkrieg, Bd. 1: Der Sturm zieht auf, 2. Buch: Krieg im Zwielicht 3. September 1939–10. Mai 1940, 2. Aufl. Hamburg 1950, S. 73.

[5] John Colville, Downing Street Tagebücher 1939–1945, Berlin 1988, S. 83, 25. April 1940.

[6] Churchill, Bd. 1, 2. Buch, S. 41.

[7] Ivan M. Maiski, Memoiren eines sowjetischen Botschafters, 6. Aufl. Berlin 1977, S. 530.

[8] Churchill, Bd. 1, 2. Buch, S. 114.

[9] Sebastian Haffner, Churchill mit Selbstzeugnissen und Bilddokumenten, 17. Aufl. Reinbek 2001, S. 29.

[10] Zit. in: Jenkins, S. 566.

[11] Colville, S. 74, 6. April 1940.

[12] Ebd., S. 76, 9. April 1940.

[13] Ebd., S. 86, 27. April 1940.

[14] Basil Liddell Hart, The Military Strategist, in: A. J. P. Taylor (Hrsg.), Four Faces and the Man, Harmondsworth 1973, S. 187.

[15] Colville, S. 93, 10. Mai 1940.

16 Stuart Ball (Hrsg.), Parliament and Politics in the Age of Churchill and Attlee. The Headlam Diaries 1935–1951, Cambridge 1999, S. 197.

17 Colville, S. 93, 10. Mai 1940.

18 Zit. in: Ebd., S. 94.

19 Churchill schrieb seinen Bericht sechs Jahre später. Er irrte sich bei Datum und Uhrzeit der Unterredung. Sie fand am Donnerstag, den 9. Mai 1940, um 16.30 Uhr statt und nicht am 10. Mai 1940 um 11.00 Uhr, wie Churchill behauptet. Anwesend war auch der Fraktionsvorsitzende der Konservativen, David Margesson, den Churchill nicht erwähnt.

20 Churchill, Zweite Weltkrieg, Bd. 1, 2. Buch, S. 331f.

21 Zit. in: John Wheeler-Bennett, King George VI. His Life and Reign, London 1958, S. 444.

22 Churchill, Zweite Weltkrieg, Bd. 1, 2. Buch, S. 334f.

23 Im englischen Originaltext: „I felt as if I were walking with Destiny."

24 Churchill, S. 337.

25 Ders., Blood, Sweat, and Tears, New York 1941, S. 395, Rede am 9. Oktober 1940.

26 Robert Rhodes James, Churchill the Parliamentarian, Orator, and Statesman, in: Robert Blake/Roger Louis (Hrsg.), Churchill, New York und London 1993, S. 504.

27 Winston S. Churchill, Der Zweite Weltkrieg, Bd. 2: Englands größte Stunde, 1. Buch: Der Zusammenbruch Frankreichs, Hamburg 1950, S. 31.

28 Ebd., S. 32.

29 Haffner, S. 129.

30 Ebd., S. 95.

31 Die Tagebücher von Joseph Goebbels, hrsg. von Elke Fröhlich, Teil I: Aufzeichnungen 1923–1941, Bd. 8: April – November 1940, München 1998, S. 108.

32 Zit. in: Joachim C. Fest, Hitler. Eine Biographie, Frankfurt/M. 1973, S. 870.

33 Winston S. Churchill, Reden in Zeiten des Krieges, Hamburg und Wien 2002, S. 74.

34 Colville, S. 105, 19. Mai 1940.

35 Fest, S. 869.

36 Max Domarus (Hrsg.), Hitler. Reden und Proklamationen 1932–1945, Bd. 2: Untergang, 1. Halbband: 1939–1940, Wiesbaden 1973, S. 1557f.

37 Churchill, Reden in Zeiten des Krieges, S. 52f.

38 Ebd.

39 Maiski, S. 572f.

40 Zit. in: D. J. Wenden, Churchill, Radio, and Cinema, in: Blake/Louis (Hrsg.), S. 222.

41 Lord Moran, Winston Churchill. The Struggle for Survival 1940–1965, London 1966, S. 12, 24. Dezember 1941.

42 Zit. in: Rhodes James, S. 507 (Winston S. Churchill, Savrola. A Tale of the Revolution in Laurania, London 1900, S. 88).

43 Moran, S. 14f., 25. Dezember 1941.

44  Ebd., S. 17f., 28. Dezember 1941.
45  Colville, S. 165, 19. August 1940.
46  Moran, S. 609, 23. November 1954.
47  Ebd., S. 608, 10. November 1954.
48  Churchill, Zweite Weltkrieg, Bd. 2, 1. Buch, S. 16.
49  Ebd., S. 126.
50  Zit. in: Andrew Roberts, Hitler and Churchill. Secrets of Leadership, 3. Aufl. London 2004, S. 121.
51  Rede im Unterhaus am 4. Juni 1940, abgedr. in: Churchill, Zweite Weltkrieg, Bd. 2, 1. Buch, S. 145.
52  Ders., Reden in Zeiten des Krieges, S. 68 und S. 70.
53  Ebd., S. 97, 20. August 1940.
54  Peter Ackroyd, London. Die Biographie, München 2002, S. 768.
55  Moran, S. 123, 29. Oktober 1943.
56  Churchill, Reden in Zeiten des Krieges, S. 85.
57  Ebd., S. 93, 20. August 1940.
58  Colville, S. 160, 10. August 1940.
59  Ebd., S. 199, 24, Oktober 1940.
60  Ebd., S. 142, 11. Juli 1940.
61  David Reynolds, Churchill in 1940. The Worst and Finest Hour, in: Blake/Louis (Hrsg.), S. 254.
62  Colville, S. 168, 26. August 1940.
63  Ebd., S. 129, 25. Juni 1940.
64  Churchill, Zweite Weltkrieg, Bd. 2, 1. Buch, S. 289f.
65  Ders., Der Zweite Weltkrieg, Bd. 3: Die Große Allianz, 2. Buch: Amerika im Krieg, Stuttgart und Hamburg 1951, S. 269.
66  Colville, S. 168, 26. August 1940.
67  Ebd., S. 177, 19. September 1940.
68  Zit. in: Roberts, S. 112.
69  Zit. in: Martin Gilbert, In Search of Churchill. A Historian's Journey, London 1994, S. 195.
70  Churchill, Zweite Weltkrieg, Bd. 2, 1. Buch, S. 37.
71  Ebd., S. 38.
72  Ebd., S. 32f.
73  Colville, S. 98f., Mai 1940.
74  Moran, S. 138, 29. November 1943.
75  Colville, S. 123, 16. Juni 1940
76  Ebd., S. 82f., 23. und 24. April 1940.
77  Ebd., S. 96f.
78  Mary Soames (Hrsg.), Speaking for Themselves. The Personal Letters of Winston and Clementine Churchill, London 1998, S. 454.
79  Churchill, Zweite Weltkrieg, Bd. 1, 2. Buch, S. 27.
80  Ebd., Bd. 2, 1. Buch, S. 33f.
81  Colville, S. 106, 20. Mai 1940.
82  Ebd., S. 97.
83  Ebd., S. 119, 13. Juni 1940.
84  Zit. in: Addison, S. 183.

85  Churchill, Zweite Weltkrieg, Bd. 2, 1. Buch, S. 32.
86  Ebd., S. 33.
87  Ebd., S. 34f.
88  Ebd., S. 35.
89  Ebd., S. 37.
90  Ebd., Bd. 2, 2. Buch, S. 366 und S. 369.

## 2. Kriegsherr und Friedensplaner

1  Lord Moran, Winston Churchill. The Struggle for Survival 1940–1965, London 1966, S. 78, 13. Januar 1943.
2  Winston S. Churchill, Der Zweite Weltkrieg, Bd. 3: Die Große Allianz, 2. Buch: Amerika im Krieg, Stuttgart und Hamburg 1951, S. 270.
3  Moran, S. 9, Dezember 1941.
4  Churchill, Zweite Weltkrieg, Bd. 1: Der Sturm zieht auf, 2. Buch: Krieg im Zwielicht 3. September 1939–10. Mai 1940, 2. Aufl. Hamburg 1950, S. 51.
5  Ebd., Bd. 2: Englands größte Stunde, 1. Buch: Der Zusammenbruch Frankreichs, Hamburg 1950, S. 40.
6  Franklin D. Roosevelt an Winston Churchill, 11. September 1939, in: Ebd., Bd. 1, 2. Buch, S. 51.
7  Warren F. Kimball, Wheel within a Wheel: Churchill, Roosevelt and the Special Relationship, in: Robert Blake/Roger Louis (Hrsg.), Churchill, New York und London 1993, S. 299.
8  Churchill, Zweite Weltkrieg, Bd. 2, 1. Buch, S. 39.
9  Isaiah Berlin, Winston Churchill, 1940, in: Ders., Persönliche Eindrücke, hrsg. von Henry Hardy, Berlin 2001, S. 63 und S. 67f.
10  Moran, S. 141, 29. November 1943.
11  Sebastian Haffner, Winston Churchill mit Selbstzeugnissen und Bilddokumenten, 17. Aufl. Reinbek 2001, S. 147f.
12  Churchill, Zweite Weltkrieg, Bd. 5: Der Ring schließt sich, 2. Buch: Von Teheran bis Rom, Stuttgart und Hamburg 1953, S. 152f.
13  Mit „Die Große Allianz" („The Grand Alliance") betitelte Churchill den 3. Band seiner Kriegserinnerungen. Sie reichen bis zum Eintritt der Vereinigten Staaten in den Krieg.
14  König Georg VI. an Winston Churchill, 31. Mai 1944, abgedr. in: Churchill, Zweite Weltkrieg, Bd. 5, 2. Buch, S. 349.
15  Ebd., Bd. 6: Triumph und Tragödie, 1. Buch: Dem Sieg entgegen, Stuttgart 1954, S. 26.
16  Celia Sandys, Chasing Churchill. The Travels of Winston Churchill, London 2003.
17  Moran, S. 745.
18  Martin Gilbert, Winston S. Churchill, Bd. 6: Finest Hour 1939–1941, London 1983, S. 1157.
19  Moran, S. 79f., 19. Januar 1943.

20 Zit. in: Sandys, S. 131.
21 Churchill, Zweite Weltkrieg, Bd. 6, 2. Buch: Der Eiserne Vorhang, Stuttgart 1954, S. 87f.
22 John Colville, Downing Street Tagebücher 1939–1945, Berlin 1988, 26. März 1945.
23 Moran, S. 11, 22. Dezember 1940.
24 Sandys, S. 195.
25 Harold Macmillan, Tides of Fortune, 1945–1955, London 1969, S. 541.
26 Der Spiegel 8 (2005), S. 64, 21. Februar 2005.
27 Churchill, Zweite Weltkrieg, Bd. 2, 1. Buch, S. 187.
28 Ebd., Bd. 5, 2. Buch, S. 27f.
29 Andrew Roberts, Hitler and Churchill. Secrets of Leadership, 3. Aufl. London 2004, S. 144.
30 Winston S. Churchill, Weltabenteuer im Dienst, Hamburg 1951, S. 209.
31 Ders., Thoughts and Adventures, London 1942, S. 190.
32 Ivan M. Maiski, Memoiren eines sowjetischen Botschafters, 6. Aufl. Berlin 1977, S. 731, 16. März 1942.
33 Zum Beispiel: Churchill an Stalin, 19. Oktober 1944, in: Robin Edmonds, Churchill and Stalin, in: Blake/Louis (Hrsg.), S. 321.
34 Churchill, Zweite Weltkrieg, Bd. 3: Die Große Allianz, 2. Buch: Amerika im Krieg, Stuttgart und Hamburg 1951, S. 10.
35 Anthony Montague Browne, Long Sunset. Memoirs of Winston Churchill's Last Private Secretary, London 1966, S. 201.
36 Roy Jenkins, Churchill, London 2002, S. 777.
37 Martin Gilbert, Winston S. Churchill, Bd. 7: Road to Victory 1941–1945, London 1986, S. 1257.
38 Jörg Friedrich, Der Brand. Deutschland im Bombenkrieg 1940–1945, München 2002.
39 Abgedr. in: Correlli Barnett, Die Bombardierung Deutschlands war kein Kriegsverbrechen, in: Lothar Kettenacker (Hrsg.), Ein Volk von Opfern? Die neue Debatte um den Bombenkrieg 1940–45, Berlin 2003, S. 174f.
40 Stern, 18. Dezember 2002, abgedr. in: Kettenacker (Hrsg.), S. 183–187.
41 Ebd., S. 186f.
42 Churchill, Zweite Weltkrieg, Bd. 6, 2. Buch, S. 225.
43 Gilbert, Bd. 7, S. 1214–1221.
44 Ders., In Search of Churchill. A Historian's Journey, London 1994, S. 185.
45 Moran, S. 695f., 3. Mai 1956.
46 Ebd., S. 698, 14. Mai 1956.
47 Churchill spricht von der „Moral of the Work".
48 Churchill, Zweite Weltkrieg, Bd. 5, 2. Buch, S. 96.
49 Ebd.
50 Ebd., S. 95.
51 Lothar Kettenacker, Die Deklassierung Großbritanniens bei der Herausbildung des bipolaren Weltmächtesystems 1939–1945, in: Historische Mitteilungen 3 (1990), S. 71.

52   Charles Eade (Hrsg.), The War Speeches of the Right Hon. Winston Churchill, Bd. 3, London 1952, S. 203.
53   Churchill, Zweite Weltkrieg, Bd. 5, 2. Buch, S. 102.
54   Ebd.

## 3. Sieg und Niederlage

1    Martin Gilbert, Winston S. Churchill, Bd. 7: Road to Victory 1941–1945, London 1986, S. 1341.
2    Winston S. Churchill, Reden in Zeiten des Krieges, Hamburg und Wien 2002, S. 282f.
3    Ebd., S. 283.
4    Harold Nicolson, Diaries and Letters 1930–1945, hrsg. von Nigel Nicolson, Bd. 2, London 1967, S. 457.
5    John Keegan, Churchill, London 2003, S. 157f.
6    Winston S. Churchill, The Unwritten Alliance. Speeches 1953–1959, London 1961, S. 203, 30. November 1954. Auch Lord Moran, Winston Churchill. The Struggle for Survival 1940–1965, London 1966, S. 616, 30. November 1954.
7    Martin Gilbert, Churchill. A Life, London 2001, S. 839.
8    Moran, S. 250, 7. Mai 1945.
9    Martin Gilbert, Winston S. Churchill, Bd. 8: ‚Never Despair‘ 1945–1965, London 1988, S. 3.
10   Ebd., S. 3f.
11   Winston S. Churchill, Der Zweite Weltkrieg, Bd. 6: Triumph und Tragödie, 2. Buch: Der Eiserne Vorhang, Stuttgart und Hamburg 1954, S. 231 und S. 234.
12   Ebd., S. 261f., und Moran, S. 422, 5. Juli 1953.
13   Churchill, Zweite Weltkrieg, Bd. 6, 2. Buch, S. 262.
14   Mary Soames (Hrsg.), Speaking for Themselves. The Personal Letters of Winston and Clementine Churchill, London 1988, S. 530.
15   Churchill, Zweite Weltkrieg, Bd. 6, 2. Buch, S. 346f.
16   Gilbert, Winston S. Churchill, Bd. 8, S. 6.
17   Churchill, Zweite Weltkrieg, Bd. 6, 2. Buch, S. 336.
18   Ebd., S. 326.
19   Ebd., S. 263.
20   Winston S. Churchill, Thoughts and Adventures, London 1942, S. 190.
21   Ders., Zweite Weltkrieg, Bd. 6, 2. Buch, S. 306f.
22   Lord Moran, Churchill. Der Kampf ums Überleben 1940–1965. Aus den Tagebüchern seines Leibarztes Lord Moran, München und Zürich 1967, S. 294.
23   Moran, Winston Churchill. The Struggle, S. 268 und S. 271, 16. Juli 1945.
24   Churchill, Zweite Weltkrieg, Bd. 6, 2. Buch, S. 324f.
25   Ebd., S. 375f.

[26] Churchill, Reden in Zeiten des Krieges, S. 297.

[27] Moran, Winston Churchill. The Struggle, S. 287, 27. Juli 1945.

[28] Ebd., S. 286, 26. Juli 1945.

[29] Gilbert, Churchill. A Life, S. 856.

[30] Winston S. Churchill, Weltabenteuer im Dienst, Hamburg 1951, S. 140.

[31] Ders., Thoughts and Adventures, S. 190.

[32] Zit. in: Andrew Roberts, Hitler and Churchill. Secrets of Leadership, 3. Aufl. London 2004, S. 191.

[33] Moran, Winston Churchill. The Struggle, S. 287, 27. Juli 1945.

[34] Winston Churchill an General Eisenhower, 18. Juli 1945, zit. in: Gilbert, Churchill. A Life, S. 945.

[35] Roberts, S. 189.

[36] Churchill, Zweite Weltkrieg, Bd. 2: Englands größte Stunde, 1. Buch: Der Zusammenbruch Frankreichs, Hamburg 1950, S. 29.

[37] Ebd., S. 29f.

[38] Geoffrey Best, Churchill. A Study in Greatness, Hambledon und London 2001, S. 184.

[39] Churchill, Reden in Zeiten des Krieges, S. 283.

[40] Ders., Zweite Weltkrieg, Bd. 6, 2. Buch, S. 375.

[41] Moran, Winston Churchill. The Struggle, S. 289, 8. August 1945.

[42] Churchill, Zweite Weltkrieg, Bd. 6, 2. Buch, S. 376 („a blessing in disguise").

[43] Paul Addison, Churchill. The Unexpected Hero, Oxford 2005, S. 214.

[44] Zit. in: Gilbert, Churchill. A Life, S. 850.

[45] Zit. in: Keegan, S. 152.

[46] Moran, Winston Churchill. The Struggle, S. 183, 20. September 1944.

[47] Nicolson, Bd. 2, S. 402, 28. September 1944.

[48] John Colville, Downing Street Tagebücher 1939–1945, London 1988, S. 432, 14. Mai 1945.

[49] Ebd., S. 435, 22. Mai 1945.

[50] Gilbert, Churchill. A Life, S. 895.

[51] Moran, Winston Churchill. The Struggle, S. 247, April 1945.

[52] Ebd., S. 607, 26. Oktober 1945.

[53] Warren F. Kimball, Wheel within a Wheel: Churchill, Roosevelt, and the Special Relationship, in: Robert Blake/Roger Louis (Hrsg.), Churchill, New York und London 1993, S. 298.

[54] Zit. in: Robert Rhodes James, Churchill the Parliamentarian, Orator, and Statesman, in: Blake/Louis (Hrsg.), S. 504.

[55] Best, S. 143.

[56] Anthony Montague Browne, Long Sunset. Memoirs of Winston Churchill's Last Private Secretary, London 1996, S. 196 und S. 113.

[57] Rundfunkansprache an die französische Bevölkerung, 21. Oktober 1940, in: Churchill, Reden in Zeiten des Krieges, S. 105.

[58] Rundfunkansprache an die britische Bevölkerung, 22. Juni 1941, in: Ebd., S. 135.

# Politisches Comeback und Ruhestand (1946–1965)

## 1. Warner und Visionär

[1] Martin Gilbert, Churchill. A Life, London 2000, S. 859.

[2] Ebd., S. 860.

[3] Lord Moran, Winston Churchill. The Struggle for Survival 1940–1965, London 1966, S.786, o. D.

[4] Paul Addison, Churchill. The Unexpected Hero, Oxford 2005, S. 217.

[5] Moran, S. 457, 19. August 1953.

[6] Zit. in: Martin Gilbert, Winston S. Churchill, Bd. 8: ‚Never Despair' 1945–1965, London 1988, S. 534.

[7] Zit. in: Andrew Roberts, Hitler and Churchill. Secrets of Leadership, 3. Aufl. London 2004, S. 191.

[8] Winston S. Churchill, Der Zweite Weltkrieg, Bd. 1: Der Sturm zieht auf, 1. Buch: Von Krieg zu Krieg 1919–1939, 2. Aufl. Hamburg 1950, S. 13, Vorwort.

[9] Ebd., S. 14.

[10] Ebd., S. 15.

[11] Ebd., Bd. 6: Triumph und Tragödie, 2. Buch: Der Eiserne Vorhang, Stuttgart 1954, S. 328f.

[12] Moran, S. 315, 24. Oktober 1946.

[13] Gilbert, Churchill. A Life, S. 857.

[14] Randolph S. Churchill, The Sinews of Peace, London 1948, S. 93–105. Eine deutsche Übersetzung der Rede ist abgedr. in: Keesing's Archiv der Gegenwart 16 und 17 (1946 und 1947), S. 669f.

[15] Winston S. Churchill, The United States of Europe [1930], in: Michael Wolff (Hrsg.), The Collected Essays of Sir Winston Churchill, Bd. 2: Churchill and Politics, Bristol 1976, S. 179. Zuerst veröffentlicht in: The Saturday Evening Post, 15. Februar 1930.

[16] Ebd., S. 184f.

[17] Ders., The Tragedy of Europe, September 19, 1946, in: Robert Rhodes James (Hrsg.), Winston S. Churchill. His Complete Speeches 1897–1963, Bd. 7: 1943–1949, New York und London 1974, S. 7379–7382. Auszugsweise in deutscher Übersetzung: Gerhard Brunn, Die Europäische Einigung von 1945 bis heute, Bonn 2005, S. 315–317.

[18] Ebd.

[19] Hansard, H. C., Parl. Deb., 5. Serie, Bd. 446, Sp. 553, 23. Januar 1948.

[20] Konrad Adenauer, Erinnerungen 1945–1953, Bd. 1, Stuttgart 1965, S. 512, und Bd. 2, Stuttgart 1967, S. 22.

[21] Hans von Herwarth, Von Adenauer zu Brandt. Erinnerungen, Berlin und Frankfurt/M. 1990, S. 145.

22  Zit. in: Max Beloff, Churchill and Europe, in: Robert Blake/Roger Louis (Hrsg.), Churchill, New York und London 1993, S. 453.
23  Gilbert, Churchill. A Life, S. 885. Harold Macmillan, Tides of Fortune, 1945–1955, London 1969, S. 176.
24  Douglas Johnson, Churchill and France, in: Blake/Louis (Hrsg.), S. 42.
25  Geoffrey Best, Churchill. A Study in Greatness, Hambledon und London 2001, S. 7. Moran, S. 85, 30. Januar 1943.
26  Johnson, S. 44.
27  Ebd., S. 45.
28  Churchill, Zweite Weltkrieg, Bd. 6, 1. Buch: Dem Sieg entgegen, Stuttgart 1954, S. 259 und S. 262.
29  Ebd., Bd. 2: Englands größte Stunde, 2. Buch: Allein, Hamburg 1950, S. 229.
30  Herbert Blankenhorn, Verständnis und Verständigung. Blätter eines politischen Tagebuchs 1949–1979, Frankfurt/M. 1980, S. 129f., 4. Dezember 1951.
31  Winston S. Churchill, Nach dem Kriege, Zürich u.a. 1930, S. 18f.
32  Moran, S. 362, 9. Januar 1952.
33  Winston S. Churchill, The World Crisis 1916–1918, Bd. 3, Teil II, London 1927, S. 543f.
34  Ebd., S. 544.
35  Ders., Zweite Weltkrieg, Bd. 1, 1. Buch, S. 25.
36  Gordon A. Craig, Churchill and Germany, in: Blake/Louis (Hrsg.), S. 21.
37  Churchill, Zweite Weltkrieg, Bd. 1, 1. Buch, S. 25.
38  Ders. an Lady Randolph, (?) Mai 1890, in: Randolph S. Churchill, Winston S. Churchill, Bd. 1, Begleitband, Teil 1: 1874–1896, London 1967, S. 203.
39  Craig, S. 21.
40  Winston S. Churchill, Thoughts and Adventures, London 1942, S. 60.
41  Gilbert, Churchill. A Life, S. 208.
42  Ebd. und Churchill, Thoughts and Adventures, S. 67.
43  Churchill, Thoughts and Adventures, S. 67.
44  Ebd., S. 68.
45  Winston S. Churchill, Wilhelm II., in: Ders., Große Zeitgenossen, Frankfurt/M. 1959, S. 149f.
46  Ders., Zweite Wetkrieg, Bd. 1, 1. Buch, S. 275ff. und S. 332f.
47  Carl J. Burckhardt, Meine Danziger Mission 1937–1939, München 1962, S. 160.
48  Winston Churchill an Konrad Adenauer, in: Blankenhorn, S. 202.
49  Ebd., S. 200f., 1. Dezember 1954.
50  Moran, S. 762, 18. November 1959.
51  Herwarth, S. 232.

## 2. Zurück an die Macht

[1]  Lord Moran, Winston Churchill. The Struggle for Survival 1940–1965, London 1966, S. 787, o. D.

[2]  Ebd., S. 589, 11. August 1954.

[3]  Harold Macmillan, Tides of Fortune, 1945–1955, London 1969, S. 486 und S. 489.

[4]  Zit. in: Klaus Larres, Politik der Illusionen. Churchill, Eisenhower und die deutsche Frage 1945–1955, Göttingen und Zürich 1995, S. 55.

[5]  Macmillan, S. 489.

[6]  Martin Gilbert, Churchill. A Life, London 2000, S. 910.

[7]  Moran, S. 497, 10. November 1953.

[8]  Ebd., S. 444, 25. Juli 1953.

[9]  Gilbert, S. 932.

[10]  Moran, S. 656, 21. Mai 1955.

[11]  Rede in Brüssel, 26. Februar 1949, in: Randolph S. Churchill (Hrsg.), In the Balance: Speeches 1949 and 1950, London 1951, S. 29.

[12]  Moran, S. 726, 23. Juni 1957.

[13]  Ebd., S. 499, 23. November 1953.

[14]  Hanns Jürgen Küsters (Bearb.), Konrad Adenauer. Teegespräche 1955–1958, Berlin 1986, S. 295, 23. Juni 1958.

[15]  Moran, S. 733, 7. März 1958.

[16]  Gilbert, S. 911.

[17]  Moran, S. 616f., 30. November 1954, und S. 620, Anfang Dezember 1954.

[18]  Charles de Gaulle, Memoiren der Hoffnung. Die Wiedergeburt 1958–1962, Wien u.a. 1971, S. 263.

[19]  Anthony Montague Browne, Long Sunset. Memoirs of Winston Churchill's Last Private Secretary, London 1996, S. 182.

[20]  Moran, S. 651, 8. April 1955.

[21]  John Colville, Downing Street Tagebücher 1939–1945, Berlin 1988, S. 99, Mai 1940.

[22]  Martin Gilbert, Winston S. Churchill, Bd. 8: ‚Never Despair' 1945–1965, London 1988, S. 570.

[23]  David Cannadine, Churchill and the British Monarchy, in: Ders./Roland Quinault (Hrsg.), Winston Churchill in the Twenty-First Century, London 2004, S. 96f.

[24]  Zit. in: Ebd., S. 96.

[25]  Zit. in: Ebd., S. 95.

[26]  Moran, S. 376, 22. Februar 1952.

## 3. Der lange Abschied

[1] Lord Moran, Winston Churchill. The Struggle for Survival 1940–1965, London 1986, S. 670, 20. Juni 1955.

[2] Ebd., S. 671, 21. Juni 1955.

[3] Ebd., S. 788, o. D.

[4] Ebd., S. 665, 6. Juni 1955.

[5] Ebd., S. 722, April 1957.

[6] Ebd., S. 687, 21. November 1955.

[7] Ebd., S. 749, 15. April 1959.

[8] Ebd., S. 769, 23. März 1960.

[9] Zit. in: Anthony Montague Browne, Long Sunset. Memoirs of Winston Churchill's Last Private Secretary, London 1996, S. 284.

[10] Charles de Gaulle, Memoiren der Hoffnung. Die Wiedergeburt 1958–1962, Wien u.a. 1971, S. 292.

[11] Moran, S. 788f., o. D.

[12] Stefan Rebenich, Theodor Mommsen. Eine Biographie, München 2002, S. 215.

[13] Moran, S. 416, 2. Juli 1953.

[14] Jacob Burckhardt, Weltgeschichtliche Betrachtungen, hrsg. von Rudolf Marx, Stuttgart 1969, S. 234.

[15] Ebd., S. 248.

# Nachwort

[1] Alexander McCallum Scott, Winston S. Churchill, London 1905.

[2] Robert Rhodes James, Churchill. A Study in Failure, 1900–1939, London 1970. Geoffrey Best, Churchill. A Study in Greatness, London 2001.

[3] Randolph S. Churchill/Martin Gilbert, Winston S. Churchill, 8 Bde, London 1966–1988, und 13 Begleitbände.

[4] Roy Jenkins, Churchill, London 2002, S. 912.

[5] Sebastian Haffner, Winston Churchill mit Selbstzeugnissen und Bilddokumenten, 17. Aufl. Reinbek 2001. Christian Graf von Krockow, Churchill. Eine Biographie des 20. Jahrhunderts, 2. Aufl. München 2002.

[6] Zit. in: Uwe Soukup, Ich bin nun mal Deutscher. Sebastian Haffner. Eine Biographie, Frankfurt/M. 2003, S. 271.

[7] Winston S. Churchill, Weltabenteuer im Dienst, Hamburg 1951, S. 135.

# Zeittafel

| | | |
|---|---|---|
| 1874 | 30. Nov. | Winston Churchill in Schloss Blenheim (Oxfordshire) geboren |
| 1876–1879 | | Kindheit in Dublin |
| 1880 | 04. Febr. | Geburt des Bruders John („Jack") |
| 1881–1892 | | Schulzeit in Ascot, Brighton und Harrow |
| 1893–1894 | | Kadett in Sandhurst |
| 1895 | 24. Jan. | Tod des Vaters |
| | 20. Febr. | Leutnant beim 4. Husarenregiment |
| | Nov. – Dez. | Kriegsberichterstatter auf Kuba |
| 1896–1898 | | Militärdienst in Indien |
| 1896–1897 | | Teilnahme an Kämpfen an der Nordwestgrenze Indiens |
| 1898 | | *The Story of the Malakand Field Force* |
| | 02. Sept. | Schlacht bei Omdurman im Sudan |
| 1899 | Juni/Juli | Erfolglose Unterhauskandidatur in Oldham |
| | | *Savrola. Ein Bericht von der Revolution in Laurania* |
| | 14. Okt. | Reise nach Kapstadt; Kriegsberichterstatter im Burenkrieg |
| | Nov./Dez. | Gefangennahme und Flucht |
| | | *The River War* |
| 1900 | 01. Okt. | Wahl ins Unterhaus für die Konservative Partei (Wahlkreis Oldham) |
| | | *Ian Hamilton's March* |
| | | *London to Ladysmith via Pretoria* |
| 1904 | 31. Mai | Parteiwechsel von den Konservativen zu den Liberalen |
| 1906 | 14. Jan. | Stellvertretender Kolonialminister |
| | | *Lord Randolph Churchill* |

| 1908 | | *My African Journey* |
| | 09. April | Wirtschaftsminister in der Regierung Asquith |
| | 09. Mai | Abgeordneter für den Wahlkreis Dundee |
| | 12. Sept. | Heirat mit Clementine Hozier |
| 1909 | | *Liberalism and the Social Problem* |
| | 11. Juli | Geburt der Tochter Diana |
| 1910 | | *The People's Rights* |
| | 15. Febr. | Innenminister |
| 1911 | 28. Mai | Geburt des Sohnes Randolph |
| | 24. Okt. | Marineminister |
| 1914 | 07. Okt. | Geburt der Tochter Sarah |
| 1915 | 18. Mai | Rücktritt als Marineminister |
| | 23. Mai | Kanzler des Herzogtums Lancaster |
| | 16. Nov. | Rücktritt als Kanzler des Herzogtums Lancaster |
| | 20. Nov. | Bataillonskommandeur in Frankreich |
| 1916 | 06. Mai | Ende der Militärzeit |
| 1917 | 16. Juli | Rüstungsminister |
| 1918 | 15. Nov. | Geburt der Tochter Marigold |
| 1919 | 09. Jan. | Kriegs- und Luftfahrtminister |
| 1921 | 07. Jan. | Kolonialminister |
| | 29. Juni | Tod der Mutter |
| 1922 | 15. Sept. | Geburt der Tochter Mary |
| | 19. Okt. | Rücktritt als Kolonialminister |
| | Nov. | Verlust des Unterhaussitzes (Dundee) |
| 1923–1929 | | *The World Crisis, 1911–1918* |
| 1924 | 11. Sept. | Parteiwechsel von den Liberalen zu den Konservativen |
| | 29. Okt. | Wahl ins Unterhaus für den Wahlkreis Epping (Woodford) |
| | 05. Nov. | Finanzminister |
| 1929 | 30. Mai | Rücktritt als Finanzminister (bis 1939 ohne Amt) |
| 1930 | | *My Early Life. A Roving Commission* |

| 1931 | 27. Jan. | Austritt aus dem Konservativen Schattenkabinett |
| 1932 | | *Thoughts and Adventures* |
| 1933–1938 | | *Marlborough. His Life and Times* |
| 1937 | | *Great Contemporaries* |
| 1939 | 03. Sept. | Marineminister in der Regierung Chamberlain |
| 1940 | 10. Mai | Premier- und Verteidigungsminister |
| | 09. Okt. | Wahl zum Vorsitzenden der Konservativen Partei |
| | 10. Okt. | Geburt des Enkels Winston Spencer Churchill |
| 1942 | 12.–16. Aug. | Treffen mit Stalin in Moskau |
| 1943 | 28. Nov.–01. Dez. | Teilnahme an der Konferenz von Teheran |
| 1944 | 06. Juni | Beginn der Invasion Nordfrankreichs |
| | 09.–19. Okt. | Treffen mit Stalin in Moskau |
| 1945 | 04.–11. Febr. | Teilnahme an der Konferenz von Jalta |
| | 17.–24. Juli | Teilnahme an der Potsdamer Konferenz |
| | 26. Juli | Rücktritt nach Wahlniederlage |
| 1945–1951 | | Führer der Konservativen Opposition |
| 1946 | 05. März | „Eiserner Vorhang" – Rede in Fulton/Missouri |
| | 19. Sept. | Rede in Zürich |
| 1947 | 23. Febr. | Tod des Bruders John |
| 1948–1954 | | *Der Zweite Weltkrieg* |
| 1949 | 24. Aug. | Schlaganfall |
| 1951 | 26. Okt. | Erneut Premierminister |
| 1953 | 24. April | Ritter des Hosenbandordens |
| | 23. Juni | Schlaganfall |
| | 10. Dez. | Nobelpreis für Literatur |
| 1954 | 30. Nov. | Feier des 80. Geburtstages in der Londoner Westminster Hall |

| 1955 | 05. April | Rücktritt vom Amt des Premier-ministers |
| 1956 | 10. Mai | Internationaler Karlspreis der Stadt Aachen für Verdienste um die Einigung Europas |
| 1956–1958 | | *A History of the English-Speaking Peoples* |
| 1963 | 08. April | Ehrenbürger der Vereinigten Staaten |
| | 20. Okt. | Tod der Tochter Diana |
| 1964 | 28. Juli | Aufgabe des Unterhaussitzes |
| 1965 | 10. Jan. | Schlaganfall |
| | 24. Jan. | Tod in London |
| | 30. Jan. | Beisetzung in Bladon (Oxfordshire) |
| 1977 | 12. Dez | Tod Clementine Churchills in London und Beisetzung in Bladon |

# Bibliographie

## 1. Werke Winston S. Churchills

Wenn von Churchills Werken eine Übersetzung vorliegt, wurde sie benutzt, auch bei Bedenken wegen ihrer Qualität. Alle anderen Übersetzungen stammen vom Autor.

The Story of the Malakand Field Force. An Episode of Frontier War, London 1898

The River War. An Historical Account of the Reconquest of the Sudan, 2 Bde, London 1899

Savrola. A Tale of the Revolution in Laurania, London und New York 1900 (dt.: Bern 1948)

Ian Hamilton's March, London 1900

London to Ladysmith via Pretoria, London 1900

Lord Randolph Churchill, 2 Bde, London 1906

My African Journey, London 1908

Liberalism and the Social Problem, London 1909

The World Crisis 1911–1918, 5 Bde, London 1923–1931

The World Crisis 1911–1918, Neuausgabe in 2 Bden, London 1938

Die Weltkrisis 1916/18, 2 Bde, Zürich u.a. 1928

Nach dem Kriege, Zürich u.a. 1930

My Early Life. A Roving Commission, London 1930

Weltabenteuer im Dienst, Hamburg 1951 (zuerst: Leipzig 1931)

Thoughts and Adventures, London 1932 (Neudruck London 1942)

Marlborough. His Life and Times, 4 Bde, London 1933–1938

Marlborough:
  Bd. 1: Der Weg zum Feldherrn 1650–1705, München 1968
  Bd. 2: Der Feldherr und Staatsmann 1705–1722, München 1969

Great Contemporaries, London 1937 (dt.: Große Zeitgenossen, Frankfurt/M. 1959)

Step by Step 1936–1939, London 1939

Blood, Sweat, and Tears, hrsg. von Randolph S. Churchill, New York 1941

Blut, Schweiß und Tränen. Antrittsrede im Unterhaus nach der Ernennung zum Premierminister am 13. Mai 1940. Mit einem Essay von Herfried Münkler, Hamburg 1995

Painting as a Pastime, London 1948 (Neudruck New York 1965)

Reden in Zeiten des Krieges, hrsg. von Klaus Körner, Hamburg und Wien 2002

The Second World War, 6 Bde, London 1948–1954

Der Zweite Weltkrieg:

Bd. 1: Der Sturm zieht auf, Hamburg 1949, 2. Aufl. 1950
1. Buch: Von Krieg zu Krieg 1919–1939
2. Buch: Krieg im Zwielicht 3. September 1939–10. Mai 1940

Bd. 2: Englands größte Stunde, Hamburg 1950
1. Buch: Der Zusammenbruch Frankreichs
2. Buch: Allein

Bd. 3: Die Große Allianz, Stuttgart und Hamburg 1951
1. Buch: Hitlers Angriff auf Russland
2. Buch: Amerika im Krieg

Bd. 4: Schicksalswende, Stuttgart und Hamburg 1952
1. Buch: Die Sturmflut aus Japan
2. Buch: Die Befreiung Afrikas

Bd. 5: Der Ring schließt sich, Stuttgart und Hamburg 1953
1. Buch: Italien kapituliert
2. Buch: Von Teheran bis Rom

Bd. 6: Triumph und Tragödie, Stuttgart 1954
1. Buch: Dem Sieg entgegen
2. Buch: Der Eiserne Vorhang

Der Zweite Weltkrieg. Mit einem Epilog über die Nachkriegsjahre, Bern und München 1960 (Neudruck 1985)

A History of the English-Speaking Peoples, 4 Bde, London 1956–1958

The Collected Works of Sir Winston Churchill, hrsg. von Frederick Woods, 34 Bde, London 1973–1976

Winston S. Churchill. His Complete Speeches, 1897–1963, hrsg. von Robert Rhodes James, 8 Bde, New York 1974

The Speeches of Winston Churchill, hrsg. von David Cannadine, Harmondsworth 1990

The Collected Essays of Sir Winston Churchill, hrsg. von Michael Wolff, 4 Bde, Bristol 1976

Churchill and Roosevelt. The Complete Correspondence, hrsg. von Warren F. Kimball, 3 Bde, Princeton, N.J. 1984

Briefwechsel Stalins mit Churchill, Attlee, Roosevelt und Truman, 1941–1945, hrsg. von Helmut Trautz, Berlin 1916

Die Unheilige Allianz. Stalins Briefwechsel mit Churchill 1941–1945, hrsg. von Manfred Rexin, Reinbek 1964

# 2. Literatur über Winston S. Churchill und seine Zeit

ADDISON, Paul, Churchill. The Unexpected Hero, Oxford 2005

Ders., Churchill on the Home Front, 1900–1955, London 1992

Ders., The Road to 1945. British Politics and the Second World War, London 1975

AIGNER, Dietrich, Winston Churchill. Ruhm und Legende, Göttingen 1974

ALLDRITT, Keith, The Greatest of Friends. Franklin D. Roosevelt and Winston Churchill, 1941–1945, London 1995

Ders., Churchill the Writer. His Life as a Man of Letters, London 1992

ALTER, Peter, Der britische Generalstreik von 1926 als politische Wende, in: Theodor Schieder (Hrsg.), Beiträge zur britischen Geschichte im 20. Jahrhundert, München 1983 (Historische Zeitschrift, Beiheft 8, N.F.), S. 89–116

ANNAN, Noel, Our Age. Portrait of a Generation, London 1990

ASHLEY, Maurice, Churchill as Historian, London 1968

BARKER, Elizabeth, The British between the Superpowers, 1945–1950, London 1983

Dies., Churchill and Eden at War, London 1978

BARNETT, Correlli, The Audit of War. The Illusions and Reality of Britain as a Great Power, London 1986

Ders., The Collapse of British Power, London 1972

BARTLETT, Christopher J., „The Special Relationship". A Political History of Anglo-American Relations since 1945, London 1992

BECKETT, J. V., The Aristocracy in England, 1660–1914, Oxford 1986

BERLIN, Isaiah, Winston Churchill, 1940, in: Ders., Persönliche Eindrücke, hrsg. von Henry Hardy, Berlin 2001 (London 1998), S. 41–69

BEST, Geoffrey, Churchill. A Study in Greatness, Hambledon und London 2001

BLAKE, Robert/LOUIS, Wm. Roger (Hrsg.), Churchill, New York und London 1993

BÖTTGER, Peter, Winston Churchill und die „Zweite Front" (1941–1943). Ein Aspekt der britischen Strategie im Zweiten Weltkrieg, Frankfurt/M. 1984

BONHAM CARTER, Violet, Winston Churchill as I Knew Him, London 1966

BOSBACH, Franz/BRECHTKEN, Magnus (Hrsg.), Politische Memoiren in deutscher und britischer Perspektive, München 2005

BOXER, Andrew, Appeasement, London 1998

BRENDON, Piers, Churchill, München 1984

CANNADINE, David, Winston Churchill. Abenteurer, Monarchist, Staatsmann, Berlin 2005

Ders., The Decline and Fall of the British Aristocracy, London 1992

Ders./QUINAULT, Roland (Hrsg.), Winston Churchill in the Twenty-First Century, London 2004

CARLTON, David, Churchill and the Soviet Union, Manchester 2000

CHARMLEY, John, Churchill's Grand Alliance. The Anglo-American Special Relationship, 1940–1957, London 1995

Ders., Churchill. Das Ende einer Legende, Berlin und Frankfurt/M. 1995 (London 1993)

CHURCHILL, Randolph S./GILBERT, Martin, Winston S. Churchill, 8 Bde, London 1966–1988

CHURCHILL, Peregrine/MITCHELL, Julian, Jennie. Lady Randolph Churchill. A Portrait with Letters, London 1974

COLVILLE, John, Downing Street Tagebücher 1939–1945, Berlin 1988 (London 1985)

COOMBS, David, Churchill. His Paintings, London 1967

CORRIGAN, Gordon, Blood, Sweat and Arrogance and the Myth of Churchill's War, London 2006

COSGRAVE, Patrick, Churchill at War. Alone, 1939–1940, London 1974

DEAKIN, F. W., Churchill the Historian, in: Schweizer Monatshefte 49 (1969/70), S. 1–19

DEIGHTON, Ann, The Impossible Peace. Britain, the Division of Germany and the Origins of the Cold War, London 1990

DELL, Edmund, The Schuman Plan and the British Abdication of Leadership in Europe, Oxford 1995

DÜLFFER, Jost, Europa im Ost-West-Konflikt 1945–1991, München 2001

Ders., Jalta, 4. Februar 1945. Der Zweite Weltkrieg und die Entstehung der bipolaren Welt, München 1998

EDEN, Anthony, Memoiren 1945–1957, Köln und Berlin 1960

EDMONDS, Robin, Die Großen Drei. Churchill, Roosevelt und Stalin in Frieden und Krieg, Berlin 1992 (New York 1991)

FALIN, Valentin, Zweite Front. Die Interessenkonflikte in der Anti-Hitler-Koalition, München 1995

FEILING, Keith, The Life of Neville Chamberlain, London 1946

FERRIER, Neil, Churchill. The Man of the Century. A Pictorial Biography, London 1955

FEST, Joachim C., Hitler. Eine Biographie, Frankfurt/M. u.a. 1973

FOSTER, Roy F., Lord Randolph Churchill. A Political Life, Oxford 1981

FRITZE, Lothar/WIDERA, Thomas (Hrsg.), Alliierter Bombenkrieg. Das Beispiel Dresden, Göttingen 2005

GARDINER, Brian, Churchill in Wartime. A Study in Reputation, 1939–1945, London 1968

GIETZ, Axel, Die neue Alte Welt. Roosevelt, Churchill und die europäische Nachkriegsordnung, München 1986

GILBERT, Martin, Churchill. A Life, London 2000 (1991)

Ders., In Search of Churchill. A Historian's Journey, London 1994

Ders., Churchill. A Photographic Portrait, London 1988

Ders., Winston Churchill. The Wilderness Years, London 1981

Ders., Prophet of Truth. Winston S. Churchill, 1922–1939, London 1976

Ders., Winston Churchill, Oxford 1966

GRAML, Hermann, Die Alliierten und die Teilung Deutschlands. Konflikte und Entscheidungen 1941–1948, Frankfurt/M. 1985

GREWENIG, Meinrad Maria (Hrsg.), Robert Lebeck. Fotoreportage. Churchill in Bonn 1956, Speyer 1993

GRUCHMANN, Lothar, Totaler Krieg. Vom Blitzkrieg zur bedingungslosen Kapitulation, München 1991

HAFFNER, Sebastian, Winston Churchill mit Selbstzeugnissen und Bilddokumenten, 17. Aufl. Reinbek 2001

Ders., Anmerkungen zu Hitler, München 1978

HARBUTT, Fraser J., The Iron Curtain. Churchill, America, and the Origins of the Cold War, New York 1986

HICKEY, Michael, Gallipoli, London 1995

HIGHAM, Charles, Dark Lady. Winston Churchill's Mother und her World, London 2005

HILLGRUBER, Andreas, Der Zweite Weltkrieg 1939–1945. Kriegsziele und Strategie der großen Mächte, 4. Aufl. Stuttgart 1996 (zuerst: 1982)

HUGHES, Emrys, Churchill. Ein Mann in seinem Widerspruch, Tübingen 1959 (Neudruck Kiel 1986)

HUNT, David, Churchill at Work, London 1990

HYDE, H. Montgomery, Neville Chamberlain. Der glücklose Staatsmann, München 1982 (London 1976)

JENKINS, Roy, Churchill, London 2002

KEEGAN, John, Churchill, London 2003

KERSAUDY, François, Churchill and de Gaulle, London 1981

KERSHAW, Ian, Hitlers Freunde in England. Lord Londonderry und der Weg in den Krieg, München 2005

Ders., Hitler 1889–1936, Stuttgart 1998

KETTENACKER, Lothar, Ein Volk von Opfern? Die neue Debatte um den Bombenkrieg 1940–45, Berlin 2003

Ders., Krieg zur Friedenssicherung. Die Deutschlandplanung der britischen Regierung während des Zweiten Weltkrieges, Göttingen und Zürich 1989

Ders., Die britische Haltung zum deutschen Widerstand während des Zweiten Weltkrieges, in: Ders. (Hrsg.), Das „Andere Deutschland" im Zweiten Weltkrieg. Emigration und Widerstand in internationaler Perspektive, Stuttgart 1977, S. 49–76

KIMBALL, Warren F., Forged in War. Roosevelt, Churchill and the Second World War, London 1997

KITCHEN, Martin, British Policy Towards the Soviet Union During the Second World War, London 1986

KROCKOW, Christian Graf von, Churchill. Eine Biographie des 20. Jahrhunderts, 2. Aufl. München 2002 (Hamburg 1999)

LAMBAKIS, Steven J., Winston Churchill: Architect of Peace. A Study of Statesmanship and the Cold War, Westport, Conn. 1993

LARRES, Klaus, Churchill's Cold War. The Politics of Personal Diplomacy, New Haven und London 2002

Ders., Politik der Illusionen. Churchill, Eisenhower und die deutsche Frage 1945–1955, Göttingen und Zürich 1995

Ders./MEEHAN, Elizabeth (Hrsg.), Uneasy Allies. British-German Relations and European Integration since 1945, Oxford 2000

LASH, Joseph P., Roosevelt and Churchill, 1939–1941. The Partnership that Saved the World, New York 1974

LOTH, Wilfried, Die Teilung der Welt. Geschichte des Kalten Krieges 1941–1955, 10. Aufl. München 2002

LOVELL, Richard, Churchill's Doctor. A Biography of Lord Moran, London 1992

LUKACS, John, Churchill. Visionary, Statesman, Historian, New Haven, N.J. und London 2002

Ders., Churchill und Hitler. Der Zweikampf 10. Mai – 31. Juli 1940, München und Zürich 1995 (London 1991)

Ders., Fünf Tage in London. England und Deutschland im Mai 1940, Berlin 2000 (London 1999)

MACMILLAN, Harold, Tides of Fortune, 1945–1955, London 1969

MANCHESTER, William, Winston Churchill, 2 Bde, München 1989 und 1990 (New York 1988)

MARDER, Arthur J., Winston is Back. Churchill at the Admiralty, 1939–1940, London 1972

MARTIN, Bernd (Hrsg.), Der Zweite Weltkrieg. Ereignisse, Folgen, Deutungen, Freiburg 2006

MASSIE, Robert K., Die Schalen des Zorns. Großbritannien, Deutschland und das Heraufziehen des Ersten Weltkrieges, Frankfurt/M. 1993

MAYER, Frank A., The Opposition Years. Winston S. Churchill and the Conservative Party, 1945–1951, New York 1992

MENDELSSOHN, Peter de, Inselschicksal England. Schrittsteine der Geschichte, München 1965

Ders., Churchill. Sein Weg und seine Welt, Freiburg i. Br. 1957

MERGEL, Thomas, Großbritannien seit 1945, Göttingen 2005

MICHALKA, Wolfgang (Hrsg.), Der Zweite Weltkrieg. Analysen, Grundzüge, Forschungsbilanz, 2. Aufl. München und Zürich 1990

MONTAGUE BROWNE, Anthony, Long Sunset. Memoirs of Winston Churchill' Last Private Secretary, London 1996

MORAN (Charles Wilson), Lord, Winston Churchill. The Struggle for Survival 1940–1965, London 1966

Ders., Churchill. Der Kampf ums Überleben 1940–1965. Aus dem Tagebuch seines Leibarztes Lord Moran, München und Zürich 1967

MORGAN, Kenneth O., Labour in Power 1945–1951, Oxford 1984

MORGAN, Ted, Churchill. Young Man in a Hurry, 1874–1915, New York 1982

MÜLLER, Klaus-Jürgen/DILKS, David N. (Hrsg.), Großbritannien und der deutsche Widerstand, 1933–1944, Paderborn und München 1994

MULLER, James W., Churchill as Peacemaker, Cambridge 1997

NIEDHART, Gottfried, Geschichte Englands im 19. und 20. Jahrhundert, München 1987

OVERY, Richard, The Air War, 1939–1945, London 1981

PARKER, R. A. C., Churchill and Appeasement, Basingstoke 2000

Ders., Winston Churchill. Studies in Statesmanship, London 1995

PELLING, Henry, Churchill's Peacetime Ministry 1951–1955, Basingstoke 1997

Ders., Winston Churchill, London 1977

PENN, Geoffrey, Fisher, Churchill and the Dardanelles, Barnsley 1999

PESCHKE, Hans-Peter von, Die Flucht in den Ruhm. Die Abenteuer des jungen Churchill im Burenkrieg, München 1991

PONTING, Clive, 1940: Myth and Reality, London 1990

Ders., Churchill, London 1994

PRIOR, Robin, Churchill's 'World Crisis' as History, London 1983

PÜTZ, Alexandra, „Aber ein Europa ohne Großbritannien kann ich mir nicht vorstellen". Die Englandpolitik der Ära Adenauer 1949–1963, Bochum 1998

RAMSDEN, John, Man of the Century. Winston Churchill and his Legend since 1945, London 2002

RECKER, Marie-Luise, Die Außenpolitik des Dritten Reiches, München 1990

RENSHAW, Patrick, The General Strike, London 1975

REYNOLDS, David J., In Command of History. Churchill Fighting and Writing the Second World War, London und New York 2004

Ders., The Creation of the Anglo-American Alliance 1937–41. A Study in Competitive Cooperation, London 1981

RHODES JAMES, Robert, Gallipoli, London 1984

Ders., Churchill. A Study in Failure, 1900–1939, London 1970

ROBBINS, Keith, Britain and Europe 1789–2005, London 2005

Ders., Churchill, London und New York 1992

Ders., The Eclipse of a Great Power. Modern Britain, 1870–1975, London 1983

ROBERTS, Andrew, Hitler and Churchill. Secrets of Leadership, 3. Aufl. London 2004 (2003)

Ders., Churchill und seine Zeit, München 1994

ROBERTSON, J., Anzac and Empire. The Tragedy and Glory of Gallipoli, London 1990

ROSE, Norman, Churchill. An Unruly Life, London 1994

ROTHWELL, Victor, Britain and the Cold War 1941–1947, London 1982

SAINSBURY, Keith, Churchill and Roosevelt at War. The War They Fought and the Peace They Hoped to Make, Basingstoke 1994

SALEWSKI, Michael, Deutschland und der Zweite Weltkrieg, Paderborn 2005

Ders., Der Erste Weltkrieg, 2. Aufl. Paderborn 2004

SANDYS, Celia, Chasing Churchill. The Travels of Winston Churchill, London 2003

SCHAMA, Simon, A History of Britain. The Fate of Empire 1776–2000, London 2002

SCHÖLLGEN, Gregor, Geschichte der Weltpolitik von Hitler bis Gorbatschow 1941–1991, München 1996

SCHWABE, Klaus, Adenauer und England, in: Lothar Kettenacker u. a. (Hrsg.), Studien zur Geschichte Englands und der deutsch-britischen Beziehungen. Festschrift für Paul Kluke, München 1981, S. 353–374

SCHWARZ, Angela, Die Reise ins Dritte Reich. Britische Augenzeugen im nationalsozialistischen Deutschland (1933–39), Göttingen und Zürich 1993

SCHWARZ, Hans-Peter, Churchill and Adenauer, Cambridge 1994

SELDON, Anthony, Churchill's Indian Summer. The Conservative Government, 1951–55, London 1981

SOAMES, Mary, Winston Churchill. His Life as a Painter. A Memoir by his Daughter, London 1990

Dies., Winston Churchill: The Father Figure, Zürich 1986

Dies., Clementine Churchill. The Biography of a Marriage, London 1979 (Neudruck 2002)

Dies. (Hrsg.), Speaking for Themselves. The Personal Letters of Winston and Clementine Churchill, London 1998

STEVENSON, David, 1914–1918. Der Erste Weltkrieg, Düsseldorf 2006

STEWART, Herbert L., Sir Winston Churchill as Writer and Speaker, London 1974

STÖVER, Bernd, Der Kalte Krieg, München 2003

TAYLOR, A. J. P. (Hrsg.), Churchill. Four Faces and the Man, Harmondsworth 1973

Ders., Beaverbrook, New York 1972

THOMAS, David A., Churchill. The Member for Woodford, Ilford 1995

THOMPSON, Walter H., Churchill's Bodyguard. The Authorised Biography of Walter H. Thompson, London 2005

TRORY, Ernie, Churchill and the Bomb. A Study in Pragmatism, Hove 1984

WARK, Wesley K., The Ultimate Enemy. British Intelligence and Nazi Germany 1933–1939, Oxford 1986

WENDE, Peter (Hrsg.), Englische Könige und Königinnen. Von Heinrich VII. bis Elisabeth II., München 1998

Ders., Großbritannien 1500–2000, München 2001

WHEELER-BENNETT, John (Hrsg.), Action This Day. Working with Churchill, London 1968

WOODS, Frederick, Artillery of Words. The Writings of Sir Winston Churchill, London 1992

YOUNG, John W., Winston Churchill's Last Campaign: Britain and the Cold War 1951–1955, Oxford 1996

Ders., Britain and European Unity, 1945–1999, 2. Aufl. Basingstoke und London 2000 (1993)

Ders., The Foreign Policy of Churchill's Peacetime Government, 1951–55, Leicester 1988

# Abbildungsnachweis

# Personenregister

# Fachliteratur Geschichte

Manfred Hollegger

## Maximilian I. (1459-1519)

*Herrscher und Mensch einer Zeitenwende*

2005. 320 Seiten mit 13 Abb. Kart. € 18,–
**ISBN 3-17-015557-1**
*Urban-Taschenbuch, Band 442*

Rainer F. Schmidt

## Otto von Bismarck (1815-1898)

*Realpolitik und Revolution*

2004. 330 Seiten mit 11 Abb. und 1 Karte. Kart. € 17,–
**ISBN 3-17-017407-X**
*Urban-Taschenbücher, Band 599*

Ronald G. Asch

## Jakob I. (1566-1625)

*König von England und Schottland*

2005. 248 Seiten mit 20 Abb. Kart. € 19,80
**ISBN 3-17-018680-9**
*Urban Taschenbücher, Band 608*

**Der Autor:**
*Professor Dr. Ronald G. Asch lehrt Neuere Geschichte an der Universität Freiburg.*

„Kein Mensch ist unersetzlich –, aber die Wenigen, die es doch sind, sind groß." Jacob Burckhardts Formel zum Prädikat der historischen Größe trifft auf keinen Staatsmann des 19. Jahrhunderts so zu wie auf Otto von Bismarck.

Rainer F. Schmidt zeichnet den Aufstieg des ostelbischen Junkers nach und versucht, die Erfolge, aber auch die Grenzen von Bismarcks Wirken zu ergründen.

**Der Autor:**
*Professor Dr. Rainer F. Schmidt lehrt Geschichte der Neuzeit und Didaktik der Geschichte an der Universität Würzburg.*

www.kohlhammer.de

W. Kohlhammer GmbH · 70549 Stuttgart

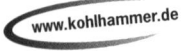